本书的出版受到中国清洁发展机制基金资助
（编号：2014037）

气 候 变 化 与
能源经济研究丛书

全球主要碳市场制度研究

QUANQIU ZHUYAO TANSHICHANG
ZHIDU YANJIU

齐绍洲 程思 杨光星◎著

人民出版社

总　　序

　　全球气候变暖对全人类构成严峻挑战,而且应对气候变化的行动越迟缓社会成本就越大。因此,当前各国必须密切合作,减缓和适应气候变化,并探索低碳经济发展的新模式。为此,国际社会历经 20 余载的反复磋商,先后达成《联合国气候变化框架公约》和《京都议定书》,并于 2015 年 12 月在联合国气候变化框架公约第 21 次缔约方大会上达成《巴黎协定》。《巴黎协定》是历史上首个关于气候变化的全球性协定,为 2020 年后全球应对气候变化的目标和行动作出安排。

　　气候变化与大气污染同根同源,其治理也具有协同效应。当前,中国正面临日益严重的环境污染,大面积持续雾霾天气的治理刻不容缓,以环境为代价的粗放型发展模式已难以为继。中国自"十二五"以来就将能源强度和碳强度作为约束性目标写入五年规划,并层层分解至各省、市、自治区乃至行业和企业,党的十八大更是明确提出要发展绿色低碳经济、实现发展模式根本转变;我国向联合国提交的自主减排贡献(NDRC)承诺在 2030 年碳排放达到峰值。与此同时,中国在应对气候变化的国际气候治理中逐渐开始扮演领导者的角色,为推动达成《巴黎协议》作出了建设性的贡献。因此,无论是中国国内自身日益迫切的需要,还是在全球气候治理中发挥领导作用,树立负责任大国形象,我国都需要加强应对气候变化和大气污染治理,通过绿色低碳转型,实现可持续发展。

　　应对气候变化首要是改变当前的高碳能源体系,并推动经济社会发展方式的变革。自工业革命以来,人类活动所需要的能源主要来自化石能源消费,化石能源无节制的消费产生的碳排放,是引起全球气候问题的根源,还造成了环境污染严重、资源约束趋紧、生态系统退化的后果。因此,变革能源体系尤为关键。这一方面需要节能减排和提高能源效率,另一方面则要大力发展新能源和可再生能源,从而推动能源结构的低碳化。能源体系的变革,涉及能源生产、能源消费、能源技术和能源管理体制的变革以及能源国际合作。在能源体系低碳化的基础上,经济社会发展方式的变革是更根本、更彻底、更长远的任务,这将推动人类社会从工业文明过渡到生态文明。中国迫切需要改变经济社会发展方式,全面协调经济发展、社会发展和资源节约、环境保护之间的关系,实现节能减排和经济社会持续发展的双赢。

应对气候变化需要能源体系和发展方式的深刻变革,也需要增强社会公众的低碳意识与行为,这给经济学提出了新的研究任务和方向。其一,能源体系变革的路径及影响,包括节能减排及能效提升、新能源技术创新和产业化、行政措施和市场化手段等方面的研究。其二,低碳经济及其发展模式,包括碳效率及其影响因素、碳脱钩相关理论和机制、减排路径及创新激励机制等方面的研究。其三,应对气候变化的相关国际制度,包括国家间减排责任的分担、气候政策与国际经济的合作以及全球气候治理等方面的研究。其四,政府在引领整个社会向低碳社会发展的过程中,要发挥主导作用,通过有效传播,提高公众对气候变化问题的认知,增进公众对低碳社会和低碳理念的认同感,优化公众行为,自觉采取节能减排行动。发达国家已对这些问题进行了大量的研究,初步形成了相关的理论体系和研究方法,对发达国家经济社会的低碳转型产生了重要影响,并为气候谈判和相关国际合作提供了理论支撑。相比发达国家,中国在积极应对气候变化的同时还肩负着工业化、城镇化、绿色化等经济社会发展的重任,因而更加迫切需要对中国的气候变化和能源经济问题进行深入研究。

基于上述考虑,我们组织编写了这套《气候变化与能源经济研究丛书》,包括《FDI对中国工业能源效率的影响研究》《不确定性条件下油价宏观经济影响的动态一般均衡模拟研究》《偏向型技术进步对中国工业碳强度的影响》《碳减排路径与绿色创新激励机制》《气候壁垒对人民币实际有效汇率的影响》《全球主要碳市场制度研究》《气候政策与国际贸易:经济、法律、制度视角》和《政府低碳理念传播的理论与实践》。上述研究立足于绿色低碳经济发展与低碳社会建构,关注国际气候谈判趋势,瞄准能源经济研究领域的前沿,主要是一批青年博士最新的研究成果,体现出青年学者对环境、气候变化和低碳经济转型的关注、思考和探索,希望能为全球应对气候变化和我国低碳经济转型与可持续发展作出自己的贡献。

齐绍洲　吴力波　张继宏

2017 年 2 月

前　　言

随着《巴黎协定》的签署生效,各国相继提交了自主减排贡献(NDC)目标,为了实现各国的 NDC 目标,《巴黎协定》鼓励各国更多地采取包括碳市场和碳税在内的碳定价(Pricing Carbon)政策并展开国际合作。2016 年 12 月,中国四川和福建两省相继启动了七个试点之后的中国第八、第九个区域碳市场;2017年伊始,加拿大安大略省也启动了其区域碳市场;2017 年 12 月随着中国全国碳市场宣布启动,全球共有 20 个不同层次的独立的碳市场,市场覆盖的经济体占全球 GDP 的近一半,控制了全球 15% 以上的碳排放量。

在全球已启动的碳市场中,既有欧盟覆盖 31 个国家的全域碳市场,又有美国国内覆盖东北地区 10 个州的区域碳市场(RGGI)及加州一个州的碳市场,还有美国西部 7 个州与加拿大 4 个省的跨国区域碳市场(WCI);既有新西兰、韩国的全国碳市场,还有加拿大魁北克和安大略省以及日本东京都的地方碳市场,也有半途夭折的澳大利亚全国碳市场,更有中国 7 个试点省市的碳市场、2 个非试点省份的碳市场和全国统一碳市场。全球各种层次的碳市场制度设计既反映了碳市场共同的内在规律和一般特征,也体现出各国各地区结合自己的条件进行的创新性制度设计和探索,为我们提供了丰富的、多层次、多维度、多阶段的生动的实践经验和案例,值得进行系统的总结、分析和比较,以期为我国全国碳市场的制度设计和动态优化提供经验借鉴。

近年来,由于参与中国试点碳市场制度设计的需要,我们跟踪研究了全球主要碳市场的制度设计特征,既有已经启动十多年的欧盟碳市场,也有刚刚启动的加拿大安大略省碳市场。结合我们深度参与中国试点碳市场制度研究设计的亲身经历和体会,深感有必要把全球不同层次、不同类型的碳市场的制度集进行系统的研究和梳理,以便帮助读者能够系统了解全球不同的碳市场制度设计的主要内容、关键要素、来龙去脉和实践效果。当然,对于不同碳市场,由于各国各地区的社会经济法律背景不同,启动的时间长短不同,再加上碳市场本身也在不断地探索发展和完善的动态过程中,对各个碳市场制度的优劣长短我们不进行评判,我们所能做的是尽可能客观地把其制度内容、特征及其背景总结提炼出来。仁者见仁,智者见智,相信每位读者会有自己的取舍与判断。

本书首先得益于我的研究生持续跟踪、收集、整理、更新相关资料,为本书提供了丰富的基本材料。所以在这里首先感谢我连续三届的研究生张馨、王晓庆、俞肃婷、王玥持续接力的辛勤付出。

促成我们把这些宝贵的资料整理成书出版的直接动力则来自于中国清洁发展机制基金赠款项目《武汉市温室气体排放峰值预测及减排路径研究》(2014037)。在我们进行该项目研究的过程中,发现碳市场是以市场化手段进行节能减排、实现武汉市碳排放达峰的关键政策抓手,从而也是成本有效的减排路径及方法之一,对其他城市碳排放达峰以及减排路径和方法的研究设计也具有普遍的借鉴意义。

感谢人民出版社陈登编辑多年来与我们的精诚合作及专业的支持和帮助,使本书及其所属的"气候变化与能源经济研究丛书"能够顺利地高质量出版。

由于作者水平有限,错漏之处敬请读者包涵并批评指正。

齐绍洲

2018 年 9 月于红莲湖

目　　录

第一章　欧盟全域碳市场

欧盟碳市场全称为欧盟碳排放权交易体系(EU ETS),是欧盟气候政策的核心组成部分,也是世界上首个覆盖欧盟全域的碳市场。EU ETS 于 2005 年 1 月正式启动,希望通过在欧盟内部设立一个温室气体排放配额交易体系,以帮助成员国以成本和经济有效的方式实现温室气体减排。自正式启动以来,EU ETS 取得了瞩目的成绩,已经成为了全球最活跃、最具影响力的碳市场。同时,EU ETS 在发展中也不断扩大,覆盖国家从初期的 25 个欧盟成员国扩大到 31 个国家。但作为一项制度创新,EU ETS 也暴露出不少制度设计上的缺陷,为全球其他碳市场的建立提供了正反两方面的经验和教训。

第一节　欧盟全域碳市场的产生与发展

EU ETS 属于基于配额的碳市场(Allowance-based Market)。以"总量—交易(CAP-Trade)"为基本原理。这类碳市场由管理者制定碳排放总量上限,并分配给受排放配额限制的控排企业,控排企业可以使用和买卖这些配额。控排企业若超出自己的配额上限,则需购买配额,如果配额有剩余,则可以卖出这些配额。另一类碳市场为基于项目的市场(Project-based Markets),以"基准线—交易(Baseline-Trade)"为基本原理,低于基准排放水平的项目或碳汇项目,在经过认证后可获得减排单位。[①] 清洁发展机制(Clean Development Mechanism,CDM)和联合履约(Joint Implementation,JI)是其中最主要的形式。以此为基础发展出

---

① 如《京都议定书》中的 ERUs 和 CERs,后文有详细介绍。

EU ETS 相关的抵消机制。

一、欧盟碳市场产生的背景

1992 年《联合国气候变化框架公约》(*United Nations Framework Convention on Climate Change*,UNFCCC)是 EU ETS 产生的基础。UNFCCC 提出"将大气中温室气体(Greenhouse Gas,GHG)的浓度稳定在防止气候系统受到危险的人为干扰的水平上"的最终目标。建立 EU ETS,是为了达到"《联合国气候变化框架公约》的最终目标……实现凝固在大气中的温室气体稳定在使气候系统免遭危险的人为破坏的水平上"。[1]

碳市场最初是美国为减少温室气体排放而提出的制度创新。1997 年,当美国在《京都议定书》的谈判中强力推行排放权交易制度时,欧盟持强烈反对的态度。20 世纪 90 年代后期,伴随着美国二氧化硫(SO_2)减排交易的成功,以及《京都议定书》谈判经验的积累,欧盟对"基于市场的方法(Market-based Instrument)"的支持逐渐增加。随后,"谁污染谁付费原则"和"基于市场的方法"在官方文件中得到体现和确认,如《环境税——执行和环境效益》和《环境效益》(欧盟环保署,1996 年)、《环境税与单个市场的变化:来自欧盟委员会的信息》(欧盟委员会,以下简称"欧委会",1997 年)等。

1997 年 12 月,UNFCCC 第三次缔约方大会(COP3)通过的《京都议定书》刺激和推进了 EU ETS 的建立。《京都议定书》规定了各缔约国的二氧化碳(CO_2)排放量标准,在排放限额约束下,温室气体排放权开始成为一种稀缺的资源,具备了商品的属性。此外,《京都议定书》建立了联合履约(JI)、清洁发展机制(CDM)和国际排放交易(International Emission Trading,IET)三种灵活减排机制[2],使得《京都议定书》附件 I 缔约方可以通过这三种机制,在本国或地区以外取得减排的抵消额,从而以较低成本减少排放量。三种机制为缔约方间的温

---

① 摘自欧盟碳市场指令(2003/87/EC 指令)序言部分。

② JI(《京都议定书》第 6 条)允许附件 I 国家或这些国家的企业联合执行限制或减少排放,或增加碳汇项目,共享排放量减少单位;CDM(《京都议定书》第 12 条)允许附件 I 缔约方与非附件 I 缔约方联合开展二氧化碳等温室气体减排项目,这些项目产生的减排数额可以被附件 I 缔约方作为履行承诺的限排或减排量,其核心是允许发达国家和发展中国家进行项目级的减排量抵消额的转让与获得;IET(《京都议定书》第 17 条)允许发达国家向其他发达国家和转轨经济体购买温室气体排放限额,以实现其减排承诺。

室气体排放权交易提供了一个全新的框架,并逐渐培育出温室气体排放权交易市场。

1998 年 7 月,欧盟委员会在《气候变化——走向欧盟的后京都战略》(*Climate Change towards an EU Post-Kyoto Strategy*)中第一次提出了建立欧盟减排交易体系的想法。2000 年,欧委会在《温室气体绿皮书》(*Green Paper on Greenhouse Gas Emissions Trading within the European Union*)中,郑重提出了碳排放权交易的问题,认为建立一个协同一致的框架将为碳市场内部的有效运作提供最好的保障。尽管欧盟并未明确提出建立一个总量控制与交易类型的体系,但其对相关问题进行了充分讨论,第一次正式考虑将二氧化碳排放权交易作为欧盟气候政策主要部分。

2001 年 10 月,欧委会向欧盟议会及欧盟理事会提交了关于建立温室气体排放权交易市场的草案,并在随后的两年中,对草案进行了多次的讨论和修订:2002 年 10 月,欧盟议会对草案进行了第一次审议;2002 年 11 月,欧委会按审议要求提出了修订草案;2003 年 3 月,欧盟理事会再次要求欧委会提出新的修订草案;2003 年 7 月 22 日,欧盟议会和理事会达成协议,并最终采纳了欧盟理事会的建议草案。

2003 年 7 月,欧盟议会投票通过了欧盟碳市场指令(Directive 2003/87/EC),即 2003/87/EC 指令。该指令规定了温室气体排放权交易的适用范围、配额分配的条件和内容,排放权批准、分配、转让、放弃和注销的相关方法和程序,为欧盟碳市场提供了坚实详尽的法律准则。2005 年 1 月 1 日,EU ETS 正式运行,成为欧盟应对气候变化的重要手段。

二、欧盟碳市场的发展阶段

在 EU ETS 建立之前,欧盟内部存在四个区域范围的减排交易计划,即英国碳排放权交易计划(UK Emissions Trading Scheme,UK ETS)、丹麦二氧化碳排放权交易机制(Danish CO_2 Trading Program)、荷兰碳抵消计划(Dutch Offset Programs)和英国石油公司碳排放权交易的内部试验(BP's Internal Experiment with Emissions Trading),这些实践为 EU ETS 的建立提供了经验。

作为一项长期性政策工具,EU ETS 在实际操作过程中分阶段实施,目前已明确的阶段有四期:第一期(2005—2007 年)为试行阶段,目的在于获得碳排放权交易的经验,并不要求一定达到《京都议定书》的减排承诺;第二期(2008—2012 年),与《京都议定书》第一承诺期一致,即与 1990 年水平相比碳排放下降8%,各成员国需履行相应减排承诺,但在制度上基本与第一期保持一致;第三期(2013—2020 年)为成熟发展阶段,减排目标设定为总量减排 21%(2020 年相比2005 年),年均减排 1.74%,欧盟在充分吸收前两期经验教训的基础上,对制度进行了全面改进和完善。第四期(2020 年后),为了实现欧盟到 2030 年减排40%的目标,EU ETS 的减排目标被设定为碳排放下降 43%(2030 年相比 2005年),年均减排从上一期的 1.74%上升到 2.2%。

第二节　欧盟碳市场第一、二期的三大机制

由于欧盟碳市场第一、二期奠定了基本制度和关键要素设计的基础,第三、四期主要是对第一、二期的缺陷进行改革,因此,本节主要围绕 EU ETS 第一、二期的三大核心机制,即分配机制、交易机制和监管机制进行总结与分析,下一节在此基础上围绕第三、四期的改革进行总结与分析。

一、分配机制

EU ETS 属于基于限额的交易体系,即为每一时期的碳排放设置一个总量上限(Cap),再将配额①分配给各行业和企业,每一单位配额称为"欧盟碳排放权配额"(European Union Allowances,EUA),每单位 EUA 代表排放 1 吨二氧化碳当量(tCO_2e)②的权利。配额能够在整个 EU ETS 市场流通,是 EU ETS 运行的

----

① 根据 2003/87/EC 指令的定义,"配额"指在制定期间内排放一吨二氧化碳当量所需的配额。此配额只在满足该指令要求的目的下有效,且可以在该指令相关条款下转移。见 2003/87/EC 指令第一章第三条。

② 二氧化碳当量是指一种用作比较不同温室气体排放的度量单位,各种不同温室气体对地球温室效应的贡献度有所不同。为了统一度量整体温室效应的结果,规定以二氧化碳当量为度量温室效应的基本单位。一种气体的二氧化碳当量是通过把该气体的吨数乘以其全球变暖潜能值(Global Warming Potential)后得出。按照这一方法,可以把不同温室气体的效应标准化。

核心。

分配过程的主要参与者是欧委会、欧盟成员国政府,以及被纳入碳市场的企业。欧委会作为 EU ETS 的总协调机构,最重要的作用是强制控制碳排放总量并确保排放权交易的开展。企业是排放配额的主要接受者。欧盟对各成员国的排放设置了排放限额,各国限额之和即是欧盟的排放总量。各成员国分别将本国的排放配额发放至国内 EU ETS 覆盖范围内的企业。

(一)覆盖范围及航空业相关规定

2003/87/EC 指令第 2 条第 1 款规定,附件一所列活动(Activities)需纳入指令覆盖范围(见表 1.1)。以此覆盖范围看,EU ETS 主要纳入能源及重化工行业,温室气体仅包括二氧化碳。而按此标准,第一阶段,EU ETS 覆盖了超过 1 万多个固定设施,纳入 25 个欧盟成员国约 45% 的温室气体排放。

表 1.1　欧盟碳市场指令(Derective 2003/87/EC)覆盖的活动范围

	活动	温室气体
能源活动	额定热输入值超过 20MW 的燃烧装置(排除危险品和市政废物焚烧装置)	二氧化碳
	矿物油冶炼	二氧化碳
	炼焦炉	二氧化碳
黑色金属生产及加工	金属矿(包括硫化矿)的焙烧或熔结装置	二氧化碳
	产能超过每小时 2.5 吨生铁或钢(一级或二级熔化)的生产装置	二氧化碳
非金属矿业	产能超过每天 500 吨水泥熟料的回转炉产能超过每天 50 吨石灰的回转炉或其他熔炉	二氧化碳
	熔化能力超过每天 20 吨玻璃(包括玻璃纤维)的生产设备	二氧化碳
	产能超过每天 75 吨和/或窑容量超过 4 立方米以及每窑容置率超过每立方米 300 千克的陶瓷生产设备,尤其是屋顶瓦、砖、耐火砖、瓷砖、陶器或瓷器	二氧化碳
其他活动	使用木材或其他纤维的纸浆工厂	二氧化碳
	产能超过每天 20 吨纸和纸板的工厂	二氧化碳

资料来源:2003/87/EC 指令附件一。

第二期,EU ETS 的覆盖范围扩大至欧盟 27 成员国(2007 年罗马尼亚和保

加利亚加入欧盟),以及 3 个非成员国冰岛、挪威、列支敦支登。同时,2008 年 11
月,欧盟通过了《将航空业纳入碳排放权交易的指令》(Directive 2008/101/EC),
从 2012 年开始把航空业也纳入 EU ETS。航空业在总量、分配及管理等方面不
同于固定设施。航空减排目前分为两个阶段,均以 2004—2006 年航空活动年均
的排放量作为历史航空排放量(Historical Aviation Emissions),据估算约为 2.21
亿吨。第一阶段(2012 年)的配额总量为历史航空排放量的 97%,其中 15% 拍
卖,剩余 85% 免费分配;第二阶段(2013—2020 年)每年度的配额总量为历史航
空排放量的 95%,其中 15% 仍用于拍卖,免费分配部分下降至 82%,而剩余 3%
作为特殊储备。免费分配的方式是历史基线法,基线值乘以运营人监测年份的
吨公里数①即该运营人免费获得的配额量。

(二)配额的免费发放

1. 排放限额的确定

总的来说,EU ETS 排放限额的确定是按企业—国家—欧盟—国家—企业的
顺序逐步确定和分配(见图 1.1)。

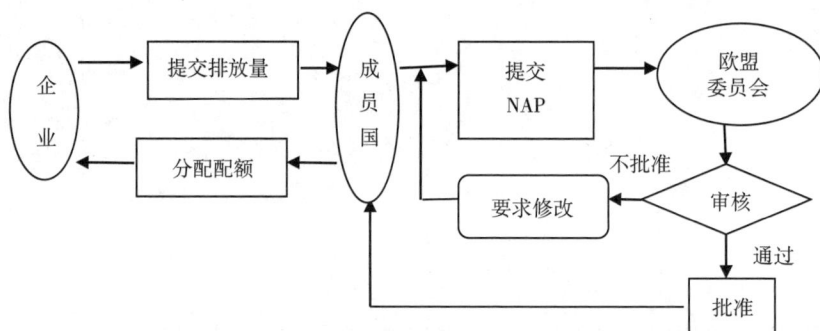

图 1.1　欧盟排放配额分配过程示意图
资料来源:作者根据相关文件整理。

首先成员国确定参与计划的各企业申报排放量。企业先对所有排放设施
(Installations)进行核查,按照技术标准,核实设施的二氧化碳排放量。成员国根
据企业的申报排放量,制订下一年度国家分配计划(National Allocation Plan,

① 吨公里=距离×商业载重量。

NAP），提交至欧盟。NAP 的内容包括：本国总的排放限额、覆盖的排放设施清单，以及当期分配给每个部门和企业的配额数量。

欧委会对各国提交的 NAP 进行审核，审核标准主要规定在 2003/87/EC 指令附件三中，欧委会先后于 2003 年和 2005 年对附件三的标准进行解释性说明，并专门出台了指导意见供成员国参考。该标准主要包括以下内容：第一，配额总量的设定应与成员国根据《京都议定书》和《责任分担协议》①所承担的减排义务相一致。同时总量设定需考虑本国的能源政策和 EU ETS 覆盖的温室气体在该国总排放的比例，如果明显偏离该比例就必须说明理由。此外，配额总量需符合对实际和未来温室气体排放的预测。第二，分配的配额应与减排潜力保持一致，包括覆盖活动的技术潜力。成员国可以基于产品或工序的平均排放来进行配额分配。计划应列出覆盖设施的清单和相应的配额数量。第三，NAP 应该与欧盟法规和政策一致，不得在行业和企业间构成歧视，还应包含对新入者的安排和清洁技术的信息，此外还需考虑前期减排行动等。

不符合规定的 NAP 将被退回或要求部分修改，成员国也可与欧盟进行协商。这样的修改过程可能要经历数次。例如，德国于 2006 年 6 月向欧委会提交了第二期的 NAP，申请年均 4.82 亿吨二氧化碳当量的排放配额，欧盟气候变化委员会评估后认为，德国 2008—2012 年 EU ETS 覆盖的企业年均排放仅有 4.74 亿吨，欧委会 11 月决定，分配给德国年均 4.53 亿吨二氧化碳当量的排放配额。德国接受了这一决定，同时提出了采用联合履约机制和清洁发展机制等产生的减排量抵消本国排放的具体方案。经协商，欧委会最终于 2007 年 10 月批准了德国的申请。②

各成员国的 NAP 经欧委会审议批准后就可执行，各行业和工业企业按照 NAP 的规定获取相应的排放配额。

EU ETS 第一期，欧委会向 27 个成员国发放了总计 63.2 亿吨配额，第二期发放了 93.1 亿吨配额。从 2013 年开始，欧盟每年签发的配额总量呈线性递减，

---

① 《责任分担协议》是欧盟为完成《京都议定书》的减排承诺，各成员国达成的减排义务分担的协议。

② 高翔、牛晨：《国际上落实温室气体排放控制目标的启示》，《国际经济评论》2010 年第 4 期，第 126 页。

递减比例为 2008—2012 年间签发的年均配额总量的 7.14%。①

2. 国家分配计划的制订

每个成员国按照 2003/87/EC 指令制订 NAP,内容包括排放限额、分配原则、具体企业的排放配额,以及预留给新加入企业的排放配额等。2003/87/EC 指令附件三规定了制订 NAP 的原则②,包括:(1)各国排放配额的总量必须符合各国在《京都议定书》承诺的减排目标和 2002/358/EC③ 的要求;(2)各国配额总量的确定应兼顾减排的潜力;(3)配额分配以各排放设施排放的平均值为基础;(4)分配计划应与欧盟的法律法规和政策工具一致;(5)分配计划对于不同行业和企业之间不得有歧视;(6)分配计划应包含对新加入者的安排;(7)必须考虑到前期的减排行动并与之协调,如欧委会提出的"基准标杆"考虑到了最可行的技术,成员国的分配计划可以采用,并可以使"基准标杆"包含与前期减排行动协调的内容;(8)分配计划必须涉及能源效率和清洁能源技术的内容;(9)制订分配计划前,必须让公众表达意见,分配决策要充分考虑公众意见;(10)分配计划必须列出所有纳入到 EU ETS 的企业名单,以及分配给各企业的排放配额;(11)分配计划的制定要兼顾来自欧盟以外国家和企业的竞争。

NAP 配额数量的制定步骤为:(1)确定所有必须纳入 EU ETS 的企业名单;(2)确定所有参与 EU ETS 的行业将获得的排放配额总量;(3)结合以往的实际排放量,确定各产业部门所分配到的排放配额,分配过程必须透明;(4)确定各排放设施所分配到的排放配额。

在第一期,各成员国必须在 2004 年 3 月 31 日前向欧委会提交 NAP,欧委会在接到成员国国家分配计划后的 3 个月内完成评审。第二期则要求各成员国必须至少提前 18 个月向欧委会提交 NAP。

在第一、二期的 NAP 中,配额较多集中在较发达的国家。第一期,德国、英国、波兰、意大利和西班牙的排放配额占 EU ETS 总配额的比例分别为 21.71%、10.67%、10.40%、9.71%和 7.59%,五个国家配额总量之和高达 60.08%。第二期,五个国家配额占比分别为 21.78%、11.83%、10.02%、9.41%和 7.32%,除英

---

① 2003/87/EC 指令第三章第 9 条。
② 2003/87/EC 指令附件三。
③ 2002/358/EC 是欧盟关于批准《京都议定书》《联合国气候变化框架公约》和《共同履行减排承诺》的决议。

国外其余四个国家的比重都稍有减少,但五国配额总和占配额总量的比重还略有提高,达到 60.36%。第一、二期各成员国的国家分配计划见表 1.2。

表 1.2　欧盟 27 个成员国第一、二期国家分配计划概览

(单位:百万吨 CO_2e)

成员国	第一期年度配额总量	2005 年经核证排放量	第二期提交的年度配额总量	第二期审核后年度配额总量	欧委会削减配额比例	CDM/JI 使用比例	CDM/JI 使用数量
奥地利	33	33.4	32.8	30.7	-6.40%	10.00%	3.1
比利时	62.1	55.583	63.3	58.5	-7.60%	8.40%	4.9
保加利亚	42.3	40.6	67.6	42.3	-37.40%	12.60%	5.3
塞浦路斯	5.7	5.1	7.12	5.48	-23.00%	10.00%	0.5
捷克	97.6	82.5	101.9	86.8	-14.80%	10.00%	8.7
丹麦	33.5	26.5	24.5	24.5	0.00%	17.00%	4.2
爱沙尼亚	19	12.62	24.38	12.72	-47.80%	0.00%	0.0
芬兰	45.5	33.1	39.6	37.6	-5.10%	10.00%	3.8
法国	156.5	131.3	132.8	132.8	0.00%	13.50%	17.9
德国	499	474	482	453.1	-6.00%	20.00%	90.6
希腊	74.4	71.3	75.5	69.1	-8.50%	9.00%	6.2
匈牙利	31.3	26	30.7	26.9	-12.40%	10.00%	2.7
爱尔兰	22.3	22.4	22.6	22.3	-1.20%	10.00%	2.2
意大利	223.1	225.5	209	195.8	-6.30%	15.00%	29.4
拉脱维亚	4.6	2.9	7.7	3.43	-55.50%	10.00%	0.3
立陶宛	12.3	6.6	16.6	8.8	-47.00%	20.00%	1.8
卢森堡	3.4	2.6	3.95	2.5	-36.70%	10.00%	0.3
马耳他	2.9	1.98	2.96	2.1	-29.10%	—	—
荷兰	95.3	80.35	90.4	85.8	-5.10%	10.00%	8.6
波兰	239.1	203.1	284.6	208.5	-26.70%	10.00%	20.9
葡萄牙	38.9	36.4	35.9	34.8	-3.10%	10.00%	3.5
罗马尼亚	74.8	70.8	95.7	75.9	-20.70%	10.00%	7.6
斯洛伐克	30.5	25.2	41.3	32.6	-21.10%	7.00%	2.3
斯洛文尼亚	8.8	8.7	8.3	8.3	0.00%	15.80%	1.3
西班牙	174.4	182.9	152.7	152.3	-0.30%	20.00%	30.5
瑞典	22.9	19.3	25.2	22.8	-9.50%	10.00%	2.3

成员国	第一期年度配额总量	2005年经核证排放量	第二期提交的年度配额总量	第二期审核后年度配额总量	欧委会削减配额比例	CDM/JI使用比例	CDM/JI使用数量
英国	245.3	242.4	246.2	246.2	0.00%	8.00%	19.7
EU27合计	2298.5	2122.16	2325.34	2082.7	−10.40%	13.40%	278.3
列支敦士登	无	无	—	0	—	8.00%	0.0
挪威	无	无	—	15	—	20.00%	3.0
冰岛	—	—	—	—	—	—	—
总计				2097.7		13.40%	281.3

注:冰岛、挪威、列支敦支登为第二期加入 EU ETS 故无第一期数据。

资料来源:(1)Julia Reinaud,Cédric Philibert,*Emissions Trading:Trends and Prospects*,OECD,2007,Table 1.
(2)A.Kossoy,P.Ambrosi,*State and Trends of the Carbon Market* 2008,Washington:The World Bank,2008,Table 4.

3.配额在行业和企业的分配

配额的具体分配也由成员国在 NAP 中说明,2003/87/EC 指令在第 10 条规定,第一期免费分配的配额不得低于 95%,第二期免费分配的配额不得低于 90%。从第一、二期各国 NAP 来看,免费分配是主要的分配方式,对于既有设施,成员国大多按"祖父法则"进行分配;而对于新建设施,大多数成员国建立了"新入者储备",以向新进入者免费发放配额,减少了新入者采用低碳技术的动力。2005—2010 年欧盟主要行业配额分配情况见图 1.2。

EU ETS 配额分配有两个鲜明的特点:一是对新加入者提供免费配额,新加入者是指由于 EU ETS 涵盖范围扩大而新被纳入的排放实体,包括排放活动和设备。欧盟对新加入者提供免费配额是为了避免对有新增投资的成员国的竞争力产生不利影响。二是排放设备对应的配额在该设备关闭后会被取消,以避免企业为了获得可交易的剩余配额而关闭和转移现有生产,进而影响就业和经济。

第一期,25 个成员国预留的新加入者配额共 219 万吨,约占 EU ETS 配额总量的 3.5%。新加入者配额按照"先到先得"的原则进行分配。如果新加入者配额分配完后还有新加入者,大多数国家规定后来的新加入者要到市场上购买配额,而意大利和德国则由政府在市场上为所有新加入者购买配额。如果该配额还有剩余,各国的处置也有所不同:16 个成员国在 2007 年将未使用的新加入者配额出售;德国、法国和西班牙等 6 国则注销所有剩余的新加入者配额,另外 3

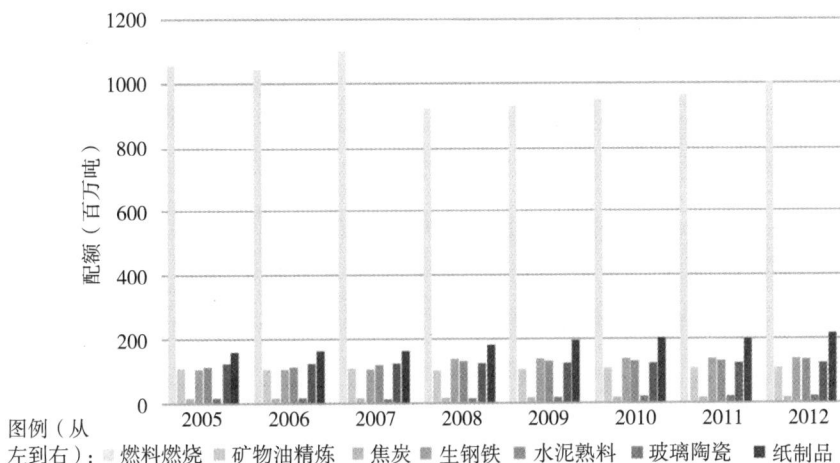

图例（从
左到右）：　■燃料燃烧　■矿物油精炼　■焦炭　■生钢铁　■水泥熟料　■玻璃陶瓷　■纸制品

图 1.2　欧盟碳排放配额的行业分配

资料来源：Carbon Market Data,2016-12-05,https://www.carbonmarketdata.com/en/home.

个成员国(塞浦路斯、斯洛伐克和马耳他)则未对此进行规定。2013—2020 年,
EU ETS 预留了配额总量 5% 的配额作为新加入者配额,到 2020 年,未使用的新
加入者配额将被拍卖。

(三)配额的拍卖

1. 拍卖比例

2003/87/EC 指令规定,出售或拍卖的配额在第一期最高为 5%,第二期最高
为 10%,各国制定的 NAP 中出售或拍卖的配额远低于该比例。具体而言,第一
期有 4 个国家制定了出售或拍卖的规定,仅有 3 个国家进行了拍卖,约为 413 万
吨,占总配额的 0.2%;第二期仍有 15 个国家没有拍卖计划,其他国家除德国和
英国外,拍卖额仅占总配额的 4%—5%。

EU ETS 第三期拍卖的配额比例不低于 50%,到 2020 年,超过 60% 的配额将
通过拍卖方式获得。其中 88% 将分配给所有成员国,各国分配的比例与各国第
一期排放量占比相等;10% 以促进内部团结和经济发展为目的,分配给特定的成
员国,这些国家多为收入相对较低的东欧国家;剩余 2% 用以奖励早期减排的国
家,即在 2005 年排放量比《京都议定书》基准年排放量低 20% 以上的成员。①

———————————

① 2003/ 87/ EC 指令第三章第 10 条。

从 2013 年开始,电力行业 100% 的配额必须通过拍卖获得。而能源密集行业,如炼油厂和航空业,2013 年配额的 15% 应通过拍卖获得,并逐步分阶段增长,到 2020 年 100% 通过拍卖获取。① 欧盟预计到 2020 年,配额拍卖所得的收入将达到 800 亿美元,配额拍卖所得的收入,应当用于降低温室气体排放、开发可再生能源以及其他节能减排的项目和措施上。

2. 拍卖流程

2003/87/EC 指令要求,欧委会应制定规则来规定拍卖的时间、执行和其他细则,以保证拍卖以公开、透明、和谐和非歧视性的原则进行。拍卖在程序上,尤其是在时间、拍卖频率和预计配额供应量上,应该是可预测的。

拍卖的设计应保证:(1)经营者,特别是 EU ETS 下的中小企业,应享有完全、公平和平等的参与权利;(2)所有参与者在同时间可以接触到相同的信息,参与者不得损害拍卖的运行;(3)拍卖的组织和参与应具备成本有效性并且避免不必要的行政费用;(4)小规模排放者同样享有获得配额的权利。

拍卖的配额可以通过标准化的电子合约在拍卖平台上出售。拍卖的配额在交割后两天内不得再次在同一交易平台进行交易。在履约期到期之前,成员国的配额可以通过远期和期货的形式拍卖。

在拍卖形式上,每个成员国都要指定一个拍卖商,任何拍卖配额的出售都必须通过拍卖商进行。拍卖的出价人可以通过给定的竞标窗口提交标价,但不能看到其他竞标者的出价。投资公司或者信用机构也可在交易平台竞标,获得的配额作为金融产品用于二级市场交易。竞标成功者按规定对每单位配额缴纳相同的拍卖结算费用,这一费用与拍卖出价无关。只有被授权的自然人能够代表出价方参与竞拍,有权提交、修改或者撤回标价。竞拍的最小数量为一手(Lot),2 天的现货和 5 天内的期货,以 500 单位的配额为一手;期货和远期以 1000 单位的配额为一手。出价的修改和撤销只能在竞拍窗口关闭之前进行,并且有截止期限。

在拍卖价格上,拍卖结算价格在出价窗口关闭时确定。交易平台将提交的出价按照价格进行排序。如果有几个相同的出价,则对其进行随机排序,随机的算法是在拍卖前就确定好。竞标数量将从出价最高的开始加总,直到达到拍卖

---

① 在欧委会最初的提案中,2013 年的比例为 20%。

的总量。此时的价格就是拍卖结算价格。所有的拍卖配额都以这一价格分配给竞拍者。如果出价总量少于用于拍卖的量,或结算价格明显低于拍卖时和拍卖前一段时期内二级市场的交易价格,交易平台将取消拍卖。被取消的配额将被平均分配到该平台已确定的后期的拍卖中去。交易平台通过自有的竞价窗口独立实施拍卖。竞标窗口在同一交易日开放和关闭,且每次持续开放时间不得超过两小时。不同交易平台的竞价窗口不得同时运行,且两个连续的开放期间间隔不得少于两小时。

在拍卖日期和时间上,拍卖的日期和时间由拍卖平台决定,但在公共假期等某些特定日期不得开展。通常拍卖时间可以更改,只要提前向所有相关者发出通知。除了指定的交易平台,其他交易平台一周内进行拍卖的天数不得超过两天。即便被允许多于一周两天的拍卖,超出天数的拍卖也要在没有其他拍卖开展的日期进行。

EU ETS 对拍卖做细致的规定是为了避免拍卖过程受到操纵及其他欺诈行为,确保拍卖的公平性、公开性和透明性。此外,对于每次竞价拍卖的执行,成员国都要报告其适当性,特别是价格、技术以及运行方面的信息。相关报告应在相应竞价拍卖前一个月提交并在欧盟网站上公示。

二、交易机制

(一)交易参与者

在碳市场内部,市场参与者之间依据自身掌握的配额和减排成本,建立起供需关系。减排成本较低的一方作为卖方,出售多余的配额;减排成本较高的一方作为买方,购买短缺的配额。

EU ETS 已发放的配额可以到二级市场进行交易。交易的参与者主要有三类:配额的供给者、最终使用者和中介机构。其中最大的两类市场参与者是电力公司和金融中介机构。

金融中介机构的积极参与是 EU ETS 一个显著特点。目前任何人都可以通过金融中介机构直接或间接进入碳市场。广泛的参与增强了碳市场的流动性,并有助于形成更可信的碳价格。金融机构包括商业银行、资产管理机构以及保险公司等,金融机构的参与不仅促进了排放设施间的交易,也发展出了不少的结构性衍生产品,如碳期货、期权以及掉期交易,对远期减排单位提供担保,满足了最终使用者的风险管理需要。中小型公司和单个排放设施的所有者缺乏足够资金和专业知识,参与者需要在市场上交易的配额数量太小,不必直接在碳市场交易,这时就需要金融机构的中介服务。

目前尚未形成统一的国际碳市场,因此在不同碳市场之间的交易受到各自市场规则的限制。尤其是对于欧盟成员国,如果不采取额外措施,半数将不能够兑现他们《京都议定书》的减排义务。按照欧盟 2002/358/EC 联合履约决议,EU ETS 可与第三国碳市场链接,以提高欧盟实现减排目标的成本有效性。最初发布的 2003/87/EC 指令第 25 条已提出与其他碳市场进行链接的想法。为了降低企业履约成本,2004 年 11 月 14 日,欧盟通过链接指令(Linking Directive)[1],EU ETS 成员从 2005 年起可使用 CDM 项目和 JI 项目的核证减排量(Certified Emission Reductions,CERs)和减排单位(Emission Reduction Units,ERUs)来抵消其排放量,从而实现了 EU ETS 和 CDM、JI 机制的对接,CERs 和 ERUs[2] 可以在 EU ETS 进行交易。各成员国应在其国家分配方案中公布预计的 CERs 和 ERUs 的使用,以及在此期间内 CERs 和 ERUs 的最高百分比。之后,关于与其他碳市场的链接条款,欧盟又经过了数次修改。

(二)交易方式

EU ETS 并未具体规定碳排放权交易的场所和方式。企业和其他参与者可以在场内直接交易,也可以通过经纪人、交易所或其他市场中介进行场外交易。

以企业为主的参与者之间的直接交易一般是通过电子登记等方式在市场上提出买卖需求,交易双方通过谈判,根据自身减排成本、市场价格和交易成本确定交易价格,并以合同方式确认交易的商品、价格和数量。合同成交后要向相关管理机构报告,管理机构负责批准、跟踪和确认交易完成情况以及企业达标情况,定期发布报告。非直接交易则由金融中介机构提供服务。支付方式以现货支付、期货支付和混合支付(现货+期货)三种方式组成。例如配额通常采取现

---

① Directive 2004/101/EC,对 2003/87/EC 指令进行了修订,在欧盟内建立了温室气体排放权交易机制,通常被称为"链接指令"。

② 联合履约项目所形成的碳排放称为减排单位。

货方式;CERs 和 ERUs 项目期长、预期风险大,往往以期货加现货混合支付方式为主,此类交易合同中对买卖双方支付的进度、条件和比例都有详细的规定。根据欧委会的初步统计,2009 年,欧盟 75%—80% 的交易量是衍生产品交易,包括远期、期货、期权和掉期交易。

EU ETS 初期约 80% 的交易量发生在场外市场,其中伦敦能源经纪商协会 (LEBA)完成的交易活动占据了场外交易的 54%。2008 年金融危机后大部分交易活动逐渐转向场内交易或清算,以规避场外交易的风险。EU ETS 场内与场外交易量的变化趋势见图 1.3。可以看出,场外交易一直在 EU ETS 占较大比例,但随着场内交易平台的发展其比重逐渐下降。

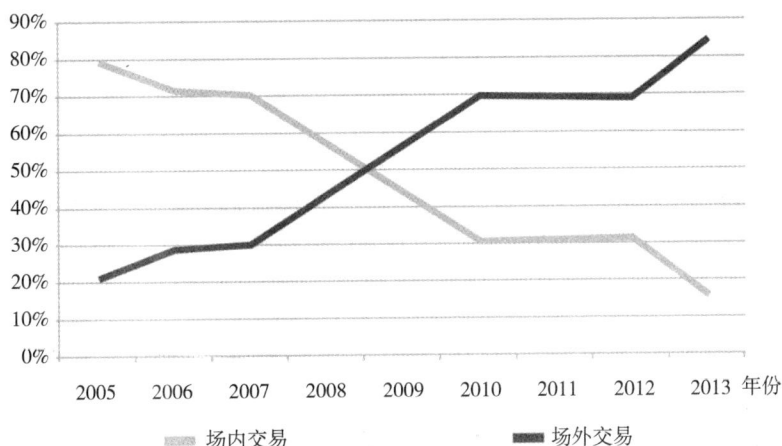

图 1.3　EUA 月度交易量

资料来源:Navigating the American Carbon World(NACW),2016-12-10,http://www.nacw2014.org/.

(三)交易平台

EU ETS 主要的交易平台层包括欧洲气候交易所(ECX)、欧洲能源交易所(EEX)、法国 BlueNext 环境交易所、荷兰 Climex 交易所、北欧电力库(Nord Pool)、奥地利能源交易所(EXAA)、意大利电力交易所(IPEX)、绿色交易所(CME-GreenX)、伦敦能源经纪商协会(LEBA)等 9 家机构。其中 ECX、EEX、BlueNext 和 Nord Pool 占据了市场交易量的绝大份额,2005—2008 年,主要交易所的 EUA 交易量占 EU ETS 交易总量的近 90%。EU ETS 主要交易所 2005—2008 年 EUA 交易量见表 1.3。

表 1.3　2005—2008 年 EU ETS 主要交易所 EUA 交易量

（单位：百万吨 CO_2e ）

年份	ECX	EEX	BlueNext	Nord Pool	总计
2005	94	—	4	28	126
2006	453	13	31	64	561
2007	1038	31	25	97	1191
2008	2234	94	251	107	2686

资料来源：万方：《欧盟碳排放权交易体系研究》，吉林大学博士学位论文，2015 年，第 68 页。

随着 EU ETS 的不断发展，交易所的竞争也日益激烈。经过市场整合，到 2014 年实际还有碳交易业务的交易所仅剩下 4 家：ECX 被美国洲际交易所集团（ICE）收购后，ICE-ECX 很快跃居市场龙头地位，占据了一级与二级市场份额的 92.9%，其中大部分是期货交易；居于次席的 EEX 占据了整个市场份额的 6.5%，包括现货交易的 60%；另外两家芝加哥商品交易所——绿色交易所（CME-GreenX）和纳斯达克-OMX 交易所（NasdaqOMX，前身为 Nord Pool）都是位于伦敦的美资控股交易所，各自的市场份额分别只有 0.5% 和 0.1%，几乎可以忽略不计。[①]

(四)注册登记制度

欧委会自颁布 2003/87/EC 指令以来，陆续通过了一系列的指令和条例，旨在建立一个标准统一且安全的登记系统。

1. 账户的注册

配额以电子形式存放在各成员国政府建立的登记系统账户中。参与 EU ETS 的任何机构和个体都要在欧盟登记系统中开设账户，以此登记拥有的配额和交易记录。

欧盟和各成员国都设立了登记处，负责管理每个排放实体的账户，记录它们的排放量，跟踪上缴和注销的配额，以及各成员国登记处之间的配额转让。成员国可以与一个或多个其他成员国在一个系统内注册，以形成规模经济。成员国主管机构应在欧盟登记处开设和持有代表本国配额的账户，账户的状态分为：开

---

① 绿金委碳金融工作组：《中国碳金融市场研究》，2016 年。

设、活跃、封锁或关闭。

在欧盟登记处开设个人账户,应先向所在成员国的管理机构提交申请。开户审核有一套严格的规则,申请人需要提供一整套详细的资料,在通过审批后成员国管理机构会为申请者在欧盟登记处开通账户。如果申请者有欺诈的嫌疑,或者因为涉嫌配额诈骗、洗钱等罪行受到调查,成员国管理机构有权拒绝为其开户。

2. 账户的记录

欧委会制定中央管理机构来维护独立交易日志,日志中记录配额的签发、转移和注销。2003/87/EC 指令要求欧委会制定有利于保证标准化和系统安全的规则,用标准的电子数据库保存普通数据,同时在适当的情况下保护机密;该系统还要保证与《京都议定书》内容的完全兼容,使得该系统也兼具欧盟履行《京都协定书》减排义务的登记体系功能。

从 2012 年 1 月 1 日起,成员国将统一使用欧盟注册登记系统,这之后签发的配额都在欧盟登记系统注册,以便其执行关于维护在成员国所开账户持有、分配、交易和注销配额的程序。建立的标准化的电子数据库,被称为欧盟交易日志系统(European Union Transaction Log,EUTL),对配额的发行、转让和取消进行独立的记录和跟踪,同时,还兼记录所有京都单位的持有和交易的数据资料。

3. 账户的管理

每个账户应有相应的管理机构进行管理。登记体系的管理分两级,一是中央统一管理机构,负责运行和维护联盟登记注册系统,同时管理欧盟的《京都议定书》登记系统;二是各国设立的国家管理机构,管理本国国内登记注册的账户。

各成员国的管理机构由本国确定和设立,访问和管理自己的国家账户。成员国的管理机构也是该国《京都议定书》登记系统管理机构。成员国分别设立碳排放权交易登记系统,负责跟踪碳排放权交易配额的转让,管理交易账户,可以说登记系统也是一个虚拟的交易平台。

获得配额的企业应缴纳的相关费用包括开户费、登记管理费、交易费和罚款等。开户费为每个企业每年 200 欧元。登记管理费分为固定和浮动两个部分,其中固定费用根据设施 CO_2 排放的多少分档收取,浮动费用则根据排放量和行业性质,采取超额累进的方式收取。交易费在完成交易后缴纳,一般根据成交量累进征收。罚款则针对超过核定排放量且未购买排放权补偿的企业。在 EU ETS 开始的第一年,欧盟共收取各种费用约 796 万欧元,主要用于管理机构的日常运作和办公经费,投资于可再生能源等节能环保领域。[①]

为了对配额的发放、持有、转让和注销等操作进行记录,中央管理机构在信息技术方面采取一系列步骤,以确保欧盟登记体系和 EUTL 系统的稳定运行。这个统一的登记系统在"联合国数据交换标准"的基础上,对电子注册系统的标准和安全性做出了明确规定,各成员国的登记注册功能和技术规格必须符合登记系统的数据交换标准,软硬件设施、网络和安全性都要符合统一的要求。欧盟注册登记系统和每个其他 KP 登记系统要同 UNFCCC 的国际交易日志(International Transaction Log,ITL)以及 EUTL 之间互相保持联通,确保对相关交易(包括通过 CDM 和 JI 获得的碳信用额度使用情况)进行记录和跟踪。欧盟设置的中央管理机构负责对各登记系统内部的交易通过 EUTL 进行自动检测,以防止发生非正常的配额签发、转移和注销。如果在自动检查中发现了非正常的情况,中央管理机构将通知该成员国,在非正常情况得到解决前不得登记配额交易。

尽管对登记系统和交易账户设置了管理规定,但 EU ETS 的注册和登记制度仍存在诸多漏洞。2010 年,欧盟多国记录碳排放配额的国家注册系统遭黑客入侵;2010 年 1 月,奥地利、波兰、希腊等国登记系统遭黑客盗去约值2870 万欧元的配额,并于现货市场出售,使得欧盟不得不停市一周,是历来最长的停市。[②]

三、监管机制

EU ETS 的监管由特定的主管机构来执行,其中最重要的监管机构是欧盟和各成员国的环境部门,其职责通常包括配额的分配、对核证者的评审、管理用于新加入者的配额储备等,其下还存在相关下属机构。成员国级别的主管机构由成员国自行设立,并确定各机构的不同职责,且大多数成员国的管理机构不止一

[①] 刘建:《通过排放权管理做到经济环境双赢——德国碳排放权交易及其启示》,《中国环境报》2006 年 8 月 11 日。

[②] 《黑客盗 3 亿排放额 欧盟碳交易停一周》,中国新闻网,2011 年 1 月 21 日。

个,例如法国设立了 6 个管理机构。一些成员国[①]还在国内设立了地区性和地方性的管理机构,负责排放配额的签发、对排放进行监测、报告与核证。

(一)排放的监测和报告

2003/87/EC 指令要求欧委会按照该指令附件四所列监测和报告原则,为附件一所列活动制定排放的监测和报告准则。用于监测和报告温室气体排放量的准则于 2004 年 1 月首次发布[②],修订后的准则于 2007 年 7 月发布[③],并于 2008 年 1 月 1 日、2009 年 4 月 23 日和 2010 年 6 月 22 日三度发布了新的修订版本。

排放的监测和核查报告是 EU ETS 监管与执行惩罚的基础。纳入 EU ETS 的企业必须从管理机构获得 1 单位排放配额,表明企业有能力监测和报告其 CO_2 排放情况。每年度结束后,EU ETS 下的相关企业必须报告其当年的 CO_2 排放情况。具有资质的独立核查机构会依据欧盟颁布的相关法规对报告进行核准。成员国应保证各排放设施经营者监测日历年内设施的碳排放,并在各年结束后向管理机构报告。

2003/87/EC 指令附件四规定了纳入 EU ETS 的碳排放活动的监测和报告原则,要求到 2011 年 12 月 31 日,欧委会按以上原则制定详细的监测和报告规则,同时为航空排放数据制定了监测和报告规则。规则应考虑最新和最准确的科学证据,特别是来自联合国政府间气候变化专门委员会(Intergovernmental Panel on Climate Change,IPCC)的证据,同时明确了对高耗能工业经营者与受到国际竞争的产品生产者的排放报告要求,明确了对信息进行独立核查的要求。

1. 固定设施的排放监测和报告

对除 CO_2 以外其他温室气体排放的监测应使用由欧委会与所有利益相关方合作开发的标准化的方式,对 CO_2 排放的监测通过计算或基于测量进行。排放的测量应采用标准的或广泛采纳的方法,并且应通过排放计算所证实。排放的计算使用以下公式:

排放量=活动数据×排放因子×氧化因子

---

① 成员国包括:奥地利、比利时、保加利亚、爱沙尼亚、芬兰、法国、德国、拉脱维亚、立陶宛、波兰、葡萄牙、罗马尼亚、斯洛伐克、西班牙、瑞典和英国。

② 2004 年 1 月 29 日,欧委会发布 2004/156/EC 指令,建立了温室气体监测和报告的标准。

③ 2007/589/EC 指令。

活动数据(燃料使用量、生产率等)应以供应数据或测量为基础。

排放因子的采用应使用被广泛采纳的默认因子(煤矿具体矿层默认值、欧盟具体默认因子和天然气生产国具体默认因子有待进一步详尽定义;IPCC默认值可用于精炼产品;生物质排放因子为零)。非商业燃料(废物燃料,如轮胎和工业工艺气体)以外的所有燃料都可使用默认因子。如果排放因子并未考虑碳的充分氧化问题,那么需要使用额外的氧化因子,反之则不必。除非经营者可以证明其具体因子更加准确,否则应使用根据96/61/EC指令所开发的默认氧化因子进行计算。各活动、设施和燃料的计算应分别完成。

经营者排放的报告中应包括以下信息:

(1)设施的身份,包括:设施的名称、地址(包含邮政编码和国家)、设施进行排放活动①的种类和数量、联系人的联系方式以及设施所有者及母公司的名称。(2)设施碳排放的情况,对于需要计算获得的排放,内容包括:活动数据、排放因子、氧化因子、总排放和确定性;对于需要通过测量获得的排放,内容包括:总排放、测量方式的真实性和不确定性。(3)除非在开发活动中已考虑具体排放因子问题,否则,对于燃烧所产生的排放,报告应同时包括氧化因子的内容。

2.航空排放的监测和报告

对于航空所产生的 CO_2 排放,以计算方式进行监测。排放按以下公式计算:

排放量=燃料消耗×排放因子

各次飞行的实际燃料消耗按以下公式计算:

实际燃料消耗量=在飞行燃料添加完成时飞机油箱所容纳的燃料量−在下一次飞行燃料添加完成时飞机油箱所容纳的燃料量+下次飞行的燃料添加量

如果实际的燃料消耗数据不可得,则基于最佳可得信息使用标准化的梯级方式估计燃料消耗。除非由独立的实验室采用被广泛采纳的分析方法确定的活动具体排放因子更加准确,否则应采用2006年IPCC清算指南或其后更新的指南所列的IPCC默认排放因子,生物质排放因子为零。

经营者航空活动的排放报告中应包括以下信息:(1)飞机经营者身份,包括:飞机经营者的名称、管理成员国、地址(包含邮政编码、国家以及飞机经营者

① 2003/87/EC指令的附件一规定了该指令所适用的所有碳排放活动种类。

在管理成员国的联系地址)、飞机注册号、报告时期内进行附件一所列航空活动所使用的飞机类型、飞机经营者核证号及其签发机构、经营执照;联系人联系方式以及飞机所有者的名称。(2)对于各类燃料的排放计算,包括:燃料消耗、排放因子、所有飞行排放总量以及不确定性。

如果飞机经营者申请特别储备中的免费分配配额,应向成员国管理机构提交经核查的在监测年内航空活动的吨公里数据。监测年是 2003/87/EC 指令附件四和附件五中所述时段开始日期前 24 个月的日历年。任何申请最迟都应在开始日期前 21 个月完成。在 2012 年 1 月 1 日到 2012 年 12 月 31 日的期间内申请免费配额,监测年为 2010 年,开始日期为 2011 年 3 月 31 日。

吨公里采用以下公式计算:

吨公里=距离×商业载重量

"距离"等于离港机场与目的机场间的距离加上 95 千米,"商业载重量"指运载货物、邮件和乘客的总重量;乘客数为除机组成员外的机上人数,飞机经营者可以选择乘客的实际或标准重量来计算乘客质量及其托运行李的质量。

吨公里报告的内容包括:(1)飞机经营者身份,与前述的内容相同;(2)吨公里数据,包括:对应机场飞行次数、乘客—公里数、每次飞行的吨公里数、计算乘客和托运行李重量的方法①以及飞机经营者年度所有飞行的总吨公里数。

(二)排放的核查

所有纳入 EU ETS 的排放活动都要接受核查,核查每年进行一次,包括对监测报告和前一年的监测结果的核查。2003/87/EC 指令和《温室气体排放监测与报告指南》仅规定了核查的基本过程、标准和要求,具体细节由各成员国自行制定。

核查由获得认证的核查者独立进行,以避免企业通过报告低于其实际排放量的排放量而获益。通常核查者可以是独立的机构或个人,但少数国家例外。例如,比利时和爱沙尼亚仅认证唯一的核查者;罗马尼亚的核查者只能是机构;在匈牙利,个人身份的核查者只能对燃烧液体和气体燃料的小型和中型排放设备进行核查。核查者可接触到所有与该核查相关的场所和信息,应独立、合理和

---

① 托运行李重量的计量方法有两种:一是按照航空公司规定的每位乘客可携带的行李最大质量;二是使用默认值 1000 千克代表每一个旅客和其行李的质量。

专业地进行工作,并受到监督。

核查针对监测系统、报告中排放数据和信息真实性、可信性和准确性等问题展开,尤其是报告中活动数据以及相关测量和计算、排放因子的选择和使用,总排放的计算,以及测量方法的选择及其适用性。

只有当真实、可信的数据保证了排放信息的高确定性时,报告中的排放信息才被视为有效的。高确定性要求经营者做到:报告中数据一致,数据搜集按照适用的科学标准进行,设施的相关记录完整、一致。核查者按照 2003/87/EC 指令附件五的指标和欧委会按此制定的条款对排放设施或飞机的排放活动进行分析,同时使用随机检查来确保报告中数据和信息的真实性;分析经营者为降低不确定性采取的所有有效控制风险的方式等。2003/87/EC 指令附件五还对航空排放规定了额外条款,包括核查者要确保 2003/87/EC 指令附件一所列的所有航空活动的飞行都已被考虑,燃料数据一致;飞机经营者所报告的商业载重量与此经营者因安全因素所保存的商业载重量记录相符等。

核查程序完成后,核查者完成核查报告,并对经营者提交的监测报告是否合格做出评价。如果监测报告符合要求,总排放量表述正确,核查者要在报告中做出明确的肯定陈述;如果企业提供的排放报告未被通过,则要修改报告直到被核查者认可,否则该企业剩余的配额不能出售,并且还会面临高额罚款。企业报告和核查结果都要公开,接受大众的监督。

(三)惩罚

2003/87/EC 指令要求成员国为违反该指令的情况制定处罚规则,同时采取所有必要的措施保证相应规则的执行。

如果企业当年的实际排放量超出分配的配额,将被处以罚款,由成员国实施。成员国要公开未履行减排要求的经营者的名单。任何未能在每年 4 月 30 日前弥补其年度超额排放的经营者都会被追究罚款责任。在第一阶段,每超排一吨 CO_2 罚款 40 欧元,第二阶段后升至 100 欧元。[①] 企业经营者在下一年度还必须加大减排力度,获得剩余的配额将上一年的差额抵消。在飞机经营者不遵守指令,且其他措施都不能保证其遵守的情况下,飞机经营者的管理成员国可以

---

① 2003/87/EC 指令第四章第 16 条。

要求欧委会向此飞机经营者签发禁止经营的决定。

此外,各成员国制定了各自的处罚条款,对本国超额排放企业加以惩罚。以德国为例,超额排放的罚款实行逐年递增的标准,第一年超排 CO_2 每吨处罚 40 欧元,第二年每吨 100 欧元,第三年每吨 200 欧元。对于超额排放未能及时补足的,将被处以最高 50 万欧元的罚款。对违反国内相关法规的,成员国处以罚款、关闭设备、禁止转让配额等惩罚;对于严重的违法行为,还将追究刑事责任,处以监禁等惩罚。各国的惩罚力度也有很大的差异,例如,拉脱维亚规定,如果排放设施未获得排放配额就进行生产,将受到 2000 欧元的罚款;而在西班牙和爱尔兰,该罚款分别达到 200 万欧元和 1500 万欧元;芬兰规定没有在要求日期前提交核查报告的排放实体,其配额将不得转让,希腊则对上述行为处以关闭排放设施 5—20 天的惩罚。

(四)评估和发展

成员国必须每年向欧盟提供其关于指令执行情况的报告。该报告应基于问卷调查或欧盟草拟的纲要,重点包括配额的分配、EU ETS 内 ERUs 和 CERs 的使用情况、登记处的运行、监管和报告规定的执行、指令遵守情况的核查和认证。在成员国的报告基础上,欧委会在三个月内再发布一份指令执行情况的总报告。此外,欧委会还组织成员国主管机构之间对报告涉及的问题进行信息交换。

欧委会监测 EU ETS 的运行情况。对于 2003/87/EC 指令执行的经验、温室气体排放的监测以及国际进展,欧委会将编写应用报告,在每年 6 月 30 日前提交给欧盟议会和欧盟理事会。欧委会还应监测每年 EU ETS 的表现,向欧盟议会和欧盟理事会提交报告通报市场表现情况,内容包括竞价拍卖的执行、流动性和交易量。如有必要,成员国应保证任何相关信息会在欧委会完成报告前两个月提交给欧委会。基于温室气体排放监测的进展,欧委会可向欧盟议会和欧盟理事会提交修改 EU ETS 覆盖范围、拍卖配额比例、监测核查指标等内容的建议。

第三节　运行效果与改革

通过第一、二期的努力,EU ETS 已经建立起碳市场所需的各项制度,实际操作中也运行正常。在各种机制中,碳市场表现最为突出,碳价格完全由市场确定,起到了发现价格的作用,而且交易量占据全球的绝大部分。不过最大的问题来自 NAP 的模式,既容易产生配额过量问题,还人为造成了不公平和低效率,最终导致减排效果大打折扣。为此,EU ETS 在第三、四期进行了改革,对 EU ETS 的相关制度设计进行优化。

一、第一、二期的运行效果

(一)主要的成功之处:碳市场高度发达

2005 年,EU ETS 开始运行就成为世界上最大的碳市场,占据了世界碳市场绝大部分份额。第一期的交易量和交易额保持了非常高的增长速度,年均增长在 2.5 倍以上。2005—2007 年,EU ETS 交易额从近 79.08 亿美元迅速攀升至 500.97 亿美元;2005—2007 年,交易量从 3.21 亿吨迅速增长到 20.61 亿吨,而同期配额总量分别为 20.96 亿吨、20.72 亿吨和 21.53 亿吨。EU ETS 第二期交易量和交易额继续保持高速增长,交易量和交易额分别从 2008 年的 30.93 亿吨和 1005.26 亿美元增长到 2011 年的 78.53 亿吨和 1478.48 亿美元。2012 年交易量继续增长,但由于碳价格低迷,交易额缩水至 56 亿美元(见表 1.3)。

表 1.4 2005—2011 年全球主要碳市场交易情况

年份	交易量(额)	碳市场				
		EU ETS	澳大利亚新南威尔士	芝加哥气候交易所	RGGI	总量
2005	交易量(百万吨)	321	6	1	—	328
	交易额(百万美元)	7908	59	3	—	7970
2006	交易量(百万吨)	1104	20	10	—	1134
	交易额(百万美元)	24436	225	38	—	24699
2007	交易量(百万吨)	2061	25	23	—	2109
	交易额(百万美元)	50097	224	72	—	50393

续表

年份	交易量（额）	碳市场				
		EU ETS	澳大利亚新南威尔士	芝加哥气候交易所	RGGI	总量
2008	交易量（百万吨）	3093	31	69	62	3193
	交易额（百万美元）	100526	183	309	198	101018
2009	交易量（百万吨）	6326	34	41	805	6401
	交易额（百万美元）	118474	117	50	2179	118641
2010	交易量（百万吨）	6879	7	—	210	6886
	交易额（百万美元）	133598	101	—	458	133699
2011	交易量（百万吨）	7853	27	4	120	7884
	交易额（百万美元）	147848	351	63	249	148262

注：ETS交易量和交易额仅包含EUA。由于2013年全球碳市场低迷，世界银行取消了相关报告，故数据仅更新到2011年。

资料来源：（1）A.Kossoy，P.Ambrosi，*State and Trends of the Carbon Market* 2007，Washington：The World Bank，2007，Table 1.（2）A.Kossoy，P.Ambrosi，*State and Trends of the Carbon Market* 2008，Washington：The World Bank，2008，Table 1.（3）A.Kossoy，P.Ambrosi，*State and Trends of the Carbon Market* 2010，Washington：The World Bank，2010，Table 1.（4）A.Kossoy，P.Ambrosi，*State and Trends of the Carbon Market* 2012，Washington：The World Bank，2012，Table 1.

从交易产品的种类来看，期货交易是最主要的交易产品，其次是现货交易，期权交易比例最少，不过呈逐渐增长之势。就交易方式而言，场内交易和场外交易平分秋色，场外交易中柜台交易是主要的方式（见图1.4）。

第一、二期，EUA的价格完全由市场确定，很好地反映了市场供需的变化，起到了发现价格的作用。早在2003年建立EU ETS的决策出台后，碳排放权交易就开展起来了。但由于配额市场是基于强制配额产生的，不是完全自由的市场，最初EUA的定价存在着困难。EU ETS通过参考交易平台的二级市场价格，同时结合场外的议价，实现了EUA价格由市场供求决定。

不过碳价格的波动非常剧烈（如图1.5所示）。第一阶段EUA价格出现了两次大幅震荡，第一次由于核证排放量的公布，价格从最初的每吨不足7欧元，上升到2006年6月的每吨超过30欧元，在2005年期间一直在15—25欧元之间波动；2006年7月以后，由于大量配额盈余，EUA价格持续走低，到2007年

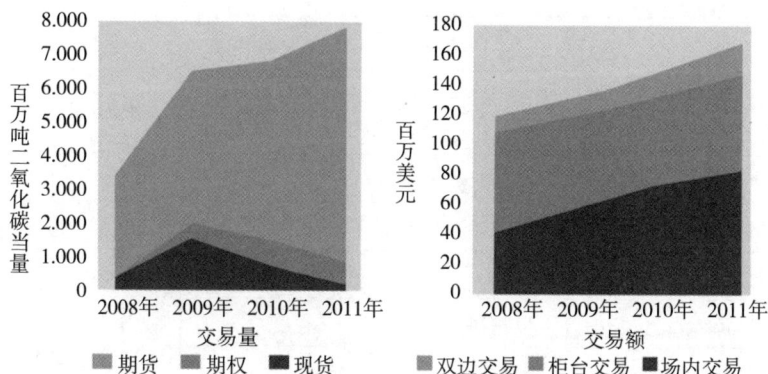

图1.4 2008—2011年EU ETS交易情况

注:由于2013年全球碳市场低迷,世界银行取消了相关报告,故数据仅更新到2011年。
资料来源:Alexandre Kossoy, *State and Trends of the Carbon Market*, Washington: Carbon Finance of the World Bank,2012,Figure 4 and Figure 6。

4月,价格几乎跌为零,导致了第一期价格崩溃。第一期现货市场价格崩溃的主要原因是,经济衰退、区域内工业活动放缓,配额供给严重过剩。第二期,EUA的价格相对稳定,但2008年下半年以来受到全球金融危机的冲击,价格又猛跌至10欧元以下。自2009年下半年起,经济逐步恢复,价格又趋于稳定,价格波动保持在一个较为狭小的范围内;2011年,由于欧债危机及经济增长前景疲软,价格再次下跌。

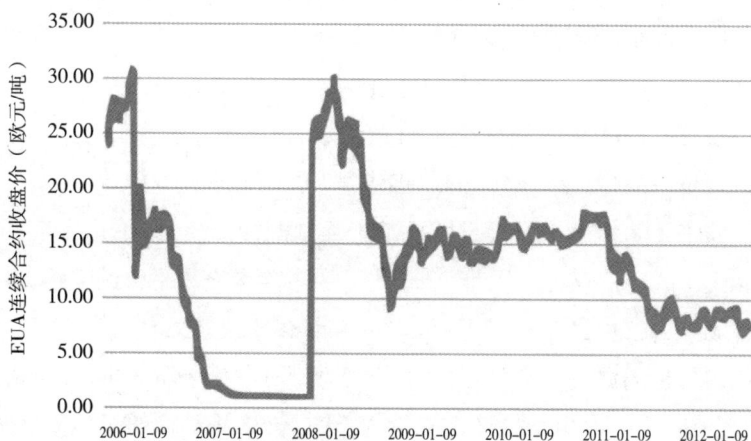

图1.5 EU ETS第一、二期价格走势图

资料来源:同花顺iFinD数据库。

（二）存在的主要问题：国家分配计划

第一、二期通过成员国制定 NAP 来确定配额总量和分配的模式遇到很多问题，主要表现在以下三个方面：

第一，配额总量过于宽松。第一期设定的总量超过了实际排放，超出的配额约为 1.11 亿吨。一些研究者将问题归结为数据的缺失和不确定，但是第二期在具备经核证数据的情况下，各国初次递交的 NAP 仍十分慷慨。这反映出总量设定的制度缺陷，成员国容易陷入"囚徒困境"，即各国都明白应该严格控制总量，但是从自身利益出发就会努力将本国配额总量最大化。欧委会对 NAP 拥有否决权，这在一定程度上起到了纠错功能，在设定第二期总量时，欧委会将总量砍掉 10.4%。2008 年配额总量和核证排放量分别为 20.03 亿吨和 21.20 亿吨，说明这种纠错机制确实发挥了作用。不过以否决 NAP 的方式来解决"囚徒博弈"问题十分"笨拙"，因为欧委会对于 NAP 的审查已经是沉重的负担，否决 NAP 还引起了成员国和欧委会的官司。第二期期间遭受到金融危机和欧债危机的连续打击，欧盟经济形势不景气，2009—2011 年覆盖行业的年度排放量在 19.00 亿吨左右，远低于预期水平，第二期剩余的配额高达 9.55 亿吨。[①] 此外，第二期允许使用京都信用，成员国对抵消机制的数量限制非常宽松，欧盟允许使用的信用总量高达 13.5 亿吨二氧化碳当量，2008—2012 年平均每年 2.7 亿吨，占到了配额总量的 13.7%，这进一步加剧了配额的过量。

第二，成员国间 NAP 的差异导致不必要的竞争扭曲。首先，成员国确定的减排幅度不统一，丹麦第二期年度配额总量比第一期年度核证排放量减少了 20%，而拉脱维亚增加了 40%。各国减排目标的差异决定了各国行业、设施间减排责任的不同，从而导致竞争的不公平。其次，配额在行业间分配有差距。各国不同的分配模式在行业和企业间产生了分配效应，一些行业获得"意外收益"，尤其是电力行业。最后，纳入设施的标准不一致。"燃烧设施"占到覆盖设施的约三分之二，而成员国对这一关键术语存在三种不同理解，受影响的排放量约 0.4 亿—0.5 亿吨，占到覆盖排放总量的 2%。

---

① 薛进军等：《欧盟碳排放权交易体系第三期的改革及其启示》，载戴彦德等主编：《中国低碳经济发展报告（2014）》，社会科学文献出版社 2014 年版。

第三,分配模式的不公平和低效率。在第一、二期,成员国基本采取了免费分配的模式,而免费分配大多基于"祖父法则",容易造成不公平和低效率。对于既有设施而言,"祖父法则"的主要问题是:违背"污染者付费原则",降低减排意愿;"鞭打快牛"迟滞减排行动,惩罚早期减排者,而奖励高排放者。而第一、二期新入和退出规则在立法上存在空白,各成员国在实践中适用不同规则引起很大争议,例如成员国设置的新入者储备的比例从1%—38%不等,造成了成员国间的不公平。

(三)其余机制平稳运行中存瑕疵

在第一、二期,诸如覆盖范围、MRV、注册登记系统等机制运行平稳,为顺利建立 EU ETS 奠定了基础,同时也出现了一些问题。

第一,"燃烧设施"理解有偏差。燃烧设施(Combustion Installation)约占到 EU ETS 覆盖设施的三分之二,但是,成员国在第一期对"燃烧设施"的理解有三种,狭义的理解仅仅包括向第三方提供电力、热或蒸汽的燃烧设施;中间的理解包括所有以能源生产为目的而生产电力、热或蒸汽的燃烧设施;广义的理解包括所有生产电力、热或蒸汽的燃烧设施。虽然欧委会曾在第二期明确"燃烧设施"应做广义理解,但部分成员国的理解仍不一致。

第二,不合理的管理成本。在 EU ETS 第一期,最大7%的设施排放的温室气体占总量的60%,而最小14%的设施排放仅占总排放的0.14%。为数众多的小型设施耗费了大量管理成本,相比大型设施经营者约0.01欧元/吨二氧化碳的管理成本,小型设施经营者的成本高达0.5—3欧元/吨二氧化碳;而不同设施引起管理当局每年的管理成本差别不大,从3000欧元到10000欧元不等,这意味着管理当局将为小型设施的单位减排支付高额的管理成本。[①]

第三,MRV 尺度不统一。在 EU ETS 第一、二期,监测、报告与核查制度的依据是欧委会制定的《监测与报告指南》。由于指南只能为成员国提供指导,不具有法律约束力,各成员国在实际操作中存在较大不一致,尤其是一些关键术语、数据选取、报告要求存在明显差异。这不仅使制度更加复杂,也导致成员国间数

---

① European Commission,"Accompanying Document to the Proposal for A Directive of the European Parliament and of the Council Amending Directive 2003/87/EC so as to Improve and Extend the EU Greenhouse Gas Emission Allowance Trading System-Impact assessment",Commission Staff Working Document,2008,p.27.

据准确程度的不统一。

第四,注册登记系统出现安全事故。由于设计缺陷和安全措施不到位,注册登记系统曾出现过失误和网络犯罪。2010 年 3 月,匈牙利将已上缴的 174 万吨 CER 重新卖出;同年 11 月罗马尼亚注册处 160 万吨配额被盗;随后德国注册处由于网络入侵而关闭;2011 年 1 月,欧委会发现黑客入侵,300 万吨配额丢失,被迫暂时关闭现货交易。

(四)减排效果不尽如人意

评价第一、二期的减排效果非常困难,但可以肯定的是 EU ETS 无疑没有完全发挥其应有的减排效果。从实际排放来看,至 2012 年第二阶段截止时,欧盟排放总量相较 1980 年减少 19%,而经济总量增幅达 45%,单位 GDP 能耗降低近50%。[1] 而且,EU ETS 给碳排放设定了价格,欧盟大型排放企业也已经将碳排放作为其投资、经营决策的重要考量因素。但是,这种实际减排能在多大程度上归因于 EU ETS 令人质疑,宏观经济形势的不景气和碳排放越过峰值后的下降可能是更为重要的原因。客观来讲,EU ETS 的减排效果远不能令人满意,最主要的原因就是配额过量导致碳价过低,不仅不能对当下的碳排放形成有效约束,更不利于长期低碳投资,降低了 EU ETS 的动态效率。

二、欧盟第三期制度改革

在 2008 年 1 月 23 日,欧委会发布的一揽子计划中包括一个新指令以修订之前的 2003/87/EC 指令。该新指令于 2008 年 12 月通过,并于 2009 年 4 月最终采用。之后,该指令又经过了两次修订,[2]主要内容是逐步增加参加碳市场的产业部门,并降低免费分配的配额比例。第三期对 EU ETS 后期发展与优化可概括为:第一,制度结构从高度分权走向协调统一,成员国享有的许多权力被集中到欧盟层面,使得 EU ETS 从一个松散联盟升级为更加统一的单一体系;第二,废除 NAP 模式,转而直接制定总量目标,这不仅从制度上根除了"囚徒困

---

[1]　兴业研究:《绿色金融报告:欧盟碳交易机制(EU-ETS)简介》,2016 年。

[2]　一是 2008/101/EC 指令,将航空业纳入欧盟碳市场中;二是修订 2003/87/EC 指令以扩展欧盟的碳市场。

境",而且向市场发出了清晰的信号;第三,拍卖将成为配额分配的基本方法,即使免费发放也采用标杆法(Benchmark),这将大大提高 EU ETS 的经济效率,增强了体系的透明度。

(一)统一设定配额总量

EU ETS 第三期的配额总量不再由成员国分散设定,而是在欧盟层面统一确定。2020 年欧盟单方面承诺的整体减排目标是比 1990 年下降 20%,在其他主要经济体积极减排的情况下可将目标提高至 30%。整体减排目标需在被 EU ETS 覆盖的行业和未覆盖行业之间划分,才能确定 EU ETS 总量。在第一、二期成员国在自行制定 NAP 时,为照顾本国行业利益,往往划分给覆盖行业的减排责任反而比未覆盖行业的减排责任低。这种划分不仅显失公平,而且在经济上缺乏效率,因为一般而言未覆盖行业减排成本相比覆盖行业要高。为了使减排成本最低,第三期将欧盟整体减排责任按照效率原则在两者之间划分,即两者承担的减排责任刚好使两者的边际减排成本相等。以单方面承诺的目标计算,欧盟整体排放水平相比 2005 年需下降 14%,其中覆盖行业需减排 21%,而未覆盖行业仅需减排 10%。EU ETS 年度总量的确定,还需将这 21%的减排责任在年份之间划分。第三期采取的方式是首先确定 2013 年初始总量,这将根据 2008—2012 年间签发配额总量的年均水平来确定;此后每年签发的配额总量呈线性递减趋势,即每年总量下降 1.74%。

(二)扩大和优化覆盖范围

《京都议定书》给欧盟设定 8%的总体减排目标,适用于来自所有部门的 6 种温室气体(二氧化碳(CO_2)、甲烷(CH_4)、氧化亚氮(N_2O)、氢氟碳化合物(HFCs)、全氟碳化合物(PFCs)、六氟化硫(SF_6))。但是 EU ETS 并没有涵盖全部生产部门和所有温室气体。一些部门的排放实体的排放量并不连续且难以计量,因此不能参与排放交易,被称为"不可交易部门"。欧盟碳市场仅适用于"可交易部门"的排放实体。第一期涵盖的行业主要集中于重要行业的大型排放设施,具体为:电力和供暖行业、石油精炼行业、水泥和石灰产业、玻璃制造业、砖瓦陶瓷产业、钢铁和焦炭制造业、纸浆和造纸业。

第二期,覆盖范围增加了硝酸制造业的 N_2O 排放。在交通排放领域,欧盟从

2011 年起将航空排放纳入 EU ETS 中,进出欧盟或在欧盟内部航线飞行,且每年碳排放量大于或等于 10000 吨的飞机经营者都将受到排放约束,欧盟以外的航空公司将由其首次申请欧洲航班运行配额的欧盟成员国负责管理。在第一批公布的航空公司的名单中有 28 家是中国的航空公司。从 2012 年起,始于或到达欧盟的所有航空活动都要纳入 EU ETS。在 2012 年,分配给飞机经营者的配额总量应相当于历史航空排放量年平均值的 97%,2013 年后这一比例将降低到 95%。

第三期为增加减排机会和降低管理成本,对覆盖范围进行了扩大和优化。新纳入的行业包括两类:一类是纳入之前未覆盖的行业活动,包括石油化工制品及其他化学品、氨、铝等(航空业已经于 2012 年纳入);另一类是通过取消原有部分覆盖行业的限制而纳入的行业活动,包括石膏、有色金属、白云石煅烧等。新纳入的行业使覆盖的温室气体种类从 CO_2 扩大到 N_2O 和 PFCs,覆盖的排放量增加约 1 亿吨,约为第二期配额的 4.6%,预计将降低减排成本约 30%—40%。[1] 覆盖范围的优化主要体现为排除小型设施和技术单位。为节约管理成本,第三期允许成员国排除年排放少于 2.5 万吨的小型设施,大约有 6300 个设施,每年可以为设施经营者节约管理成本 0.13 亿—0.95 亿欧元,管理当局也可节约 0.126 亿—0.4 亿欧元。同时,在计算设施有关热输入值时,将额定热输入值在 3 兆瓦以下的技术单位排除,这可排除约 800 个设施[2]。

(三)改革分配方式

免费发放配额的方式便于管理,且不会增加企业的费用负担引起企业抵触。但配额免费发放的方式导致了配额过量分配,且影响了正常的市场交易价格,欧委会越来越支持放弃免费分配采用拍卖分配手段。

由于立即转入完全拍卖可能导致碳泄露和沉淀成本[3]问题,第三期建立了针对既有设施的过渡性措施。而且,考虑到新入和退出规则对公平和效率的重

---

[1]　Counsil of the European Union, "Proposal for a Directive of the European Parliament and of the Council amending Directive2003/87EC so as to Improve and Extend the Greenhouse Gas Emission Allowance Trading System of the Community", 2008, p.4.

[2]　European Commission, "Accompanying Document to the Proposal for a Directive of the European Parliament and of the Council Amending Directive 2003/87/EC so as to Improve and Extend the EU Greenhouse Gas Emission Allowance Trading System-Impact Assessment", Commission Staff Working Document, 2008, p.48.

[3]　沉淀成本(Sunk cost)指 EU ETS 建立前的投资和建立后碳价格导致的利润下降所引起的成本。

大影响,第三期专门制定了欧盟层面的规则。具体而言,第三期配额分配模式①主要包括以下三部分:

第一,既有设施的过渡性措施。过渡性措施将向覆盖设施继续免费发放部分配额,分配的方法将采用标杆法。行业标杆值为行业碳效率前 10% 的所有设施的排放的平均值,标杆值与设施产出量的乘积就是该设施能获得的全部配额。但是免费配额并非全部发放,按照发放比例的不同,既有设施可以分为三类:第一类为电力设施,发放的比例为零,即不能获得免费配额;第二类为面临碳泄露行业的设施,在第三期将免费获得全部配额的 100%;第三类为上述两类以外的设施,2013 年将免费发放全部配额的 80%,随后每年等量减少,到 2020 年只有全部配额的 30% 免费发放,用以补偿这些设施的沉淀成本。

第二,新入和退出的统一规则。第三期新入规则规定,欧盟内配额总量的5% 将被单独划出,作为"新入者储备",这是向新入者预留配额的最高上限。分配的方法将与同类既有设施的过渡性措施保持一致,例如,新入电力设施将不能获得免费配额。"新入者储备"还将专门划出 3 亿吨的配额,用以鼓励碳封存和可再生能源等示范项目。相比"祖父法则",基准法能有效避免企业为获得免费配额而继续运行那些无效率设施,这为退出规则的制定提供了便利。因此,第三期退出规则统一规定,停止运行的设施将不能获得免费配额。

第三,配额拍卖的相关安排。除上述免费发放的配额外,其他配额将分配给各成员国拍卖。其中 88% 将分配给所有成员国,各国分配的比例与各国第一期排放量占比相等;10% 以促进内部团结和经济发展为目的,分配给特定的成员国,这些国家多为收入相对较低的东欧国家;剩余 2% 用以奖励早期减排的国家,即在 2005 年排放量比《京都议定书》基准年排放量低 20% 以上的成员国。此外,作为对部分国家②电力行业的照顾,第三期允许这些国家将本国分配到的拍卖配额免费发放给电力行业,2013 年免费配额不得超过历史排放量的 70%,随后逐步递减到 2020 年为零。

(四)调整抵消机制

通过第一次修改,EU ETS 建立了抵消机制,即允许企业使用《京都议定书》

---

① 此处分配模式不包括航空业,航空业的配额分配相对独立于其他行业。
② 包括保加利亚、塞浦路斯、捷克、爱沙尼亚、匈牙利、拉脱维亚、立陶宛、马耳他、波兰和罗马尼亚。

下清洁发展机制(CDM)和联合履约(JI)产生的项目信用,以抵消其排放责任。然而,《京都议定书》于2012年到期,后京都气候协议前景又尚不明朗,CDM和JI项目如何处理就成为棘手问题。考虑到抵消机制有利于激励其他国家加入国际气候协议,同时可以降低企业的减排成本,欧盟主动对第三期的抵消机制做出调整,并重新规定了项目信用的使用上限。

在没有达成国际气候协议的情况下,《2009修改指令》做了如下安排:第一,对于依据《京都议定书》产生的信用,欧盟将允许其转换为第三期的配额,这包括两类:截至2012年已产生的信用和2013年前完成项目注册而在2013年后产生的信用。第二,对于2013年后的项目,第三期只认可最不发达国家的CDM项目和与欧盟签订了双边协议国家的项目。第三,建立了欧盟内部的JI机制,允许成员国向其境内未被EU ETS覆盖的减排项目签发配额或信用,这些项目不能导致重复计算,不能影响EU ETS的覆盖范围,不能阻碍实施其他针对非EU ETS活动的减排措施。而一旦国际气候协议达成,EU ETS将只接受签署该协议国家的项目信用。

对于项目信用允许使用的上限,欧委会认为第二期过于宽松。据统计,第二阶段减排目标是相比2005年减少6%,但是抵消信用允许使用的最大值已经达到配额总量的13%,因而抵消信用不仅代替了欧盟内的减排,理论上还允许企业排放增加7%。鉴于此,第三期力图严格控制抵消机制的使用上限。对于既有设施,允许使用的上限为该设施在第二期允许使用额度中尚未使用的部分。

但是,考虑到部分国家第二期上限较低,这些国家的设施第三期允许使用不低于其第二期配额数量11%的项目信用;而第三期新入的设施并未在第二期设定上限,第三期专门规定新入者允许使用的信用应不低于排放量的4.5%,同时为了控制这两者的上限,《2009修改指令》在欧盟整体层面将允许使用的信用总量限定在第三期全部减排量的50%。

(五)解决碳泄漏问题

为应对碳泄漏问题,欧委会于2008年1月提出了两种解决方案:向特定的国内生产商免费分配排放配额;或建立有效的碳平衡体系(Carbon Equalization System),即要求进口商以不低于欧盟企业的条件来获得和提交排放配额,例如征收碳关税。① 碳关税由于产生太大争议,目前基本被搁置。

欧盟第三期规定了在碳泄漏的情况下支持高能耗工业的措施。修改后的 2003/87/EC 指令规定了评估面临碳泄漏风险部门的测量方法,确立了两种可替换的量化测度碳泄漏风险的方法。第一种方法称为"分散方法"(Separated Approach),如果执行 EU ETS 规定所产生的直接和间接的额外成本之和使生产成本明显提高 30%以上,或者与第三国贸易强度②超过 30%,则部门是面临碳泄漏的;第二种称为"复合方法"(Integrated Approach),如果一个部门的生产成本因 ETS 提高超过 5%而且贸易强度超过 10%则完全免除拍卖。

2009 年 4 月 29 日,欧委会公布了面临碳泄漏威胁的产业部门。这一结果的评估基础是欧盟独立交易日志(Community Independent Transaction Log,CITL)登记的历史排放数据。评估结果涉及 257 个产业部门。其中,98 个部门没有面临碳泄漏风险,19 个缺乏官方的可靠数据,140 个部门面临着碳泄漏的风险。面临碳泄漏风险的部门将免费获得配额。

(六)强化欧盟层面的管理职能

第三期的制度结构总体而言趋向协调统一,因而在欧盟层面的管理职能也相应得到强化,其新职能主要包括以下三个方面:第一,制定欧盟层面的 MRV 条例。第三期将由欧委会制定统一的监测与报告的条例,由于条例具有整体约束力,并且直接适用于所有成员国,这将大大消除各成员国在监测和报告上的不一致。同时,欧委会还将专门制定核查和核查者认证的条例,以便规范核查活动和管理核查者,同时促进欧盟核查、认证服务统一内部市场的形成。第二,建立单一注册处。第一、二期 EU ETS 的注册登记系统由各成员国注册处和独立交易日志共同组成,成员国注册处负责对国内配额的发行、持有、转移和注销进行记录和追踪。第三期将建立单一的欧盟注册处,统一负责相关职能。第三,设立应对碳价波动的机制。欧委会将监测欧盟碳市场的表现,包括拍卖、流动性和交易量。在欧委会认为碳市场表现不好时,可以提出相应改进建议。若配额价格连续 6 个月超

---

① European Commission,"Proposal for a Directive of the European Parliament and of the Council amending Directive 2003 /87/EC so as to Improve and Extend the Greenhouse Gas Emission Allowance Tradings System of the Community",2008.

② 贸易强度定义为:(出口至第三国总额+向第三国进口总额)/(销售总额+向第三国进口总额)。

过前两年欧盟碳市场平均价格的 3 倍,欧委会可采取以下措施:(1)批准成员国拍卖未来的配额;(2)批准成员国拍卖新进入者储备中剩余的配额,但不能超过25%。第四,建立市场稳定储备机制。2015 年欧委会通过了市场稳定机制(Market Stability Reserve,MSR),计划于 2019 年启动。该机制旨在使得配额供给能够根据需求的波动进行调整,同时不影响配额总量的完整性。为了实现此目标,在该机制下,当配额严重过剩时,配额可以及时从市场上撤回并保存在 MSR 中,在配额严重短缺时,再将配额投放到市场中。欧委会在考虑电力生产商事先购买配额以对冲其电力销售的风险的基础上,事先设置了撤回和投放配额的"门槛"。

三、欧盟第三期运行现状及前景展望

欧盟第三期在制度上显然更加完善,然而,金融危机及随后发生的欧债危机对 EU ETS 产生了严重冲击,大大抵消了第三期制度改革的效果。而且,与其他碳市场的链接也遭受挫折。总体而言,第三期的前景不容乐观,亟待欧盟以极大的魄力进行相应的调整。

(一)配额严重过剩现象将长期存在

第三期将签发的配额总量明确而固定,2013 年为 20.39 亿吨,随后每年递减0.374 亿吨。这原本是一个严格的配额总量,按欧盟 2005—2020 年经济年均增长2.4%估计,覆盖行业在 2020 年的排放量将达到 24.77 亿吨,而配额总量仅为17.77 亿吨。但是受金融危机和欧债危机的拖累,预计第三期的实际排放将远低于预期水平,配额总量将由于固定不变而不再严格。而且,金融危机使第二期有大量未使用的配额,2012 年 EU ETS 累计配额盈余量高达 20.55 亿吨,见图 1.6。按规定这些配额在第三期继续有效,这相当于未来 8 年平均每年配额供给增加 1.75亿吨。而各国出于保护本国利益,在向第三期过渡前夕抓紧拍卖新入储备。此外,欧盟实施的可再生能源计划已经使得覆盖行业每年排放下降了约 0.50 亿吨,而于2014 年开始实施的能效计划预计将使得覆盖行业每年下降 0.55 亿—0.80 亿吨[1],

---

[1]　Nicolas Berghmans,"Energy Efficiency,Renewable Energy and CO$_2$ Allowances in Europe:A Need for Coordination",*Climate Brief*,2012.

这将进一步减少配额的需求。因此,第三期配额严重过剩现象将长期存在。

配额累计盈余量(百万吨CO_2e)

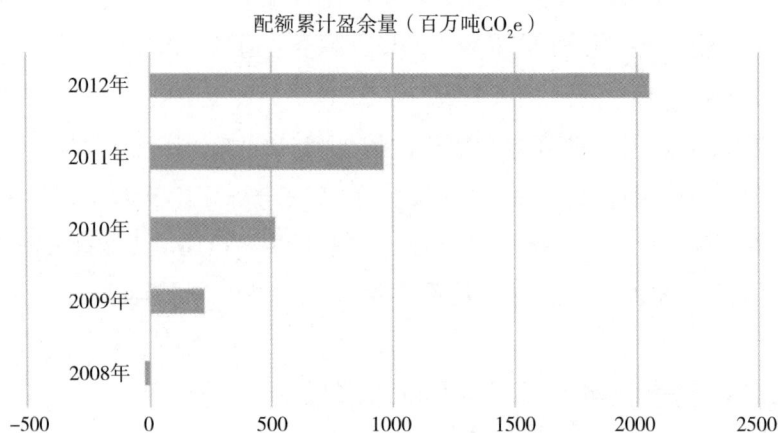

图1.6　EU ETS 2008—2012年配额累计盈余量

资料来源:ICAP, *Emissions Trading Worldwide*, *International Carbon Action Partnership* (*ICAP*) *Status Report* 2016,2016.

　　欧委会早已认识到第三期配额过剩的风险,曾提议主动将减排承诺提高到30%①,这样可以大幅减少配额过剩,而且在金融危机的情况下提高减排目标的经济成本大大降低。该建议获得了英国、法国和德国环境部长的支持,却遭到产业界和东欧成员国的极力反对,最终不了了之。

　　2012年7月欧委会提出新的建议,将2013—2015年间拍卖配额的一部分推迟(Back-loading)到随后几年拍卖,提议的2013—2014年的配额拍卖数量的变化见表1.5。这是一个短期措施,不影响第三期的总体配额,其作用仅仅在于稳定第三期早期的碳价。此外,欧委会还提出了长期结构性调整的措施,主要包括将减排目标提高到30%、永久减少部分配额、修改年度减排目标、纳入更多行业、限制京都信用以及引入价格管理措施等六条。不过,推迟拍卖的建议和长期结构调整措施需要通过立法机构批准,预计将面临重重阻力,这需要欧盟拿出足够的魄力。

---

① European Commission, "Analysis of Options to Move beyond 20% Greenhouse Gas Emission Reductions and Assessing the Risk of Carbon Leakage", Commission Staff Working Document, 2010.

表 1.5　提议的 2013—2020 年配额拍卖的变化情况

年份	2013 年	2014 年	2015 年	2019 年	2020 年
提议的配额拍卖数量的变化 （百万吨配额）	−400	−300	−200	300	600

资料来源：ICAP，*Emissions Trading Worldwide*，*International Carbon Action Partnership*（*ICAP*）*Status Report 2016*，2016.

（二）抵消机制面临深刻调整

按照制度设计,第三期抵消机制的上限包括两部分,第二期允许使用额度中尚未使用的部分和第三期新增的部分。前者估计约 5.50 亿吨,后者大致有 3.50 亿吨,共计 9 亿吨左右,这是第三期抵消机制中碳信用额度理论上最大的需求量。在配额过剩的情况下,如此数量的碳信用额度将进一步冲击碳市场。

在此背景下,第三期对传统项目机制进行了严格限制,碳信用额度的供给端面临深刻调整。首先,EU ETS 要求 2013 年之后新批准 CDM 项目的东道国为最不发达国家。CDM 原本是主要的项目机制,中国、印度等五国占据 90% 以上的份额,绝大部分供应欧盟碳市场,因而此举将意味着 CDM 不再重要。欧盟宣称在国际气候协议或双边气候协议都将坚持这一立场,这反映了欧盟限制 CDM 的态度。其次,项目的类别将受到更多限制。除了已限制的核电、土地利用等项目外,第三期还将禁止 N_2O 和 HFC-23 项目,而两类项目产生的信用占已有信用总量的 60% 左右。而且,不排除进一步限制其他种类项目的可能性,这增加了市场的不确定性。最后,JI 项目将限制在欧盟范围以内。2013 年后《京都议定书》下的 JI 机制不再有效,第三期允许成员国向其境内未被 EU ETS 覆盖的减排项目签发配额或碳信用额度,这相当于建立了欧盟内部的 JI 机制。

抵消机制面临深刻调整的另一重要因素是,欧盟极力推动建立新的行业信用机制（Sectoral Crediting Mechanisms,SCM）,这也是对传统项目机制进行如此多限制的目的所在。SCM 是指发展中国家在某个行业建立"基线与信用"机制,产生的碳信用将被 EU ETS 第三期认可。然而,中国、印度等发展中国家明显缺乏对 SCM 的兴趣,相反更希望 CDM 能够继续,这将给第三期碳信用带来新的不确定性。

(三)碳价低迷及不确定性影响低碳投资

配额严重过剩已成为一个事实,很多相关资料说明如不采取果断措施,高达21亿吨的过剩配额将一直存在,这使得碳价预期一再调低。2008 年欧盟的影响评估预计 2020 年配额价格为 32 欧元左右,2010 年欧委会将价格调低为 16 欧元,仅为之前预测的一半[①]。而对于未来碳价走势,点碳咨询公司认为,在没有任何政策调整的情况下,第三期平均价格为 7 欧元。第三期虽然引入了新机制以应对配额价格过度波动,但该机制仅仅考虑了过度上升的应对,而没有考虑配额价格过低的措施。目前,碳价格在 5 欧元徘徊,2013 年 5 月到 2016 年 5 月 EU ETS 的 EUA 价格走势见图 1.7。

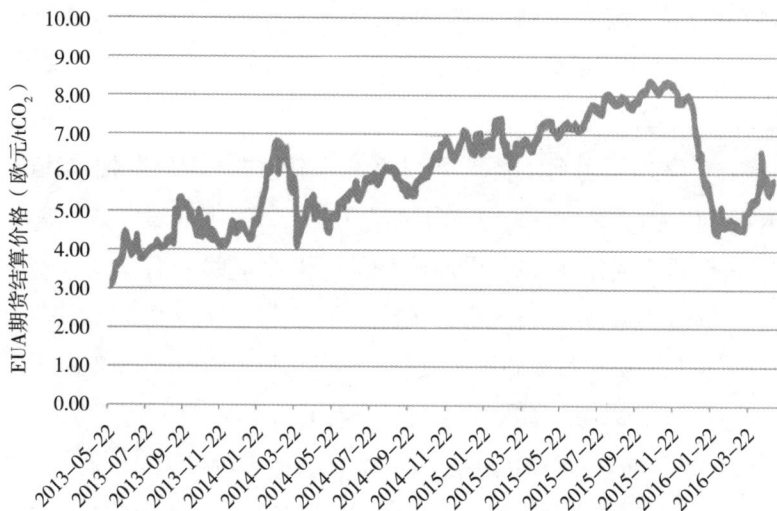

图 1.7 2013 年 5 月到 2016 年 5 月 EUA 价格走势

资料来源:Wind 资讯数据库,2017 年 7 月 15 日。

在碳信用市场,由于受政策限制影响,2012 年 10 月,CDM 项目碳信用价格已经跌至 2 欧元,点碳公司预计第三期平均价格仅为 1.6 欧元。从现实情况看,2013 年,CER 价格保持在非常低的水平,即 0.40 欧元左右。2013 年 5 月到

---

① European Commission,"Analysis of Options to Move beyond 20% Greenhouse Gas Emission Reductions and Assessing the Risk of Carbon Leakage",Commission Staff Working Document,2010.

2016 年 5 月 EU ETS 的 CER 价格走势见图 1.8。因此,经营者持续提交大量的 CERs 和 ERUs。

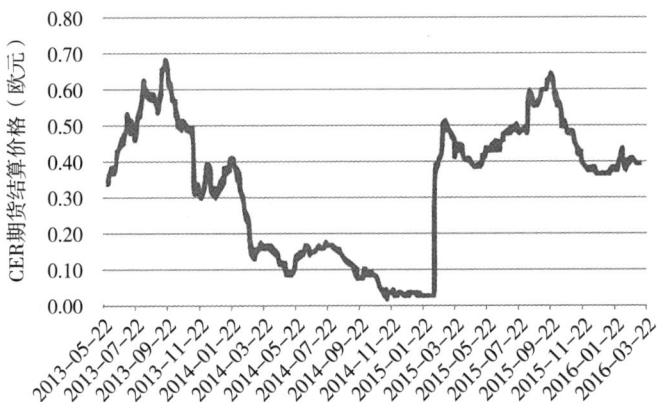

图 1.8　2013 年 5 月到 2016 年 5 月 CER 价格走势

资料来源:Wind 资讯数据库,2017 年 7 月 15 日。

　　如此低的碳价不足以支撑私人部门进行大规模低碳投资,需要公共部门更多的投入。然而,由于碳价低迷,EU ETS 第三期专门用以鼓励碳封存和可再生能源等示范项目的 3 亿吨配额的价值大大缩水。而且配额价格低也将减少政府的拍卖收入,对低碳投资的财政支持也会随之降低。更严重的是,低碳投资面临太多的不确定性。欧盟内部的不确定性包括:未来经济形势的发展、配额数量的调整、项目类别的限制等。而最大的外部不确定性是后京都气候协议的进展,若达成协议,欧盟可能将整体减排目标提高至 30%。此外,与其他碳市场的链接和双边气候协议的签订也将增添新的不确定性。

(四)碳泄露行业获取"意外之财"

　　第三期的分配模式无疑有了质的进步,不足之处在于对碳泄露行业认定过于宽泛,部分行业将获取"意外之财"。研究表明,碳泄露只集中于钢铁、水泥、铝、造纸等少数行业。而第三期认定的碳泄露行业包括四类:第一类,EU ETS 引起生产成本提高 5% 以上、且贸易强度超过 10% 的行业;第二类,EU ETS 引起生产成本提高 30% 以上的行业;第三类,贸易强度超过 30% 的行业;第四类,参考减排潜力、市场特征和利润率等指标而补充的行业。以欧盟产业分类体系

（NACE）四位码划分，制造业部门共有 258 个，欧盟公布的碳泄露行业首批清单包括了其中 151 个部门，还有 13 个超过四位码分类的部门，其中按照贸易强度标准的第三类就达 118 个[①]。随后名单进行了两次修改，不过不是删减，而是增加了 6 个。这份清单无疑大大超出真实的范围，一些行业将获得"意外之财"，据计算，碳泄露行业每年的"意外之财"约为 70 亿欧元[②]。

（五）与其他碳市场链接遭受挫折

第三期对与其他碳市场的链接持更开放的态度，而其他国家和地区碳市场的陆续建立也提供了建立链接的机会。这对于 EU ETS 具有重要意义。首先反映了 EU ETS 在国际上的影响力；其次是为建立类似国际链接提供示范；再次是有利于建立一个流动性更强的国际碳市场；最后这也可能为第三期过多的配额提供新的需求。

但是，EU ETS 与其他碳市场的链接进展并不顺利。虽然欧盟与澳大利亚曾经达成协议，将在 EU ETS 第三期建立与澳大利亚碳市场的链接。但是，随着澳大利亚中止本国的碳市场，上述协议恐无法实现。此外，EU ETS 与瑞士碳市场的链接也在协商之中，其他国家和地区已经建立或将要建立的碳市场，也将成为链接的潜在目标，不过目前均无太大进展。

四、第四期改革纳入议程

2015 年 7 月，欧委会提出了对 EU ETS 第四期进行改革的立法提议。这是欧盟履行到 2030 年温室气体较 2005 年减排 40% 的目标，同时为《巴黎协定》作出贡献的第一步。EU ETS 第四期的改革包括三个方面的内容：加快减排的步伐、更有针对性地预防碳泄露以及促进低碳投资。

（一）加快减排的步伐

为了实现 2030 年的减排目标，EU ETS 覆盖范围内的行业需要较 2005 年排

---

① Commission Decision 2010/2/EU.

② R.Martin and U.J.Wagner, "Policy Brief: Still Time to Reclaim the European Union Emissions Trading System for the European Tax Payer", LSE, Imperial College London, Univesidad Carlos III de Madrid, 2010, p.1.

放下降43%。因此,从2021年开始,总体的配额需要以每年2.2%速率减少。这意味着年减排4800万吨,与改革前的规定相比,在第四期共额外减排5.56亿吨。[1]

(二)更有针对性地预防碳泄露

拍卖为默认的分配方式。从第三期起,拍卖成为了EU ETS默认的分配方式。从欧委会不会减少拍卖比例的决定来看,第四期57%的配额将以拍卖的方式分配,同时预计63亿吨的配额将免费分配。

1. 标杆值的更新

标杆法的标杆值在第三期开始前的2011年,根据生产同种产品最先进的10%的设施2007—2008年CO_2排放情况确定,确定并且一直保持不变[2]。然而,考虑到由于技术进步,现有标杆值需要随时间递减,提议预计在第四期,基于奖励创新和先进行业的方法学,标杆值将会更新两次:第一次为2021—2025年,第二次为2026—2030年。每个标杆递减的数量,根据年统一比率(Annual Flat Rate)确定(见表1.6)。标杆值默认的统一递减比率为每年1%。如果基于2013—2017年的数据,核证的年效率提高小于0.5%每年或大于1.5%每年,那么统一递减比率分别为0.5%和1.5%每年。标杆从2008年到配额分配的中间年份,如2021—2025年为2023年,2026—2030年为2028年,每年递减。

表1.6 欧委会提议的2007—2008年标杆值递减的统一比率

核证的 年效率提高	年统一递减比率	与当前标杆值相比, 2021—2025年 标杆值将减少	与当前标杆值相比, 2026—2030年 标杆值将减少
<-0.5%	-0.5%	-7.5%	-10%
>-0.5% & <-1.0%	-1.0%	-15%	-20%
>-1.5%	-1.5%	-22.5%	-30%

资料来源:ECOFYS, *Feasibility Check on Correction Factor and Benchmark Updates in EU ETS phase IV*, 2016.

---

[1] ICAP, *Emissions Trading Worldwide International Carbon Action Partnership(ICAP)Status Report 2016*, 2016.

[2] ECOFYS, *Feasibility Check on Correction Factor and Benchmark Updates in EU ETS Phase IV*, 2016.

2. 免费分配行业缩减

第四期改革充分考虑了保持欧洲工业竞争力的需求,因此,对于有较大风险产生碳泄漏的行业仍进行免费分配配额。但是提议认为,在碳泄漏的规定下,从免费分配中获益的行业列表应该更精简和更有针对性。在提议下,具有高碳泄漏风险的行业列表被大幅缩减。此外,相当多的免费配额将预留给新的和增加的设施。

(三)促进低碳投资

第四期将建立多种支持机制以帮助工业和电力行业迎接在低碳经济转型中创新和投资的挑战。支持机制主要包含两种新的基金:创新基金(Innovation Fund)和现代化基金(Modernisation Fund)。

1. 创新基金

此基金将储存 4.5 亿吨配额,以支持低碳技术创新和可再生能源产业,同时激励对环境无害的碳捕捉和碳封存,其中也包括可再生能源技术创新的示范项目。所有成员国的项目都可以从此基金中受益。

2. 现代化基金

此基金规模为 2021—2030 年总配额的 2%,以支持成员国内促进能源系统现代化和提升能源效率的投资。项目所在成员国需为人均 GDP 低于欧盟平均水平 60% 的低收入国家。包含成员国代表的投资委员会、欧委会和欧洲投资银行将管理此基金。

第二章　美国区域碳市场

目前为止,美国还没有建立全国统一的碳市场,主要在一些州建立了区域性的碳市场,包括区域温室气体减排行动(Regional Greenhouse Gas Initiative, RGGI)、西部气候行动(Western Climate Initiative,WCI)、中西部温室气体减排协定(Midwestern Greenhouse Gas Reduction Accord,MGGA)和加州碳市场。但这些区域性的碳市场各具特色,很有代表性,也很能够体现美国的特点与风格。

第一节　美国国内与碳市场相关的政策与法律概述

美国温室气体排放量约占世界总排放量的1/4,人均排放量居世界首位,而且仍在继续增加。任何相关的国际协定或机制安排如果缺少美国的参与,其目标都将难以实现或效果有限。美国的气候政策走向对全球气候治理的前景都具有决定性影响。

一、乔治·W.布什政府时期(2001—2008 年)

(一)与碳排放相关的联邦政策概述

2001 年 3 月 29 日,美国乔治·W.布什政府以损害美国经济就业和竞争力以及主要发展中国家未作出减排承诺为由宣布拒绝签订《京都议定书》,这对国际气候合作进程造成重大冲击。此后,美国建立联邦层面的碳市场的相关法案在国会中推行并不顺利。

美国联邦层面的碳市场法案在国会中受阻的原因在于:首先,对于气候变化问题,美国两党的分歧巨大,共和党对全球变暖问题一直持怀疑态度。其次,美国国会认为碳市场作为环境规制的一种,会给经济造成较大的负担,从而不利于美国的经济发展。最后,美国联邦政策通常是不同利益集团相互博弈的产物。传统利益集团认为由于碳市场带来的成本负担,其经济效益会受到一定损害;新兴利益集团希望通过碳市场提高其市场占有率和利润率;而公益性利益集团则积极推动碳市场的建立。因此,一方面,不同利益集团诉求不同,联邦政府无法协调;另一方面,利益集团间也不愿意相互让步。这也是美国联邦层面的碳市场无法实施的重要原因。[1]

但是,该时期美国国内不断上升的温室气体排放量(见图 2.1)也对布什政府能源政策和温室气体排放政策造成了巨大压力,因此,布什政府也出台并实施了多项气候政策。

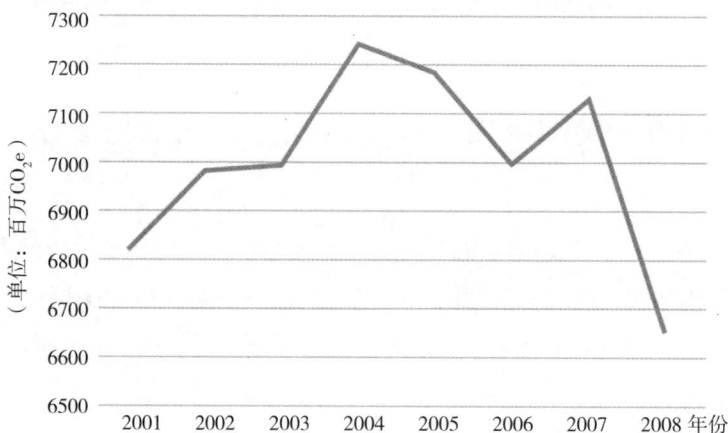

图 2.1　美国 2001—2008 年温室气体排放量

资料来源:世界银行数据库(http://data.worldbank.org.cn/)。

在国内层面,2002 年 2 月,布什政府宣布启动"全球气候变化新行动(New Approach on Global Climate Change)"计划,该计划为美国制定的减排目标是到 2012 年,温室气体排放强度[2]在 2002 年的基础上降低 18%[3]。显然,布什政府

---

① 冯静茹:《论欧美碳交易立法路径的选择及其对我国的启示》,《河北法学》2013 年第 5 期,第 151—162 页。

② 所谓"排放强度"是指温室气体排放量与每单位 GDP 之间的比率关系,它是个相对的减排概念,因为随着经济总量的增加,即使排放强度降低,排放总量可能反而增加。

③ 2002 美国的排放强度为每百万 GDP 排放 183 公吨二氧化碳,到 2012 年该水平计划降至 151 公吨。

的这一计划并没有做出实质性的减排承诺。同年,政府还启动了"气候先行者(Climate Leaders)"计划,该计划主要针对企业自愿性减排活动,以推动企业制定长期的气候变化战略。参加计划的企业与政府签订伙伴关系,设定长期减排目标并每年向美国环保署(Environmental Protection Agency, EPA)汇报减排进展。该计划的成员企业涉及水泥、林业、医药、公用事业、信息技术、零售等行业,遍及全国50个州。①

在国际层面,美国虽然拒绝签订《京都议定书》,但它并未放弃参与国际应对气候变化的相关活动。相反,美国利用各种场合与其他国家或组织建立气候合作平台。2006年1月,美国等七国领导本着坚持UNFCCC的一贯原则,共同启动了"亚太清洁发展与气候变化伙伴计划(Asia-Pacific Partnership on Clean Development and Climate)"②,以在亚太地区建立一个自愿性的、没有法律约束力的合作框架应对气候变化的挑战,并推动清洁能源和清洁技术的传播。该行动成为美国建立新的国际气候机制的重要步骤。

(二)与碳市场相关的重要立法进展

在应对气候变化问题上,美国联邦行政机构和立法机构态度有所差异,前者一直较为消极,而后者则较为积极。布什政府共经历了第107—110届四届国会,参议院和众议院所提出的与气候变化相关的法案、决议及修正案等件数分别是31件、96件、106件和150件。经过2006年中期选举后的第110届国会(2007—2008),民主党同时掌握参众两院多数席位,使得法案提案数量猛增。

除上述政治因素之外,2007年以来,联邦诸州以及众多美国跨国公司在减排活动上都表现得十分活跃,在此背景之下,联邦政府开始采取较为积极的态度,希望制定联邦层面的立法来指导地方或企业的减排行为。2007年,布什政府出台《能源独立与安全法》(Energy Independence and Security Act),同年1月,众议院投票通过,6月,参议院也表决通过,12月19日,经布什总统签署为法律,正式生效。该法案的主要内容包括:进一步推动美国能源独立和能源安全,加大清洁可再生能源的使用率,提高产品、建筑和车辆的能效,促进温室气体捕集技术

①　EPA, "Climate Leaders: Basic Information", http://www.epa.gov/climateleadership/, 2014.
②　该计划的成员国还包括澳大利亚、中国、加拿大、印度、日本、韩国,七国的温室气体排放量、人口数量以及能源消费都占世界总量的50%以上。

的研究与应用。① 该法是美国应对气候变化迈出的重要一步。

表 2.1 美国第 110 届(2007—2008 年)国会气候变化法案提案一览表

法案名称	监管范围	配额分配	成本控制机制	抵消方式	减排技术
Lieberman-Warner (S. 2191)	全面限排;煤及其加工、炼油、天然气加工以及天然气和石油进口;含氟气的生产和进口;覆盖美国温室气体排放量的80%以上	33% 免费发放,该比例将逐渐降至 0;11%分配给各能源消费者;26.5% 拍卖(该比例将逐步升至 69.5%);9%用于捕集和封存项目;10.5%分配给各州;5%用于初期准备	配额预借(预借比例不得超过持有配额量的 15%,且期限不得超过 5 年);抵消项目;临时提高排放总量	国内温室气体封存项目;国外配额和信用;两者都不得超过义务减排量的 15%	零碳或低碳技术鼓励机制;推广优质煤作业;推广小排量汽车(拍卖收入的 52%用于此技术研发和推广)
Bingaman-Specter (S. 1766)	全面限排;煤及某些工业气体排放、炼油、天然气加工、天然气和石油进口、含氟气的生产和进口;覆盖美国温室气体排放量的80%左右	53% 免费发放,该比例将逐渐降至 0;24%用于拍卖;14%用于碳捕集与封存技术(CCS);9%拨给各州政府	设立交易价格安全阀(12 美元/公吨,每年可依据高于通货膨胀水平5%的标准上调价格)	对于 CH_4 和 SF_6,国内抵消比例无限制,但国际配额的抵消比例不得超过 Cap 的10%,在国内农业领域该比例为 5%	配额拍卖收入的 12%—26%用于支持特定的清洁技术项目研究
Lieberman-McCain (S. 280)	全面限排;下游大型企业的温室气体排放情况,交通工具废气排放情况;覆盖美国温室气体排放量的75%左右	EPA 决定配额的免费发放和拍卖比例	预借比例不得超过其配额量的 25%,期限同样不超过5 年	国内封存项目;国际项目;两者抵消比例之和不得超过义务减排量的30%	配额拍卖所得部分收入用于支持减排技术研发

① *Energy Independence and Security Act of 2007*,http://thomas.loc.gov/cgi-bin/bdquery/z? d110:h6:,2007.

续表

法案名称	监管范围	配额分配	成本控制机制	抵消方式	减排技术
Kerry-Snowe (S. 485)	全面限排;环境保护署确定法案管辖范围	总统根据环境保护署的指示决定分配方式	无相关条款	美国农业部为国内生物封存项目设置管理条款	出台汽车尾气排放管理条款;要求电厂使用可再生能源
Waxman (H. R. 1590)				无相关条款	
Feinstein Carper (S. 317)	电力行业限排:电厂(电力企业占美国温室气体排放总量的34%)	85%免费发放给电力企业;该比例须逐年减少,至2036年将取消免费发放方式	预借比例不超过其配额量的10%,期限不超过5年	国际抵消项目的最高比例不超过 Cap 的25%;国内生物封存项目的抵消量	拍卖收入合理地用于各减排技术研发项目
Stark (H.R. 2069)	全面征收碳税;根据生产和进口环节的二氧化碳排放量对化石燃料和汽油征收相应额度的税款	完全的拍卖;所得收入全部上交财政部	税额为 3 美元/公吨(每年提高 3 美元)	碳封存和捕集项目可获得相应额度的税收返还	无相关条款
Larson (H.R. 3416)		完全拍卖;拍卖收入的1/6用于技术研发,1/12用于协助产业转移(将逐步取消);剩余部分用于税收抵免	税额为美元16.5/公吨(每年上调比例为10%加上该年度的通胀率)	国内封存项目及氟利昂销毁项目可获得税收返还	税收收入的1/6(不超过100亿美元)用于清洁能源研发

资料来源:*Resources For The Future*,2017-04-15,http://www.rff.org/.

美国历史上有关温室气体排放第一部真正意义上的法案为《美国气候安全法案》(*America's Climate Security Act*, S. 2191 – Lieberman – Warner Bill)(见表2.1),它于 2007 年 10 月 17 日由国会议员 Joseph Lieberman 和 John Warner 发布法案纲要,2007 年 12 月 5 日,该法案通过参议院环境和公共事务委员会投票通过,2008 年 6 月送交参议院全体会议讨论,但最终未能通过表决。① 该法案的核心意义在于建立了以市场机制为基础的"总量控制与交易"制度,全面勾勒出了美国今后温室气体排放权交易政策的基本面貌。除这一标志性法案外,经第 110 届

① *America's Climate Security Act*, http://lieberman. senate. gov/index. cfm/issues – legislation/climate – change/americas–climate–security–act,2007.

国会激烈讨论的法案(见表2.2)还有很多,虽然最终都未能通过参议院表决成为法律,但它们仍然构成美国探索联邦温室气体排放权交易立法的一部分。

二、奥巴马政府时期(2009—2016年)

(一)与碳排放相关的联邦政策概述

奥巴马政府自执政以来,一改布什政府对待气候变化问题的消极态度,转而采取积极甚至高调的态度,其对发展清洁能源以及应对气候变化所做的工作超过美国以往历届总统。

面对上台后的首要任务——复苏美国经济。奥巴马政府认为倡导减排、推广清洁新能源的措施一方面是为应对气候变化而积极行动,另一方面可以刺激美国经济,使其从金融危机困扰中逐渐复苏,并且这也许是美国又一次引领全新经济发展模式的开始,是美国继续领跑全球经济的又一良好契机。在此背景之下,美国对发展新能源和提高能源能效技术等领域进行了大规模的直接投资。2009年,奥巴马政府发布了《2009年美国复兴与再投资法案》,并获得国会批准,在该法案总投资额7872亿美元中,有910亿美元用于清洁能源的发展、提高能源效用技术的研发等,同时还提出了税收刺激方面的配套措施。①

在国际层面上,奥巴马政府意识到由于上届政府对此问题的消极反应已使得美国在国际气候谈判进程中的领导力大大削弱,也使本届政府在谈判中处于相对被动的地位。因此,奥巴马政府加紧弥补损失,将气候变化问题当作美国外交政策的重要议题之一,并希望重新树立美国在气候领域的领导权。2009年3月,美国倡议发起"主要经济体能源与气候论坛",4月17日至18日,奥巴马总统邀请16个经济体领导参加这一论坛会议,会议围绕设置碳排放目标、建立低碳技术基金、行业碳关税协定、增加清洁能源供给、推动国际联合项目等议题展开,目标是实现各国经济增长和全球可持续减排活动的双赢。② 除

---

① Larry West," Green Initiatives, Tax Incentives are at Core of 2009 Economic Stimulus Package", http://en-vironment.about.com /od/environmental law policy/a/econ_stimulus.htm,2009.

② Merle David Kellerhals,Jr.," United States to Host Climate Change Forum in April", Washington File, 2009, p.6.

此之外,在多次外交访问或高层会晤中,例如,在 2009 年 2 月 13 日对加拿大的访问以及 11 月 13—19 日亚洲之行中,奥巴马总统都坚持把气候变化问题作为外交的首要议题,充分表明奥巴马政府企图重树美国在应对气候变化方面领导权的决心。

2012—2015 年,奥巴马政府开始加大节能减排的力度和步伐,应对气候变化一系列行动也相继展开。特别是在 2015 年巴黎峰会召开前夕,这一加速的趋势已经相当明显。2013 年 6 月 25 日,美国发布了《总统气候行动计划》(*The President's Climate Action Plan*,以下简称《计划》),《计划》的目标是全面减少温室气体排放,并保护美国免受日益严重的气候影响,国内行动包括两个方面,即减缓气候变化和适应气候变化,突出三个重点,即温室气体减排、提高能源效率和发展可再生能源。美国和中国分别于 2014 年 11 月、2015 年 9 月和 2016 年 3 月发布《中美气候变化联合声明》,计划于 2025 年实现在 2005 年基础上减排 26%—28%的全经济范围减排目标,并将努力减排 28%,并于 2016 年 4 月签订《巴黎协定》,表明了美国积极应对气候变化的态度。

(二)与碳市场相关的立法重要进展

除了在对内对外政策上高度重视气候问题外,奥巴马政府在立法方面也行动迅速。2009 年 6 月 26 日,由国会议员亨利·韦克斯曼和爱德华·马基提出的《美国清洁能源与安全法案》(又名《韦克斯曼—马基法案》)(见表 2.2)在奥巴马的极力推动下以 219∶212 微弱的优势通过了众议院的投票表决,但最终未能通过参议院的表决,无法成为具有法律约束力的文件。然而,2009 年 9 月 22 日,美国环境保护署(EPA)公布了温室气体强制性报告规则,于 2010 年 1 月 1 日开始生效。同年 12 月 7 日,在哥本哈根气候会议召开之际,EPA 进一步规定把 CO_2 等 6 种温室气体列为污染气体,纳入《清洁空气法》管制范围内。在此背景之下,即便《美国清洁能源与安全法案》未能成为法律文件,仍旧有联邦层面的条文规定来约束温室气体排放,EPA 的该举措奠定了美国联邦碳市场的法律基础。奥巴马政府执政期内,还有很多提案(见表 2.2)提交至两院讨论表决,虽然都未能通过,但奥巴马政府在推动全球气候变化问题的谈判以及新能源推广方面所做的努力是有目共睹的。

表 2.2　美国第 111 届（2009—2010 年）国会气候变化重要法案提案一览表

法案名称	监管范围	配额分配	成本控制方式	抵消机制	减排技术
Waxman-Markey (H.R. 2454)	全面限排；电力企业和各类工业设备、化石燃料和含氟气的生产和进口企业、天然气分销商；覆盖美国温室气体排放量的85%以上；年度碳排放量低于25000吨的企业可免于监管，氢氟化合物（HFCs）须单独进行监管；2012年在2005年基础上减排3%，2020年20%，2030年42%，2050年83%	2012年，85%的配额免费发放，当地分销公司（LDCs）占其中的30%，以煤为原料的电厂5%，贸易密集型产业15%，15%用于保护低收入家庭，各州11.5%，天然气分销商9%，汽车企业3%，石油冶炼企业2%，剩余4%用于国内和国际适应阶段需要；2030年取消免费发放	抵消项目；2012年，仅有1%的配额拍卖，到2050年上升为3%；允许配额预借，预借比例不得超过15%，期限不超过5年，年利息为8%	2018年之前，1单位抵消信用＝1单位排放权配额，1.25单位国际抵消信用＝1单位排放权配额；总抵消额度不得超过20亿吨，国内和国际抵消项目各占总额度的50%；美国农业部监督国内林业和农业抵消项目	至2020年，电厂可再生能源使用率达到15%，能源效率标准须提高5%；大力推广电动小汽车
Carper-Alexander (S. 2955)	电力行业限排；《清洁空气法修正案》继续运行 SO_2 和 NO_x 的交易项目，同时限制汞的排放；对于 SO_2 的年度 Cap，2012—2014年为350万吨，2015至2017年降为300万吨，2018年之后为150万吨；对于 NO_x，则存在两个不同的市场：(1) 美国东半部市场，在2012—2014年为139万吨，2015之后降至130万吨；(2) 美国西半部市场，在2012—2014年为51万吨，2015之后为32万吨；自2012年起，汞的排放量须减少90%	环境保护署决定配额分配；对于 SO_2，2011年拍卖的配额将在2012—2017年期间陆续发放；对于 NO_x，2011—2013年免费发放，2014年开始实施拍卖，拍卖额度与 SO_2 在2014年度的拍卖额度相同，2014年之后拍卖量则每年递增10%；汞的排放配额完全采取拍卖的方式发放	对于 SO_2，2010年前发行的存储配额，代表1吨排放权，在2010和2011年代表1/2吨；对于 NO_x，任何在2012年前发行的储存配额代表1吨排放权，之后发行的则无价值；汞配额不可存储	无相关条款	环境保护署应使用最大限度的控制措施使汞的排放量在2012年减少90%

续表

法案名称	监管范围	配额分配	成本控制方式	抵消机制	减排技术
Kerry-Graham-Lieberman草案	全面限排；电力企业和各类工业设备,化石燃料和含氟排放的生产和进口企业,天然气分销商；覆盖美国温室气体排放量的85%以上；每年碳排放量低于25000吨的企业可免于监管；氟利昂须单独进行监管；2013年在2005年基础上减排4.75%,2020年减排20%,2030年减排42%,2050年减排83%；只有受监管的企业可参与配额拍卖	2013年开始实行季度拍卖,每单位配额底价为12美元；2016年,36%的配额比例给当地分销公司（LDCs）,9%给天然气行业,15%给贸易密集型行业,9.2%给交通行业,3.5%给石油冶炼行业,1.5%用作战略储备配额；到2030年,配额免费发放的比例将缩至很小	最高交易价格不得超过25美元（年增长率为5%）,最低价不得低于12美元（年增长率为3%）；战略储备配额由免费配额和抵消配额构成,其额度不超过40亿吨；可存储配额且额度不限；可预借配额,期限在一年期内的,预借额度不限；五年期内的,预借额度不得超过义务减排量的15%,且年利息为8%	2018年之前,1单位国内抵消信用=1单位排放权配额,1.25单位国际抵消信用=1单位排放权配额；总抵消额度不得超过20亿吨,国内和国际抵消项目分别占总额度的75%和25%,但是如果国内抵消额度未达其上线,国际抵消额度则可上升至10亿吨；美国农业部监督国内林业和农业抵消项目	鼓励使用核能机器设备；大力研发小型发电机和垃圾回收技术；拨款20亿美元用于碳捕集技术研发；建立清洁能源技术基金,为个人和各州的减排举措提供资金支持

资料来源:*Resources For The Future*,2017-04-15,http://www.rff.org/.

三、联邦层面与碳市场相关的重要法律政策

对碳市场在美国建立有重要推动意义的政策法规主要包括《清洁空气法》、"马萨诸塞州诉美国环境保护署"判例和《美国清洁能源和安全法案》。

(一)《清洁空气法》

1963年《清洁空气法》及其修正案(1990年)是美国早期污染控制法案中涉及排放权交易的法案。该法案将总量控制与排放交易制度法律化,鼓励企业在市场中交易SO_2排放权,从而实现达到削减SO_2总量的目标。但《清洁空气法》并未将CO_2归入污染物范围。

2009年,美国环境保护署(EPA)裁定,在《清洁空气法》中纳入在过去不被认为是污染物的温室气体CO_2,从而即使在《美国清洁能源和安全法案》在参议院无法获得通过的情况下,美国政府仍有法源控制温室气体排放。这就确立了

碳排放权交易制度的法源基础,同时为奥巴马政府运用《清洁空气法》的相关条款出台全国性的控排法规提供了便利。[1]

(二)"马萨诸塞州诉美国环境保护署"判例

作为普通法系国家,美国的判例中法官的判决和推论同样具有法律效力。2003 年,根据《清洁空气法》第 202 条第(a)(1)的相关规定,马萨诸塞和其他 11 个州向法院提起了对美国环境保护署的诉讼称:对于由交通部门产生的 4 种温室气体(包括 CO_2),EPA 未加管制,从而导致了全球变暖,并引起了如马萨诸塞州海平面上升等负面效应,要求 EPA 履行监管责任。2007 年 4 月 2 日联邦最高法院对该判例进行了判决,判决认定:《清洁空气法》中的空气污染物包括 CO_2;EPA 应对 CO_2 进行管制,除非其能科学证明 CO_2 与全球变暖无关,并且不得放弃该权力。[2] 至此,美国正式取得了对 CO_2 排放进行规制的立法授权。

(三)《美国清洁能源和安全法案》

奥巴马政府执政后,在气候变化领域推行"绿色新政",希望通过一部法案以推动国内经济的复苏,同时在应对全球气候变暖问题上体现美国的大国责任。

2009 年 6 月 26 日,以 219∶212 票的票数,《美国清洁能源和安全法案》在众议院勉强获得通过,该法案规定为了逐步削减温室气体排放量,美国应建立统一的碳排放权交易体系,但在 2010 年国会时该法案被中止。该法案对约占美国 85% 的温室气体排放源设定了具有约束力的总量限制,要求在一年内排放超过 2.5 万吨 CO_2 的排放源(包括电力企业、制造业和炼油厂),2020 年的排放水平比 2005 年降低 17%,到 2050 年排放水平削减 83%。[3]

---

① 胡荣、徐岭:《浅析美国碳排放权制度及其交易体系》,《内蒙古大学学报(哲学社会科学版)》2010 年第 4 期,第 17—21 页。

② 郝海青:《欧美碳排放权交易法律制度研究——兼论我国碳排放权交易制度的构建》,中国海洋大学博士论文,2012 年。

③ 胡荣、徐岭:《浅析美国碳排放权制度及其交易体系》,《内蒙古大学学报(哲学社会科学版)》2010 年第 4 期,第 17—21 页。

第二节 美国区域温室气体减排行动

美国区域温室气体减排行动（Regional Greenhouse Gas Initiative, RGGI）是美国东北部和大西洋中部沿岸的 10 个州,康涅狄格（Connecticut）、特拉华（Delaware）、缅因（Maine）、马里兰（Maryland）、马萨诸塞（Massachusetts）、新罕布什尔（New Hampshire）、新泽西（New Jersey）、罗德岛（Rhode Island）、纽约（New York）和佛蒙特州（Vermont）共同签署建立、联合运行的针对电力的温室气体减排与交易计划,它是美国第一个基于市场的强制性的区域性总量控制与交易的温室气体排放交易体系。

一、美国 RGGI 形成的背景

（一）美国 RGGI 的发展概况

2005 年 12 月 20 日,除马萨诸塞、罗德岛和马里兰的上述 7 个州签订了《谅解备忘录》（Memorandum of Understanding, MOU）,决定实施区域温室气体减排行动。2006 年 8 月,上述 7 个州公布了"标准规则",为各州交易体系的发展提供了制度框架。2007 年,马萨诸塞、罗德岛和马里兰签署了 MOU,至此,RGGI 的范围扩大为 10 个州。2009 年 1 月 1 日,RGGI 正式开始实施,以三年为一个控制期（Control Period）,分为三个阶段（2009—2011 年、2012—2014 年、2015—2018 年）,发电企业在每个控制期结束后进行履约核算。第一个控制期结束后,2011 年 11 月 29 日,受就业和政治压力影响,新泽西州退出了 MOU,新泽西州因此成为第一个退出 RGGI 的州。2012 年,RGGI 对计划进行了一次正式回顾,于2013 年 2 月公布了 RGGI 修订方案,对 RGGI 相关制度设计进行改革,并于 2014年正式实施,2014 年 RGGI 配额量大幅缩减。目前,RGGI 正在进行计划的第二次回顾。RGGI 体系的建立与发展时间表见图 2.2。

RGGI 是世界上第一个在初始阶段完全采取拍卖的方式分配配额的碳市场,而诸如欧盟和日本东京都的碳市场均在初期采取以免费分配为主的分配方

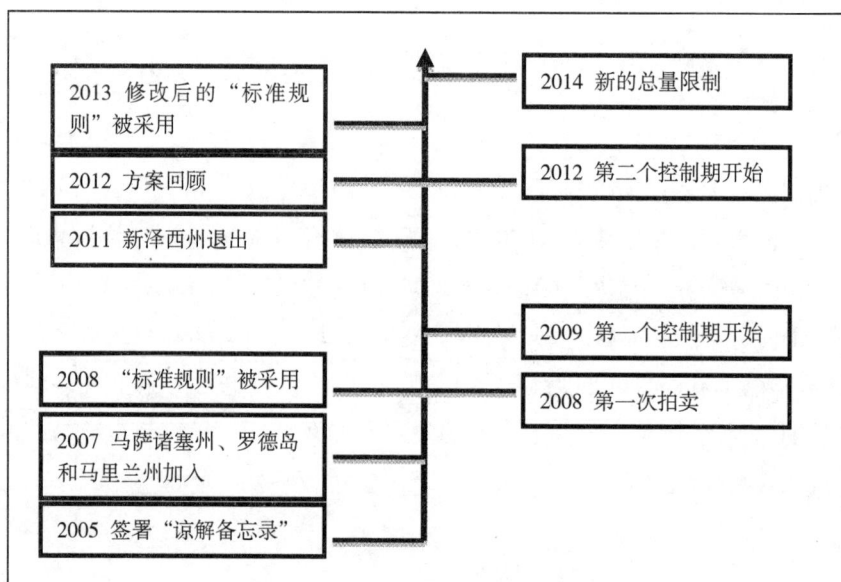

图 2.2　RGGI 体系的建立与发展时间

资料来源:作者自行绘制。

式。RGGI 认为拍卖能够保证所有的主体以统一的方式获得配额,同时,通过拍卖配额而不是免费发放,可以实现配额价值在能源项目的再投资,从而使消费者获益,同时有利于建立清洁能源经济。[①]

　　RGGI 的覆盖范围只包含电力行业,原因之一在于采取拍卖的方式分配配额可能会给企业造成过重的负担,从而使得企业不愿积极地参与碳市场。而电力行业由于成本容易向下游消费者转嫁,碳市场对企业造成的负担不会过重。除此之外,缓解利益冲突压力、促进温室气体减排目标的实现和缓解能源供应紧张状况也是 RGGI 在电力行业实施碳排放权交易政策的重要原因。第一,RGGI各州大多不是美国主要的化石燃料生产商或者主要的消费者,同时,各成员州化石燃料发电相对较少,电力行业的减排对电力供应的影响不大,因此在电力行业,来自传统能源利益集团对推行碳排放权交易的压力相对较小。第二,化石燃料燃烧是美国碳排放的主要影响因素,而电力行业化石燃料燃烧的碳排放是

---

　　① RGGI, "RGGI Fact Sheet: Investing in the Clean Energy Economy", http://www.rggi.org/docs/Documents/RGGI_Proceeds_FactSheet.pdf, 2014.

RGGI 各州化石燃料燃烧碳排放的主要来源,控制电力行业化石燃料的排放对该地区实现温室气体的减排目标有重要作用。第三,RGGI 地区能源供应紧张,能源价格和电价较高,实施区域性碳市场,还可以使得燃料的多样性得到提高,同时降低总能耗,缓解紧张的能源供求关系。因此,RGGI 选择在电力行业实施碳市场。

(二)美国 RGGI 的社会经济背景

RGGI 区域包括美国东北部以及大西洋中部沿岸的 10 个州,各成员州的经济发展、能源消费和碳排放情况具有共性和特性。

1. 经济发展状况

(1)经济总量

RGGI 区域在美国是经济发展水平较高的地区,特别是纽约州和新泽西州。2009—2016 年,纽约州和新泽西州的 GDP 占美国 GDP 总量的比例分别为 8%和 3.3%左右,在美国 51 个地区中排在前 10 位,其次为马萨诸塞州、马里兰州和康涅狄格州,而 GDP 总量最低的为罗德岛和佛蒙特州(见图 2.3)。

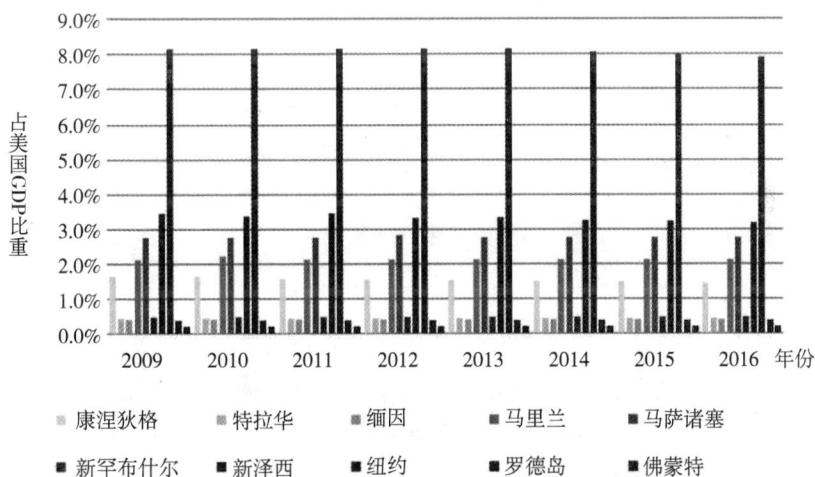

图 2.3　2009—2016 年 RGGI 各州 GDP 占美国 GDP 总量比例(按 2009 年不变价格计算)
资料来源:U.S.Bureau of Economic Analysis,2017-07-16,http://www.bea.gov/index.htm.

同时,从人均 GDP 看,2009—2016 年,RGGI 10 个州中,除缅因州、新罕布什尔州、罗德岛和佛蒙特州,其余各州的人均实际 GDP 均超过全美平均水平(见图 2.4)。

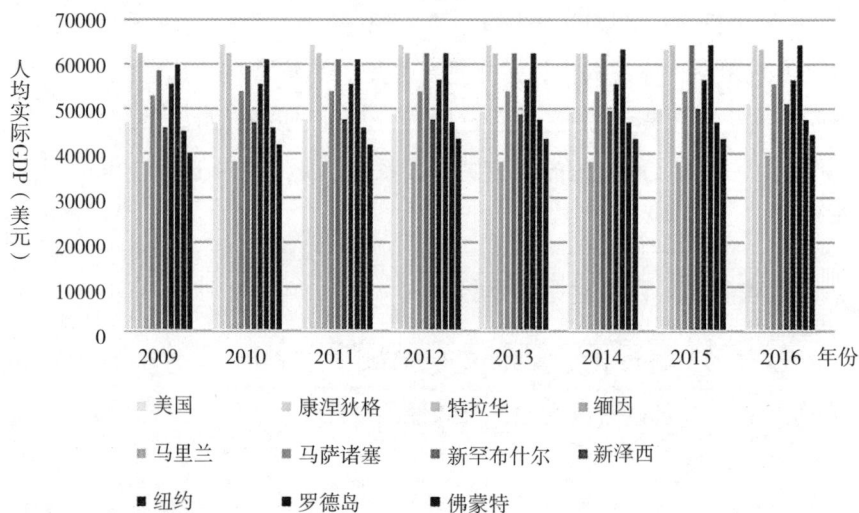

图 2.4 2009—2016 年美国及 RGGI 各州人均实际 GDP（按 2009 年不变价格计算）

资料来源：U.S.Bureau of Economic Analysis，2017-07-16，http://www.bea.gov/index.htm.

（2）经济增速

RGGI 成员州的经济发展水平较高，同时，经济增速较为缓慢。2009—2016 年全美 GDP 复合年增长率为 0.8%，RGGI 各州中，仅佛蒙特州的 GDP 复合年增长率超过全美水平。而 GDP 复合年增长率最低的为马里兰州，增长率为-1%（见图 2.5）。

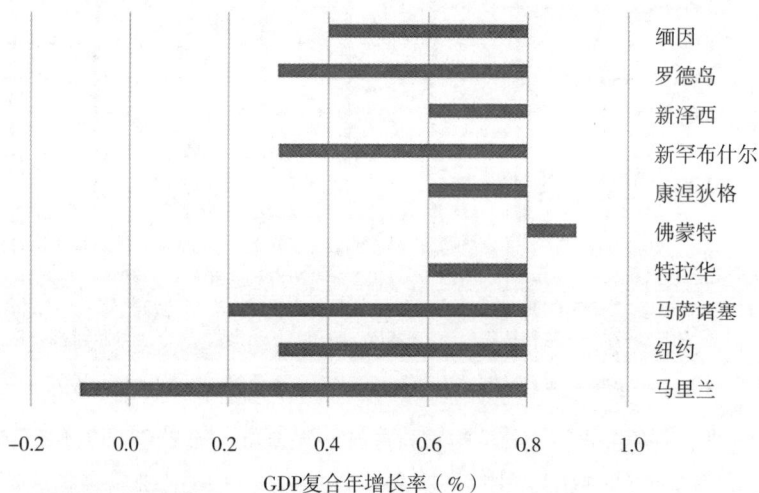

图 2.5 2009—2016 年 RGGI 各州 GDP 复合年增长率

注：作者根据各州 2009—2016 年实际 GDP 自行计算。

资料来源：U.S.Bureau of Economic Analysis，2017-07-16，http://www.bea.gov/regional/bearfacts/action.cfm.

　　2009 年受经济危机的影响,美国经济出现负增长,RGGI 各州的经济增长情况符合美国经济总体特征。2010 年,美国经济开始复苏,呈现温和增长的态势,RGGI 各州经济年增长率回归正值。其中,马里兰州、马萨诸塞州、新罕布什尔州、罗德岛、纽约州和佛蒙特州的增长率快于美国平均水平。2011—2016 年,RGGI 各州经济增长放缓,且总体上看增速低于美国平均水平(见图 2.6)。

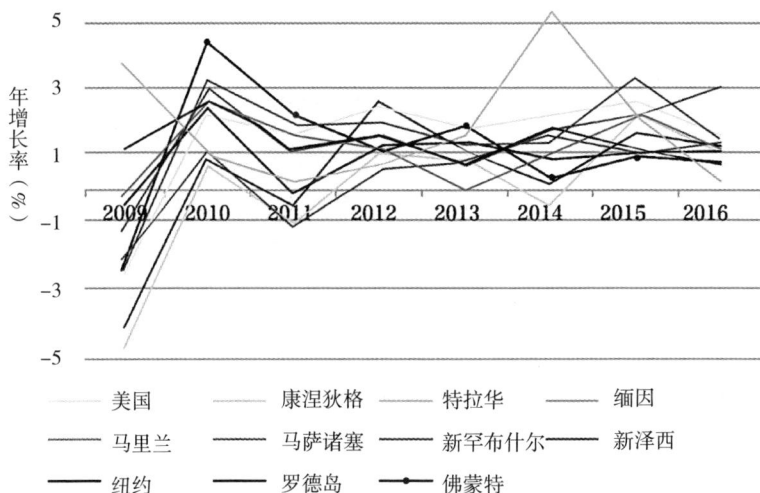

图 2.6　2009—2016 年美国及 RGGI 各州实际 GDP 年增长率(按 2009 年不变价格计算)

资料来源:U.S.Bureau of Economic Analysis,2017-07-16,http://www.bea.gov/index.htm.

　　(3)经济结构

　　2016 年,从 RGGI 各州的主要产业来看,金融、保险、房地产和租赁,专业和商业服务,教育服务、卫生保健和社会援助以及政府是各州前四大主要产业。其中,金融、保险、房地产和租赁为各州最大的产业。除此之外,零售业、耐用消费品制造业、批发贸易和信息业也在 RGGI 成员州的经济中占有重要地位(见图2.7)。

　　2.能源消费

　　(1)能源消费总量

　　从能源消费总量看,RGGI 成员州的能源消费总量情况与其经济总量相一致。2009—2014 年纽约州能源消费总量最大,其次为新泽西州,能源消费总量最小的为罗德岛和佛蒙特州。2009—2014 年,RGGI 各州的能源消费总量水平较为平稳(见图 2.8)。

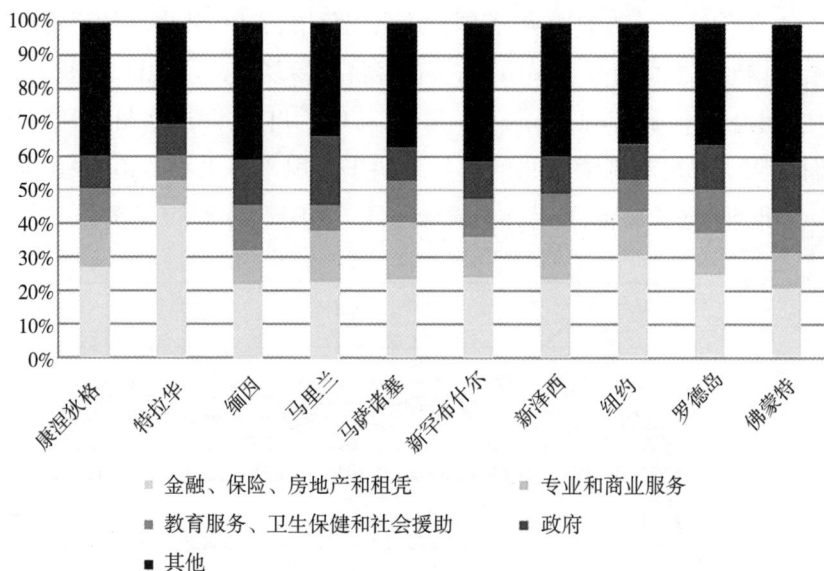

图 2.7　2016 年 RGGI 各州前四大主要产业占总 GDP 比例

资料来源：U.S.Bureau of Economic Analysis，2017-07-18，http://www.bea.gov/regional/bearfacts/action.cfm.

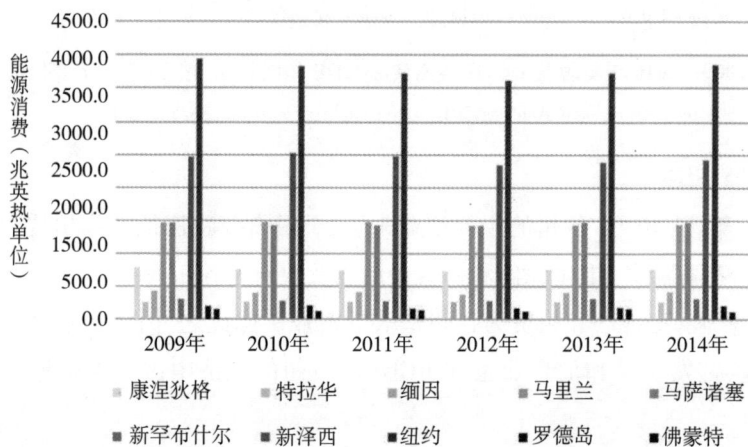

图 2.8　2009—2014 年 RRGI 各州能源消费总量

资料来源：U.S.Energy Information Administration，2017-07-18，http://www.eia.gov/state/seds/archive/.

（2）能源消费结构

首先，从化石能源消费总能源消费比例看，RGGI 各州中，除罗德岛，其余各州化石能源消费比例低于或接近全美平均水平（见图 2.9）。

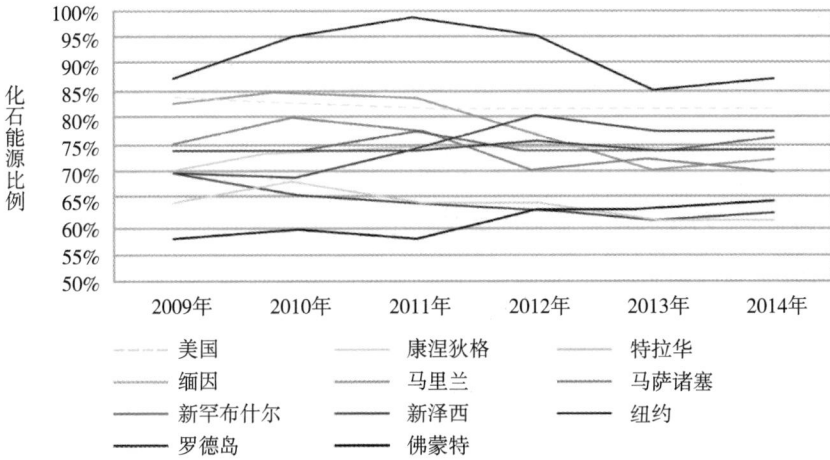

图 2.9　2009—2014 年 RGGI 各州化石能源消费占总能源消费比例

资料来源：U.S.Energy Information Administration，2017-07-18，http://www.eia.gov/state/seds/archive/.

其次,从电力行业发电能源结构看,RGGI 各州的化石燃料发电比重较低。2009—2014 年,除特拉华州、马萨诸塞州和罗德岛州,其余各州的化石燃料发电量占总发电量比例均低于全美平均水平,其中佛蒙特州的化石燃料发电比例小于 0.1%,其发电量主要来自传统的水电和核电(见图 2.10)。

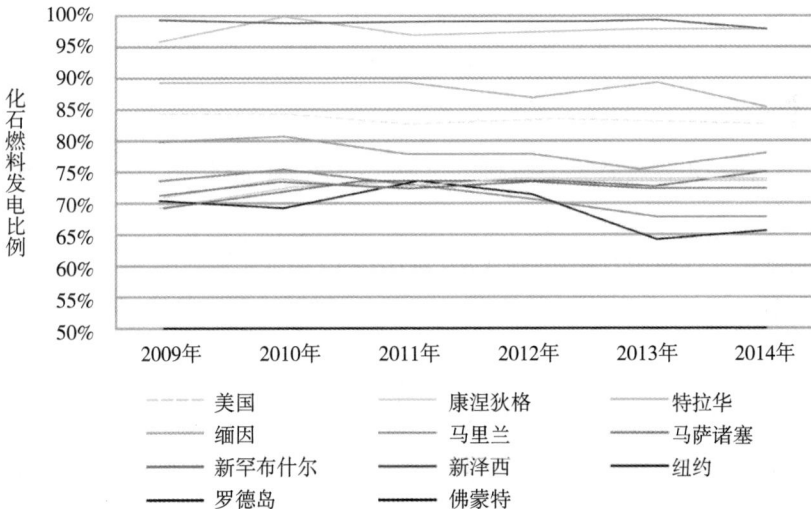

图 2.10　2009—2014 年 RGGI 各州化石燃料发电量占总发电量比例

资料来源：U.S.Energy Information Administration，2017-07-18，http://www.eia.gov/electricity/data.cfm#generation.

可见,RGGI各州大多不是美国主要的化石燃料生产商或者主要的消费者,同时,各成员州化石燃料发电比重较低,电力行业的减排对电力供应的影响不大,因此在电力行业,来自传统能源利益集团对推行碳排放权交易的阻力相对较小。

(3)能源价格

RGGI地区能源供求关系紧张,长期对能源价格存在担忧。2009—2014年,除缅因州外,RGGI各州的能源价格均高于美国平均水平。缅因州的能源价格在美国平均水平附近波动(见图2.11)。

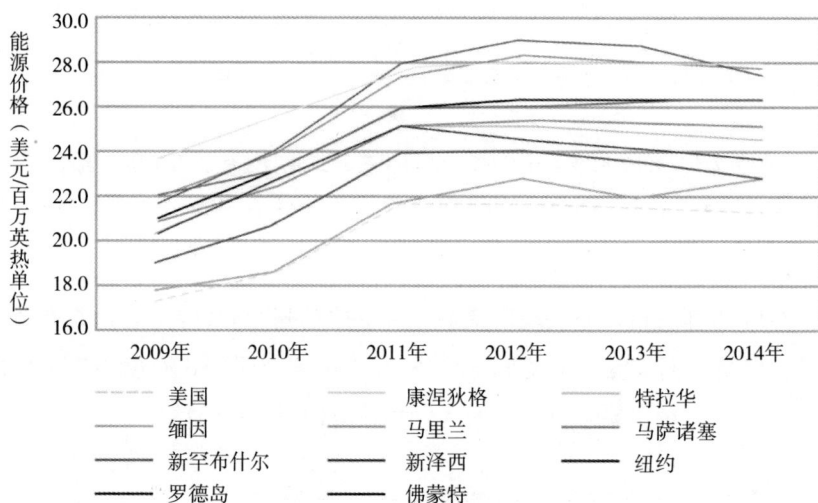

图2.11　2009—2014年RGGI各州能源价格

资料来源:U.S.Energy Information Administration,2017-07-19,http://www.eia.gov/state/seds/archive/.

同时,RGGI各州属于美国高电价地区,其电力价格都远高于全美平均水平。2009—2014年,RGGI各州的零售电力价格均高于美国平均水平。电价最高的为康涅狄格州,最低为特拉华州(见图2.12)。

3.碳排放

(1)碳排放总量

化石燃料燃烧是美国碳排放的主要影响因素。1990,美国来自化石燃料燃烧的碳排放占以全球变暖潜能值(Global Warming Potential,GWP)[①]加权的排放

---

① 全球变暖潜能值是一种物质产生温室效应的指数,用于衡量相对于二氧化碳的,在所选定时间内进行积分的,当前大气中某个给定的充分混合的温室气体单位质量的辐射强度。

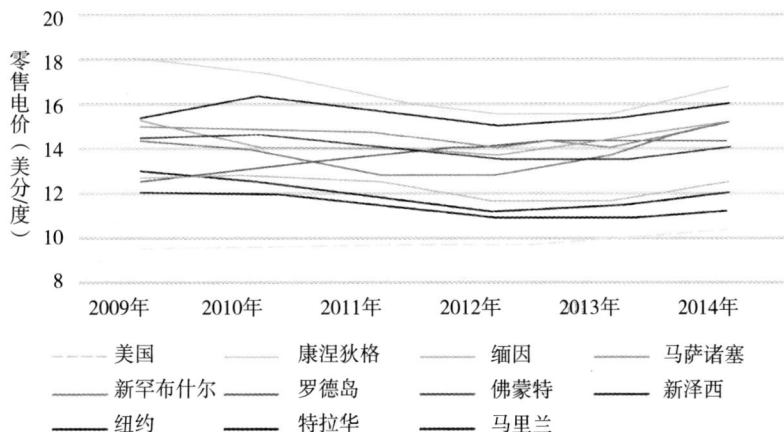

图 2.12 2009—2014 年美国及 RGGI 各州电力零售价格

资料来源:U.S.Energy Information Administration,2017-07-19,http://www.eia.gov/state/seds/archive/.

量的比重 76%,2014 年为接近 76%,化石燃料燃烧的碳排放总量从 1990 年到 2014 年增长了 9.9%(约 4.67 亿吨二氧化碳当量)。① 化石燃料燃烧是影响美国碳排放趋势的主要因素。2009—2014 年,美国碳排放总量及化石燃料燃烧碳排放量先上升后下降(见图 2.13)。

2009—2014 年,与能源消费总量相一致,化石燃料燃烧碳排放量最大的州为纽约州,其次为新泽西州,罗德岛和费蒙特州碳排放量最小。总的来说,化石燃料燃烧的碳排放量的变化与美国总体趋势相一致,在 2009—2010 年上升,2010—2014 年下降(见图 2.14)。

造成美国及 RGGI 各州碳排放量变化的主要原因是:2009—2010 年,美国总体经济产出增加,工业和制造业产出增加,从而造成了碳排放总量的增加;2010—2011 年,煤炭消费的减少,天然气和水力发电的增加促进了碳强度的降低;2011—2012 年,由于煤炭价格的上升以及天然气价格的大幅下降引起了发电燃料碳强度的降低,使得碳排放总量下降。

(2)碳排放结构

从行业来看,2014 年,电力行业化石燃料燃烧的碳排放占美国化石燃料燃

---

① U.S.Environmental Protection Agency, *Inventory of U. S. Greenhouse Gas Emissions and Sinks* 1990—2014,2016.

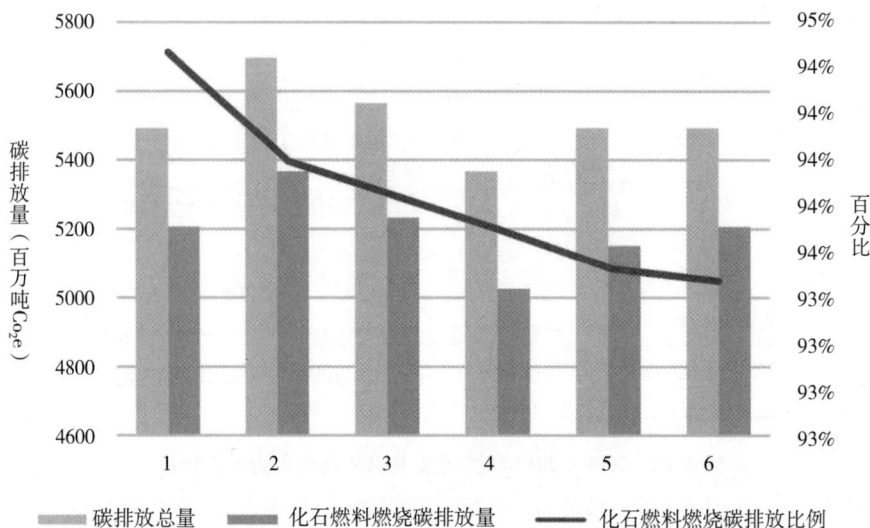

图 2.13　2009—2014 年美国碳排放总量及化石燃料燃烧碳排放量情况

资料来源:U.S.Environmental Protection Agency,*Inventory of U. S. Greenhouse Gas Emissions and Sinks* 1990—2014,2016.

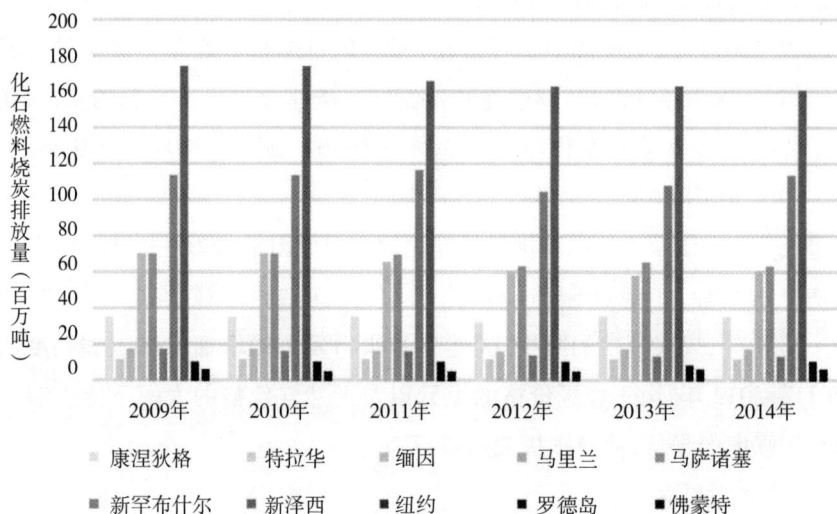

图 2.14　2009—2014 年 RGGI 各州化石燃料燃烧碳排放量

资料来源:EIA,2017-07-19,https://www.eia.gov/environment/emissions/state/.

烧碳排放总量的40%,交通运输业占34%(见图2.15)。电力行业是美国化石燃料燃烧碳排放的最主要来源,其次为交通运输业。

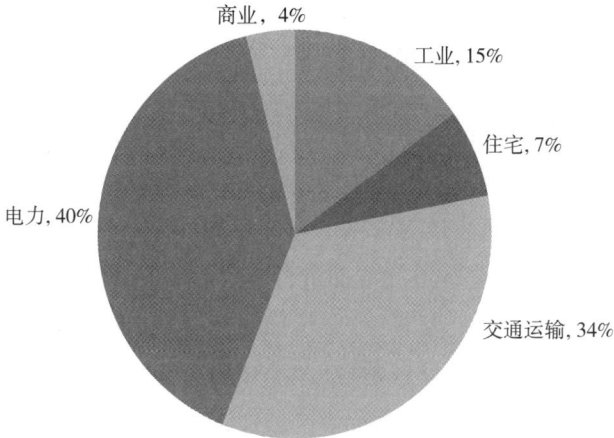

图 2.15 2014 年美国分行业化石燃料燃烧碳排放情况

资料来源:U.S.Environmental Protection Agency, *Inventory of U.S. Greenhouse Gas Emissions and Sinks* 1990—2014,2016.

与美国整体碳排放情况相同,RGGI 各州电力行业的化石燃料燃烧的碳排放量仅次于交通运输业,位居第二位。2014 年 RGGI 各州电力行业的化石燃料燃烧的碳排放量占 RGGI 各州化石燃料燃烧总排放量的18%。在 RGGI 各州电力行业总排放中,占比最大的为纽约州,其排放量占 RGGI 各州电力行业总排放量的32%,其次为马里兰州,占比为20%(见图2.16)。

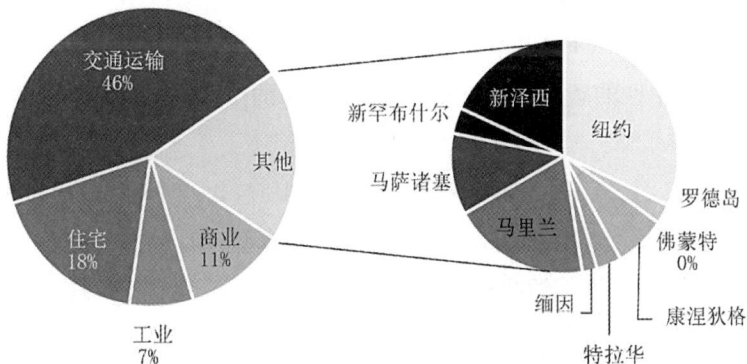

图 2.16 2014 年 RGGI 分行业化石燃料燃烧碳排放情况

资料来源:EIA,2017-07-19,https://www.eia.gov/environment/emissions/state/.

可见,化石燃料燃烧是美国碳排放的主要影响因素,而电力行业化石燃料燃烧的碳排放是 RGGI 各州化石燃料燃烧碳排放的主要来源。控制电力行业化石燃料的排放对该地区实现温室气体的减排目标有重要作用。

(三)美国 RGGI 的相关法律政策

面对美国联邦层面应对气候变化的僵局,美国一些州政府通过州内立法和区域性合作机制,以地方自主性的立法模式推进碳市场的构建。

首先,这是美国环境立法较为常用的方式。20 世纪,诸如《清洁空气法》和《清洁水法》等环境法案均是先在州层面进行立法。美国环境法律制度属于“联邦与州合作制”,是一种“自上而下”的立法模式,在州和地方政府的推动下,通过效率较高且政治上可行的方案,以推动相关环境法案的制定。在碳市场方面,美国州政府同样试图通过该方式,在促进区域性碳市场建立和发展的基础上,最终建立联邦层面的碳市场。

其次,美国宪法给予了州政府施行碳排放权交易的法律根据。美国宪法规定,联邦的权力来自于州权力的让渡,通过地方行动、司法审查等,州政府可以推动联邦行动。同时,州政府完全有权力在其管辖范围内推动碳市场的立法和建立,这是由于环境事务不属于联邦政府的专属管辖范围。

最后,《清洁空气法》规定,对于污染物各州必须进行治理,以实现空气质量的最低标准。如果州未能达到最低标准,该州就无法从联邦政府获得财政等其他支持。在州层面建立碳市场,在控制 CO_2 排放的同时也可以直接履行《清洁空气法》中对各州法定义务的要求。

在此背景下,RGGI 各州积极主动地应对气候变化、控制温室气体排放量,开始了地方自主性的碳排放权交易立法。RGGI 的法律基础为 MOU 和“标准规则”。

2005 年 12 月 20 日,RGGI 各州签署了 MOU,包含八个方面的内容:总体环境目标、CO_2 预算交易计划、CO_2 预算交易计划模型、区域组织、加入或退出、计划监测与评估、补充性能源政策及修改规则。RGGI 于 2006 年 8 月对 MOU 中涉及的安全阀和抵消规则进行了修改,2007 年 4 月针对马里兰州的加入进行了调整。由于美国宪法中协定条款的规定,虽然 MOU 对 RGGI 发挥着实际的调节作用,然而,它不具有法律约束力。

"标准规则"是一系列的规定,形成了 RGGI 各州 CO₂ 预算交易计划的基础。自 2006 年 8 月以来,为了在各州的规则之间保持一致性,RGGI 对"标准规则"进行了多次修改。通过立法机关,在"标准规则"下,RGGI 各州将 MOU 以法律形式予以细化。"标准规则"确立了 RGGI 的立法宗旨:第一,通过最经济的方式减少 RGGI 各州内 CO₂ 的排放量;第二,规制范围是发电量在 25 兆瓦以上的化石燃料发电企业,各州至少要将 25%的拍卖收益用于战略性能效投资;第三,为美国其他地区和其他国家提供示范效应。RGGI 通过 MOU 和"标准规则"的相互补充,实现区域性碳市场的协调一致性和灵活可操作性。

RGGI 的碳排放权交易的法律制度具有典型的地方性特征,主要表现在两个方面:第一,通过 MOU 和"标准规则",形成了 RGGI 各州碳市场的运行制度基础,在最大程度上保障各州碳市场机制的协调一致;①第二,为了制定出符合各州具体情况的政策,RGGI 在具体规则上赋予各州自主权,如 MOU 和"标准规则"相关条款指出各州在配额分配上拥有自主权,可以在履约期内决定拍卖配额的数目以及约定拍卖收益的分配方案。②

二、美国 RGGI 的制度设计

碳市场的实施效果在很大程度上取决于碳市场的制度安排,其作为一种创新性的制度安排涉及较为复杂的制度要素。

(一)总量设置

根据碳排放上限等设定碳市场的配额总量是实施碳排放权交易的基础性工作。合理的配额总量可以使得配额的稀缺性得到保障,从而,碳市场才能发挥其以较低成本减排的激励作用。

1.总量规模

不在制度设计考虑范围之内的页岩气开发的技术突破使得 RGGI 各州排放

---

① 比如《谅解备忘录》3.C.条明确规定各州法律法规出台的时间和 RGGI 第一履约期的具体时间。在主要内容上有碳排放权交易机制行业覆盖范围、总量设定、减排目标的设定等。

② 冯静茹:《论欧美碳交易立法路径的选择及其对我国的启示》,《河北法学》2013 年第 5 期,第 151—162 页。

从 2006 年起大幅下降,RGGI 从实施开始,配额就严重过量,针对此情况,RGGI 在改革后对配额进行大幅缩减。

(1)RGGI 改革前的配额总量

RGGI 的实施有两个阶段:2009—2014 年为第一阶段,目标是使 CO_2 排放水平保持在 2009 年的水平;2015—2018 为第二阶段,目标是通过每年在 2009 年的排放水平上削减 2.5%,以实现 CO_2 排放水平较 2009 年削减 10%。

RGGI 改革前的配额总量于 2005 年确定,实施起始年为 2009 年。基于 2000—2004 年发电企业的 CO_2 排放量和 2009 年计划开始之前预期 CO_2 排放量的增加,综合考虑排放来源。RGGI 原有的配额预算为:第一控制期(2009—2011 年)每年 1.88 亿短吨[①],第二控制期(2012—2014 年)由于新泽西州的退出而缩减为每年 1.65 亿短吨,2015 年开始在原来基础上每年递减 2.5%,以实现 2018 年比 2009 年减排 10% 的目标。

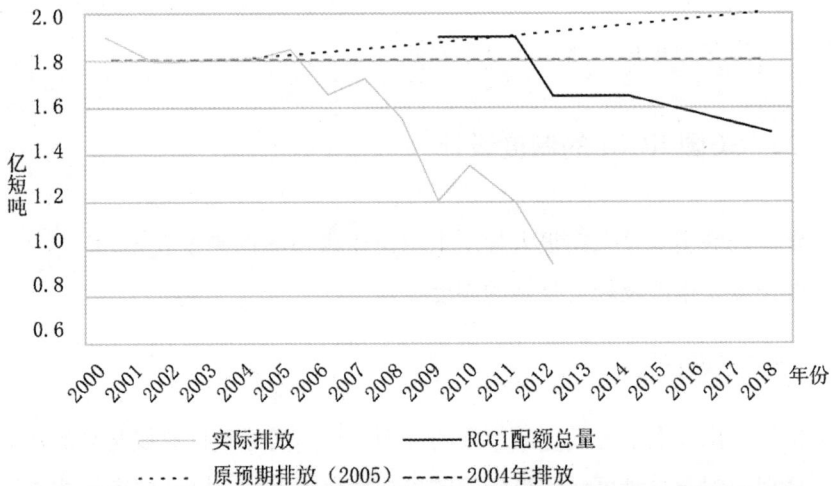

图 2.17　RGGI 的配额总量(改革前)、历史排放和原预期排放

资料来源:配额数量和预期排放数据来自 RGGI Modeling Results & Setting the Cap Level, 2007—2008;2000—2008 年排放数据来自 RGGI Historical Emissions;2009—2012 年排放数据来自 RGGI CO_2 Allowance Tracking System。

从图 2.17 可以看出,RGGI 各州的排放从 2000—2004 年一直处于比较稳定的水平,因此 2005 年设计总量时模拟的缓慢增长的预期基准情景(BAU)下的

———————————

① 1 短吨约等于 0.907 吨。

排放曲线并无太大问题。不过,不在制度设计考虑范围之内的页岩气开发的技术突破使得各州排放从 2006 年起大幅下降,2009 年实际排放比配额总量下降34%,RGGI 从开始实施起配额就严重过量。

2009 年 RGGI 启动后,前四年各州实际排放量只有 1.22 亿、1.36 亿、1.19亿、0.92 亿短吨,分别比当年配额总量低 0.66 亿、0.52 亿、0.70 亿、0.73 亿短吨,实际排放剧减的后果是需求严重不足。

(2)RGGI 改革后的配额总量

针对之前配额严重过量的情形,2012 年 RGGI 对计划进行了一次正式评估,同时进行了紧缩配额的调整。

表 2.3　RGGI 2014—2020 年改革前后及调整后的配额总量

年份	配额总量(亿短吨)		调整后的配额总量(亿短吨)
	改革前	改革后	
2014	1.65	0.91	0.83
2015	1.61	0.89	0.67
2016	1.57	0.87	0.65
2017	1.53	0.84	0.62
2018	1.49	0.82	0.60
2019	1.45	0.80	0.58
2020	1.42	0.78	0.56
合计	10.72	5.91	4.51

注:改革前的配额总量指 2005 年确定的配额总量;改革后的配额总量指根据 2012 年的回顾修订的配额总量;调整后的配额总量指在改革后的配额总量的基础上,引入两个临时调整期对配额总量进一步紧缩形成的配额总量。

资料来源:RGGI 官网(http://www.rggi.org/design/overview/cap)。

首先,对基础配额预算进行了调整,形成了改革后的配额。2014 年的配额总量为 0.91 亿短吨,2015—2020 年每年递减 2.5%。

其次,在改革后配额总量的基础上,引入两个临时调整期,基于前期储存的配额对基础配额预算进行调整,对配额总量进行进一步紧缩。调整对象为2014—2020 年的基础配额预算,调整数量为市场参与者私人储存的前五年(2009—2013 年)的配额,分为"第一次临时调整"和"第二次临时调整"。"第一次临时调整"指的是基于第一控制期(2009—2011 年)的储存配额对各州

2014—2020 年每年的基础配额预算进行调整,该次调整平均分摊到 2014—2020 年共 7 年的基础配额预算进行调整;"第二次临时调整"指的是基于第二控制期前两年(2012—2013 年)的储存配额对各州 2015—2020 年每年的基础配额预算进行调整,该次调整平均分摊到 2015—2020 年共 6 年的基础配额预算进行调整。某个州的配额调整计算方法如下。[①]

第一控制期某个州对储存配额临时调整的计算公式为:

FCPIABA =(FCPA/7)×RS%

其中,FCPIABA(First Control Period Interim Adjustment for Banked Allowances)是某个州第一控制期对储存配额的临时调整,单位为短吨。FCPA(First Control Period Adjustment)是第一控制期调整的配额,等于 2009 年、2010 年和 2011 年在一般账户和履约账户中 RGGI 整体的配额总量,包括按照 CO_2 预算交易计划建立的履约账户,但不包括成员州开设的账户。RS% 是 RGGI 某成员州 2013 年的预算除以 RGGI 各州总的预算。

第二控制期某个州对储存配额的临时调整的计算公式为:

SCPIABA =(SCPA−SCPE)/6)×RS%

其中,SCPIABA 是某个州第二控制期对储存配额的临时调整,单位为短吨。SCPA 是第二控制期调整的配额,等于 2012 年和 2013 年在一般账户和履约账户中 RGGI 整体的配额总量,包括按照 CO_2 预算交易计划建立的履约账户,但不包括成员州开设的账户。SCPE 是第二控制期的实际排放量,等于 2012 年和 2013 年所有成员州预算源(Budget Sources)的排放量,RS% 是 RGGI 某成员州 2013 年的预算除以 RGGI 各州总的预算。

2014 年调整后的基础配额预算的计算公式为:

AB=BB−FCPIABA

其中,AB 是某州 2014 年调整后的基础配额预算。BB 是该州 2014 年原有的基础配额预算。

2015—2020 年某个州调整后的基础配额预算的计算公式为:

AB = BB−(FCPIABA + SCPIABA)

---

① RGGI, "Regional Greenhouse Gas Initiative Model Rule-12/23/2013 Part XX CO_2 Budget Trading Program-Subpart XX-5 CO_2 Allowances Allocation", 2013, pp.43-44.

　　由以上公式加总计算,第一控制期 RGGI 整体对储存配额的调整量为 0.58 亿短吨,第二控制期对储存配额的临时调整量为 0.82 亿短吨。RGGI 2014— 2020 年配额总量和调整后的配额总量见表 2.3。调整之后 2014—2020 年的配额总量总计约为 4.51 亿短吨,只有改革前同期配额总量(10.72 亿短吨)的 42%,即改革方案的两步缩紧配额总量缩紧幅度达 58%(见图 2.18)。

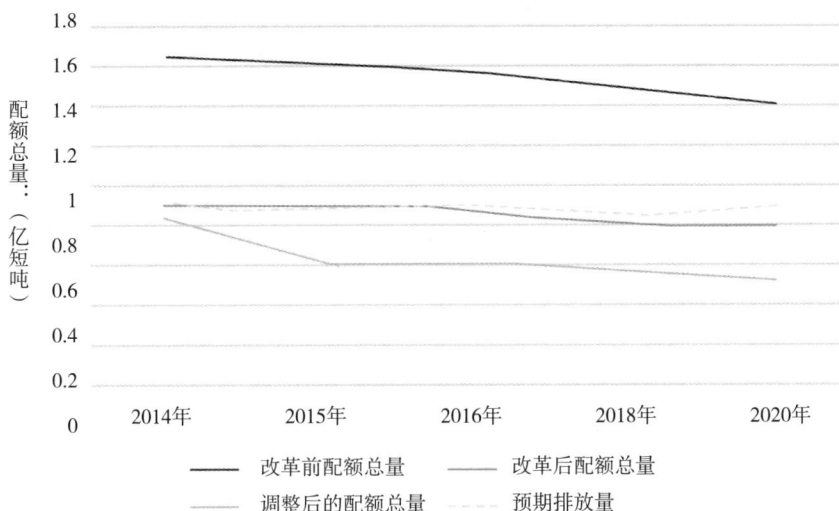

图 2.18　RGGI 配额总量(改革前后)、调整后的配额总量和预期排放量

资料来源:预期排放量数据来自 RGGI Results 91 Cap Bank MR。

　　2. 配额结构

　　改革前,RGGI 的配额包括三类:第一,一般分配(General Allocation),它是指将整个区域的大部分比例的配额分配到各州,依据的是各州的历史碳排放量以及各州之间的协商结果。第二,以消费者利益和能源战略为目的的分配(Consumer Benefit or Strategic Energy Purpose Allocation),该类配额至少要占配额总量的 25%。第三,早期减排配额(Early Reduction Allowances, ERAs),是监管机构或其代理机构为奖励预算源在早期减排时期(2006 年、2007 年和 2008 年)实现的碳减排而分配的一种配额,工厂或企业因停产而导致的碳排放量减少现象不具备获得 ERAs 的资格。[1]

----

　　[1]　RGGI, "Regional Greenhouse Gas Initiative Model Rule-12/31/08 final with corrections-Part XX CO_2 Budget Trading Program-Subpart XX-5 CO_2 Allowance Allocations", 2008, p.39.

改革后,早期减排配额将不再使用,同时增加了成本控制储备(Cost Containment Reserve, CCR)配额。CCR 由配额总量之外的固定数量的配额组成,其作用是防止拍卖结算价格过高,从而控制预算源的履约成本。2014 年 CCR 的总量为 500 万短吨,之后每年为 1000 万短吨。

3. 覆盖范围

RGGI 覆盖了康涅狄格、特拉华、缅因、马里兰、马萨诸塞、新罕布什尔、新泽西、纽约、罗德岛和佛蒙特 10 个州,新泽西州在第一控制期结束以后退出了 RGGI。

表 2.4   RGGI 各州 2016 年 CO_2 预算源

州	CO_2 预算源(个)
康涅狄格	16
特拉华	10
缅因	6
马里兰	16
马萨诸塞	27
新罕布什尔	5
纽约	76
罗德岛	6
佛蒙特	2
合计	164

资料来源:RGGI,2017-07-20,http://www.rggi.org/design/overview/regulated_sources.

RGGI 覆盖的温室气体范围仅为 CO_2。"预算源"是 RGGI 各州范围内,2005 年后装机容量等于或超过 25 兆瓦的化石燃料发电企业。2016 年 RGGI 各州 CO_2 预算源数量见表 2.4。

(二)分配机制

RGGI 的配额分配分为州和企业两个层次:第一个层次是 RGGI 的总配额对各州的分配;第二个层次是各州的配额对发电企业的分配。

1. RGGI 总配额在各州之间的分配

根据 RGGI 各州的历史 CO_2 排放量,RGGI 确定各州的基础配额,同时根据人口、发电量、新排放源的预测等对各州的配额进行调整。所有签发的配额要遵守 RGGI 的配额总量。RGGI 各州 2016 年配额总量见表 2.5。

表 2.5　RGGI 各州 2016 年配额总量

州	基础配额预算（短吨）	调整后的基础配额预算（短吨）	占 RGGI 调整后的基础配额比例
康涅狄格	5600983	4182120	6%
特拉华	3863993	2862188	4%
缅因	3115436	2327102	4%
马里兰	19355622	14385683	22%
马萨诸塞	13771805	10238857	16%
新罕布什尔	4514529	3372166	5%
纽约	33489399	24967083	39%
罗德岛	2172154	1819759	3%
佛蒙特	622954	460509	1%
合计	86506875	64615467	100%

资料来源：RGGI,2017-07-20,http://www.rggi.org/design/overview/regulated_sources.

2. 州内各发电企业之间配额的分配

配额分配一般有几种模式：第一种是拍卖，即政府以有偿发放的方式让企业获得配额；第二种是免费分配，即通过一定的计算方法，政府以免费分配的方式让企业获得配额；第三种是"混合模式"，分为"行业混合模式"和"渐进混合模式"，前者是对于不同的行业设计不同的分配方法，后者是随碳市场的发展逐步提高拍卖比例。①

RGGI 是首个完全以拍卖方式分配配额的总量控制与交易体系。2007 年，纽约州能源研究开发中心（NYSERDA）代表 RGGI 聘请了多位来自弗吉尼亚大学和未来资源（Resources for the Future，RFF）的专家就各州如何设计、完善与实施配额拍卖工作向 RGGI 提出建议。其报告提出了包括制定价格发现、确保透明、避免市场操纵等 16 条建议，建议采用统一价格、密封投标与单轮竞价的方式。

---

① 齐绍洲、王班班：《碳交易初始配额分配：模式与方法的比较分析》，《武汉大学学报》2013 年第 5 期，第 19—28 页。

（1）拍卖的频率、时间和规模

拍卖的频率和时间是发电企业关注的关键问题。第一，发电企业希望未来配额的价格和可得性存在一定程度的确定性，从而使他们能够计划其未来的投资。第二，发电企业希望在区域独立系统运营商（ISO）拍卖前进行配额拍卖，使得发电企业能够确保未来需要满足相关合同义务的配额。第三，一方面，发电企业希望拍卖的频率足够频繁，这样他们能够获得相应的配额以满足其短期内的碳排放需求。同时，发电企业希望拍卖的规模足够小，从而避免现金流的不足以及潜在的较高的借贷成本损害他们购买所需配额的能力。另一方面，发电企业不希望拍卖的频率过于频繁，规模过小，因为在这种情况下参与拍卖的交易成本将会成为负担。

频繁的小规模拍卖可以限制每次拍卖的配额数量，从而限制购买者通过拍卖操纵市场。同时，高频率的拍卖同时能够促进市场的流动性。此外，频繁的小规模拍卖会防止在特定时间向市场上发放大量配额而给现货市场造成混乱。

理想的拍卖频率需要权衡执行拍卖的行政成本以及参与企业的交易成本。以往的经验表明，拍卖的行政成本与拍卖的初始设置有关，包括拍卖规则的制定，开发拍卖软件以及建立投标人的资格预审机制，此后重复特定拍卖的新增成本相对较少。拍卖频率与不同成本的关系如表2.6所示。

表2.6　拍卖频率与不同成本的关系

随拍卖频率增加而增加的成本	随拍卖频率增加而降低的成本
投标人和拍卖管理者建立资格预审机制的成本	非竞争性行为产生的成本
投标人准备投标以及投标策略的成本	小企业进行财务预审的成本
建立、宣传和运行拍卖的行政成本	购买更大量的配额的成本
投标人公开投标的成本	

资料来源：Charles Holt et al., *Auction Design for Selling CO$_2$ Emission Allowances Under the Regional Greenhouse Gas Initiative Final Report*, 2007.

平衡成本、风险和收益后，RGGI选择以每个季度为周期进行拍卖，3年为一个控制期，每个控制期将进行12次拍卖。这样的拍卖频率有利于周期性的价格发现，同时在不干扰二级市场的情况下提高了流动性。而每次拍卖的规模由每个履约期的配额数量和拍卖次数决定。从目前的设计来看，每个年份的配额将进行 8 次拍卖,在其生效年份有四次拍卖,其前四年各有一次拍卖。因此每次拍卖至少有 12.5% 的每个年份的配额参与拍卖。当此前拍卖中未出售的配额被加入时,此比例可能会提高。

(2)拍卖比例

RGGI 规定各州至少要将 25% 的配额进行拍卖。各州拍卖的配额比例由各州的法规文件决定。各州大部分的配额通过拍卖的方式分配,远远超过了 25% 的规定。各州 2009—2015 年参与拍卖的配额比例见表 2.7。可以看出,各州参与拍卖的配额比例各年较为平稳,同时有稳步上升的趋势。总体来看,RGGI 参与拍卖的配额比例逐年上升,由 2009—2011 年的 89.93% 上升到 2012—2014 年的 93.47%。

对于其余 75% 的配额,RGGI 规定各州可自行决定分配方法。如康涅狄格州,除了每年将 95.5% 的配额分配至拍卖账户外,还设置了清洁能源自愿购买预留账户(Voluntary Clean Energy Purchase Set-aside Account),消费端分布式资源预留账户(Customer-side Distributed Resources(CDR)Set-aside Account)和热电联产有用热能预留账户(Combined Heat and Power(CHP)Useful Thermal Energy Set-aside Account),每个账户分配了 1.5% 的配额。对进行了清洁能源资源购买,生产了有用的净热能①或参与了消费端分布式资源计划的 CO_2 预算源免费分配以上账户中的配额。而新罕布什尔州规定,主管部门将年度预算中 1% 的配额储存至紧急预留账户中,并在紧急情况下以最新的拍卖出清价格将该配额出售给相应预算源。

表 2.7 各州 2009—2013 年参与拍卖的配额比例

州	2009—2011 年	2012—2014 年
康涅狄格	96.43%	97.87%
特拉华	57.14%	79.05%
缅因	83.89%	83.66%
马里兰	84.64%	94.06%
马萨诸塞	98.59%	99.40%

---

① 有用的净热能指用于供热、冷却、工业过程等有用用途的热能。

州	2009—2011 年	2012—2014 年
新罕布什尔	71.00%	79.12%
新泽西	89.37%	—
纽约	94.91%	94.08%
罗德岛	99.96%	99.62%
佛蒙特	99.67%	99.00%
合计	89.93%	93.47%

资料来源：RGGI, 2009—2011 CO$_2$ *Allowance Allocation*, 2012；RGGI, 2009—2011 CO$_2$ *Allowance Allocation*, 2015.

（3）拍卖方法

RGGI 采取的是统一价格、密封投标和单轮竞价的拍卖方法，在特定的时候，多轮、递进式拍卖的方法也可被采用。

①统一价格、密封投标和单轮竞价

统一价格拍卖的优点在于，简单、相对透明公开，使投标者以接近使用价值的价格出价购买其所需的配额。同时，统一价格的设计在价格发现方面表现良好。此外，电力行业对统一价格拍卖十分熟悉，因为在 ISO 电力拍卖中采用的也是此种拍卖形式。

密封投标和单轮竞价与连续竞价和多轮拍卖相比更具优势。连续竞价不利于价格发现，同时促使参与者的相互勾结。多轮拍卖更有利于共谋的发生，因为多轮拍卖使得参与者能够获得不断重复的价值和需求信息。

统一价格、密封投标和单轮竞价的方式要求投标以价格降序排列，同时与投标相关的配额数量累积（见表 2.8）。当投标数量等于出售的配额数量时，配额清算，最后一个（即"边际"）的投标价格成为市场清算价格，配额按同一个清算价格出售。所有出价为清算价格或以上的投标人将获得配额。在示例中，拍卖10 万个配额，拍卖清算价格为 3.75 美元，清算价格为配额累积投标数量超过出售的配额数量时的出价价格。出价等于清算价格的投标人获得的配额按照随机编号的顺序进行分配。

表 2.8 统一价格拍卖示例

投标人 （按时间先后排列）	出价（美元）	配额招标数量	累积投标	随机编号
E	5.00	20000	20000	
A	4.50	10000	30000	
B	4.10	10000	40000	
D	4.05	20000	60000	
E	4.00	10000	70000	
A	3.95	10000	80000	
C	3.85	10000	90000	
E	3.75	10000	125000	（3）
D	3.75	5000	125000	（1）
A	3.75	10000	125000	（2）
B	3.75	10000	125000	（4）
A	3.25	30000	155000	
C	3.00	40000	195000	

资料来源：RGGI，*Auction 35 Bidder Webinar*，2017.

②保留价格

RGGI 规定在每次拍卖中均需要使用保留价格（Reserve Price）。一般来说，保留价格需要公开，但在第一次拍卖时保留价格可能不必提前公开。设置保留价格是为了防止碳市场中参与者的共谋行为。如果参与拍卖的预算源的竞拍价格比保留价格低，则各州将继续持有该配额。

改革后 RGGI 简化并更改拍卖保留价格规定。原拍卖保留价格名称变为"最小保留价格（Minimum Reserve Price）"，2014 年最小保留价格为 2 美元，以后每年递增 2.5%。新的"拍卖保留价格"包括两个价格，即最小保留价格和 CCR 触发价格，CCR 未被触发时保留价格为最小保留价格，当 CCR 被触发时当次拍卖的保留价格为 CCR 触发价格。

③配额的有效性

RGGI 拍卖的每份配额均拥有各自的生效年份（Vintage Year），生效年份是指配额的生效起始时间。例如，对于生效年份为 2009 年的配额，既可以在当前履约期用于履约，同时，预算源也可以将该配额储存起来以在未来履约期进行履约。如果在初次拍卖中,该配额未能卖出,该配额仍可参与 2009—2011 年的后续拍卖。但是,配额不可预借,即不能在当前的履约期中使用未来的配额。到 2012 年,对于生效年份为 2009 年、2010 年或 2011 年的配额,若在 2009—2011 年第一控制期内未能卖出,将由 RGGI 各州自行决定是否允许其在下一履约期继续出售,或是令其退出市场。①

此外,RGGI 规定,从 2009 年开始,投标人可以购买 2012 年、2013 年和 2014 年的部分配额。发电企业可以根据自身的发展计划和对碳市场未来供求关系的预判,决定是否提前购买生效年份为未来履约期的配额。同时,RGGI 各州还限制了提前出售条款,在一年开始前,各州将不会出售当年 50%以上的配额。

(4)拍卖收益

RGGI 规定拍卖所获得的收益将返回各州,同时用于投资使消费者受益的项目:能效、可再生能源、直接的能源账单援助和其他温室气体减排项目。RGGI 认为,将拍卖收益投资于以上类型的项目能够对环境、消费者和经济产生积极的影响,包括减少排放、削减能源账单、创造就业以及提高经济效益。

RGGI 规定各州至少要将 25%的碳配额拍卖收益用于战略性能源项目。各州各自制定拍卖收入用于相关投资的比例(见表 2.9)。

表 2.9 RGGI 各州拍卖收入规定

州	指定用于能效的拍卖收入占比
康涅狄格	69.5%
特拉华	不超过65%
缅因	不超过88%
马里兰	46%
马萨诸塞	不低于80%
新罕布什尔	不超过90%
纽约	不超过90%
罗德岛	不超过100%
佛蒙特	不超过95%

资料来源:引自能源基金会:《美国东北部区域温室气体行动:拍卖排放权》,载环保部环境规划院编:《2008 年排污交易国际研讨会论文集》,2008 年,第 355 页。

———————————

① 庄彦、蒋丽萍、马莉:《美国区域温室气体减排行动的动作机制及其对电力市场的影响》,《能源技术经济》2010 年第 8 期,第 31—36 页。

（5）风险控制及信息披露

在每次拍卖前的至少 45 天，RGGI 将拍卖公告发布在其官网上，内容包括拍卖时间、投标者的种类和资质要求、配额数量和关于参与拍卖的主体的信息和手续的相关规定。[①]　同时，投标者必须披露碳市场中的赞助者或受益者，即如果赞助者或受益者不是他们自己或者他们的直接雇主，必须说明他们为谁购买配额。在每次拍卖后应披露以下信息：结算价格、中标者的身份以及每个中标者获得的配额数量。每个拍卖参与者的实际报价以及未中标者的信息不公开。

为了防止市场中的不正当竞争行为，RGGI 规定在每次拍卖中，每个投标者购买的配额数量不能超过拍卖中配额总量的 25%。

（三）交易机制

RGGI 的交易市场由一级市场和二级市场共同构成。拍卖市场是配额的一级市场，由政府统一主导，是一个相对固定的市场。同时，二级市场对于 RGGI 来说也是十分重要的。首先，二级市场能让企业在 RGGI 拍卖三个月之间的任何时间获得配额。其次，为企业提供了一个保护自己免受潜在的未来拍卖结算价格波动影响的途径。最后，提供了价格信号，可以帮助企业在受到 RGGI 履约成本影响的市场做投资决策。二级市场的交易不受行政区域的限制，RGGI 各州可以在 RGGI 范围内自由地进行交易。

1. 交易平台和方式

标准的金融衍生品的交易早期主要在芝加哥气候期货交易所（Chicago Climate Futures Exchange，CCFE）和绿色交易所（Green Exchange）进行。大部分衍生品最终表现为配额的转移，需要在 CO_2 配额跟踪系统（ CO_2 Allowance Tracking System，COATS）中完成。每个配额都有一个唯一的编号并用于履行 1 短吨的履约义务。当企业在二级市场进行配额交易时，卖方必须在买方被认定为所有者前在 COATS 系统中记录所有权的转移。

交易方式主要分为场内交易和场外交易，场内交易是指通过交易所的公开交易，它具有操作方便、交易产品标准的优点，同时可以有效消除合约方违约的

---

① 庄彦、蒋丽萍、马莉：《美国区域温室气体减排行动的动作机制及其对电力市场的影响》，《能源技术经济》2010 年第 8 期，第 31—36 页。

风险。场外交易则对那些希望非标准化条款合约的企业更有吸引力,那些履约实体可能更中意购买包含标准配额和其他产品或服务的复合产品,而场外交易恰恰可以为购买者的各种需求量身定做产品,但总的说来,场外交易存在较大的信息不对称性,买卖双方承担的风险比交易所交易大得多。

2. 交易参与者

交易的参与者既可以是预算源,也可以是非预算源。而一级市场的拍卖也允许任何个人及机构参与,包括金融机构,但参与者必须提供相关资料供 RGGI 提前审核,包括公开配额受益者说明和信用证明(证明其拥有足够的资金来支付竞拍费用)等,同时还必须在 COATS 中建立账户。

3. 交易产品

RGGI 的二级市场包括配额交易和如期货、远期和期权合约的金融衍生品交易。总量限制与交易市场设计的初衷是为了激励企业减少或抵消碳排放。从长期看,碳市场将影响企业决策,发展抵消项目,淘汰老旧的无效率的设备,同时提高能源效率并降低碳强度。可预测的配额价格能够降低企业在长期进行减排投资的风险。由于配额价格是波动的,期货、远期和期权使得企业能够降低他们的此类投资风险。发电企业可以利用期货合约以将未来碳配额的价格锁定;同时,企业也可以通过期权合约降低碳配额价格波动带来的不确定性和风险。

(1)期货和远期

在期货合约中,双方同意在未来特定的时间(称为"交割月")以特定的价格交换固定数量的生效年份的配额。当交割月到来时,合约规定数量的配额必须转移到买方在 COATS 注册的账户中,同时资金交付给卖方。1 标准期货合约相当于 1000 RGGI 配额。[①]

(2)期权

期权包括看涨期权和看跌期权。

看涨期权赋予买方在到期日前的任何时间以特定的执行价格购买固定数量的生效年份的配额的权利。例如,假设一家企业拥有一个执行价格为 5 美元,到期日为 2013 年 12 月的看涨期权。如果相应的远期合约的价格涨到 5.75 美元,

---

① RGGI,"RGGI Annual Report on the Market for RGGI CO_2 Allowances:2009—2013",http://www.rggi.org/docs/Market/MM_2013_Annual_Report.pdf,2014,pp.15—17.

那么该企业将行权以 5 美元的价格购买配额同时立即以 5.75 美元的价格出售。或者,如果远期合约的价格保持在低于 5 美元的水平,该企业将放弃行权。1 标准期权合约相当于 1000 RGGI 配额。

看跌期权与看涨期权相似,不同的是它赋予买方在到期日前的任何时间以特定的执行价格出售固定数量的生效年份的配额的权利。

期货、远期、期权合约允许企业管理由于不可预见的大宗商品价格波动带来的风险。期货和远期允许企业锁定未来的购买或销售的价格。期权使企业能够限制价格波动的风险。看涨期权在大宗商品的价格上涨时保护买方,而看跌期权在大宗商品价格下降时保护买方。

(四)调控机制

配额价格是判断碳排放权交易是否具有成效的重要指标,合理的配额价格可以有效地减小碳排放权交易的风险。对碳配额价格进行调控的主要方式包括:公开市场操作、拍卖的保留价格、规定用于抵消的信用在履约配额中的比例等。

1. RGGI 改革前的调控机制

RGGI 改革前,其价格调控机制称为安全阀机制,作用在于稳定配额价格和防止碳市场出现剧烈波动。履约期的安全阀和抵消机制的安全阀构成了 RGGI 安全阀机制的主要内容。

第一,履约期的安全阀。正常情况下履约期为 3 年,当安全阀触发事件发生时,则将履约期延长为 4 年。安全阀触发事件是指在市场调整期(某一履约期的前 14 个月),配额现货的平均价格持续 12 个月等于或超过 10 美元(以 2005 年美元计算)的安全阈值。①

第二,抵消机制的安全阀。正常情况下,抵消项目应位于美国本土,且抵消比例不超过预算源履约义务的 3.3%,当抵消触发事件发生时,则允许扩大抵消项目的来源范围,可使用北美或其他国际市场的抵消项目,同时将抵消比例提高到 10%。抵消触发事件是指在市场调整期,配额现货的平均价格持续 12 个月等

---

① RGGI," Regional Greenhouse Gas Initiative Amendment to Memorandum of Understanding ", http://www.rggi.org/docs/mou_amendment_8_31_06.pdf,2006,p.1.

于或超过 7 美元(以 2005 年美元表示)。[1]

在第一个安全阀的作用下,如果配额价格在初次分配后过高,市场有充足的时间来消化价格失效的风险,并逐渐将配额价格调整到最优。而第二个安全阈值可以避免供求关系的严重失衡。[2]

2. RGGI 改革后的调控机制

改革后 RGGI 删除了原有的调控机制,建立了新的成本控制机制,即成本控制储备(CCR)。CCR 增加了计划的灵活性和成本控制的方式。

CCR 由配额总量之外的固定数量的配额组成,2014 年 CCR 的总量为 500 万短吨,之后每年为 1000 万短吨。只有在配额价格高于特定的价格水平的时候 CCR 配额才能被用于出售,当 CCR 被触发时,CCR 配额将以 CCR 触发价格或高于该价格的水平出售。2014—2017 年,CCR 配额的触发价格分别为 4 美元、6 美元、8 美元和 10 美元,之后每年增长 2.5%(见表 2.10)。CCR 配额的作用是防止拍卖结算价格过高,当配额拍卖价格过高时,通过 CCR 可以增加拍卖配额的供给,从而抑制结算价格。

表 2.10　CCR 配额总量和触发价格

年份	CCR 配额总量(百万)	CCR 触发价格(美元)
2014	5	4
2015	10	6
2016	10	8
2017	10	10
2018	10	10.25
2019	10	10.50
2020	10	10.75

资料来源:RGGI, "Regional Greenhouse Gas Initiative Model Rule－12/23/2013 Part XX CO_2 Budget Trading Program-Subpart XX－9 Auction of CO_2 CCR Allowances",2013,pp.87－89.

---

[1]　RGGI, "Regional Greenhouse Gas Initiative Amendment to Memorandum of Understanding", http://www.rggi.org/docs/mou_amendment_8_31_06.pdf,2006,pp.2－3.

[2]　钟锦文、张晓盈:《美国碳排放交易体系的实践与启示》,《经济研究参考》2011 年第 28 期,第 77—80 页。

(五)监管机制

RGGI 运行的监管方是监管机构(Regulatory Agency)或者其设在各成员州的代理机构,主要负责配额跟踪系统的管理、排放监测和报告制度以及履约制度的执行等。

RGGI 通过三个系统保障监测和报告的准确性。首先,RGGI 预算源应根据《美国联邦法规》第四十章七十五条的规定,安装符合要求的监测系统,在规定的时间内按季度向主管机构提交监测报告。其次,RGGI 引入统一的交易平台,CO_2 配额跟踪系统(CO_2 Allowance Tracking System,COATS)对一级市场的拍卖和二级市场中的交易数据进行监管、核证。最后,就市场活动的监管事宜,作为专业、独立的市场监管机构,Potomac Economics 受 RGGI 委托,负责监管一级市场拍卖及二级市场的交易活动。

1. 连续排放监测系统

为了确保排放量监测的精确性,监管机构规定各预算源应建立连续排放监测系统(Continuous Emissions Monitoring System,CEMS),用于记录预算源的温室气体排放指标,且系统监测的排放量直接为预算源的履约量。该系统至少每 15 分钟进行一次记录,并永久记录烟气体积流量、烟气含水率和 CO_2 浓度等。

预算源应建立满足认证要求的监测系统,同时应该按季度记录和报告监测系统监测的数据。CO_2 预算源的所有者或运营商在 2008 年 6 月 1 日开始运营的,应在 2009 年 1 月 1 日前满足对监测系统的认证要求;所有者或运营商在 2008 年 6 月 1 日当天或之后开始运营的,监测系统应在以下三个日期中较晚的日期前满足认证要求:(1)2009 年 1 月 1 日;(2)开始运营的 90 个运营日;(3)开始运营的 180 个日历日。对于在适用期限后建立了新的烟气装置的 CO_2 预算源的所有者或运营商,应在以下两个日期中较早的日期内满足认证要求:(1)新的烟气装置第一次向大气进行排放的 90 个运营日;(2)新的烟气装置第一次向大气进行排放的 180 个运营日。[1]

如果系统达到监测标准,监管机构将会在申请收到后的 120 个工作日内发

---

[1] RGGI,"Regional Greenhouse Gas Initiative Model Rule-12/23/13 final-Part XX CO_2 Budget Trading Program-Subpart XX-8 Monitoring and Reporting",2013,pp.66-67.

出批准认证;如果某监测系统之后被核实无法达到监管机构要求的监测质量,那么监管机构就将取消该系统的批准认证。该系统应该进行检修,之后需重新进行系统核实程序,在吊销批准认证和重新获得批准认证期间,该系统所记录的数据是不可靠的,监管机构应对该期间的监测数据进行评估,且可根据历史数据做出合理调整。

2. CO_2 配额跟踪系统

CO_2 配额跟踪系统 COATS 是 World Energy Solutions 开发的在线电子交易平台,可以记录和跟踪各成员州的 CO_2 预算交易计划的相关数据。COATS 使得公众能够查看、定制和下载 CO_2 配额市场和 RGGI 计划的报告。

COATS 包含两种账户类型:一般账户(General Account)和履约账户(Compliance Account),两者都由 RGGI 的监管机构或其代理机构建立。履约账户特定记录某一 CO_2 预算源的配额的初始分配情况,以及其在某一监管周期内可使用的配额的持有情况。区域内任何个人或者企业都可以申请开立一个一般账户用于记录配额的动态变化。账户申请成功后,RGGI 监管机构及其代理机构将为每个账户提供一个独一无二的身份鉴别号码。COATS 系统中的市场数据和报告的内容十分全面和具体,包括交易信息、账户信息、排放信息、抵消项目信息和履约信息等(见表 2.11)。

表 2.11 RGGI 系统中数据和报告类型

数据和报告类型	主要内容
CO_2 配额交易	交易量、价格和交易类型
RGGI COATS 账户	RGGI COATS 中每个注册账户名单
RGGI COATS 账户代表	所有账户的联系信息
RGGI 排放源	每个监管电力设施名单及其位置
RGGI 排放源的所有者/运营商	每个监管电力设施所有者和运营商的法人关系
特别审批	每个成员州 CO_2 配额的具体分配
抵消项目	应用和审批
RGGI 排放源的 CO_2 排放	每个监管电力设施的排放和各成员州的总排放
RGGI 排放源的履约数据	每个控制期排放源提交的履约草案信息和各州的履约评估

资料来源:RGGI, *Fact Sheet*: *RGGI CO₂ Allowance Tracking System* (RGGI COATS) ,2015.

预算源应报告相关数据以量化其在 RGGI 成员州内的 CO_2 排放量。各预算源的排放数据根据各州的 CO_2 预算交易计划和《美国联邦法规》第四十章七十五条的规定,被记录在美国环境保护署的清洁空气市场部门(Clean Air Markets Division,CAMD)的数据库中,同时被同步到 COATS 系统中。

根据以上数据,RGGI 成员州的机构可以通过 COATS 系统判断监管的电力设施是否根据各州的 CO_2 预算交易计划完成了履约。

3. 交易市场监控

Potomac Economics(PE)为 RGGI 提供了对 CO_2 拍卖市场和二级市场竞争表现和市场效率的独立且专业的监控,主要职责包括:[①](1)识别在拍卖市场和二级市场中试图使用市场力量、勾结或价格操控的行为;(2)提出关于市场规则完善的建议,以提高配额市场的运行效率;(3)对拍卖的合规性进行评估。

PE 定期发布拍卖报告和二级市场报告以披露以上信息。在每次拍卖结束后,PE 会立刻发布一份拍卖报告,内容包括总体的拍卖结果以及有意竞拍的竞拍者名单。同时,在每季度末,PE 会发布一份关于二级市场活动的报告,内容包括交易数据以及对数据的分析。[②] PE 对 RGGI 配额市场进行监控的目的在于保护和促进市场竞争,同时增强各成员州、参与者和公众对配额市场的信心。

4. 监测、报告和核证程序

RGGI 的监测、报告和核证程序主要包括监测计划、申请认证、季度报告三部分。

(1)监测计划。各预算源的所有者或经营者应提交符合《美国联邦法规》第四十章七十五条规定的监测计划。

(2)申请认证。CO_2 授权账户代表在完成 CO_2 监测系统初始认证或重新认证测试后 45 天内向监管机构提交申请。

(3)季度报告。CO_2 授权账户代表须在每季度结束后的 30 天内向监管机构提交预算源的排放数据报告,预算源的每个预算单位均要提交单独的排放报告,所有预算单位的排放总量则构成该排放源的排放总量。同时,还须提交认证书,以保证季度报告的可靠性和全面性。

---

① RGGI,*Market Monitor Reports*,2015.

② RGGI,*Fact Sheet:RGGI CO₂ Allowance Tracking System(RGGI COATS)*,2015.

（六）履约机制

履约机制指的是评估预算源是否完成了其履约义务，以及对于未完成履约的预算源给予的惩罚措施。而抵消机制作为灵活履约机制的一种，在不影响碳市场环境完整性的前提下，抵消机制能降低预算源的履约成本。

1. 履约规则

各成员州的 CO_2 预算交易计划要求每个预算源在前三年的控制期内为每 1 短吨的 CO_2 排放持有 1 份 CO_2 配额。各 RGGI 成员州的环境监管机构运用 RGGI 的配额跟踪系统 COATS 来确保符合各州的 CO_2 预算交易计划的规定。

第一个 3 年的控制期自 2009 年 1 月 1 日生效，到 2011 年 12 月 31 日。预算源提交在第二个控制期内用于履约的配额，截止时间为 2012 年 3 月 1 日。第二个 3 年的控制期自 2012 年 1 月 1 日起生效，到 2014 年 12 月 31 日。预算源提交在第二个控制期内用于履约的配额，截止时间为 2015 年 3 月 2 日。第三个 3 年的控制期自 2015 年 1 月 1 日起生效，到 2017 年 12 月 31 日。从第三个控制期起，在每个临时调整期（每个 3 年控制期的前两个日历年），每个预算源必须持有相当于其排放量 50% 的配额。同时，在控制期结束时，每个预算源必须持有 3 年控制期剩余排放量 100% 的配额。

预算源的履约程序分为四个步骤：CO_2 排放报告；COATS 中的履约活动；履约评估；公开报告。以第二个控制期（2012—2014 年）为例，RGGI 的履约过程见表 2.12。

表 2.12　RGGI 第二控制期主要履约程序时间表

时间节点	事件
2015 年 1 月 30 日	向美国环保署提交 2014 年第 4 季度 CO_2 排放数据的最后期限
2015 年 3 月 2 日（东部时间 11:59 PM 前）	提供第二控制期用于履约的 CO_2 配额以及履约核证的最后期限
2015 年 3 月 3 日	冻结 COATS 系统中履约账户的 CO_2 配额；预算源提交的履约数据公开可用的最后期限
2015 年 3 月 3 日—6 月 1 日	各州对各预算源的履约进行评估

续表

时间节点	事 件
2015 年 6 月 2 日(最后的履约校准)	从履约账户中自动扣除 CO_2 配额; 公开各州的履约评估; 在最后履约校准后,解冻 COATS 系统中履约账户的 CO_2 配额(如果在履约扣除后不存在配额短缺)

资料来源:RGGI,*Fact Sheet*:CO_2 *Budget Source*(*RGGI*)*Compliance*,2015.

(1) CO_2 排放报告。如上节所述,CO_2 预算源应通过美国环境保护署(EPA)的 CAMD 系统提交季度的排放报告,该系统中的数据更新定期反映在 COATS 系统中。

(2)COATS 中的履约活动。预算源被要求向 COATS 系统中提交足够的 CO_2 配额,以满足其履约义务。市场参与者可在季度拍卖或二级市场中获得配额。同时,预算源可通过 COATS 系统中的履约扣除交易选择指定的配额用于履约。可用于履约扣除的配额包括:分配年份属于本监管周期或上个监管周期内的 CO_2 配额;履约账户在本监管周期内持有的以及受转让的 CO_2 配额;CO_2 抵消配额(Offset Allowances)。预算源必须在 3 月 2 日前在 COATS 系统中执行"校准"草案,即将其履约义务与其提交的配额和履约账户中剩余的配额进行比较。同时,预算源还须在 2015 年 1 月 31 日至 3 月 2 日根据各州的 CO_2 预算交易计划对履约进行核证。

(3)履约评估。2015 年 3 月 3 日至 6 月 1 日,RGGI 各成员州将评估各 CO_2 预算源的履约核证报告,以及用于履约的配额数量。

(4)公开报告。预算源提交的履约报告(Source-Submitted Compliance Report)和履约总结报告(Compliance Summary Report)将公开。从 2015 年的 3 月 3 日到最后的履约校准期,公众可以在 COATS 系统中查看预算源提交的履约报告。2015 年 6 月 2 日,公众可在 COATS 系统中查看履约总结报告,其中包含各州的履约评估。[1]

RGGI 改革之前,履约周期为一个控制期,每个控制期统一履约。改革后设计了临时调整期,目的是为了要求每年先进行部分履约,即企业在每个临时调整

---

① RGGI,*Fact Sheet*:CO_2 *Budget Source*(*RGGI*)*Compliance*,2015,pp. 1–3.

期分别须完成 50% 的履约,剩余部分在控制期末时统一完成。临时调整期没有完成 50% 履约属于违规行为。若某一预算源未能提交与其排放量相等的配额,超额部分将受到惩罚,该部分的配额扣除量须等于超额排放量的 3 倍。对于在临时调整期未完成 50% 履约的预算源,将有额外惩罚。各成员州可以指定具体措施惩罚未完成履约的企业。

2. 抵消机制

RGGI 允许预算源通过碳抵消项目以最具成本效率的方式完成其减排义务。在抵消机制下,抵消项目实现了其经济和环境效益,同时发电企业可以选择更加灵活的方式进行履约。RGGI 抵消项目的注册和交易也在 COATS 系统中进行。

(1)一般要求

抵消机制有利于降低预算源的减排成本,从而保障它们对减排计划的积极性。但另一方面,少数主体可能利用该机制进行减排投机,从而导致减排目标大打折扣。为此,RGGI 对抵消项目提出了五大要求,以保障抵消项目的质量,即真实性、额外性、可核实性、可实施性和永久性:[1]

第一,真实性。真实性要求每单位被授予的抵消配额单位必须代表 1 短吨 CO_2e 的温室气体排放量的减少。因此,每个项目的温室气体排放量或项目减排量以及碳封存基线或封存减排量都必须使用精确的数量测算方法来进行测量。

第二,额外性。额外性是指在没有抵消项目时不可能产生抵消项目预计产生的温室气体减排量。额外性保证了在"碳总量与交易"制度的背景下抵消项目产生了真实的减排量。

第三,可核实性。可核实性具有两层含义:首先,核实该项目是否达到了合格抵消项目的标准;其次,核实项目减排量或封存量测算的准确性,即核实抵消项目温室气体减排或封存情况的周期监管报告。

第四,可实施性。任何抵消项目的申请方(个人或企业)都必须自愿接受监管机构及其代理机构对它们的司法约束,以确保整个抵消过程有法可依。

第五,永久性。永久性是指在某抵消项目下实现的碳减排或者碳封存必须

---

① RGGI,*Release of Joint Offset Quality White Paper/ Ensuring Offset Quality: Design and Implementation Criteria for a High Quality Offset Program*,2015,pp. 5-6.

是不可逆转的,但如果它们是可逆转的,那么须通过满足其他项目要求以确保碳减排或者碳封存的永久性。

额外性是 RGGI 抵消规定中的关键要素。RGGI 同时采用了一般性和各个项目的具体规定以确保额外性:首先,抵消项目不得违反法律、规定或行政/司法程序;其次,抵消项目不得接受来自于 RGGI 拍卖收益的资助,以及天然气纳税人的资助;最后,项目同时需要满足具体类型的特定标准和行为标准,以保证合格的抵消项目代表了领先标准市场的实践。[①]

为了保证碳抵消是真实的、额外的、可核实的、可实施的和永久的,RGGI 各州共同制定了监管规则,以保证项目符合以上要求。RGGI 要求项目发起人遵循以下两步以申请碳抵消:(1)项目发起人需向项目产生碳减排或碳封存主要所在的 RGGI 成员州提交一致性报告,以证明其项目符合监管标准;(2)项目已被证实符合监管要求后,必须提交监测和核证报告,以证实其产生了碳减排或碳封存。RGGI 在 COATS 中设计了抵消模块以跟踪项目的一致性报告、监测和核证报告,以及项目的监管状态,奖励用于抵消的配额,并向公众信息公开。

(2)抵消项目类型

RGGI 规定了五类减少或避免了 RGGI 范围内的 CO_2、CH_4 或 SF_6 排放的项目类型可用于进行碳抵消:捕捉和破坏垃圾填埋地的 CH_4;减少输电和配电装置中 SF_6 排放;来源于《美国森林抵消协议》(U. S. Forests Offset Protocol)的碳封存(包括再造林、森林管理改善、林地转换避免带来的碳封存)或绿化(仅针对康涅狄格州和纽约州);由于能源利用效率提高,天然气、石油或者丙烷燃烧带来 CO_2 排放量的减少或避免;通过农业肥料管理操作避免的甲烷排放。

值得注意的是,对于林业项目,RGGI 改革之前的林业项目为再造林项目,即植树造林吸收的 CO_2。改革后用新的林业项目类型替换了旧的项目类型,即用"再造林、森林管理改善、林地转换避免带来的碳封存"项目替代了原来的再造林项目。新的项目类型来自于加州碳排放权交易体系的四类抵消协议中的《美国森林抵消协议》,包括再造林、森林管理改善、林地转换避免三种子类型。RGGI 采用了加州的林业项目类型,且采用与加州相同的折扣方法预防林业项目的逆转风险,即对林业项目的逆转风险进行评估,并以此为系数对签发的信用

---

① RGGI,"CO_2 Offsets",http://www.rggi.org/market/offsets,2015.

进行折扣。

同时,抵消项目中,SF_6 项目的一致性申请如果发生在 2009 年之前将不再适用,能效项目在 2009 年之前开始的将不再适用。

(3)抵消范围及比例

对于抵消项目的范围,RGGI 规定,满足条件的抵消项目必须位于以下地区:[①]

第一,在 RGGI 各成员州范围内。

第二,州与美国管辖区的合作监管机构已与 RGGI 参与州的所有监管机构签署了 MOU,以履行该地区 CO_2 排放抵消项目的义务,此义务包括但不限于对抵消项目进行审计以及报告违规行为。

第三,(全部或部分)位于一个或多个成员州的项目没有资格获得抵消配额,除非与其他参与州相比,项目预计将减排更多的 CO_2 或碳封存。

对于抵消比例,RGGI 改革前,由于抵消机制安全阀的存在,用于抵消的比例可以由每个预算源履约义务的 3.3% 扩大到 10%,且允许使用国际信用。改革后,为了与 CCR 机制保持一致,抵消规则更为严格。RGGI 规定,在每个控制期内,用于抵消的比例不超过每个预算源履约义务的 3.3%。

(七)美国 RGGI 制度设计的特点

从以上对 RGGI 制度中关键要素的分析可以看出,RGGI 的制度设计主要有以下特点:

第一,在立法上统一各成员州的制度框架,同时在具体规则上赋予各州自主权。

RGGI 的 MOU 和"标准规则"为各州碳市场的运行奠定了制度基础。RGGI 对排放上限目标、各州的配额总量、覆盖范围、拍卖方法、交易平台等一系列制度要素进行统一规定,以保障强制减排目标的实现和制度的有序运行,同时,在具体规则上赋予各州自主裁量权,这有利于各州制定符合自己实际的政策和规定。如对于拍卖比例,RGGI 规定各州至少要将 25% 的配额进行拍卖,但各州具体的

---

① RGGI,"Regional Greenhouse Gas Initiative Model Rule-12/23/2013 Part XX CO_2 Budget Trading Program-Subpart XX-10 CO_2 Emissions Offset Projects",2013,pp. 103-104.

拍卖比例由各州的法规文件决定。

第二,有效设置总量,及时对前期储存配额、早期减排配额和抵消配额进行调整,以重新赋予配额稀缺性。

RGGI 改革前,在总量设置时虽已充分考虑了 RGGI 覆盖范围内发电企业 CO_2 排放数据、历史排放量、潜在的新排放源等,但由于不在制度设计考虑范围内的技术突破等因素使得 RGGI 第一控制期内配额严重过量。针对此情形,在第二控制期,首先,RGGI 根据前期储存的配额对基础配额预算进行调整,使得配额总量大幅缩减。其次,虽然早期减排配额有利于提高企业开发节能减排技术的积极性,但为了保证配额的稀缺性,RGGI 规定第二控制期早期减排配额不再适用。最后,RGGI 通过缩小抵消配额的比例和来源控制抵消配额的供给。

第三,注重保护和促进市场竞争,同时防止共谋等不正当竞争行为的发生。

RGGI 在制度设计中十分注重保护市场竞争,提高市场效率。在设计拍卖方法时,充分考虑拍卖的公开透明度,防止各方相互勾结,形成共谋。

首先,选择统一价格、密封投标和单轮竞价的拍卖方法。其次,对每个投标者设定了获得配额的上限,以防止市场中的不正当竞争行为。最后,设置保留价格,设置保留价格是为了防止碳市场中参与者的协同行为,如果参与拍卖的预算源的竞拍价格比保留价格低,则各州将继续持有该配额。同时 RGGI 引入了第三方独立市场监控机构负责监管一级市场拍卖及二级市场活动的交易,通过发布拍卖报告和二级市场报告披露相关信息,以保护和促进市场竞争,同时增强各成员州、参与者和公众对配额市场的信心。

第四,坚持"成本控制"理念,充分平衡管理者成本、控排企业成本和消费者成本。

实行碳排放权交易带来的"减排成本"不仅包括计划运行的各种管理费用,同时还包括计划执行带来的控排企业生产成本上升、消费者遭遇"成本转嫁"产品价格上升等。RGGI 是首个完全以拍卖方式分配配额的总量控制与交易体系,配额拍卖会使企业承担所有的持有配额的成本,其实施面临更大的政治阻力。因此,RGGI 在制度设计中充分平衡相关成本。在拍卖制度的设计中,十分注重平衡成本、风险和收益。

首先,在选择拍卖频率、时间和规模时,权衡执行拍卖的行政成本以及参与企业的交易成本。其次,充分利用调控机制,改革前通过延长履约期和扩大抵消比例的安全阀机制控制企业成本;改革后,引入 CCR 成本控制配额,防止拍卖结算价格过高。再次,RGGI 规定,各州应将至少 25%的拍卖收益用于战略性能源项目,这种"拍卖—投资"的"收入中性"机制,通过投资能效项目降低了终端电力需求,从而减少发电量和排放,降低企业配额需求,降低配额成本,进一步降低了碳市场成本,同时最终降低了消费者的成本。最后,RGGI 通过二级市场丰富交易产品,特别是金融衍生品交易,如期货、远期和期权合约,降低企业投资风险,并使企业能灵活调整其减排成本。

第五,独立有效、公开透明的信息披露体系,便于公众参与和制度的及时调整。

RGGI 建立了独立有效、公开透明的信息披露体系。通过连续排放监测系统真实记录各预算源的排放情况,通过配额跟踪系统 COATS 查看配额市场的相关信息,同时通过第三方定期发布拍卖报告和二级市场报告可了解市场运行情况。公众可以通过多种方式了解体系的运行情况。同时,公开透明的信息、开放的公众参与体系可促进主管机构对预算源进行有效监管。

三、美国 RGGI 的运行效果和影响分析

建立碳市场的目的在于促进温室气体减排,活跃有效的碳市场能够促进减排目标的实现。碳市场运行情况和减排效果是评价碳排放权交易体系设计的关键要素。同时,碳市场作为一种应对气候变化的有效市场机制,它对宏观经济、行业和企业可能会产生一定的影响。

(一)美国 RGGI 的运行效果分析

下面主要从 RGGI 一级市场(拍卖)和二级市场的运行情况以及 2009—2016 年的减排情况来评价其运行效果。

1.碳市场运行情况

碳市场运行情包括一级市场的拍卖价格、数量、参与和收入情况,以及二级市场的交易价格和交易量。

(1)拍卖情况

从 2008 年 9 月 25 日至 2017 年 3 月 8 日,RGGI 共进行了 35 期配额拍卖,

改革前后市场表现差异明显。

①拍卖价格和数量

从拍卖数量看,RGGI 改革之前,拍卖配额数量呈现供大于求的情形。2010年第三季度到 2012 年第四季度,第 9—18 期的 10 次拍卖中,有 9 次配额未能拍尽(见图 2.19),拍卖的投标比例平均不到 60%,第 13 期仅为 13%,有 3657 万短吨配额未成交,占总拍卖配额的 83%。改革方案公布之后,效果显著。在2013—2017 年举行的第 19—35 期的 17 次拍卖中,配额全部拍尽,投标数量为拍卖配额量的 2 倍以上,其中第 26 期拍卖投标比例高达 521%。在第 23 期和29 期拍卖中,触发了成本控制储备,分别提供了 500 万和 1000 万短吨 CCR配额。

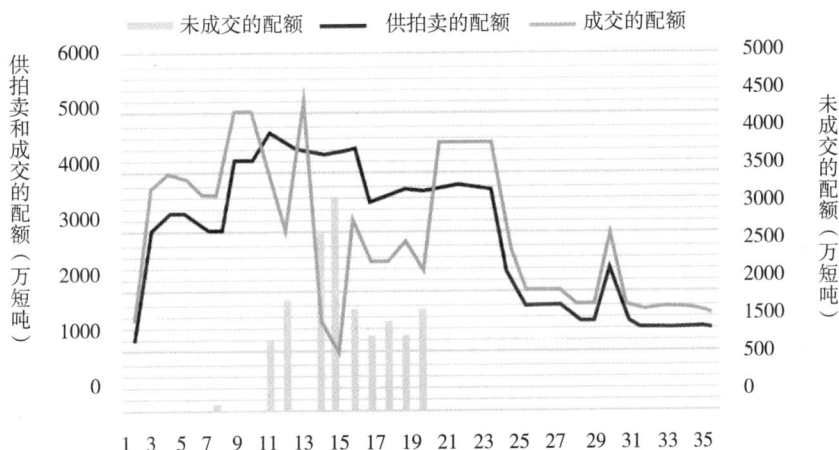

图 2.19　RGGI 供拍卖的配额、成交的配额和未成交的配额情况(第 1—35 期)

资料来源:RGGI,2017-07-21,http://www.rggi.org/market/ CO_2 _auctions/results.

从拍卖价格看,第 9—18 期,拍卖成交结算价格维持在最低的拍卖保留价格水平。第 19—30 期的结算价格持续提升,平均为 4.6 美元,远高于保留价格,可见改革方案重新激活了处于困境的 RGGI 碳市场。第 31—35 期的结算价格持续下降,不断接近保留价格(见图 2.20)。

②拍卖参与情况

配额预计需求和投标的分布情况对市场的活跃度有重要影响。如果配额需求以及投标者集中在个别主体,则不利于形成具有竞争性拍卖的市场,也不利于反映市场需求的价格形成。

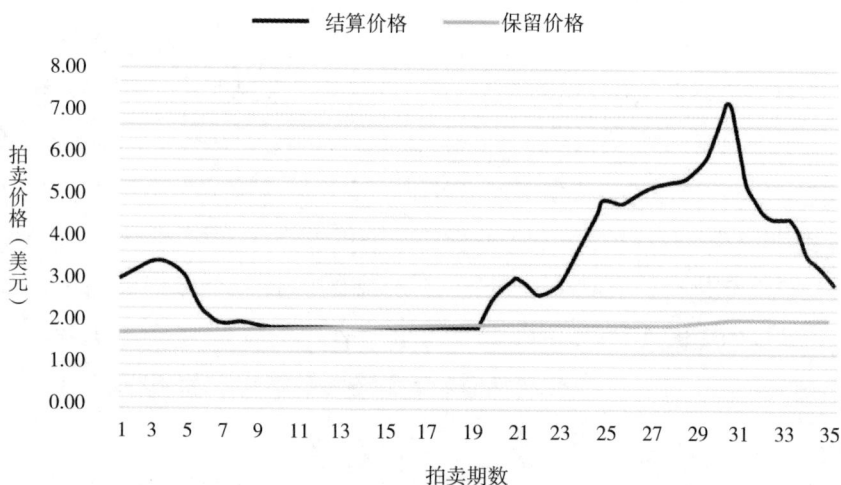

图 2.20 RGGI 拍卖的结算价格、保留价格(第 1—35 期)

资料来源:RGGI,2017-07-21,http://www.rggi.org/market/ CO$_2$ _auctions/results.

从配额的预计需求看,RGGI 配额的预计需求较为分散。从最近一次拍卖看,最大的履约主体预计的配额需求仅占总预计配额需求的 14%,大量占总需求 5%以下的主体构成了 52%的配额需求(见图 2.21)。大量主体参与拍卖促进了市场的竞争性。

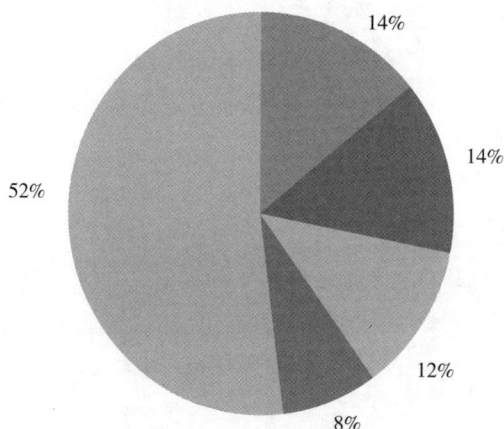

图 2.21 预算源占 RGGI 总预计配额需求的比例(第 35 期)

资料来源:RGGI,*RGGI Market Monitor Report for Auction 35*,2017.

从投标的分布情况看,运用赫芬达尔—赫希曼指数(Herfindahl-Hirschman Index,HHI)计算 RGGI 投标者的分散程度。HHI 是测量集中度的标准指标,即将主体的份额平方并加总,HHI 越大,表示市场集中程度越高。以 HHI 值为基准的市场结构分类的标准见表 2.13。

表 2.13　以 HHI 值为基准的市场结构分类

市场结构	寡占型				竞争型	
	高寡占Ⅰ型	高寡占Ⅱ型	低寡占Ⅰ型	低寡占Ⅱ型	竞争Ⅰ型	竞争Ⅱ型
HHI 值	HHI≥3000	3000>HHI≥1800	1800>HHI≥1400	1400>HHI≥1000	1000>HHI≥500	500>HHI

资料来源:苏东水主编:《产业经济学》,高等教育出版社 2006 年版。

在 RGGI 第 9—18 期的拍卖中,除了第 13 期,其他各期 HHI 数值均大于1000,说明拍卖市场为低寡占型市场,投标集中在个别竞标者中。第 19—35 期拍卖的 HHI 数值均低于 1000,说明投标的数量广泛分布在竞标者中,拍卖市场呈现出竞争性,也体现了市场活跃度的提高(见图 2.22)。

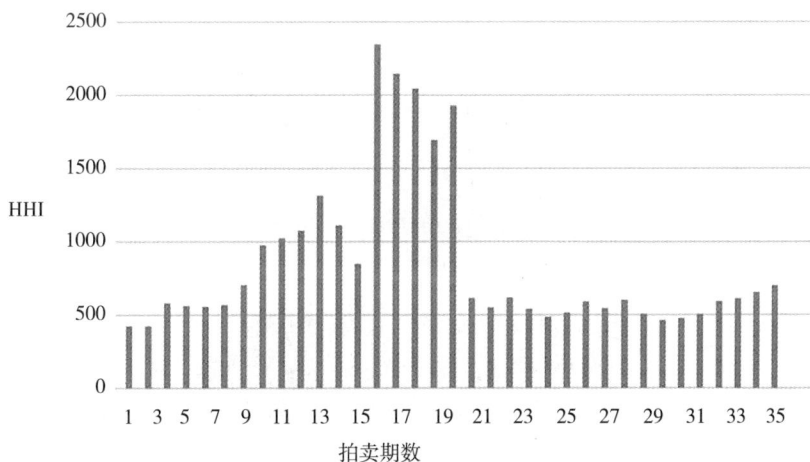

图 2.22　RGGI 拍卖中投标的 HHI 指数(第 1—35 期)

资料来源:RGGI,*RGGI Market Monitor Report for Auction* 1-35,2017.

体现市场活跃度的关键要素还包括非预算源的市场参与度。在第 1—18 期拍卖中,预算源的竞拍配额均在 65% 以上,第 9 期和第 10 期甚至达到了 100%,

非预算源竞拍配额很少超过15%以上。第19—22期,预算源拍得的配额从69%逐步下降到43%,这表明非预算源竞拍成功的配额从31%提高到57%;2013年年底较2012年年底,预算源累计竞购配额占拍卖配额的比例从88%下降到了81%。另外,市场上流通的配额在预算源手中的比例从2012年年底的94%下降到了2013年年底的77%(见图2.23)。

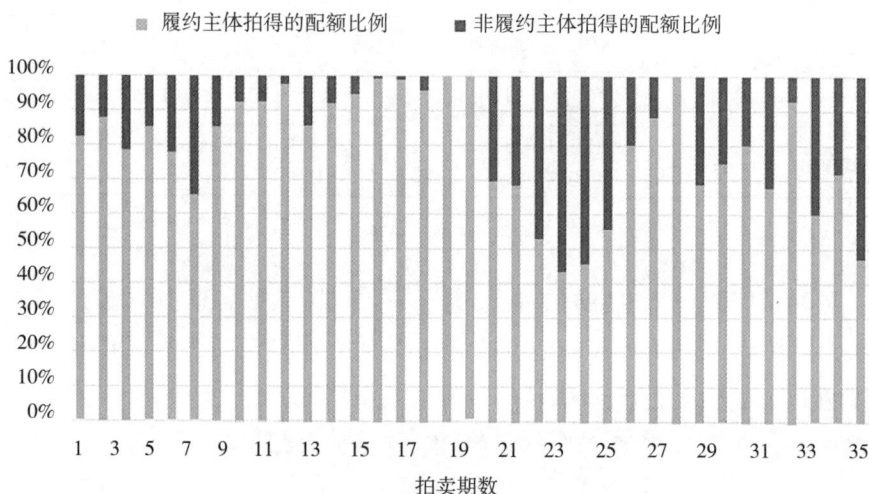

图2.23　RGGI预算源与非预算源拍得的配额比例(第1—35期)

资料来源:RGGI,2017-07-21,http://www.rggi.org/market/ CO_2 _auctions/results.

以上分析说明越来越多的投资者进入了RGGI碳市场,提高了碳市场流动性。第23—32期,预算源竞拍配额比例逐步回升到93%,这体现了RGGI改革后配额总量紧缩,使得预算源对配额的刚性需求更加强烈。

③拍卖收入情况

市场的运行情况会影响到拍卖收入。2010年后两季度到2012年年底的第9—18期的拍卖,因配额数量呈现供大于求,市场并不活跃,这也同样体现在拍卖收入中。2011—2012年RGGI的拍卖收入分别仅有1.75亿和1.68亿美元,初期只进行了两次拍卖的2008年,在2008—2016年7个年份中拍卖收入最低。

在2013年公布改革方案后,市场明显好转,最直接的表现就是拍卖收入的显著增加。2013年配额拍卖收入为4.48亿美元,2014年为3.67亿美元,分别是2012年的2.67倍和2.18倍(见图2.24)。2015年拍卖收入进一步增长到4.36亿美元,2016年大幅下降至2.66亿美元,这主要是由于2016年以来拍卖

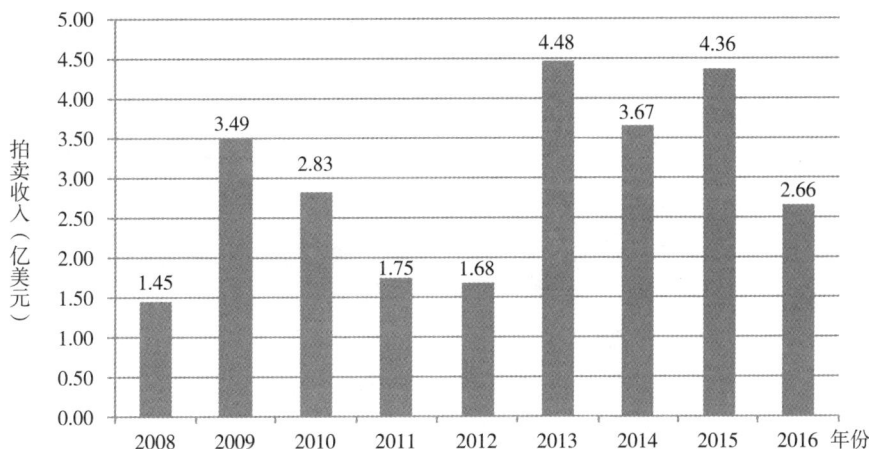

图 2.24 2008—2016 年 RGGI 拍卖收入情况

资料来源:RGGI,2017-07-21,http://www.rggi.org/market/ CO₂ _auctions/results.

价格的不断下降。

(2)二级市场交易情况

二级市场的交易情况包括交易价格、价格波动和交易量。

①交易价格

二级市场的价格趋势与拍卖结算价格相一致。2010 -2012 年,由于配额数量呈现供大于求,拍卖结算价格一直为最低的拍卖保留价格。受改革方案公布的影响,2013 年结算价格持续提升。二级市场期货合约和现货价格在 2013 年也相应提高。2013 年现货价格为 3.12 美元,比 2012 年提高了 57%,期货合约价格为 3.03 美元,比 2012 年提高了 53%。2013—2015 年,二级市场价格持续上升,并在 2015 年达到了最高值,然后在 2016 年逐步下降(见图 2.25)。

价格上涨的原因在于:排放上限变化的预期,即将实行的美国环境保护署(EPA)的规定将会鼓励对区域总量限制与交易计划的参与。[①] 2016 年价格下降的部分原因在于:对于美国实施"清洁能源计划(Clean Power Plan,CPP)"可能性的预期的变化,以及其对 RGGI 配额需求影响的预期的变化。[②] "清洁能源计

[①] 许多利益相关方认为《清洁空气法》的 111(d)部分表明美国环境保护署允许各州利用区域计划来减少 CO₂ 的排放。

[②] RGGI,*RGGI Annual Report on the Market for RGGI CO₂ Allowances*:2009—2016,2017.

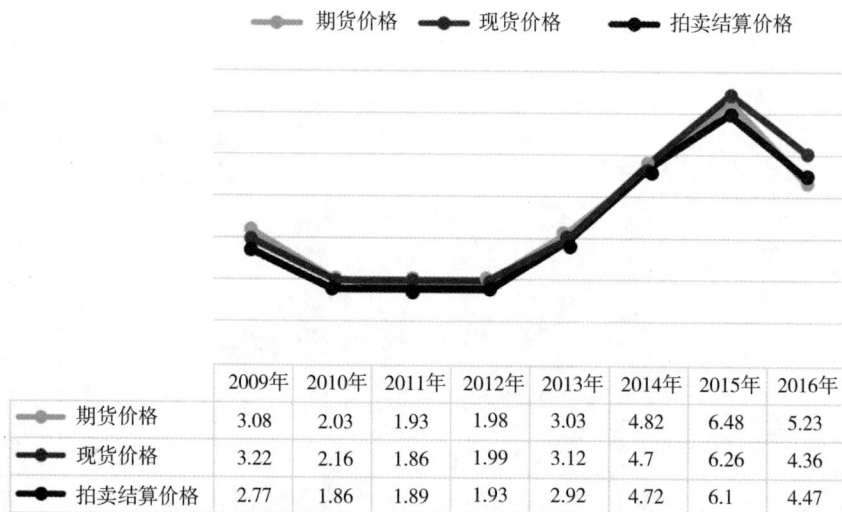

	2009年	2010年	2011年	2012年	2013年	2014年	2015年	2016年
期货价格	3.08	2.03	1.93	1.98	3.03	4.82	6.48	5.23
现货价格	3.22	2.16	1.86	1.99	3.12	4.7	6.26	4.36
拍卖结算价格	2.77	1.86	1.89	1.93	2.92	4.72	6.1	4.47

图 2.25　2009—2016 年 RGGI 二级市场交易价格情况

资料来源：RGGI,*RGGI Annual Report on the Market for RGGI CO₂ Allowances*:2009—2016,2017.

划"于 2015 年 8 月由 EPA 发布,旨在为美国各州设定减排目标,以促使美国发电厂的碳排放在 2030 年较 2005 年下降 32%。对于如何实现减排目标,"清洁能源计划"赋予了各州很大的灵活性。"清洁能源计划"的推广有助于全美电力行业碳市场的扩张。[①]

　　从二级市场价格波动情况看,一种测量碳配额价格波动的方法是基于过去的统计分析得出的历史波动率(Historic Volatility,HV),以计算每个交易日价格变化百分比的标准差。

　　2013 年,RGGI 二级市场上期货价格与 2010—2012 年相比波动更大。2008—2012 年,期货价格历史波动率持续下降,从 35% 下降到 2012 年的 5%。2013 年期货价格的历史波动率上升为 35%,回到了 2008 年的水平(见图 2.26)。历史波动率在 2010—2012 年较低的原因在于碳配额的大量过剩,同时价格接近拍卖保留价格。2013 年改革方案公布后,45% 的排放上限的削减改变了市场的预期。2013—2015 年,历史波动率持续下降至 13%,2016 年猛增至 38%,在 2016 年第一季度甚至达到了 108%。

---

　　① ICAP,*Emissions Trading:Worldwide International Carbon Action Partnership(ICAP)Status Report* 2016,2016.

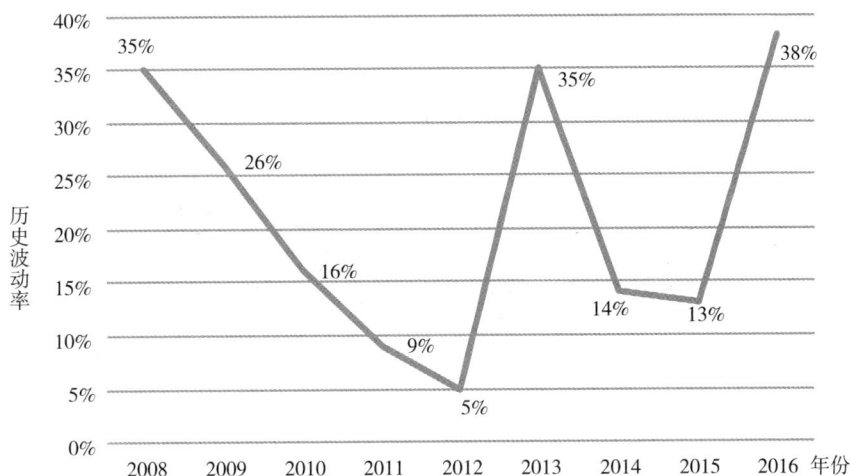

图 2.26　二级市场期货价格历史波动率(2008—2016 年)

资料来源:RGGI,*RGGI Annual Report on the Market for RGGI* CO_2 *Allowances*:2009—2016,2017.

　　另一种测量碳配额价格波动的方法是期权隐含波动率(Option Implied Volatility),测量的是包含期权交易的碳配额价格的波动率,计算的是未来一年配额价格分布的预期标准差。如果企业预测碳配额价格是不稳定的,则企业将会以高价购买期权合约以防止不可预见的价格波动;如果企业预测碳价格相对平稳,则对于相同的期权合约,企业愿意支付的金额较少。期权交易包含了市场对未来碳价格的预期。

　　2009 年第一季度,期权隐含波动率范围为 50%—70%,在第二季度和第三季度,下降到 30%。从 2009 年第四季度到 2010 年第四季度,在 CCFE 产生的满足条件的期权交易仅有 3 笔,其期权隐含波动率继续下降到 14%—29%[①]。2011—2012 年,二级市场上缺乏期权交易,原因在于企业认为未来碳配额价格不存在波动的风险,二级市场交易价格一直位于拍卖保留价格附近。2013 年期权隐含波动率变化很大,在 10%—40%[②]的范围内。这表明改革方案公布后,碳配额价值的不确定性增加。2014—2015 年,期权隐含波动率从 24% 下降至16%[③],说明配额价格的不确定性大幅下降。然而,2016 年期权隐含波动率持续

[①]　RGGI,*RGGI Annual Report on the Market for RGGI* CO_2 *Allowances*:2009—2016,2017.

[②]　RGGI,*RGGI Annual Report on the Market for RGGI* CO_2 *Allowances*:2009—2016,2017.

[③]　RGGI,*RGGI Annual Report on the Market for RGGI* CO_2 *Allowances*:2009—2016,2017.

上升达到57%[1],这是由于2016年配额价格的大幅波动。

②交易量

从现货交易情况看,2013年为4970万短吨,比2010年的3480万增长了42%。相较于2012年第二季度和第三季度仅110万和210万短吨的现货交易量,2013年现货交易量有了显著提高,同期分别达到了980万和400万短吨[2]。2013年第四季度交易量显著增加到3001万短吨,原因在于12月份大量期货合约到期(见图2.27)。2014年交易量为1.13亿短吨,较2013年增长了90%,投资者在其中起到了重要的作用,同时履约主体参与交易以对冲风险。2015年交易量持续上升。然而,2016年交易量较2015年下降29%。

从期货合约交易量看,2009—2012年,期货合约交易量持续下降,主要是由于期货合约价格较为平稳,市场预计价格波动风险较低。2013年期货交易量增长为2012年的3345%,特别是第四季度从第三季度的810万短吨增长到4760万短吨[3]。原因在于改革方案公布后,未来配额价格的不确定性增加,预算源期望通过期货合约对冲风险,同时激发了投资者对碳市场的投资兴趣。2014—2016年,期货合约的交易量持续上涨,2016年达到2.51亿短吨。

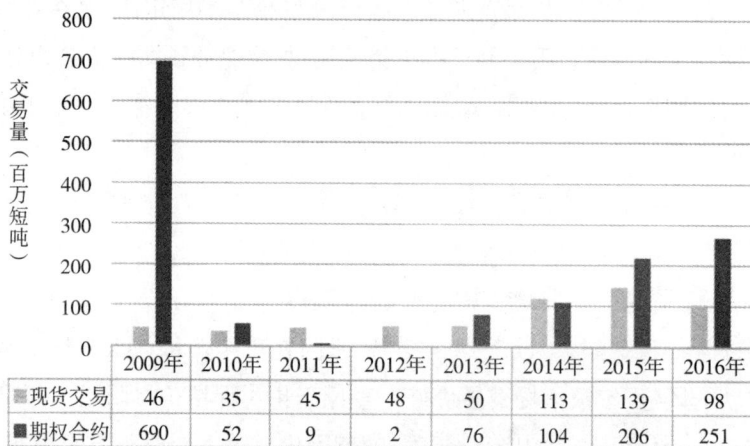

	2009年	2010年	2011年	2012年	2013年	2014年	2015年	2016年
现货交易	46	35	45	48	50	113	139	98
期权合约	690	52	9	2	76	104	206	251

图 2.27 2009—2016 年 RGGI 二级市场交易量情况

资料来源:RGGI,*RGGI Annual Report on the Market for RGGI* CO$_2$ *Allowances*:2009—2016,2017.

---

[1] RGGI,*RGGI Annual Report on the Market for RGGI* CO$_2$ *Allowances*:2009—2016,2017.

[2] RGGI,*RGGI Annual Report on the Market for RGGI* CO$_2$ *Allowances*:2009—2016,2017.

[3] RGGI,*RGGI Annual Report on the Market for RGGI* CO$_2$ *Allowances*:2009—2016,2017.

从以上分析可以看出,RGGI 在第一控制期(2009—2011 年)的市场运行情况充分体现了其面临的配额严重供过于求的问题,拍卖价格低迷,二级市场的交易不活跃,非预算源参与度较低。虽然到 2014 年才真正实施,但 RGGI 2013 年 2 月的改革方案已向市场释放出充分的信号,市场反应十分积极,改革效果明显,不仅一级市场拍卖数量和价格明显提高,而且二级市场也比以往更加活跃,更多的非预算源投资者被吸引参与到碳市场中。2016 年,由于美国实施"清洁能源计划"的不确定性,配额价格大幅下降。

2. RGGI 的减排效果

2009—2016 年,RGGI 覆盖范围内的 CO_2 排放下降了 35%。在 RGGI 第一控制期(2009—2011 年),年均 CO_2 排放量为 1.26 亿短吨,与 2006—2008 年三年的年均 CO_2 排放相比下降了 23%(见图 2.28)。2009 年 RGGI 电力行业的排放量较 2005 年减少了 6.97 亿短吨,从 1.84 亿短吨下降到 1.24 亿短吨,降幅为 33%。

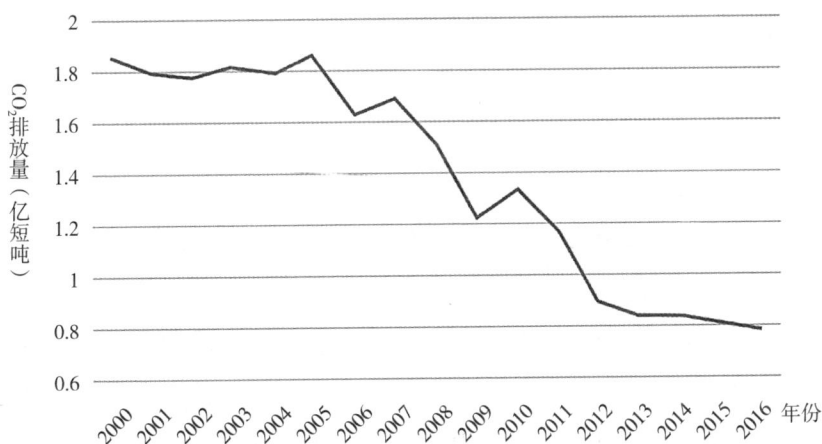

图 2.28　2000—2016 年 RGGI 各州覆盖范围内 CO_2 排放情况

资料来源:2000—2008 年排放数据来自 RGGI Historical Emissions;2009—2012 年排放数据来自 RGGI CO_2 Allowance Tracking System。

排放量较 2005 年的大幅下降,纽约州能源研究开发中心分析了各种因素对 RGGI 各州电力行业排放的影响。其研究认为,主要有以下三个原因:(1)由于天气、能效和经济的影响,电力负荷较低;(2)相对较低的天然气价格激发了厂商的燃料转换行为,即从石油和煤炭向天然气的转换;(3)非化石燃料电力比重的提高,如风力和水力发电。[①] 主要因素对 RGGI 减排的贡献如图 2.29 所示。可以看出,较低的发电负荷是 2009 年 RGGI 排放量下降的最主要原因,为 RGGI 贡献了 48.1%的减排量。其次是厂商的燃料转换行为和非化石能源电力比重提高。

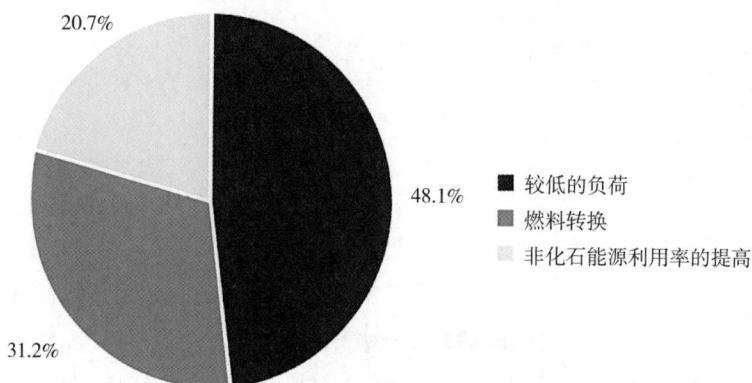

图 2.29 2009 年较 2005 年 RGGI 各州电力行业 CO_2 排放下降原因分析

资料来源:New York State Energy Research and Development Authority,*Relative Effects of Various Factors on RGGI Electricity Sector* CO_2 *Emissions*:2009 *Compared to* 2005,2010.

对于 2009—2012 年 RGGI 排放量的下降,美国能源信息署(Energy Information Administration,EIA)认为,2009—2011 年 RGGI 成员州的年均电力消耗量与 2006—2008 年相比仅下降了 2.4%,[②]因此电力负荷的下降对排放量的减少贡献不大,燃料转换行为和非化石燃料电力比重提高是 CO_2 排放量下降的主要原因。

首先,美国的页岩气革命推动了天然气价格暴跌,页岩气产量的突增使得电力用气的天然气价格从 2005 年 8.47 美元/千立方英尺跌到了 2012 年的 3.52 美元/千立方英尺,促进厂商更多使用天然气发电。其次,非化石燃料电力比重的增加,包括水电、风电、核电、废弃物发电,这部分零排放的电力发电量进一步促进了排放量的减少。发电企业的燃料转换行为和非化石燃料比重的增加进一步推动了 RGGI 电力行业化石燃料排放的减少,见图 2.30。最后,RGGI 拍卖收

---

① New York State Energy Research and Development Authority,*Relative Effects of Various Factors on RGGI Electricity Sector* CO_2 *Emissions*:2009 *Compared to* 2005,2010.

② Stephen Lacey,"RGGI States Cut CO_2 by 23 Percent in First Three Years",http://www.renewableenergyworld.com/rea/news/article/2012/06/rggistates-cut- CO_2 -by-23-percent-in-first-three-years,2012.

入对能效以及清洁和可再生能源等项目的投资,对减排起了重要作用。截至2014年1月,RGGI拍卖收益的投资将抵消大约850万千瓦时(MWH)的发电需求,节约超过3700万英热单位(MMBTU)的化石燃料,并避免大气中约800万短吨CO_2的排放。[1] 能效、清洁和可再生能源以及温室气体减排项目共带来了765万短吨的减排量,其中减排最大的为能效项目。RGGI 65%的拍卖收益被用于能效项目投资,减少了700万短吨的排放量。[2]

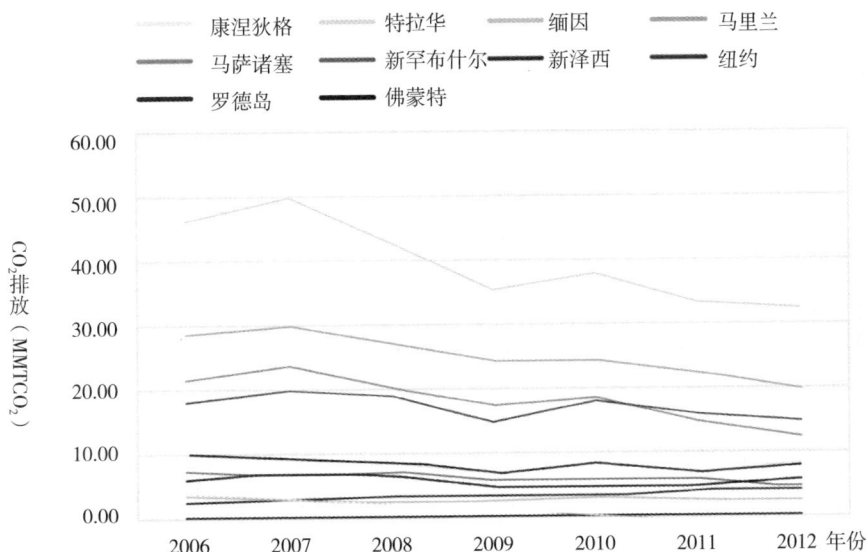

图2.30　2006—2012年RGGI各州电力行业化石燃料CO_2排放情况

资料来源:U.S.Environmental Protection Agency, *Inventory of U.S.Greenhouse Gas Emissions and Sinks* 1990—2012,2014.

可见,RGGI范围内碳排放量的减少一方面得益于碳市场之外的因素,如天然气价格的降低激发了厂商的燃料转换行为;另一方面,RGGI的碳排放总量限制使企业提高能效并增加非化石燃料使用比例以完成减排目标;同时RGGI拍卖收益的再投资对减排作出了重要贡献。

针对改革之后2014—2020年间RGGI的减排情况,RGGI模拟了两种情景:第一种情景基于完全理性人假设,即其具有对市场进行完全的预知能力,同时能

---

① RGGI, *Regional Investment of RGGI* CO_2 *Allowance Proceeds* 2012,2014,p.7.

② RGGI, *Regional Investment of RGGI* CO_2 *Allowance Proceeds* 2012,2014,p.7.

够对过剩的配额进行合理的利用和储存;第二种情景则假设因为不确定性的存在,储存的过剩的配额将被优先使用,从而将推迟减排行为。模拟结果如表2.14所示。两种情景下 RGGI 产生的减排量分别为 860 万和 910 万短吨 CO_2。

表 2.14　两种情景下 RGGI 配额价格走势及累计减排量

情景	配额价格(2014—2020 年) (以 2010 年美元计算)	累计 CCR 配额发放	抵消信用	累计减排量
情景一	6.00—8.40 美元	17.60M	0.00M	86.00M
情景二	3.60—10.20 美元	10.00M	2.70M	91.00M

资料来源:RGGI,*RGGI IPM Analysis:Amended Model Rule*,2013.

(二)美国 RGGI 的影响分析

1. 对宏观经济的影响

RGGI 对美国宏观经济的影响包括对经济增长、就业与收入的影响,以及对能效的提高和清洁、可再生能源利用的促进作用。

(1)经济增长、就业与收入

2005 年,经济发展研究组织(Economic Development Research Group,GDR Group)运用区域经济模型(Regional Economic Models,REMI)预测了 RGGI 政策的实施对该区域宏观经济的影响。REMI 模型是一个动态的经济预测模型,整合了投入产出模型、一般均衡模型、计量经济学模型和地理经济模型的优点,以提高公共政策的质量和效果。REMI 模型已经在美国很多州成功预测了税率变化、政府补贴等经济政策产生的影响,以及能源和环境政策带来的影响。研究结果表明,RGGI 对地区生产总值、私人部门就业、个人实际收入的影响很小,仅为0.01%—0.02%(见表2.15)。

表 2.15　RGGI 政策对该区域宏观经济的影响预测

指标	2009 年	2015 年	2021 年
地区生产总值	0.01%	0.01%	0.01%
私人部门就业	0.00%	0.01%	0.02%
个人实际收入	0.01%	0.02%	0.02%

资料来源:Economic Development Research Group,*REMI Impacts for RGGI Policies Based on the Standard Reference and High Emission Reference*,2005.

2011 年 12 月,安诺析思国际咨询公司(Analysis Group)对 RGGI 第一控制期(2009—2011 年)的经济影响进行了研究。其研究重点在于 RGGI 拍卖收益的使用情况。

总体上,以公共的折现率计算,RGGI 在第一控制期产生了 1.6 亿美元的净现值的经济收益。这源于以下几个方面的共同作用:正向影响包括 RGGI 的收益注入商品和服务以及消费者节省电力和非电力的能源支出;负向的影响包括发电企业由于购买配额等产生的净收益损失。

同时,RGGI 拍卖收益的使用创造了近 16000 个新的工作机会,虽然从总体上看,创造的就业规模较小,只有 2009 年 9 月总就业的 0.01%,但考虑到从 2010 年 9 月到 2011 年 9 月,RGGI 各州的总劳动力下降了 73400,RGGI 创造就业的影响是十分重要的。[①] RGGI 各州具体的影响见图 2.31。

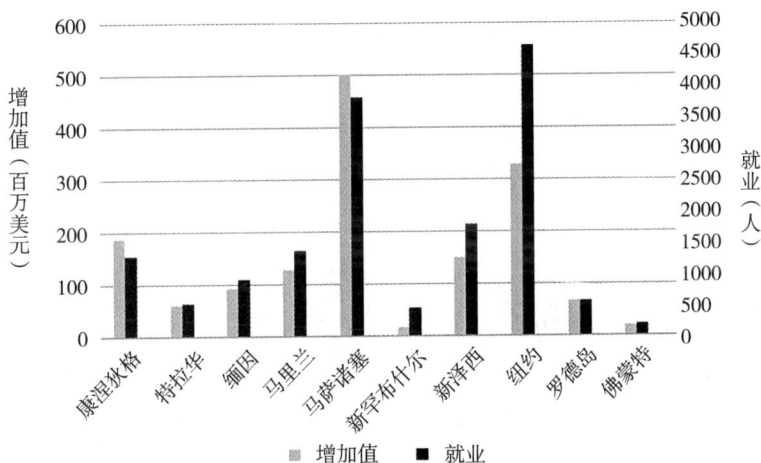

图 2.31　RGGI 政策在第一控制期(2009—2011 年)对经济的影响

资料来源:Paul J.Hibbard,et al.,*The Economic Impacts of the Regional Greenhouse Gas Initiative*,2011.

RGGI 的改革使得配额总量紧缩。2013 年,美国东北部州际协调空气使用管理机构(Northeast States for Coordinated Air Use Management,NESCAUM)运用 REMI 模型估计了 RGGI 改革对 RGGI 目前的 9 个州宏观经济的影响(见表 2.16)。

---

① Paul J.Hibbard,et al.,*The Economic Impacts of the Regional Greenhouse Gas Initiative*,2011.

表 2.16　RGGI 改革对 2012—2040 年区域经济的影响(3%的贴现率)

经济指标	BAU 情景	变化绝对量	变化百分比
9 个州 GDP(以 2010 美元表示)	48 万亿	82 亿	0.02%
就业(工作一年份,Job-Years)	9.41 亿	13.19 万	0.01%
个人实际收入(以 2010 美元表示)	43 万亿	72 亿	0.02%

资料来源:NESCAUM,*REMI Economic Impact Analysis Assumptions and Results*,2013.

研究结果表明,在完全理性人假设下,如果贴现率为 3%,2012—2040 年,RGGI 地区的 GDP 在 RGGI 改革的背景下累计提高了 82 亿美元,就业累计增长 13.19 万 Job-Years,实际收入累计增长 72 亿美元。相比于 BAU 情景经济总量、就业和个人实际收入的增长均不足 0.02%。

由以上分析可以看出,RGGI 的实施对经济总量、就业和个人实际收入的影响很小,但证明了 RGGI 的减排政策在促进减排的同时不影响经济增长。

(2)能效与清洁和可再生能源

RGGI 将拍卖收益投资于能效、直接账单援助、清洁和可再生能源和温室气体减排等项目,能够对环境、消费者和经济产生积极的影响。这些投资与 RGGI 各州其他的能源政策一起,使得 RGGI 地区在全美能效与清洁和可再生能源发展中处于先进地位。从能源效率看,RGGI 各州中,康涅狄格、马里兰、马萨诸塞、纽约、罗德岛和佛蒙特州在全美能效投资中居前十位。

截至 2014 年 12 月,RGGI 各州共获得了 17.9 亿美元的拍卖收入,其中 13.7 亿美元进行了相关项目的投资,0.93 亿美元根据州法律转换为州储备基金。3.29 亿美元用于 2015 年和未来的项目。

首先,2008—2014 年,RGGI 拍卖收益的 57%被用于能效项目。能效项目提升了消费者使用能源的方式,使他们能够"用更少的能源做更多的事情",同时支付更少的电费。该类投资避免了 160 万短吨的碳排放,同时减少了 96 万个家庭和 2.08 万家企业 3.89 亿美元的能源账单。

其次,15%的拍卖收益被用于清洁和可再生能源。清洁和可再生能源项目促进了该地区清洁和可再生能源技术的发展。许多 RGGI 的资助项目为企业或家庭提供资金或低息贷款以安装可再生或清洁能源系统,如屋顶太阳能电池板、农业风力涡轮机或燃料电池系统。这些项目使参与者能够将其安装设备的前期

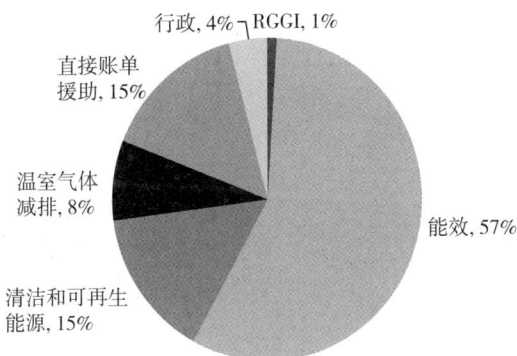

图 2.32 2008—2014 年 RGGI 拍卖收入投资比例(按类型)

资料来源:RGGI,*Regional Investment of RGGI CO₂ Allowance Proceeds* 2014,2016.

费用最小化,将节省的安装费用于支付系统运行费用。2008—2014 年,该类投资避免了 11.2 万吨碳排放,使得 110 万个家庭和 600 家企业节省了超过 5000 万美元的能源账单。

再次,8% 的拍卖收益被用于温室气体减排项目。对于温室气体减排项目的投资促进了能源技术的开发,减少车辆行驶的里程,同时减少不同部门的温室气体排放。2008—2014 年,该类投资避免了 3.5 万短吨的碳排放,同时为 3.2 万家庭节省了 380 万美元的能源账单。

最后,15% 的拍卖收益被用于直接账单援助。直接账单援助帮助在冬天无法支付上涨的燃料成本的家庭,同时该投资支持了经济活动,因为在账单援助下,消费者可以把其收入优先用于支付能源账单以外的活动。2018—2014 年,该类投资为 260 万家庭节省了 1.8 亿美元的能源账单。

总体上看,2008—2014 年,RGGI 的拍卖收益的投资用于能效、清洁和可再生能源以及温室气体减排项目的投资为 RGGI 区域避免了 170 万短吨的碳排放,同时为 460 万家庭和 21.4 万家企业节省超过 6.2 亿美元的能源账单。[①]

同时,RGGI 的实施促进了该地区清洁和可再生能源的利用和普及。例如,在 RGGI 的资助下,2012 年 4 月,特拉华州建立了该州第一个太阳能光伏设备。同年,得益于康涅狄格州清洁能源投资局(Clean Energy Finance Investment Authority,CEFIA)的投资,康涅狄格州的克伦威尔学校目前可以利用光伏发电提供

[①] RGGI,*Regional Investment of RGGI CO₂ Allowance Proceeds* 2012,2014.

能源。清洁和可再生能源的利用和普及将进一步促进能效的提高。

2. 对电力行业及企业的影响

RGGI 对电力行业的影响主要表现在对电力市场价格、发电企业成本和利润、技术投资和创新的影响以及碳泄漏问题。

(1) 电力市场价格

理论上，化石燃料成本、环境政策及气象问题等是影响电力市场价格的关键要素，碳市场使配额价格转变为发电企业的机会成本，从而影响了电力市场价格。[1]

RGGI 覆盖的电力市场包括：由康涅狄格、缅因、马萨诸塞、新罕布什尔、佛蒙特和罗德岛州组成的新英格兰和纽约电力市场，以及属于 PJM(PJMINT.,L.L.C) 经营区域内的新泽西、特拉华和马里兰 3 个州。RGGI 和 ICF 咨询公司运用综合规划模型(Integrated Planning Model, IPM)对 RGGI 的实施对电力市场价格的影响进行了分析。IPM 模型是一个线性规划模型，模型决定了以最小成本的方式满足电力需求和具体的空气监管情形，用于分析环境政策对碳市场、电力市场和履约决策的影响。

分析结果表明，2009 年，在未实施 RGGI 的情况下，在更高的油气价格的假设下，电力市场价格将上升 110%，而其中，RGGI 的总量限制与交易计划仅推动电力市场价格上升了 1%。从而，研究认为油气价格的上升导致了电力市场价格的显著提高，而这与 RGGI 无关。[2]

RGGI 地区的电力价格情况也说明了 RGGI 政策的实施未导致电价的显著提高。从 2009—2014 年 RGGI 各州的电力零售价格增长情况看，与全美电力零售价格相比，RGGI 各州的电力零售价格并没有出现大幅上涨的情形。2009—2014 年全美电力零售价格平均增长率为 1.4%，除新罕布什尔和佛蒙特州外，RGGI 其他各州的电力零售价格均为负增长(见图 2.33)。

原因在于：一方面，RGGI 中的价格触发机制能够在一定程度上稳定配额价格，从而防止过高的配额价格导致电力市场价格上涨，超出新英格兰、纽约或 PJM 经营区域内的电力市场消费者的心理承受度。另一方面，RGGI 将拍卖收

---

① 赵盟等：《EU ETS 对欧洲电力行业的影响及对我国的建议》，《气候变化研究进展》2012 年第 6 期，第 463—468 页。

② Environment Northeast, *Recent RGGI Modeling Results-Quick Summary of Issues*, 2005.

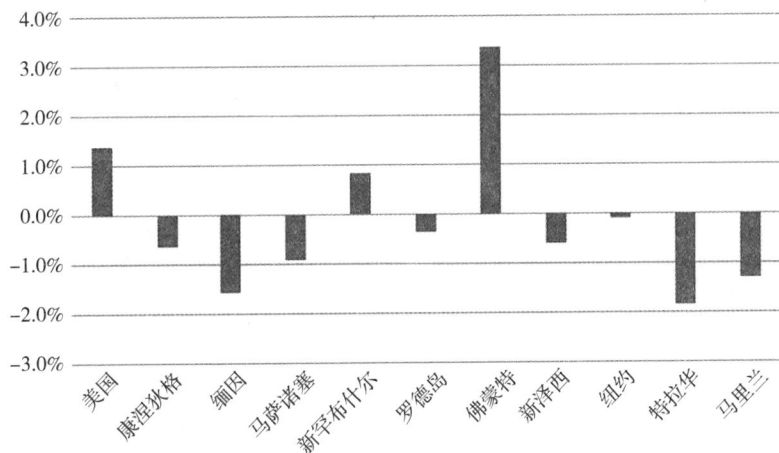

图 2.33 美国及 RGGI 各州 2009—2014 年电力零售价格平均增长率

资料来源：U.S.Energy Information Administration,2017-07-25,http://www.eia.gov/state/seds/seds-data-complete.cfm.

益用于能效、清洁和可再生能源项目的投资有利于限制电力市场价格的上涨,同时能效项目投资也降低了消费者的成本,很大程度上抵消了电力价格上涨所带来的影响。模型估计,在 25% 的拍卖收益用于能效项目投资的情形下,2009 年和 2012 年电力市场价格的增长分别减少了 51% 和 34%[1]。能效项目的投资显著降低了 RGGI 地区消费者的成本。安诺析思国际咨询公司研究表明,从 RGGI 第一控制期看,虽然在短期内提高了电力价格,长期来看,RGGI 对于能效项目的投资减少了消费者的能源消费量和能源支出,降低了总体的电力负荷水平,从而拉低了电力价格。总体上,在第一控制期,电力消费者通过电力支出的减少获得了 1.1 亿美元的净收益,每个家庭、商业和工业消费者分别节省了 25 美元、181 美元和 2493 美元。[2]

（2）发电企业竞争力

首先,RGGI 的实施将影响发电企业的成本和利润。从短期来看,引入碳排放权交易后,碳配额成为了企业成本的一部分,从而提高了企业的边际成本。根据安诺析思国际咨询公司的测算,总体上,以净现值计算,2009—2011 年第一控

---

① Environment Northeast,*Recent RGGI Modeling Results-Quick Summary of Issues*,2005.

② Paul J.Hibbard,et al.,*The Economic Impacts of the Regional Greenhouse Gas Initiative*,2011.

制期 RGGI 导致电力市场总体净利润下降了 16 亿美元。其中利润下降最大的是纽约州,电力市场净利润减少超过 4 亿美元,其次为马萨诸塞、马里兰和新泽西州,净利润减少超过 2 亿美元。在短期,虽然电力企业需要购买配额,但他们在 2009—2011 年已将其早期的支出成本收回了;在长期,RGGI 引起的能效提高导致了电力销售的降低,从而减少了电力企业的利润。[①]

其次,RGGI 的实施改变了电力市场中不同发电机组的竞争力,从而促进了发电燃料结构的转变。RGGI 实施后,购买配额增加了化石燃料发电企业的发电成本。其中,由于碳排放较高,燃煤发电企业的成本较燃气和燃油企业增加得更多。配额成本被引入后,由于燃煤机组碳排放较多,而燃气和燃油机组碳排放较少,燃煤机组可能会减少。如果 RGGI 配额价格大幅提高,或天然气和煤炭之间的价差进一步缩小,部分燃煤发电企业将退出市场。[②]

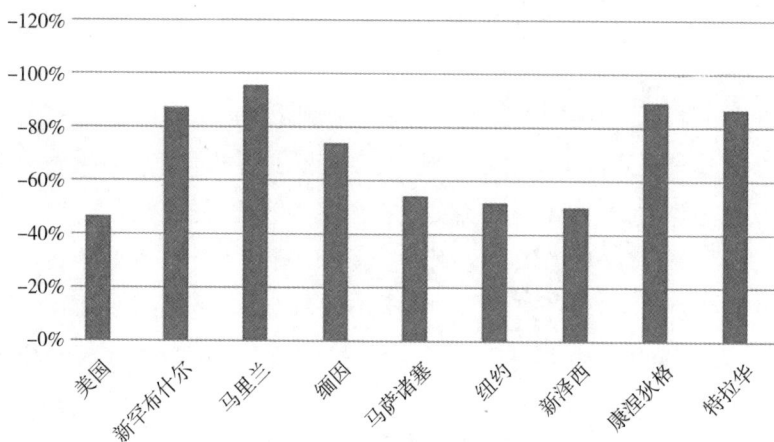

图 2.34　2005—2014 年 RGGI 各州燃煤发电与燃气发电的比例变化百分比

注:其中罗德岛和佛蒙特州没有燃煤发电。

资料来源:U.S.Energy Information Administration,2017-07-25,http://www.eia.gov/electricity/data.cfm#generation.

从图 2.34 可以看出,2005—2014 年全美及 RGGI 各州燃煤发电与燃气发电的比例都大幅下降,但 RGGI 各州下降的幅度均大于全美水平。

[①]　Paul J.Hibbard,et al.,*The Economic Impacts of the Regional Greenhouse Gas Initiative*,2011.

[②]　庄彦、蒋莉萍、马莉:《美国区域温室气体减排行动的动作机制及其对电力市场的影响》,《能源技术经济》2010 年第 8 期,第 31—36 页。

美国燃煤发电与燃气发电比例大幅下降的原因在于页岩气革命推动了天然气价格暴跌,从而促进厂商更多使用天然气发电。除了天然气价格的下降外,RGGI 对电力市场中不同发电机组竞争力的影响可能是另一个原因。发电企业需要将排放 CO_2 的成本内部化,在配额价格较高的情况下,燃煤企业的发电成本将明显高于燃气企业,发电企业将产生燃料转换行为。可以看出,在第一控制期内电力市场利润下降较大的纽约、马萨诸塞、新泽西州燃煤发电与燃气发电比例下降幅度居各州前列。

(3)技术投资和创新

为了履行减排义务,当碳排放量超过企业获得的配额数量时,企业就需要到市场购买等量的配额。因此建立碳市场后,企业面临着两种选择:提高减排技术水平,采取积极有效的减排措施控制碳排放量;不采取减排措施,在市场上购买超额排放所需的配额。这样碳市场就能促进企业进行减排技术创新投资和能效的提高。

由图 2.35 可以看出,2015 年,除特拉华州外,RGGI 其他州的人均能效项目投资均高于全美平均水平。一般来说,碳市场配额价格会影响碳市场对减排技术投资的激励作用。碳市场对减排技术投资的促进作用会随着配额价格的提高而增加。[1] RGGI 改革前,配额分配存在过量的问题,从而导致碳市场配额价格过低,拍卖价格一直维持在保留价格附近,这不利于投资者对低碳减排技术的投资。但 RGGI 对于拍卖收益再投资的规定促进了 RGGI 各州对于能效、清洁和可再生能源以及温室气体减排项目和技术的投资,使得 RGGI 电力能效项目的投资高于全美的平均水平。

(4)碳泄漏问题

碳泄漏(Emissions Leakage)在宏观上是指在只有部分成员承担减排义务的情况下,由于承担减排义务的国家采取的减排行动,造成碳排放从该国向不采取减排义务的国家转移的现象。[2] RGGI 范围内的碳泄漏是指发电从 RGGI 控制下的发电设施转移到不受 RGGI 控制的发电设施,从而导致了碳排放量的增加。

对于 RGGI 范围内发电企业碳排放上限的实施是否会导致不受 RGGI 约束的发电设施碳排放量的增加存在争议。碳排放上限的实施预计将增加 RGGI 监

---

① 肖志明:《欧盟排放交易机制的影响分析:国外研究综述》,《德国研究》2012 年第 1 期,第 73—81 页。

② 谢来辉、陈迎:《碳泄漏问题评析》,《气候变化研究进展》2007 年第 4 期,第 214—219 页。

人均预算（美元）

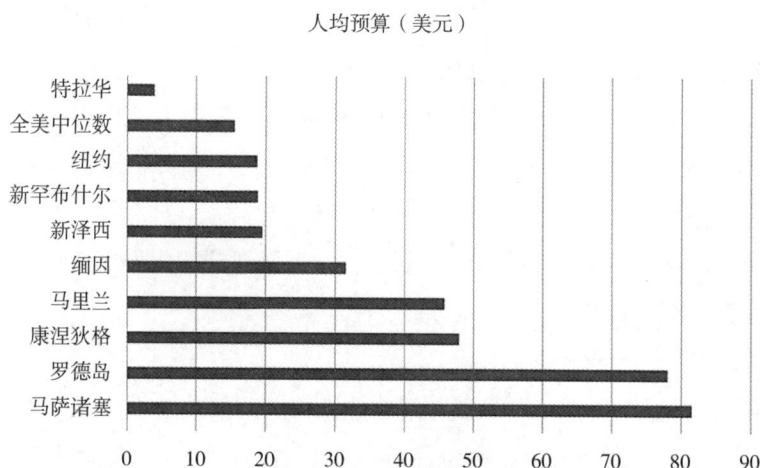

图 2.35　2015 年 RGGI 各州电力能效项目人均预算

资料来源：Weston Berg，et al.，*The 2016 State Energy Efficiency Scorecard*，2016.

管下的发电设施的发电成本，从而导致发电向未受碳排放上限控制的、可能更便宜的化石燃料发电转移。受控制和不受控制的发电设施之间的成本差异将会导致不受控制的发电企业将电力出售给 RGGI 监管范围内的负荷服务实体（Load-Serving Entities，LSEs），从而导致受控制的发电设施发电量和碳排放量的减少。一些学者认为，电力市场的市场动态以及市场参与者会导致显著的碳泄漏，而另一些学者则认为，在 RGGI 较温和的碳排放上限下，碳泄漏不明显。

如果完全竞争的电力市场提供了足够的财务上的激励使得发电从受控制的发电设施向不受控制的发电设施转移，那么碳泄漏就会产生。碳泄漏的程度与配额的价值（以及履约成本）有关，而配额的价值与节点电价（Locational Marginal Pricing，LMP）、标准传输电价（包括线损成本）、输电阻塞费用、燃料价格和相关的发电单位的热值有关。RGGI 认为影响碳泄漏的关键因素包括：RGGI 区域内外的相对发电成本；跨区域电力传输的总市场成本；向 RGGI 地区转移大量电力的市场影响。[①]

在 RGGI 运行前，美国 ICF 咨询公司利用 IPM 模型对电力行业碳泄漏的潜

---

① RGGI，"Potential Emissions Leakage and the Regional Greenhouse Gas Initiative（RGGI）：Evaluating Market Dynamics，Monitoring Options and Possible Mitigation Mechanisms"，http：//www.rggi.org/docs/il_report_final_3_14_07.pdf，2007.

在影响进行了事前估计。结果表明:(1)虽然在 BAU 情景下整个地区的电力进口减少,但模型预计在存在碳排放上限的情景下,与碳泄漏相关的电力进口增加了;(2)在"中间道路(Middle-of-the-Road)"[①]情景下,累计的碳泄漏为 2015 年 CO_2 减排量的 27%;(3)更高的配额价格导致了更显著的碳泄漏;(4)主要的碳泄漏形式是向新的燃气发电设施的转移,而不是现有设施利用率的降低。(5)减少 RGGI 成本的制度设计,如排放上限的松紧程度、抵消机制和其他的灵活措施以及最终用途的能源效率能够减少电力进口的增量。[②]

2016 年 8 月,RGGI 根据相关监测数据对 2005—2014 年 RGGI 区域内发电 CO_2 排放和电力进出口情况进行了分析(见图 2.36、图 2.37、图 2.38 和图 2.39)。

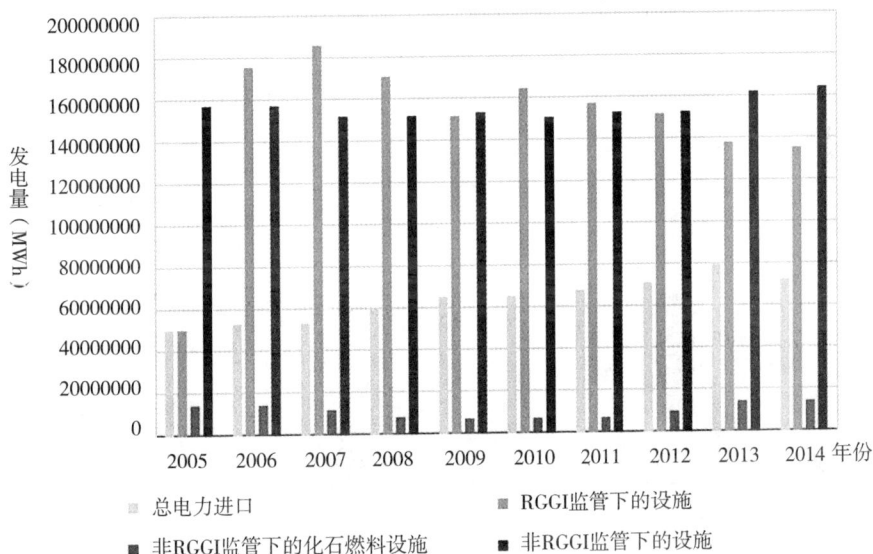

图 2.36　2005—2014 年 RGGI 区域内的发电量

资料来源:RGGI, CO_2 *Emissions from Electricity Generation and Imports in the Regional Greenhouse Gas Initiative*: 2014 *Monitoring Report*,2016.

首先,从 RGGI 监管下的发电设施的发电量和碳排放量情况看,2010—2012

---

① "中间道路"情景是没有总量限制与交易计划的情况下未来的情形。

② RGGI,"Potential Emissions Leakage and the Regional Greenhouse Gas Initiative(RGGI):Evaluating Market Dynamics,Monitoring Options and Possible Mitigation Mechanisms",http://www.rggi.org/docs/il_report_final_3_14_07.pdf,2007.

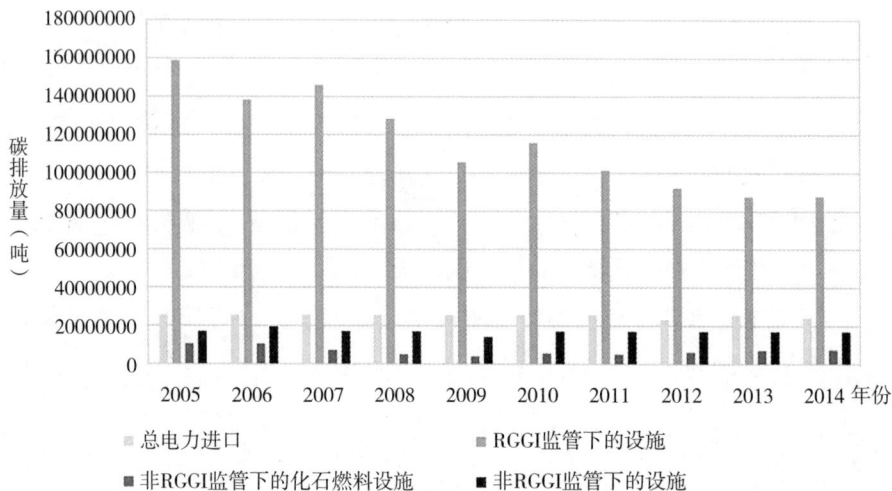

图 2.37　2005—2014 年 RGGI 区域内发电设施的碳排放量

资料来源：RGGI, CO$_2$ *Emissions from Electricity Generation and Imports in the Regional Greenhouse Gas Initiative*：2014 *Monitoring Report*，2016.

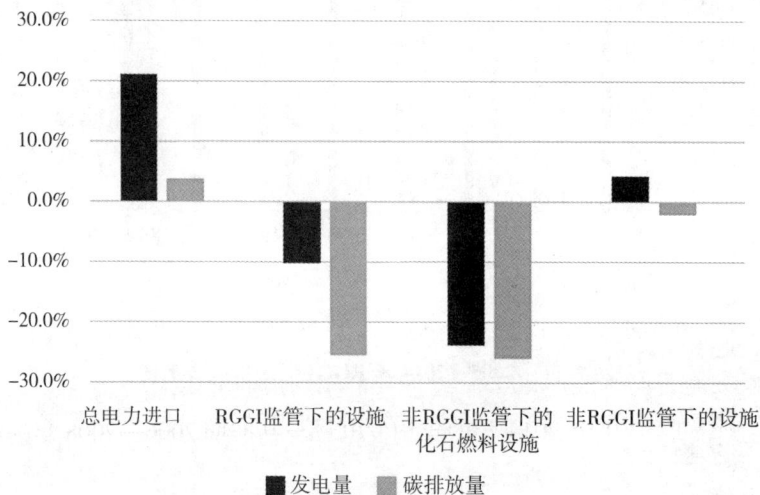

**图 2.38　RGGI 区域内 2010—2012 年与基准期 2006—2008 年相比
年均发电量和碳排放量变化百分比**

资料来源：RGGI, CO$_2$ *Emissions from Electricity Generation and Imports in the Regional Greenhouse Gas Initiative*：2012 *Monitoring Report*，2014.

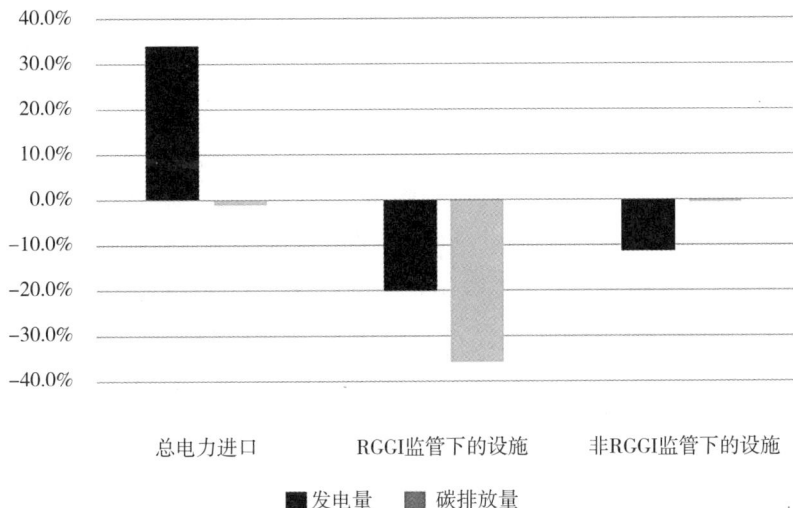

图 2.39　RGGI 区域内 2012—2014 年与基准期 2006—2008 年相比
年均发电量和碳排放量变化百分比

资料来源:RGGI, CO₂ *Emissions from Electricity Generation and Imports in the Regional Greenhouse Gas Initiative*:
2014 Monitoring Report,2016.

年的年均发电量与基准期 2006—2008 年的年均发电量相比下降了 10.6%,即
1880 万兆瓦时;2012—2014 年的年均发电量与基准期 2006—2008 年的年均发
电量相比下降了 19.9%,即 3530 万兆瓦时。同时,碳排放量也有大幅减少,
2010—2012 年的年均碳排放量与基准期 2006—2008 年的年均碳排放量相比下
降了 3510 万短吨,降幅达 25.4%;2012—2014 年的年均碳排放量与基准期
2006—2008 年的年均碳排放量相比下降了 35.7%,即 4930 万短吨。

其次,从非 RGGI 监管的发电设施的发电量和碳排放量情况看,2010—2012
年的年均发电量与基准期 2006—2008 年的年均发电量相比,小幅上升了 4.4%,
即 930 万兆瓦时;2012—2014 年的年均发电量与基准期 2006—2008 年的年均发
电量相比下降了 11.6%,即 2420 万兆瓦时;而碳排放量有小幅下降,2010—2012
年的年均碳排放量与基准期 2006—2008 年的年均碳排放量相比下降了 2.1%,
即 93 万短吨,其中化石燃料设施的年均发电量下降了 23.8%,碳排放量下降了
25.9%;2012—2014 年的年均碳排放量与基准期 2006—2008 年的年均碳排放量
相比下降了 0.5%,即 21.7 万短吨。

最后,监测结果表明,2010—2012 年,RGGI 的年均净进口电力量较 2006—

2008 年相比增加了 21.1%,而碳排放量未显示出显著变化,仅增加 3.7%;2012—2014 年,RGGI 的年均净进口电力量较 2006—2008 年相比增加了 34.0%,而碳排放量减少了 1.0%[1]。

从以上分析可以看出,虽然 RGGI 监管下的发电设施的发电量和碳排放量有较大幅度的下降,但非 RGGI 监管的发电设施的发电量和碳排放量仅有小幅上升,且其中化石燃料设施的发电量和碳排放量有较大幅度下降,没有表现出发电向未受碳排放上限控制的发电设施以及更便宜的化石燃料设施转移的特征。2010—2014 年,RGGI 计划的实施并未显示出明显的碳泄漏的特征。

第三节 美加应对气候变化合作项目

一、西部气候行动

2007 年 2 月,美国西部 7 个州和加拿大 4 个省[2]达成合作伙伴关系,启动"西部气候行动(Western Climate Initiative,WCI)"。各成员伙伴通力合作,共同致力于温室气体减排事业,同时提倡清洁和可再生能源的使用。通过 18 个月的共同讨论和协商,各成员在 2008 年 9 月发布了 WCI 计划的详细运行机制,该机制不但有利于减排目标的实现,同时还可以刺激各成员管辖区的经济增长。[3]

WCI 执行区域性的"总量控制与交易"计划(WCI Regional Cap and Trade Program),计划的目标是到 2020 年该区域温室气体排放量较 2005 年减少 15%,计划的开始时间为 2012 年 1 月 1 日,每个履约期的时间跨度为 3 年,2012 年 1 月 1 日至 2014 年 1 月 1 日为计划的首个履约期。该计划由各个成员的"总量控制与交易"子计划构成,各成员管辖区内设一个权威机构,专门管理各自子计划的运行,它可以是一个专门的机构,也可以是一个政府部门,由成员自行决定。

---

① RGGI, CO_2 *Emissions from Electricity Generation and Imports in the Regional Greenhouse Gas Initiative*:2012 *Monitoring Report*,2014.

② 分别包括美国西部的亚利桑那州、加利福尼亚州、蒙大拿州、新墨西哥州、俄勒冈州、犹他州、华盛顿州七州和加拿大的不列颠哥伦比亚省、曼尼托巴省、安大略省和魁北克省四省。

③ 王瑞彬:《美国气候政策之辩(2001—2008):支持联盟框架视角》,外交学院博士论文,2009 年。

（一）分配机制

由于 WCI 是由各成员的子计划构成，因此它们有权制定各自管辖区内的配额预算，各成员州或省的配额预算总额即构成了 WCI 的总量。不同管辖区内的配额可以相互流通，甚至可以相互被用于完成履约义务，这形成了一个区域性的配额交易市场。在首个履约期开始前，各成员应该将其在该履约期的配额情况向其他各成员汇报，自第二个履约期开始，汇报工作应在该履约期开始前的至少一年就完成，汇报内容包括配额发放和拍卖数量、分配时间和分配方法，同时还要考虑如果出现新排放源加入或已有排放源退出的情况时，配额预算应如何调整。

1. 配额分配预算的制定

WCI 建立了总量设置及配额分配（Cap Setting and Allowance Distribution，CSAD）委员会，专门负责配额分配事宜，为各成员提供预算制定指南，并定期审查它们的预算制定和执行情况。

由于 WCI 在 2015 年将覆盖范围扩展至运输、民用及商用燃料供应企业的范畴，因此，2015 年成为 WCI 预算制定的分水岭，将预算制定分为两阶段：第一阶段为 2012 年 1 月 1 日至 2014 年 12 月 31 日；第二阶段为 2016 年 1 月 1 日至 2020 年 12 月 31 日。

2012 年为第一阶段的预算基年，并建议各成员采用"最佳估计（Best Estimate）"的方法制定预算。所谓"最佳估计"是指将 WCI 下第一阶段所有受监管的排放源在 2012 年度的最佳估计的排放总量（综合考虑人口增长、经济增长、强制减排量、自愿减排量、新排放源的加入和旧排放源的退出等调整性因素）作为 2012 年的初步配额预算量。

由于 WCI 的基本目标是实现减排，因此每年度制定的总量应呈现递减趋势，CSAD 用递减率（Rate of Decline，ROD）来表示这一趋势。ROD 的单位为百万公吨 CO_2e（Million Metric Tons of CO_2e，$MMTCO_2e$），数值上应大于 0。假定第二年预算比上一年减少固定量——ROD，那么 2013 年的预算应在 2012 年预算的基础上减去第一阶段的 ROD（表示为 ROD_1），同理可推算出 2014 年预算情况。第二阶段预算的计算方法同样采取"最佳估计法"，2015 年的预算值应在 2014 年预算的基础上加上新加入排放源预算的"最佳估计值"，2016—2020 年预算的计算方法同第一阶段中 2013 至 2014 年的计算方法。综上,2012—2020 年的初步配额预算可用以下公式表示[①]:

2012 年的初步配额预算＝第一阶段中受监管排放源在 2012 年度的预期排放总量＋/－2012 年预测调整量

其中,第一阶段中受监管排放源在 2012 年度的预期排放总量考虑以下影响因素(影响程度由 CSAD 决定):人口增长、经济增长和强制减排量。2012 年预测调整量(由 WCI 成员决定)考虑:自愿减排量、新排放源的加入和旧排放源的退出。

2013 年的初步配额预算＝ 2012 年初步配额预算－ROD_1

此后年份的初步配额预算同理可得,其中,2015 年的初步配额预算计算公式为:

2015 年的初步配额预算 ＝ 2014 年初步配额预算－ROD_1＋第二阶段新加入排放源在 2015 年预期排放总量

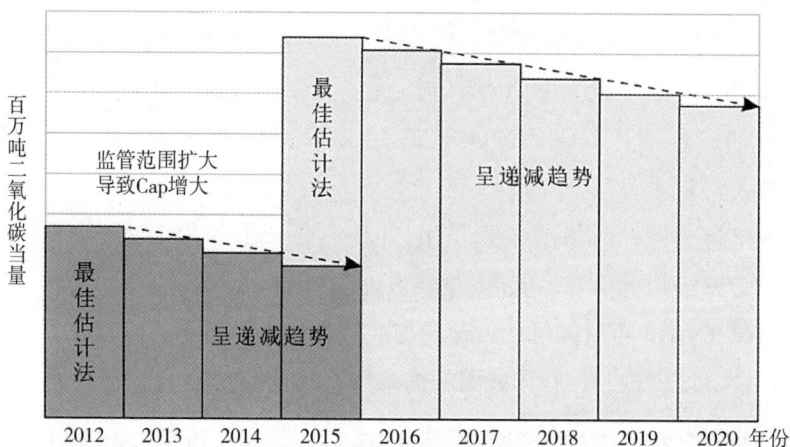

图 2.40 WCI 成员州配额预算图例

资料来源:WCI, *Guidance for Developing WCI Partner Jurisdiction Allowance Budgets*, Washington, D.C.: The WCI Partners, 2010.

---

① WCI, *Guidance for Developing WCI Partner Jurisdiction Allowance Budgets*, Washington, D.C.: The WCI Partners, 2010, pp. 3-12.

2.配额的拍卖

各成员在 CSAD 指导下完成本管辖区内的配额预算后,需要进行配额分配工作,它们有权决定其管辖区的配额分配情况,各成员的配额拍卖比例可不一样,但拍卖的比例受到 WCI 的限制。WCI 规定项目开始时,配额的拍卖比例不得低于 10%,且拍卖比例须逐年提高,到 2020 年不得低于 25%。

WCI 的拍卖机制与 RGGI 十分相似。两者的主要相似点包括:(1)拍卖范围,为确保拍卖过程的公平性和透明性,两个体系都执行统一的区域性拍卖;(2)拍卖的频率,每季度进行一次拍卖,以平衡拍卖的成本和灵活性,同时还可以保证稳定的价格信号;(3)拍卖方式,采用单轮竞价、统一价格、密封投标的拍卖方式,简单明了,可降低投机者操作市场的风险;(4)拍卖配额的组合方式,每 1000 份配额为一组,每笔拍卖的最低数量为 1 组,单笔最低拍卖设置门槛较低,可吸引更多的参与者加入;(5)预先设置拍卖底价,可防止配额价值失真,避免履约成本过低;(6)设有配额灵活处理机制,未来履约期配额可在当期拍卖,以维持配额市场的高效性;(7)拍卖参与者的资质鉴定,参与者须有注册登记系统下的账户,且须提供自身财务状况证明(如现金、债券、银行信用证明等);(8)拍卖信息的处理方式,每次拍卖结束后,拍卖方应将拍卖结果(包括拍卖价格、成交数量和中标人等)对外公布。[1]

(二)监管机制

1.监管范围

WCI 监管的气体囊括了 7 种温室气体:CO_2、CH_4、N_2O、NF_3、SF_6、氢氟碳化物和全氟碳化合物。监管的排放源包括:[2]

(1)2009 年 1 月 1 日之后(包括 2009 年),最高年度报告排放量超过 25000公吨 CO_2 当量的排放源,但不包括生物燃料燃烧源、主要有固体燃料燃烧以及工业生产或加工排放,达到标准的排放源将从 2012 年或首个达标年度开始履约。

---

[1]　Benjamin Grumbles et al., *Design for the WCI Regional Program*, Washington D.C.:The WCI Partners, 2010, p.28.

[2]　Benjamin Grumbles et al., *Design for the WCI Regional Program*, Washington D.C.:The WCI Partners, 2010, pp. 11–14.

（2）为各成员管辖区内输电且年度排放达到规定的初始配电商，包括发电厂、电力零售和营销商（年度排放规定和履约开始时间同上）。

（3）自2015年1月1日起，在成员州或省的管辖范围内销售（包括区域内生产销售和从区域外进口销售）液态运输燃料、石油焦、天然气、民用或商用取暖燃料或任何其他化石燃料的分销商，若其自2009年1月1日之后最高年度报告排放量达到25000公吨CO_2当量，那么它们将受到监管，这部分排放源将从2015年或首个达标年度开始履约。

2. 排放报告制度

WCI要求美国各成员州的排放报告应和美国环保署关于温室气体强制排放报告制度的要求一致。美国环保署排放报告制度针对不同行业制定了多种排放量监察办法，各成员州可根据其管辖区内的具体情况选择具体的监测办法，但WCI规定美国环保署中的各项要求是报告制度的最低标准，各成员可实施更为严格的报告要求。

而针对加拿大四个成员省，WCI也为其制定了"加拿大式"的排放报告要求，即"一窗式报告制度（One-window Reporting Interface）"。"一窗式"是指各排放源报告渠道的唯一性，加拿大成员省仅向加拿大环境局（Environment Canada，EC）提交排放报告，相当于形成了一个全国性的报告窗口，可避免重复报告情况的出现。但除了报告渠道不一样外，WCI中美国和加拿大成员的其他要求如报告的使用范围、内容等要求是相同的。报告要求如下：

报告的实体范围主要包括：（1）自2010年起，含有WCI指定范围内的一种或多种排放源且年度温室气体排放总量达到或超过10000公吨CO_2e的企业或工厂；（2）所有的电力进口商，包括电力零售商和营销商；（3）WCI区域内的运输燃料供应商，燃料燃烧产生的年度总排放量要求同（1）；（4）WCI区域内的民用、商用和工业燃料的供应商燃料燃烧产生的年度总排放量要求同（1）；报告的内容须包括WCI计划指定范围内的7种温室气体。

关于排放量的计算，RGGI规定各企业或工厂的排放量报告中应使用GWP，即需要将各温室气体排放量单位统一用单位CO_2e来表示，不同温室气体有不同的GWP系数（见本书附表5）。将每种温室气体的年度排放量转化成CO_2e并将其相加即可构成每个企业或工厂的排放总量，用公式可表示为：

$$CO_2e = \sum_{i}^{n} GHG_i \times GWP_i$$

其中 CO_2e 单位为公吨/年；GHG_i 表示每种温室气体的排放量，单位为公吨/年；GWP_i 表示每种温室气体的温室效应潜能值，相关数据可从 GWP 系数表（见本书附表 5）查询，n 表示某企业或工厂排放的温室气体种类。

排放报告的日程安排主要分为两类：在 2010 年 1 月 1 日之前就开始运营的企业或工厂、电力进口商以及燃料供应商，若达到排放报告要求的门槛，必须从 2011 年开始报告其在上一年度的温室气体排放情况；在 2010 年 1 月 1 日之后才开始运营的企业或工厂、电力进口商以及燃料供应商，若达到排放报告要求的门槛，必须从企业开始运营的年份起就提交报告，该年份报告的时间跨度为开始运营月份至该年度的 12 月 31 号，接下来的排放报告的时间跨度将恢复正常，从每年的 1 月 1 号至 12 月 31 号。

(三)抵消机制

1.抵消机制的五大要求

WCI 的抵消机制的设计类似于 RGGI，抵消证明（RGGI 为抵消配额）的发放同样对抵消项目的减排活动有 5 个要求，但每个要求的意义延展范围更广一些。[1]

第一，真实性要求。对排放量的测算要求很高，WCI 规定如果由于诸如测算技术或排放源的地理环境等因素导致排放量测算的精确度无法达到要求的标准时，那么应采取"稳妥原则（The Principle of Conservativeness）"进行处理。所谓"稳妥原则"是指运用相对保守的参数、假设条件、测算技术等来估计某排放源的排放量，以尽量避免夸大减排量或封存量的情况出现，其实质在于保证减排量的绝对真实性。此外，该要求还需考虑温室气体泄漏问题，WCI 建议使用定性和定量的双重方法来估计每个抵消项目的温室气体泄漏风险，若确定某项目的温室气体泄漏量超过规定的上线，须扣除该项目部分应授予的抵消证明数量。

第二，额外性要求。抵消项目的减排量的评估根据基线（Baseline）方法进行，抵消协议中应为每个行业或行为活动设置一个基线，该基线代表区域的普遍

---

① Benjamin Grumbles et al., *Design for the WCI Regional Program*, Washington D.C.: The WCI Partners, 2010, pp.40-43.

标准,只有排放水平低于基线标准的抵消项目才有资格获得抵消证明。WCI 要求基线水平的设置采取最严格的标准,这也体现了稳妥性原则的运用。额外性要求还规定了抵消项目的资格期限和信用期限,所有抵消项目的开始时间不得早于 2007 年 1 月 1 日,非温室气体封存类项目的每个信用期限为 10 年,项目的发起人须在每个信用期的期末重新申请立项,项目的排放基线也将重新设定,而封存类项目的信用期限则不得超过 25 年。

第三,永久性要求。与 RGGI 下抵消项目的永久性要求一致,可查阅上部分中相关内容。

第四,可核实性要求。抵消项目的温室气体减排或封存活动是有据可查的,并须第三方机构的核实,该机构须在项目所在地进行注册,且其从业资质须得到所在区域的权威机构认可。核实机构须为每个项目减排情况的真实性进行审核,并出具一份核实报告。

第五,可实施性要求。类似于 RGGI 的相关要求,它是指抵消项目须受其所在管辖区的法律或抵消协议的约束。此外,所有的抵消项目还须符合当地环保法规的要求。某些项目的抵消协议可能会要求项目发起人分析项目的环境和社会经济影响,并要求其提出相关措施使负面影响控制在最小范围。

2. 其他可履约配额

所有受监管的实体除了可以通过分配获得配额,通过市场交易以及通过抵消项目获得抵消证明来进行履约外,与 RGGI 类似,还可以利用早期减排配额(Early Reduction CO_2 Allowances, ERAs)作为履约工具。在 WCI 中,项目因成功减排而获得 ERAs 的资格期限为 2008 年 1 月 1 日至 2012 年 1 月 1 日,且项目发起人须向项目所在的成员州或省提交 ERAs 申请,申请截止日期为 2012 年 7 月 1 日。ERAs 发放时间将不晚于 2013 年的第一个季度,发放当天,各成员还应向公众公布 ERAs 发放总量等相关信息。同时,ERAs 的颁发需达到 7 个要求,其中 5 个同抵消机制下的 5 个要求,另两个为自愿性和所有权性,前者指 ERA 项目和其带来的减排不受其他任何现行法律、法规、行政命令及法定义务的约束,完全出于项目申请方自愿的行为,后者指 ERAs 申请方须证明其拥有 ERA 项目减排量的所有权。

ERAs 应该根据项目执行期间的累计减排量来进行核算,具体如下:

如果 $I_{base} \leqslant I_{ERA}$,那么 ERAs 颁发数量 $= 0$;

如果 $I_{base} > I_{ERA}$，那么：

（1）ERAs 颁发数量 $= A \times (E_{base} - E_{ERA}) \times (P_{base} \leqslant P_{ERA})$

（2）ERAs 颁发数量 $= [A \times (E_{base} - E_{ERA})] \times (P_{ERA} / P_{base}) \times (P_{base} > P_{ERA})$

其中，A 表示 ERA 项目开始年份到 2011 年结束期间累计的年数；E_{ERA} 和 P_{ERA} 分别表示 ERA 项目开始年份到 2011 年期间，监管源平均每年的排放量和产量；E_{base} 和 P_{base} 则分别表示 2005 年至 2007 年期间，监管源平均每年的排放量和产量；I_{base} 和 I_{ERA} 分别表示 2005 年至 2007 年期间和 ERA 项目开始年份到 2011 年结束期间的平均排放强度。[①]

目前，WCI 认可的 ERA 项目主要有三类：第一类是燃料转换，即从高碳燃料转到低碳燃料，这类项目主要是针对购买燃料的大客户；第二类是针对燃料供应商，这类 ERAs 的颁发要求减排是由于已销售燃料碳强度的降低而非供应商销售量的减少，同时它还要求燃料的消费者没有申请 ERAs，即不能出现重复申请的情况；第三类是电力进口，这类项目专门是指电力进口商所在的成员区域对这部分进口商颁发 ERAs。

二、中西部温室气体减排协定

2007 年 11 月 15 日，美国中西部九个州及加拿大两个省[②]达成旨在削减温室气体排放的《中西部温室气体减排协定》(*Midwestern Greenhouse Gas Reduction Accord*，MGGA)。2008 年初，该协议下的美国 9 州州长和加拿大 2 省省长会晤并成立了咨询小组(The Advisory Group)，小组组员囊括了不同区域下的各利益集团的代表，如各州及各省政府代表、商业及工业代表、农业代表、环境保护主义者代表、学术代表等。

MGGA 同样采取"总量控制与交易"的减排机制。咨询小组的主要任务之一就是为 MGGA 制定减排目标并设计以"总量控制与交易"为减排机制的全面

---

① Benjamin Grumbles et al.，*Design for the WCI Regional Program*，Washington D.C.：The WCI Partners，2010，pp. 23-24.

② 分别包括美国的依阿华州、伊利诺伊州、堪萨斯州、密歇根州、明尼苏达州、威斯康辛州、印第安纳州、俄亥俄州、南达科他州和加拿大的曼尼托巴省和安大略省，其中印第安纳州、俄亥俄州、南达科他州及安大略省是计划的观察员。

区域计划。在兼顾公平、灵活、成本最小化、效用最大化、易管理等原则的基础上,咨询小组为 MGGA 设定的减排目标是到 2020 年,温室气体排放水平较 2005 年下降 20%,2050 年下降 80%。但该目标可根据未来的技术发展水平、减排成果等进行灵活微调。

(一)分配机制

1. 配额分配机制

咨询小组认为配额是发放还是拍卖,以及两者的比例关系如何最终要满足配额价值(Allowance Value)最大化这一条件。配额价值是个综合概念,不但是指配额能够实现其货币价值,同时还要兼顾分配成本、配额市场风险和环境效益以及配额价值实现后的使用情况。为了满足配额价值最大化的条件,咨询小组为该计划的配额分配机制设置了多项细节机制。[①]

咨询小组建立了配额储备池(Allowance Reserve Pool)以控制减排成本。咨询小组建议每个州及每个省都拿出其每年所分配配额数量的 2% 注入到配额储备池中。配额储备池由该 MGGA 的成员在市场监管和成本控制委员会(Market Oversight and Cost Containment Committee,MOCCC)的援助下共同管理。咨询小组要求配额价值实行问责制(Accountability)和透明制(Transparency)。各成员都应建立强有力的法律机制确保配额价值的合理性。不论是拍卖配额还是发放配额都应确保配额价值用于提高气候的质量。同时,建立的法律机制还应密切监督配额价值的使用情况,以确保其透明性,防止投机行为。其次,咨询小组要求防范牟取暴利的行为,各成员应加强防范和打击操纵市场行为和投机行为,防止利用减排计划牟取暴利现象的出现。

此外,咨询小组设计了混合分配方式,以使配额价值最大化。咨询委员会建议使用混合方法分配配额,即同时采取发放和竞价拍卖的复合方式分配配额。拍卖行为可以使得配额具有市场价格和流动性,同时通过拍卖所获得的收益可以为减排计划提供必要的资金支持。而以较低的固定费用发放配额可以限制配额的成本并适当地降低配额市场风险,同时,这部分固定费用也可为计划提供额外的资金支持。混合分配方式应在前三个履约期,也就是计划的过渡期(Transi-

---

① The Advisory Group, *Midwestern Greenhouse Gas Reduction Accord*, 2008, p.13.

tion Period）应用,过渡期之后的三个履约期应采用完全拍卖的分配方式。

2. 分配计划

总的来说,每年可分配的配额数量取决于该年度总量的设定。总量的设定是各成员根据各自的绝对排放量累加而得。关于配额的分配,咨询委员会规定每年在各成员分配配额前,配额总量的5%将暂时留存,并随后在区域配额拍卖活动中卖出,拍卖收益将投资于区域低碳技术商业基金（Regional Low-Carbon Technology Commercialization Fund）。该基金的主要资金来源为配额的发放和拍卖收益,基金的主要职能是支持低碳技术的研发和推广。

而配额的行业分配则取决于各行业温室气体排放量占全区域总排放量的比重。MGGA针对四大行业做了详细的分配计划和分配指导。[1]

一是交通运输行业。总体上,各成员交通运输行业的配额不能通过免费发放的方式获得,而只能通过区域拍卖的方式获得。拍卖所得应投放于各种基金,其主要作用在于:(1)缓解MGGA给交通运输业用户带来的成本影响;(2)通过诸如改善交通基础设施建设,交通规划和用地规划,提高低碳交通工具和基础设施的普及度等途径,达到交通运输业温室气体排放量减少的目的;(3)提高劳动生产率;(4)实施气候适应战略。各成员有权决定将拍卖收入投入以上一项或多项,它们可以联成统一战线或组成区域内部小团体实施交通运输减排措施。

若交通运输业内受监管的某些企业无法将减排成本部分或者全部转移给消费者,或者减排成本将给它们的正常运营带来巨大的负面影响,则各成员有权决定采用发放而非拍卖的方式将配额分配给上述企业。接收配额发放的企业必须证明它们将所接受配额的全部价值仅用于覆盖履约成本,而决不会将这部分配额进行市场交易以谋取暴利。发放配额的使用情况将受到严格监管审查,并且这部分配额并非免费发放,须收取较低的固定费用,费用的多少由各成员自行决定,但定价必须合理。

二是公共事业。各成员每年都要为配额的行业分配做预算。划拨于公共事业部门的配额预算不能全部分配,预算中的5%应分配给区域低碳技术商业基金。过渡期间,配额预算的另外5%通过拍卖的方式分配,剩余的90%将发放给监管范围内的各个公共事业部门的企业或工厂,包括天然气、当地分销公司、区

---

[1]　The Advisory Group, *Midwestern Greenhouse Gas Reduction Accord*, 2008, pp. 13–18.

域内的电力公司以及区域外的电力配送公司。公共事业部门内的配额分配预算应根据上述企业近三年的历史温室气体排放量来制定,历史排放量的测算应采取统一的区域标准。

同样地,公共事业部门发放的配额也不是免费的,但收取的费用较低。关于具体收费标准的制定,各成员需要平衡计划的资金需求和计划给受监管的企业或工厂以及消费者造成的成本影响。这部分费用加上拍卖所得收入的使用权同样归属于各成员,必须用于缓解消费者的能源使用成本、公共事业部门温室气体减排行动或者气候变化适应战略。

各成员的监管部门密切监督公共事业部门的配额价值使用情况。在任何情况下,该部门的股东都不允许分享任何的配额价值。各成员可以制定与减排计划目标相一致的子计划,以便配额价值可以用于上述特定用途,任何暂时闲置的价值部分都应受监管部门严格监管。

三是私人电力部门。各成员在制定配额预算时一般把商用电力部门的温室气体排放量归属于公共事业部门。私人电力部门几乎不受管制,该部门工厂和企业很容易将配额价值成本的大部分甚至全部都转嫁给消费者,因此,对该部门的配额分配一般采取拍卖的方式。但如果监管机构认定某特殊种类私人电厂的配额价值成本无法转嫁,那么各成员有权决定是否发放配额给该类电厂。若发放,则在配额预算中应将发放配额的数量相应地从公共事业部门转到私人电力部门。任何接收配额发放的私人电厂都应证明它们将所接受配额的全部价值用于降低消费者的购电成本、缓解中西部电厂的履约成本或投资于低碳技术研发,而非用于市场交易谋取非法利润。这部分发放配额的收费和公共事业部门的相同,所获资金的用途也应和公共事业部门相同。

四是工业部门。工业燃烧或工业生产加工所带来的直接温室气体排放可获得配额的分配,各成员将根据最近三年的平均历史排放数据为各个不同的工业行业制定配额分配预算。在减排计划实施的前两个履约期内,每个成员需将工业部门总配额预算的5%分配给区域低碳技术商业基金,剩余的95%采取发放而非拍卖的方式分配给各行业。第三个履约期内的配额分配情况和公共事业部门相似,发放的比例将略微缩小,降为90%,而剩余5%的配额将会用于拍卖。进入第四个履约期,也就是过渡期结束后,工业部门的配额分配将采取全额拍卖的方式。

工业部门发放配额的收费水平和公共事业部门相同,并且收费收入和拍卖收益也和上述几个部门或行业相似,应用作特定的用途,诸如用于实施行业减排战略、提高劳动生产率、实现工业现代化等。

3. 后过渡期的配额拍卖

免费或收取较低费用的发放配额方式不可能永远持续下去,这种方式只在前三个履约期内使用,第四个履约期到第六个履约期将过渡到全额竞价拍卖的分配方式。监管机构区域管理组织(Regional Administrative Organization, RAO)将对这一转变进行监管,并评估这一转变给受监管企业、普通消费大众以及低碳技术发展情况所带来的影响。即使在采取收费发放配额的特殊情况下,区域管理组织也有权根据拍卖价格对收费标准进行合理调整。

上述的配额分配情况均是针对各成员的配额分配预算而言的,然而,各受监管企业也可对其持有配额进行"分配预算",例如,它们可以储存未用完的配额用于随后一年的履约期,咨询小组不限定各企业储存配额的数量;若企业的持有配额数量少于应履约数量,则它们可以预借配额,但是咨询小组规定预借的配额必须在本履约期结束后的两年内还清。

(二)监管机制

1. 监管机构

一旦谅解备忘录以及咨询小组为减排计划设计的各项规则获得各成员州或省的执行和采用,减排计划将正式拉开序幕,其第一个履约期将在2012年1月1日开始。计划的监管机构——RAO也将成立,它承担着降低管理成本、提高计划执行的透明度和一致性、监管市场以及为各成员州或省提出成本控制措施等职责。RAO内部会成立董事会,董事会成员由各成员州或省的代表构成,但它仅仅是一个辅助性的技术组织,本身不具有监管力和执行力。它的主要作用包括:(1)协调区域配额拍卖活动;(2)向公众发布计划执行进程;(3)监管和报告市场活动和动态,包括潜在的市场操纵行为;(4)提出有效的成本控制措施;(5)协助审查抵消项目、抵消协议的评估机制以及抵消信用的发放情况;(6)协助审查报告更新协议;(7)为低收入群体建立咨询委员会,帮助他们消除减排计划带来的负面影响。

2. 排放报告制度

MGGA 减排计划的排放报告制度是强制性的,且报告内容须包括规定的 6 种温室气体。该制度将在减排计划正式实施前的一年(2011 年 1 月 1 日)开始生效,但排放数据收集的初始时间为 2010 年 1 月 1 日。在排放报告制度实施之前,各成员应为本管辖区内需要提交报告的企业制定相关要求。为了方便把排放单位转化为 CO_2e ,各企业提交的报告表中的数值均表示为 GWP。

关于报告提交实体的规定有以下几点:(1)所有发电厂以及其他受监管部门内,年排放量达到或超过 2000 吨 CO_2e 的企业或工厂,该范围远远大于原定的监管范围;(2)所有直接的、固定的燃烧源都要提交排放报告;(3)某成员的报告数据可以供其他成员使用;(4)各成员有权设定更低的排放报告门槛,即低于 2000 吨。扩大排放报告制度覆盖范围,但要考虑实际操作的成本。

由于核查或审计过程需要用到各企业报告的排放数据,因此,报告数据的录入和管理十分重要。咨询小组建议利用气候信息登记系统(Climate Registry Information System,CRIS)来收集和管理排放报告数据,建立区域报告信息数据库,隶属于该系统的共同报告框架(Common Reporting Framework,CRF),成员可使用 CRIS-CRF 来满足核查和履约过程中对相关信息数据的需求。[1] 为了保证计划执行的透明性和公信力,排放报告数据、配额数据以及抵消项目数据均不作保密处理,各成员会定时对外公布。

3. 市场监管和成本控制机制

各成员应制定市场交易规则,保证交易活动顺利进行,防止市场欺诈和市场操纵行为。同时,它们应在 RAO 的援助下建立成本控制机制,例如三年一期的履约期、无限制的配额储存、有限额的跨期预借等规则,都可以起到成本控制的作用,使配额的交易价格保持在合理的范围内,保证配额交易市场正常有序地运行,防范致使市场活动失败的不可预测因素。

为了更全面地监管市场交易活动和实施成本控制战略,各成员共同建立了 MOCCC,其成员主要由 RAO 内部成员构成,它的主要职能就是建立合理的配额交易价格体系。随着参与者对配额市场信心的增长,价格区间可适当地扩

---

[1] The Advisory Group, *Midwestern Greenhouse Gas Reduction Accord / Mandatory Emission Reporting*, 2008,pp.25-26.

大,但当价格区间跨度与市场情况不相符时,MOCCC应及时采取行动,具体来说:(1)当配额价格过高时,应扩大配额预借比例和抵消比例,而价格过低时则采取相反的措施;(2)当价格区间整体水平都大大超过预期值使得市场面临崩溃的危险时,MOCCC应从配额储备池中拿出部分配额投放于市场,待市场价格恢复合理后应把这部分配额重新放回储备池中,当出现相反情况时,则应从市场中抽出部分配额放入储备池中,提高储备比例,待价格恢复正常再把配额重新投放市场;(3)在极端情况下,例如配额市场价格极其高,MOCCC已把储备池中所有的配额全部投放市场后,价格仍居高不下,这时MOCCC可以动用未来履约期应投放于储备池的配额,但该措施只能在极端情况下使用。当然,除此之外MOCCC还会根据市场的真实状况为各成员州或省提出其他成本控制措施。①

(三)抵消机制

咨询小组同时还设计了抵消机制,和RGGI一样,MGGA计划的抵消机制也主要是通过抵消项目来运行。咨询小组关于抵消行为的要求也与RGGI的相同,主要包括真实性、额外性、可核实性、可实施性和永久性,但抵消比例大大高于RGGI的3.3%,达到受监管企业义务履约量的20%。除此之外,咨询小组还要求抵消项目的执行要达到区域协调和区域互惠的标准。区域协调和区域互惠包含两层意思。第一,是抵消项目的执行标准须在各成员州或省之间达到高度一致。各成员执行的所有抵消协议应在全区域范围内审核通过。监管机构——区域管理组织应协助它们评估项目类型、抵消协议和注册登记过程。但各成员州或省有权选择在本管辖区内执行何种抵消协议。第二,是指任何成员州或省的抵消配额授予行为须在其他州或省也是符合规定的。

1. 抵消协议的评估机制

用标准化的抵消协议来执行抵消项目可以大大降低管理成本,同时也可以减少项目开发者对项目运行的疑惑。因此,抵消协议和抵消项目种类应在抵消项目立项前就予以明确,而协议的优劣性评估也显得尤为重要。为此,咨询小组制定了具体的抵消协议评估机制。

---

① The Advisory Group, *Midwestern Greenhouse Gas Reduction Accord/Market Oversight and Cost Containment*, 2008, pp. 27-30.

　　抵消项目种类和协议的设定应得到相关技术和科学咨询委员会的肯定,这是保证抵消机制科学水平的重要基础。各州或省在确立项目种类之前应建立技术委员会和科学委员会。技术委员会成员由相关学科的资深专家构成,承担制定抵消协议草案和向科学委员会报告新发现的任务。科学委员会为常设机构,由气候科学领域资深科学家和专家构成,它有权接受或拒绝技术委员制定的协议草案或对其提出修改意见。

　　所有抵消协议应本着透明的原则,对外公开,接受公众的意见。各成员在决定是否通过决议前应对公众意见进行集体讨论,且任何公民在任何时候都有权为新的抵消项目种类向区域组织提出新的抵消协议,审批过程照旧执行。此外,咨询小组要求针对减排量或封存量测算的协议应尽可能标准化,以保证测算的精确性。理想状况下,一种抵消项目只对应一款协议,但若存在特殊情况,额外的协议也可能审批通过。

　　2. 抵消项目的相关要求

　　与 RGGI 抵消机制不同,咨询小组对抵消项目的种类数量采取开放式态度,没有特定项目种类,数量也不限,只要项目达到立项要求就可以成立新的项目种类。关于抵消项目的立项要求主要有以下几点:(1)抵消行为满足抵消项目设计原则和抵消的五大要求;(2)可促进新兴低碳技术的研发;(3)项目种类不在 MGGA 减排计划监管范围内;(4)可带来大量减排以及巨大的环境和经济利益;(5)有配套标准化协议指导项目运行;(6)无论对项目开发者还是监管者来说,项目都便于管理。

　　在不同的履约期内,咨询小组对抵消项目的地理范围限制也不一样。在首个履约期内,抵消项目的地理范围仅局限于 MGGA 的成员以及与各成员签订了谅解备忘录的其他州或省。这些州或省也有相应的任务,它们至少要履行与抵消项目评估相关的管理工作,且在它们的管辖区内也必须要有相应的温室气体排放监管计划正在运行。此外,在首个履约期内,美国和加拿大以外的国际抵消项目还未被纳入抵消范围内。自第二个履约期开始,各成员可以考虑通过国际认可的方式参与美国和加拿大以外的国际抵消项目,比如通过清洁发展机制以及联合履约机制的方式参与。但即使项目地理范围超出两国国界,项目进行抵消时仍需满足五大抵消要求。此外,在决定是否接收本区域以外抵消项目的抵消配额时,需要详细审查该抵消项目的详细情况,审查流程和添加新抵消项目种类的流程相同,同时,各州或省在做此决定前,应征询技术及科学委员会以及广大公众的意见。①

抵消机制的监管机构(区域管理组织)具有丰富的抵消项目运作经验,因此,它可以协助各成员根据抵消项目运行的实际情况调整抵消限度的比例和抵消项目的地理范围,使得它们的抵消额度、抵消项目数量和各项目运作成本都达到最佳水平。

第四节 美国加州碳市场

作为世界第二大经济体(2014 年)和美国第二大温室气体排放源,美国加利福尼亚州(以下简称"加州")于 2013 年正式启动碳市场。

加州于 2007 年加入了 WCI,共同合作以减少温室气体排放。目前,在 WCI 成员中,仅有加州和魁北克建立了碳市场。2014 年 1 月 1 日,加州和魁北克链接的碳市场正式启动。

加州碳市场目前覆盖了加州 85%的温室气体排放,覆盖了加州绝大部分的经济部门,在全球碳市场中被看作是史无前例的。加州碳市场设计吸取了欧盟碳市场的经验,总结了美国区域性碳市场的经验(如西部气候项目),并实施了创新性的措施。运行 4 年以来,加州碳市场被广泛认为是富有成效的。

2016 年,加州通过了法案以实现到 2030 年温室气体排放较 1990 年减少40%的目标。加州空气资源管理委员会(California Air Resources Board,CARB)目前正在致力于 2020 年后加州碳市场总量的确定,以为整个州目标的实现做出贡献。

一、加州碳市场的法律政策基础

加州碳市场的法律政策基础主要包括《加利福尼亚州应对全球变暖法案》(*California Global Warming Solutions Act of 2006*,AB32)、《界定计划》(*Scoping*

---

① MGGA,*Final Model Rule for the Midwestern Greenhouse Gas Reduction Accord*,2010,pp. 36—42.

Plan,2008)和《加利福尼亚州法规》(*California Code of Regulations*,2011)。

(一)加利福尼亚州应对全球变暖法案

《加利福尼亚州应对全球变暖法案》是由州长施瓦·辛格签署的州级法律,于 2006 年通过。该法案是美国第一部采取全面、长期的措施应对气候变化的法案,旨在保持经济增长的同时改善环境和自然资源,同时,为加州未来可持续、低碳发展奠定基础。该法案首次将加州温室气体减排目标以州法律形式确定下来,即到 2020 年温室气体排放回到 1990 年的水平(4.27 亿吨 CO_2e,而 BAU 情形下为 5.07 亿吨 CO_2e),相当于在 2020 的预期照常情景下减排 15%。同时,提出由 CARB 负责制定加州温室气体减排的早期行动计划和《界定计划》以指导加州的减排行动。

(二)界定计划

根据 AB32 法案的规定,为了确保 2020 年温室气体减排目标的实现,CARB 编制了《界定计划》,明确如何用最经济的方法,最大限度地激发技术减排潜力,从而实现 2020 年的温室气体减排目标。《界定计划》是加州实现温室气体减排的具体行动框架,于 2008 年 12 月 12 日正式通过,并每 5 年更新一次。第一次更新于 2014 年 5 月 22 日通过,CARB 正在进行计划的第二次更新,以反映行政命令 B-30-15 中的 2030 目标。

最初的《界定计划》(2007—2008 年)。CARB 在计划中提出了一系列重要的行政和市场手段,包括清洁汽车项目、可再生能源配额标准、低碳燃料标准、以及 CO_2 总量控制和交易项目。碳排放权交易项目是这项计划的重要组成部分,旨在通过为碳排放制定阶段性的排放目标,以及为温室气体定价,来鼓励减排并促进创新,从而以最低的成本实现 AB32 的减排目标。

第一次更新的《界定计划》(2013—2014 年)。为了确定加州应对气候变化的下一步工作,同时为长期深入的减排设定明确的路径,CARB 于 2014 年 5 月 22 日对最初的《界定计划》进行了更新。更新后的计划以最初的计划为基础,提出了新的计划和建议。其中,碳市场被确定为 9 个重点领域之一,以在加州未来的气候和能源政策中共同协作,解决不同经济领域的问题。

第二次更新的《界定计划》。2015 年 4 月 29 日,州长发表了行政命令

B-30-15,为加州建立了一个中长期的温室气体减排目标,即到 2030 年温室气体排放较 1990 年的水平下降 40%,到 2050 年下降 80%。中长期目标对于构建政策、法规、工作计划的框架有很大的帮助。州内所有对温室气体排放有管辖权的政府机构应采取措施以实现 2030 年和 2050 年的温室气体减排目标。CARB 负责计划的第二次更新,以反映行政命令 B-30-15 中的 2030 年目标。

(三)加利福尼亚州法规

《加利福尼亚州法规》中的第 10 章"气候变化"中第 95800—96023 条均是关于碳排放总量控制与交易机制的法律规定(California Cap on Greenhouse Gas Emissions and Market-Based Compliance Mechanisms)。2011 年 10 月 20 日,CARB 通过了碳市场的最终法规,并于 2012 年 9 月 12 日对法规进行了调整。法规对注册和登记、配额总量、覆盖范围、配额分配、拍卖、交易和储存、碳市场连接、抵消、履约和奖惩均作了规定。

目前,对于加州碳市场总量的修订也正在公共听证中,但最终的结果还未确定。

二、加州碳市场的制度设计

(一)覆盖范围

加州碳市场覆盖的排放除了《京都议定书》下的 6 种温室气体外,还纳入了 NF_3 和其他氟化的温室气体。

加州温室气体排放主要来自交通、电力和工业领域。2014 年各部门温室气体排放占比见图 2.41。其中,交通排放占比 37%,电力排放占比 20%,工业排放占比 24%。

因此,加州碳市场主要纳入交通、电力和工业领域的排放源,对排放源的纳入分两个阶段实施。第一阶段(2013—2014 年),纳入"较窄范围的排放源(Narrow-scope Sources)",出于风险规避和管理成本控制等方面的考虑,纳入大型工业设施(包括水泥生产、发电、玻璃生产、制氢业、钢铁生产、石油提炼、造纸业等

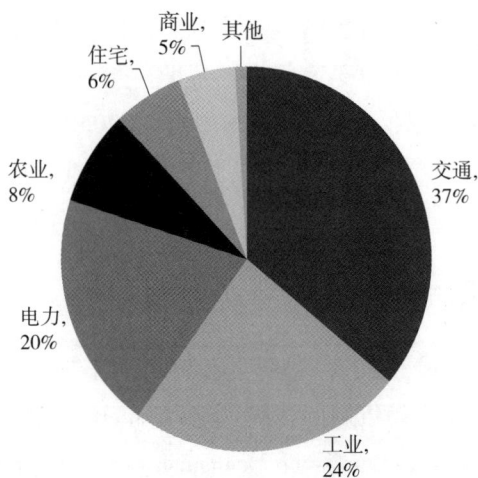

图 2.41　2014 年加州各部门温室气体排放占比

资料来源：CARB, *California Greenhouse Gas Emission Inventory-2016 Edition*, 2017-07-26, https://www.arb.
ca.gov/cc/inventory/data/data.htm.

12 种生产)、电力生产设施以及电力第一进口商；第二阶段(2015 年以后)，受控源将从"下游"延展至"上游"，形成"较宽范围的排放源(Broad-scope Sources)"，纳入天然气供应商、氧化混调型精制汽油(Reformulated Blendstock for Oxygenate Blending, RBOB)和馏出燃料油供应商、液化石油气供应商、混合燃料供应商及液化天然气供应商等。

加州碳市场的纳入门槛为年排放高于(包含)25000 公吨 CO_2 当量的排放源。第一阶段，加州碳市场覆盖了加州温室气体总排放的 35%；第二阶段，覆盖比例扩大到 85%。

未达到纳入门槛但符合上述行业的实体可以申请成为"选择性加入的纳入实体"(Opt-In Covered Entities)。选择性加入的纳入实体同样受到 MRV 和履约的规则约束，但不影响碳市场的配额预算。在任一履约年结束时，选择性加入的纳入实体可以申请退出碳市场，但必须完成其履约义务，或上交其接受的所有直接分配的配额。

同时，未被认定为纳入实体和选择性加入的纳入实体，但有意持有加州履约工具的美国国内的实体，可以申请成为自愿关联的实体(Voluntarily Associated Entities, VAE)，该实体应满足以下要求：

（1）运行已在 ARB 注册的抵消项目或早期行动抵消项目；或

（2）提供结算服务，以提供清算服务为目的，仅暂时拥有履约工具。[①]

（二）总量设置

加州碳市场分为三个实施阶段。第一阶段为 2013—2014 年，第二阶段为 2015—2017 年，第三阶段为 2018—2020 年。加州政府将每年分配的配额数量称作"配额预算"（Allowances Budgets），三个阶段的配额预算情况见表 2.17。

表 2.17　加州碳市场温室气体配额预算

阶段	预算年	年配额预算（百万温室气体配额）
第一阶段	2013	162.8
	2014	159.7
第二阶段	2015	394.5
	2016	382.4
	2017	370.4
第三阶段	2018	358.3
	2019	346.3
	2020	334.2

资料来源：CARB，"Article 5：California Cap on Greenhouse Gas Emissions and Market-Based Compliance Mechanisms to Allow for the Use of Compliance Instruments Issues by Linked Jurisdictions，Subarticle 6：California Greenhouse Gas Allowance Budgets"，*Final Regulation Order*，2012，pp.99−100.

加州碳市场的总量设置包括五个方面的内容：总量设定方法；依赖强制性的数据报告以保证总量设定的准确性；利用强制性的报告数据调整碳市场的 2020 年目标；建立 2012—2020 年的配额预算；2020 年后的配额预算水平和其他调整。

1.总量设定方法

ARB 在制定总量目标时，根据 WCI 的要求采用了"最佳估计"的方法，同时

---

①　CARB，"Article 5：California Cap on Greenhouse Gas Emissions and Market-Based Compliance Mechanisms to Allow for the Use of Compliance Instruments Issues by Linked Jurisdictions Subarticle 2：Purpose and Definitions"，*Final Regulation Order*，2012，pp.63−71.

考虑到未来减排目标,每年度的配额总量呈现递减趋势。

加州希望总量的设定能为 2020 目标的达成提供一个循序渐进的温室气体减排路径,因此,在第一年,配额预算允许碳市场中的排放源继续在 BAU 情形下的排放水平进行排放。2012 年的初始配额预算基于碳市场排放源 2012 年的预期排放水平设定。

2015 年,由于燃料供应商被纳入碳市场,配额预算增加了。2015 年的配额预算为:基于持续下降的总量下的 2015 年"较窄范围的排放源"的配额预算+2015 年 BAU 情形下的排放。

2020 年的配额预算根据 AB32 法案中的 2020 年整个经济的排放目标设定。2020 年的配额预算和未纳入行业的预期排放之和等于 2020 整个经济的排放目标。

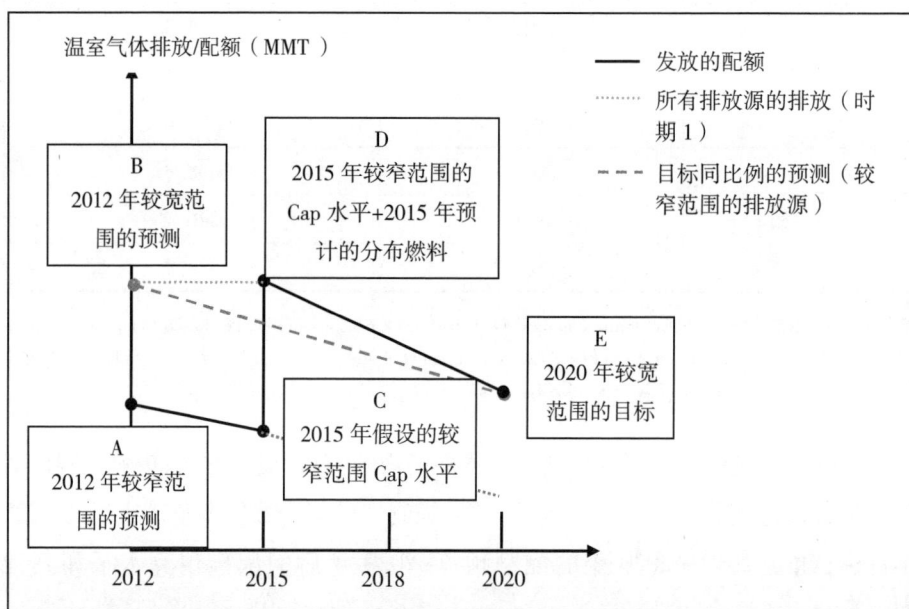

图 2.42　建立配额预算的关键节点

资料来源:CARB, "Appendix E: Setting the Program Emissions Cap", *California Cap-and-Trade Regulation Initial Statement of Reasons*, 2010.

其中,2015 年后"较宽范围排放源"的配额预算的下降速度大于 2012—2015 年"较窄范围排放源"的配额预算的下降速度,这是因为预计分布式燃料排放源在 2012—2015 年排放量增长了。[①]

2. 依赖强制性的数据报告以保证总量设定的准确性

纳入实体排放量估计的准确性是实现配额合理松紧的关键,这也是加州政府和环保团体关心的重点问题。2007 年,CARB 实施了强制性的报告程序,以保障纳入碳市场第一个履约期的排放源提交准确的温室气体排放数据。

3. 利用强制性的报告数据调整碳市场的 2020 年目标

《界定计划》粗略估计的碳市场 2020 年的配额预算为 365 百万公吨 CO_2e。CARB 一方面进一步研究在不同的行业内何种排放源将被纳入,另一方面根据强制报告程序收集 2008 年设施层面的数据,来完善对纳入实体的排放量的估计。最终,2020 年的配额预算 = 365 百万公吨 CO_2e(《界定计划》中的 2020 年配额预算)×[403 百万公吨 CO_2e(利用强制报告程序中设施层面温室气体排放数据计算的 2008 年"较宽范围的排放源"的排放)/440 百万公吨 CO_2e(利用《界定计划》计算的"较宽范围的排放源"2008 年的排放清单估计)]。

4. 建立 2012—2020 年的配额预算

ARB 修正和改进了《界定计划》中温室气体排放的预测,以保证总量设定的准确性。ARB 建立了一个涵盖纳入排放源的历史排放量的数据库,然后预测未来该排放水平可能的变化趋势。加州碳市场总量和 BAU 情形下的温室气体排放预测见图 2.43。

5. 2020 年后的配额预算水平和其他调整

2020 年后的配额预算将被设定为整个经济的温室气体排放水平,并通过《界定计划》的更新进行修正。

对于 2012—2020 年配额预算的调整,在初步的条例草案中,提出了"配额预算明确的行政调整"的概念。这赋予了 CARB 灵活性,可以在配额预算过松或过紧的情况下调整配额。但为了保证市场参与者在基于配额松紧程度预测市场价格和计划投资时最大程度的确定性,CARB 取消了对配额预算的行政调整,取而代之的是价格调控机制。

---

① CARB,"Appendix E:Setting the Program Emissions Cap",*California Cap-and-Trade Regulation Initial Statement of Reasons*,2010.

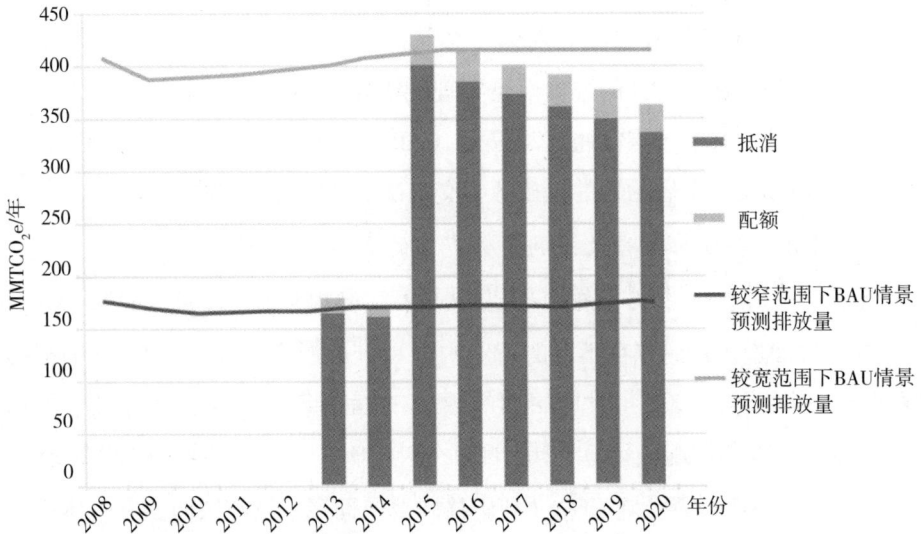

图 2.43　加州碳市场 Cap 和 BAU 情形下的温室气体排放预测

资料来源:C2ES,2017-07-26,http://www.c2es.org/us-states-regions/key-legislation/california-cap-trade.

(三)配额分配

加州碳市场的配额分配包括两种形式:免费分配和拍卖。在初期会免费发放大部分配额,以避免纳入企业的成本大幅上升,随后免费分配的比例会逐步下降。

1. 免费分配

免费配额主要分配给电力企业(不包括发电厂)、工业企业和天然气分销商。加州碳市场决策者认为,如果企业为了摆脱加州的限制而将生产转移到没有对温室气体排放进行限制和要求的州或地区,总体排放不仅不会降低反而可能会上升,这就会产生排放的"泄漏"。于是,加州在碳市场初期对这些企业免费给予较多的排放权份额,免费配额占企业总排放的90%,免费分配量逐年递减。

对于工业企业、电网企业和天然气供应商,加州碳市场采取不同的方法进行免费分配。

(1)工业设施

对工业设施的分配采取基于产量(Product-based)和基于能源消耗(Energybased)的标杆法。对于基于产量的标杆法,CARB 计算的是每单位产量的配额,而对于基于能源消耗的标杆法,CARB 计算的是每单位能源消耗的配额。两种标杆法最显著的区别是,基于产量的标杆法是可调节的,而基于能源消耗的标杆法是固定的。由于产出水平的变化,基于产量的标杆法分配的配额是每年更新的,而对于基于能源消耗的标杆法,配额分配在历史基准线水平上是保持不变的。这也是为了鼓励加州持续的产出增加,CARB 更偏好基于产量的标杆法的原因。[1]

基于产量的标杆法配额分配考虑四个方面因素:标杆、三年移动平均的产出、行业的碳泄漏风险和总量下降因子。计算公式为:

$$A_t = \sum_{a=1}^{n} Output_{a,t} \times B_a \times AF_{I,t} \times c_t$$

其中,A_t 为纳入实体在预算年 t 分配的配额量;$Output_{a,t}$ 为每个设施活动的产出的三年移动平均;B_a 为每个设施活动的排放强度标杆;$AF_{I,t}$ 为根据碳泄漏风险确定的每个设施活动在预算年 t 的工业援助因子;c_t 为每个设施活动在预算年 t 的总量调整因子,以保证总量的下降,见表 2.18。[2]

而基于能源消耗的标杆法包含两个部分:一是总的燃料燃烧产生热能(燃料选择)的标杆;二是蒸汽消耗(热载体)的标杆。计算公式为:

$$A_t = (Steam \times B_{Steam} + TE \times B_{Fuel}) \times AF_{I,t} \times c_t$$

其中,$Steam$ 为工业设施层面工业过程(包括加热和冷却)中蒸汽消耗的历史基线的年算术平均,单位为百万英热单位;TE 为某个设施燃料燃烧产生热能的历史基线的年算术平均,单位为百万英热单位;B_{Steam} 为每单位蒸汽的排放强度标杆;B_{Fuel} 为每单位燃料燃烧产生热能的排放强度标杆。

除了设备关闭和扩张的情况,$Steam$ 和 TE 不会更新。因此,对于部分行业,这样的计算方法在年产出波动的情况下会带来一定的问题。例如,食品加工行业的产出在很大程度上取决于农作物生产情况,而农作物生产情况是食品加工企业无法控制的。

---

① Shen Bo, Fan Dai, Lynn K. Price, Hongyou Lu, "California's Cap-and-Trade Programme and Insights for China's Pilot Schemes", *Energy & Environment*, Vol 25, 2014, pp.551-575.

② CARB, "Appendix J: Allowance Allocation", *Cap and Trade Regulation Initial Statement of Reasons (ISOR)*, 2010.

表 2.18　总量调整因子

预算年	所有其他直接分配的总量调整因子(c)	过程排放超过50%的行业的总量调整因子(c)		
		行业	NAICS	活动
		氮肥生产	325311	硝酸生产
				硝酸铵钙、硝酸盐溶液生产
		水泥	327310	水泥制造
		石灰石	327410	煅烧白云石
2013	0.981	0.991		
2014	0.963	0.981		
2015	0.944	0.972		
2016	0.925	0.963		
2017	0.907	0.953		
2018	0.888	0.944		
2019	0.869	0.935		
2020	0.851	0.925		

资料来源:CARB,"Article 5:California Cap on Greenhouse Gas Emissions and Market-Based Compliance Mechanisms to Allow for the Use of Compliance Instruments Issues by Linked Jurisdictions",*Final Regulation Order*,2011.

根据碳强度(EI)和贸易风险(TE)测算的碳泄露的风险,加州将行业分成了高泄露、中等泄露和低泄露三类。三种类型的行业每年工业援助因子(Assistance Factor,AF)不同,即免费分配的配额比例不同。其中,第一阶段(2013—2014年),三种类型的实体均是100%免费分配配额;第二阶段(2015—2017年),对高泄漏类(High Leakage Category)实体免费分配所有配额,对中等泄漏类(Medium Leakage Category)免费分配75%的配额,对低泄漏类(Low Leakage Category)免费分配50%的配额;第三阶段,对高泄漏类实体的分配不变,中等泄漏类和低泄漏类企业免费分配的比重分别下降至50%和30%。[1]

(2)电网(Electrical Distribution Utilities,EDU)

对电网企业的分配基于长期采购计划。公有的电力设施(Publicly Owend

① 张益纲、朴英爱:《世界主要碳排放交易体系的配额分配机制研究》,《环境保护》2015年10期,第55—59页。

Utilities,POU)和投资者所有的电力设施(Investor Owned Utilities,IOU)均代表其纳税人接受配额。每年度的电网配额总量是确定的,并且呈现下降趋势,每个预算年的总配额为9770万公吨乘以总量调整因子,而每个电力设施分配的配额等于每个预算年的配额乘以每个配电设施的分配比例因子(Percentage Allocation Factors)。

分配的配额=9770万公吨×总量调整因子×分配比例因子

公有的电力设施可以将直接分配的配额分别放入有限使用的持有账户(Limited Use Holding Account,LUHA)和履约账户(Compliance Account)中。2012年,公有的电力设施有限使用的持有账户中1/3的配额必须在当年的两轮拍卖中进行出售。2012年后,有限使用的持有账户中所有的配额必须在每年的拍卖中进行出售。每个电力设施的拍卖收益应当仅被用于该设施的纳税人。

而投资者所有的电力设施的配额需全部放入有限使用的持有账户。对投资者所有的电力设施设计了双重拍卖机制(Double Auction)。投资者所有的电力设施在获得配额后,不能直接用来履约,而需要将这些配额投入到拍卖市场出售,且拍卖所得收益必须服务于纳税人。投资者所有的电力设施履约所要求的配额需要其与其他排放企业一同参加拍卖竞拍获得。之所以要设计两次拍卖,让投资者所有的电力设施同时成为买家和卖家,首先是为了使监管部门能更高效地指定和引导拍卖收益服务于纳税人;其次,这种机制设计避免在能源市场创造扭曲现象,保证了公平竞争;最后,双重拍卖也为拍卖市场带来了更多的参与者与配额交易,增进了市场活力。

(3)天然气供应商

对天然气企业分配基于2011年的排放量确定。天然气供应商的配额等于其2011年的排放量乘以总量调整因子(见表2.19)。

分配的配额=2001年排放量×总量调整因子

天然气供应商可以自行分配其履约账户和有限使用的持有账户的配额数量,但在每年9月1日前必须告知主管部门其每个账户中的配额比例。2015年,有限持有账户中配额的比例至少为25%,之后每年增长5%(见表2.19)。

表 2.19　天然气供应商有限持有账户中配额比例要求

履约期	2			3		
年份	2015	2016	2017	2018	2019	2020
寄售比例	25%	30%	35%	40%	45%	50%

资料来源:CARB,"Article 5:California Cap on Greenhouse Gas Emissions and Market-Based Compliance Mechanisms to Allow for the Use of Compliance Instruments Issues by Linked Jurisdictions",*Final Regulation Order*,2011.

2015 年之后,对天然气供应商也将采用类似电力设施的机制,所有免费分配的配额必须进行拍卖,拍卖收益必须用于纳税人。

2. 拍卖

(1)拍卖方式

加州碳市场的拍卖为季度性的单轮、密封、统一价格拍卖。包含三种拍卖类型:当期配额拍卖(Current Auction)和未来配额提前拍卖(Advance Auction)和委托拍卖(Consignment Auction)。

(1)当期配额拍卖。即拍卖当前和以往预算年的配额,从 2013 年开始,在每个季度的拍卖中,当前预算年配额的 1/4 用于拍卖。当期配额拍卖中的配额可立即用于履约。

(2)未来配额提前拍卖。即拍卖未来预算年的配额。从 2013 年开始,每个未来配额提前拍卖将提供从当前预算年往后第三年配额的 1/4 用于拍卖。[①] 未来配额提前拍卖中的配额不能立即用于履约,应持有到配额的生效年份。未来配额提前拍卖使得纳入实体能够对配额进行长期规划,同时保证了未来尽早履约。

(3)委托拍卖。拥有有限使用的持有账户的实体必须将其有限使用的持有账户中的配额在季度拍卖中进行出售,此种规定称为"货币化要求(Monetization Requirement)"。2012 年,配电企业必须将其有限使用的持有账户中 1/3 的配额参与拍卖,2012 年后,其有限使用的持有账户中所有的配额必须参与拍卖。2015 年开始,天然气供应商也必须在拍卖中出售其有限使用的持有账户中所有

---

① C2ES,"Summary of California's Cap and Trade Program",http://www.c2es.org/us-states-regions/action/california/cap-trade-regulation#sub10,2016.

的配额。

拍卖的参与者不限于纳入实体,所有在 CARB 注册了的实体均可以参与拍卖。但储备配额仅允许纳入实体购买。CARB 设计了两项措施以控制拍卖成本和防止价格剧烈波动。

(1)拍卖保留价格。拍卖保留价格的设置保证了在市场价格过低的情况下,排放配额不会进入市场。2012 年和 2013 年的拍卖底价为 10 美元,2013 年后,考虑通货膨胀因素,每年上涨 5%。

(2)拍卖购买限制。拍卖购买限制是拍卖中实体可以购买的配额的最大数量。

2012—2014 年,未来配额提前拍卖中配额的购买限制为 25%,而对于当期配额拍卖,不同实体的拍卖购买限制也不同:纳入的实体和选择性加入的纳入实体的拍卖购买限制为 15%,2014 年最后一次拍卖的购买限制为 20%;配电企业的拍卖购买限制为 40%;其他拍卖参与者的拍卖购买限制为 4%。

2015—2020 年,当期配额拍卖和未来配额提前拍卖中,纳入实体、选择性加入的纳入实体、配额企业的拍卖购买限制均为 25%。而对于自愿关联的实体(Voluntarily Associated Entities),当期配额拍卖和未来配额提前拍卖中的购买限制为 4%。

(2)拍卖收入

对于拍卖收入,根据政府法令,拍卖收入被存入温室气体减排基金(Greenhouse Gas Reduction Fund,GGRF),以促进 AB32 中目标的达成。ABR 和财政部建立了一个三年的投资计划以指导拍卖收入的投资。每年符合投资计划的支出通过加州预算进行,在 1 月由州长提议,之后由立法机构进行审查,并在 6 月由州长最终确定。

另外,电力设施和天然气供应商拍卖配额所获得的收入必须全部用于纳税人。

(四)灵活机制

加州碳市场的灵活机制包括三个方面的内容:配额价格控制储备机制(Allowance Price Containment Reserve)、不同账户类型、配额的储存和借贷。

1. 配额价格控制储备机制

加州碳市场建立了配额价格控制储备机制,只有履约实体才能参与购买出售的储备配额,储备配额以固定价格进行出售,用以调控配额价格。

(1)储备配额出售时间。储备配额按季度出售。储备配额的第一次出售时间为 2013 年 3 月 8 日,2014 年出售时间为每个季度配额拍卖 6 个星期后的第一个工作日,2015 年后储备配额出售时间按监管命令中的规定,每季度进行。

(2)储备配额比例。储备配额的比例逐渐增加,2013—2014 年为预算年配额的 1%;2015—2017 年为 4%,2018—2020 年增长到 7%。[1]

(3)储备配额分层。在第一次储备配额出售前,主管当局将储备配额分成相等的三层,每一层出售的价格不同。2013 年每层储备配额的价格分别为 40、45 和 50 美元。2013 年后每层储备配额的价格在通货膨胀的基础上增长 5%。

价格储备机制保证了每年会有一定量的配额以固定价格出售,这实际上相当于一个软的价格天花板。相较于欧盟碳市场对价格的不设限制,与澳大利亚碳市场严格的价格上限,加州的价格储备机制是一种更为灵活的调节手段。同样,相较于欧盟现阶段需要通过烦琐的立法和修改指令的方式才可以控制市场内流通的配额数量,加州在市场建立伊始就创设了一定的灵活机制来调节配额的数量和价格,这为政府调控碳市场争取到了更多主动权。

2. 不同账户类型

大体上说,加州碳市场的账户类型可以分为两种:履约账户和持有账户。

履约账户作为清算中心,账户中的配额不能用于出售、交易,或转移到其他账户和实体。一旦配额进入履约账户,它只能被提交至 CARB 用于履约。

当实体对配额交易感兴趣时,可使用持有账户。持有账户中的配额可以自由买卖和交易。持有账户受两种持有限制的约束:一是可用于当前年份履约的配额;二是用于未来年份履约的配额。

持有限制基于实体每年的配额预算确定,计算公式为:

持有限制 $= 0.1 \times \text{Base} + 0.025 \times ($年度配额预算 $- \text{Base})$

其中,"Base"等于 2500 万公吨 CO_2e。

设计持有限制的目的在于防止个体获得过多配额而操纵市场。然而,持有限制存在争议性。持有限制在一定程度上影响了大的排放实体,其履约义务可

---

① CARB, "Article 5: California Cap on Greenhouse Gas Emissions and Market-Based Compliance Mechanisms to Allow for the Use of Compliance Instruments Issues by Linked Jurisdictions Subarticle 8: Disposition of Allowances", *Final Regulation Order*, 2012.

能接近甚至超过持有限制本身,从而大的排放实体不得不在其履约账户中持有更多的配额,而不能将多出的配额用于交易。①

3. 配额的存储和借贷

加州碳市场允许配额储存,同时储存的配额不会过期,但允许储存的配额数量受到持有限制的约束。

加州碳市场还允许配额的借贷,但借贷的未来年份的配额仅被允许在配额短缺时用于履约。同时,加州部分年度履约的设计也可看作期内借贷的一种形式。在一个履约期末,当"校准(True-up)"发生时,未来生效年份的配额可以提交用于履约期中前几年排放的履约。例如,在2015年的年度履约中,企业选择提交其2015年30%的配额,剩下的70%留作稍后履约,这样,在2018年的校准期,企业可以用2016年的配额完成其2015年排放量的履约。

假设一个纳入实体年排放量为100吨CO_2e,完成年度履约的最低要求,将尽可能多的履约义务留在校准期进行履约。表2.20描述了一个潜在的履约路径。

表2.20 期内配额借贷的一个假设的履约路径

履约期	年份	年排放（吨CO_2）	履约义务	年度履约义务（吨CO_2）	用于履约配额的生效年份
第一个	2013	100	无	0	—
	2014	100	2013年排放量的30%	30	2013
第二个	2015	100	剩下的2013/2014年排放量	170	2013,2014
	2016	100	2015年排放量的30%	30	2013,2014,2015
	2017	100	2016年排放量的30%	30	2013—2016
第三个	2018	100	剩下的2015—2017年排放量	240	2013—2017
	2019	100	2018年排放量的30%	30	2013—2018
	2020	100	2019年排放量的30%	30	2013—2019

资料来源:Edf,*California:An Emissions Trading Case Study*,2015.

---

① Edf,*California:An Emissions Trading Case Study*,2015.

(五)抵消机制

加州碳市场规定,抵消比例为履约义务的8%。值得注意的是,8%指的是实体所持有的配额量,而不是实体被要求的减排量。因此,通过抵消机制,实体能够实现超过8%的减排量。[1]

与RGGI相似,加州对抵消信用的质量要求很严格,抵消信用必须具有额外性、真实性、可核查性、可量化性、可操作性和永久性等特点。同时,用于履约的抵消协议还应满足以下要求:建立与抵消项目类型相关的数据采集和监管程序;建立一个"保守的"BAU情景的基线;通过活动改变(Activity-shifting)和市场改变(Market-shifting)解释碳泄露;考虑量化的不确定性;确保温室气体减排的永久性;引入机制以保证封存的永久性;建立抵消信用期的长度。[2]

抵消类型包括 ARB 抵消信用、早期行为抵消信用(Early Action Offset Credits)和基于行业的抵消信用(Sector-Based Offset Credits)。

1. ARB 抵消信用

ARB抵消信用是由CARB负责签发的碳抵消信用,是唯一可以作为履约工具的抵消信用,后两者可以通过一定方式转化为ARB抵消信用。

目前,ARB抵消信用包含五种项目类型:臭氧消耗物质项目(ODS Projects);禽畜粪肥项目(Livestock Manure Projects);美国森林项目(U.S.Forest Projects);城市森林项目(Urban Forest Projects);矿井甲烷捕获项目(Mine Methane Capture)。同时,水稻种植项目(Rice Cultivation)正在被纳入考虑中。[3]

抵消项目必须位于美国、加拿大或墨西哥境内。非封存(Non-sequestration)抵消项目的抵消信用时长为7—10年,而封存(Sequestration)抵消项目的抵消信用时长为10—30年。

2.早期行为抵消信用

早期行为抵消信用是由早期行动项目签发的抵消信用,具体有以下要求:

---

① C2ES,"Summary of California's Cap and Trade Program",http://www.c2es.org/us-states-regions/action/california/cap-trade-regulation#sub10,2016.

② C2ES,"Summary of California's Cap and Trade Program",http://www.c2es.org/us-states-regions/action/california/cap-trade-regulation#sub10,2016.

③ ICAP, *USA-California Cap-and-Trade Program*,2016.

（1）减排发生于 2005 年 1 月 1 日至 2014 年 12 月 31 日之间。

（2）矿井甲烷捕获项目开发于 2015 年 1 月 1 日前,其他 4 种抵消项目开发于 2014 年 1 月 1 日前。

（3）使用经 ARB 批准的资源抵消量化方法计算。①

早期行为抵消信用项目必须在 2015 年 2 月 28 日前转换为 ARB 抵消协议,如果其希望继续在碳市场中出售抵消信用。截至 2017 年 5 月 10 日,加州碳市场履约和早期行动抵消信用情况见图 2.44。

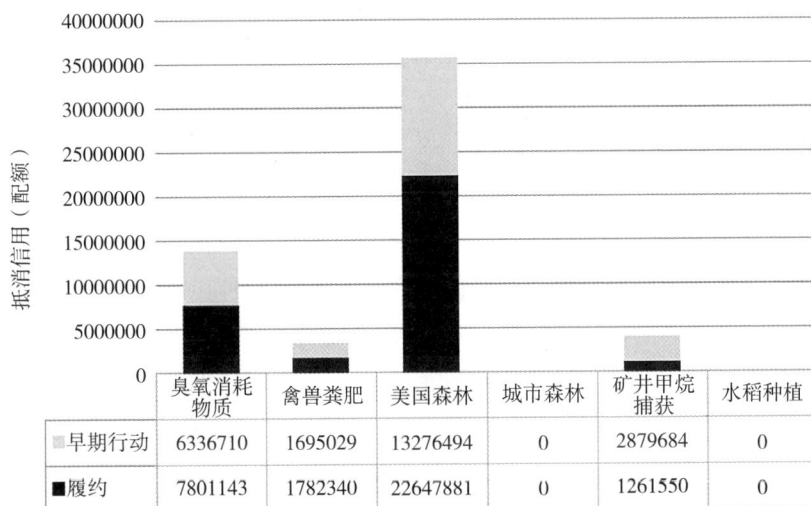

	臭氧消耗物质	禽兽粪肥	美国森林	城市森林	矿井甲烷捕获	水稻种植
早期行动	6336710	1695029	13276494	0	2879684	0
履约	7801143	1782340	22647881	0	1261550	0

图 2.44　加州碳市场抵消信用情况(截至 2017 年 5 月 10 日)

资料来源:CARB,2017-07-26,http://www.arb.ca.gov/cc/capandtrade/offsets/offsets.htm.

3. 基于行业的抵消信用

基于行业的抵消信用是指在发展中国家或国内特定的地方辖区(如州)的特定行业产生的温室气体减排的抵消信用。目前,基于行业的抵消信用的唯一来源是减少森林砍伐和森林退化带来的温室气体排放计划(Reducing Emissions from Deforestation and Forest Degradation,REDD)下的项目。② 第二个履约期(2015—2017 年),这部分抵消信用的使用不能超过企业履约义务的 2%,第三履约期使用量有所上升,但也不能超过 4%。目前 ARB 还没有批准此类抵消信用

---

① Edf,*California:An Emissions Trading Case Study*,2015.

② Edf,*California:An Emissions Trading Case Study*,2015.

项目,预计第一个项目将会在第三个履约期(2018—2020 年)通过。①

(六)履约机制

1. 监测和报告

纳入实体受到强制性报告规定(Mandatory Reporting Regulation,MRR)的约束。年排放量大于 10000 公吨 CO_2e 有每年进行报告义务。实体必须实现内部审计、质量保证和控制系统,以进行数据的报告。而年排放量大于 25000 公吨 CO_2e 的实体报告的数据将受到独立第三方核查机构的核查。②

同时,每个实体必须保存所有的记录至少 10 年,在收到 CARB 书面申请的 20 天内,实体必须提交相关记录。相关记录包括:提交的所有报告和数据的复印件;用于计算履约义务的记录;排放和产量数据的核查报表;详细的核查报告。③

2. 履约规则

加州碳市场的履约分为年度履约和履约期履约两种,一个碳排放权交易实施阶段为一个完整的履约期。对于年度履约,实体需在次年的 11 月 1 日前上缴相当于其上一年排放 30% 的配额或抵消信用。对于履约期履约,在每个履约期末,实体需要把上一个履约期所有剩余未缴的配额缴清,以完成履约期履约义务(第一个履约期为 2 年,第二、三个履约期为 3 年)。

3. 执法和惩罚

ARB 不允许任何交易涉及操纵设备、欺骗、伪造或错误报告,违反规定的实体将被处以民事和刑事处罚。如果纳入实体和选择性加入的实体未能按时履行年度和履约期的履约义务(未及时履约是指履约截止期后,第一次拍卖或配额储备出售的 5 天内,未履行履约义务),将被处以以下惩罚:实体的额外排放将按照 4 倍计算;提交配额的至少 3/4 必须是加州或链接的市场(目前仅为魁北

---

① Idea carbon:《加州碳交易制度可能在第三阶段签发国际抵消信用》,2015 年 11 月 23 日,见 http://www.ideacarbon.org/archives/29407。

② ICAP,*USA-California Cap-and-Trade Program*,2016.

③ CARB,"Article 5:California Cap on Greenhouse Gas Emissions and Market-Based Compliance Mechanisms to Allow for the Use of Compliance Instruments Issues by Linked Jurisdictions Subarticle 7:Compliance Requirements for Covered Entities",*Final Regulation Order*,2012.

克）签发的，1/4 可用抵消信用。[①]

三、加州碳市场链接与市场运行情况

2014 年 1 月 1 日，美国加州和加拿大魁北克链接的碳市场正式启动。11 月 25 日，进行了首次联合拍卖，此次拍卖结束后，加州与魁北克碳市场跨行政区域的连接已充分实现。更大范围的碳市场将为双方履约企业及其他参与者增加低成本碳减排的机会。作为 WCI 的成员，双方为扩大碳市场做出努力将给其他成员州或省带来一定的激励，对推动其他区域碳市场的建立起到一定的积极作用

（一）加州碳市场链接的历程

加州 AB32 法案要求加州以成本有效的方式减少温室气体排放，以解决气候变化问题。同时，AB32 法案指导 CARB 在减缓气候变化行动中保持加州的领导地位，发展整体和成本有效的地区、国家和国际温室气体减排项目。而加州碳市场与具有相似体系的魁北克的链接有助于实现以上的目标。

加州和魁北克均致力于采取及时和有效的行动以减少温室气体排放。根据 AB32 法案的规定，加州应将排放降低到 1990 年的水平，而根据 2009 年 11 月 18 日颁布的 1187—2009 法令，魁北克应减排 20% 以将排放控制在 1990 年水平以下。为了实现减排，加州和魁北克都采取了一系列的措施，其中就包括碳市场。两个碳市场合作发展，同时决定为链接做准备。

2012 年 12 月，魁北克修订完成了其碳市场管理办法，以促进其与加州碳市场的链接。2013 年 2 月 22 日，CARB 告知州长与魁北克碳市场链接的提议，并按照参议院法案 1018 的要求，请求州长发布关于链接提议的书面报告。2013 年 4 月 8 日，根据 CARB 的要求，州长布朗认为魁北克碳市场满足了与加州碳市场链接的所有要求。之后，CARB 发布规定，并确定两个体系于 2014 年 1 月 1 日启动链接。

在州长的书面报告中，指定 CARB 与魁北克共同协作，为碳市场的链接做准备。此外，2013 年 4 月 19 日的董事会决议 13—7 指定 CARB 完成链接前的准备

---

① Edf, *California：An Emissions Trading Case Study*, 2015.

工作,包括回顾和审查链接的进程、程序和体系,以保证两个体系的一致性和兼容性。[①]

根据州长和董事会的要求,在链接启动前,2013 年 11 月,CARB 发布了链接准备报告(Linkage Readiness Report),对链接准备情况进行了评估。评估内容包括三个方面和四个标准,具体见表 2.21。

表 2.21 加州碳市场链接准备情况评估报告主要内容

三个方面	
指标	**内容**
链接体系的协调性	评估加州和魁北克在各自体系的实施中共同合作的程序
跨体系履约工具的转移	审查影响履约工具和体系的环境完整性的所有要素,包括:管理强制排放报告的过程和数据;发放和跟踪排放配额;发放和跟踪抵消信用;运行 CITSS;将体系参与者注册到 CITSS 中;监控和评估 CITSS 中工具的转移;审查在 CITSS 中工具转移和相关市场中的交易
联合拍卖	审查体系中加州和魁北克联合拍卖的要素,包括:拍卖平台(包含金融服务);各个地区的拍卖程序,如拍卖申请的批准;两个地区共同的拍卖程序,如独立市场监管方报告的检查和验收
四个标准	
指标	**内容**
完整性	程序和过程是否覆盖了实现体系链接所需的所有活动;是否达到了所有的监管要求
管理控制	程序是否提供了有效的管理控制;是否清晰定义了角色、职责和审批内容;关键活动的职责是否合理分配了,以保证个人可以单独执行活动
准确性	通过验证和多级审核,程序是否保证了数据的准确性;工作人员是否有必要的背景进行审核
安全性	程序是否保护了机密和市场敏感的数据;以上数据是否仅限于工作人员获得
可审核性	对所有的决定和行动是否包括审计跟踪;以上数据是否被安全地储存

资料来源:CARB,*Linkage Readiness Report*,2013.

报告认为,正如链接条例中要求的,加州和魁北克的碳市场已经准备好通过

---

① CARB,*Linkage Readiness Report*,2013.

允许履约工具在两个体系中的参与者之间转移,于 2014 年 1 月 1 日进行链接。但体系未准备好进行联合拍卖。因此,报告建议在联合拍卖程序完善前,加州和魁北克应继续单独举行拍卖。

(二)加州碳市场链接的关键要素

加州和魁北克碳市场在管理上保持独立,即 CARB 和魁北克环境部依旧保持对各自体系运行的绝对控制权。同时,为了促进碳市场链接的协调过程,加州和魁北克将碳市场链接的要素分为了三类:

(1)需要完全一致的要素:如配额的共同拍卖以及为了防止操纵市场的配额购买和持有限制。同时,配额在两个体系间所有的转移都要在共同的注册系统中进行,相关规则也应该完全相同。

(2)不需要完全相同但产生的结果需相似的要素:如 MRV,以保证伙伴地区的 1 吨温室气体排放和伙伴关系中任何地方的 1 吨温室气体排放是相同的。

(3)允许保持不同的要素:例如,在加州碳市场之前就开始的自愿抵消项目的温室气体减排的认定,以及在魁北克碳市场启动之前自愿温室气体减排行动的认定。

加州和魁北克的碳市场从设计之初就做好了市场链接的准备,从开始合作到最终市场链接经过了五年多的时间。加州和魁北克同为 WCI 的成员,加州为发起者之一,魁北克于 2008 年 4 月加入。两者碳市场的设计均依循了 WCI 区域方案设计的框架,因此有诸多相似之处,如覆盖范围、抵消项目类型、抵消比例、履约期等,如表 2.22,这也为后期的链接奠定了基础。

表 2.22　加州和魁北克碳市场要素比较

要素	加州	魁北克
总量	第一个履约期:2013 年 162.8;2014 年 159.7 第二个履约期:2015 年 394.5;2016 年 382.4;2017 年 370.4 第三个履约期:2018 年 358.3;2019 年 346.3;2020 年 334.2	第一个履约期:2013 和 2014 年均为 23.2 第二个履约期:2015 年 65.3;2016 年 63.19;2017 年 61.08 第三个履约期:2018 年 58.96;2019 年 56.65;2020 年 54.74

续表

要素		加州	魁北克
覆盖范围	气体	CO_2、CH_4、N_2O、HFCs、PFCs、SF_6 和其他氟化的温室气体	
	行业	第一阶段(2013—2014年):大型工业设施、电力生产设施以及电力第一进口商 第二阶段(2015年以后):新纳入天然气供应商、氧化混调型精制汽油和馏出燃料油供应商、液化石油气供应商、混合燃料供应商及液化天然气供应商等	第一阶段(2013—2014年):工业和电力 第二阶段(2015—2017年):新纳入交通、建筑和中小型企业中消费的燃料的分配和进口
	门槛	年排放≥25000公吨 CO_2e	
配额分配方法		标杆法;免费和拍卖相结合	免费分配根据历史排放、生产水平和强度目标确定;电力和燃料分配商的配额为100%拍卖,受国际竞争的部门免费分配部分配额
储存和借贷		允许配额储存但受到持有限制的约束;不允许配额跨履约期借贷	允许配额储存但受到持有限制的约束;不允许配额借贷
抵消机制		数量限制:履约义务的8%; 5种项目类型(臭氧消耗物质项目、禽畜粪肥项目、美国森林项目、城市森林项目、矿井甲烷捕获项目)	数量限制:履约义务的8%; 5种项目类型(作为粪便储存项目一部分的甲烷的销毁;垃圾场气体的捕获;绝缘泡沫塑料中臭氧消耗物质和加拿大家用电器气体制冷的销毁;矿井甲烷的捕获和销毁);新风中甲烷的销毁
履约机制		第一个履约期:2013—2014 第二个履约期:2015—2017 第三个履约期:2018—2020	

资料来源:ICAP,2017-07-26,https://icapcarbonaction.com/zh/ets-map.

加州和魁北克互相认可对方的配额和抵消信用,共用登记系统和拍卖平台,共享市场运营和监管信息。

(三)加州碳市场运行情况

经过四年的运行,加州碳市场运行较为良好,这在一定程度上得益于其成功的季度拍卖、稳定的碳价格和活跃的二级市场。然而,从2016年开始,市场运行情况开始发生变化,市场进入了一个新的不稳定的时期。

1.加州碳市场拍卖情况

2012年至2017年2月,加州共举行了18次拍卖。其中前8次拍卖为加州碳市场拍卖,加州与魁北克碳市场从 2014 年 11 月 25 日开始的拍卖为加州和魁北克碳市场的联合拍卖。

(1)拍卖价格和数量

加州碳市场拍卖的配额结算价格总体来说较为平稳,未出现显著的价格波动,并逐步上升。2013 年 8 月的第四次配额拍卖,由于加州宣布考虑将免费分配的配额增加三分之一,以大力推动这一新兴市场发展,碳价格应声跌至 12.22 美元。此后,加州碳市场拍卖价格一直较为稳定,表明加州企业对其碳市场地位和履约成本有较好的认识,乐于通过拍卖获得配额。美国环保协会((Environmental Defense,EDF)认为,价格波动范围小表示了加州的经济正在平滑地过渡至一个"被 CO_2 总量控制住的经济"(Capped Economy)。

2016 年之前,未来配额提前拍卖中的配额结算价格低于当期配额拍卖中的配额结算价格,这是由于未来配额提前拍卖中的配额仅能在未来三年中使用,因此,这类配额从某种角度来看,未来配额提前拍卖中的配额的价值低于当期配额拍卖中的配额。加州碳市场与魁北克链接后,结算价格保持在 11—12 美元左右,并未产生剧烈波动,说明魁北克碳市场并未对加州碳价格产生明显影响。这是由于作为更大的碳市场,加州在两个碳市场中是价格的决定者(见图 2.45)。2016 年之后,当前拍卖和未来拍卖的结算价格均等于保留价格。

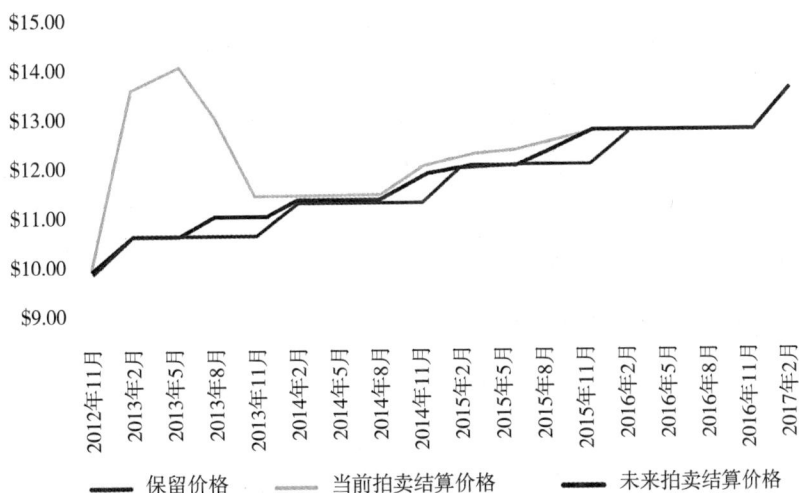

图 2.45 加州碳市场拍卖价格

资料来源:CARB,2017-07-26,http://www.arb.ca.gov/cc/capandtrade/auction/auction_archive.htm.

在 2016 年之前,加州碳市场当期配额拍卖中的配额在每次拍卖中均 100% 拍卖售罄,在 18 次拍卖中,未来配额提前拍卖中的配额 7 次配额拍出比例达到 100%(见表 2.23)。这表明 2016 年前,加州企业对碳市场的完整性和力度具有信心,充分利用拍卖购买履约配额。然而,2016 年开始,加州碳市场当前配额拍卖和未来配额拍卖的拍出比例均大幅下降,甚至跌至 10% 以下的水平。结合拍卖价格分析,这在一定程度上说明加州碳市场配额需求并不旺盛,碳市场可能配额过剩。

表 2.23　加州碳市场拍卖情况

日期	当期配额拍卖中配额拍出比例	未来配额提前拍卖中配额拍出比例
2012/2013	100%	47%
2014.2	100%	100%
2014.5	100%	44%
2014.8	100%	70%
2014.11	100%	100%
2015.2	100%	100%
2015.5	100%	94%
2015.8	100%	100%
2015.11	100%	100%
2016.2	95.1%	92.9%
2016.5	10.7%	9.1%
2016.8	34.8%	7.6%
2016.11	88.4%	10.1%
2017.2	17.9%	7.2%

资料来源:CARB,2017-07-26,http://www.arb.ca.gov/cc/capandtrade/auction/auction_archive.htm.

(2)拍卖参与情况

拍卖中,最主要的竞拍者为电力供应商(64%),包括负责国内的发电、电力进口和热电联产的企业(见图 2.46)。这是由于电力供应商在第一个履约期是碳市场最大的参与者,在第二个履约期也仅次于运输部门。

到 2016 年 2 月,加州碳市场当期配额拍卖的 HHI 指数均小于 1000,说明投标的数量广泛分布在竞标者中,拍卖市场呈现出竞争性。而未来配额提前拍卖的 HHI 指数均大于 1000,说明拍卖市场为低寡占型市场,投标集中在个别竞标者中。当期配额拍卖更具活跃性。从 2016 年 5 月的拍卖开始,加州碳市场当期配额拍卖

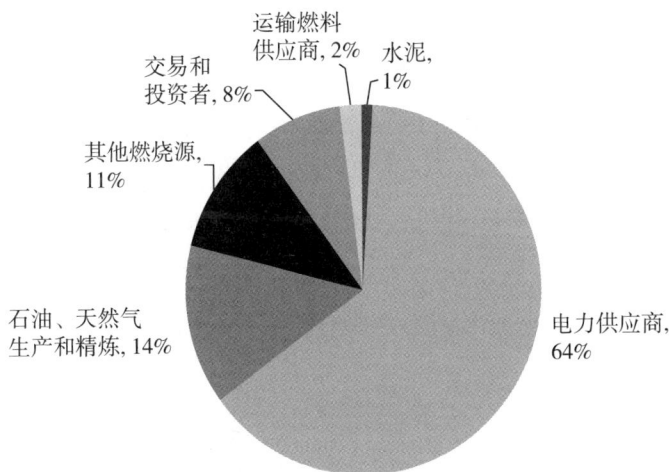

图 2.46　加州碳市场拍卖竞拍者比例

资料来源：Edf, *Carbon Market California-A Comprehensive Analysis of the Golden State's Cap-And-Trade Program Year Two*, 2014.

的 HHI 指数大幅上升至 2000 以上，而未来配额提前拍卖的 HHI 指数上升至 6000 左右，说明两类拍卖均是高寡占型市场，投标高度集中在个别竞标者中。

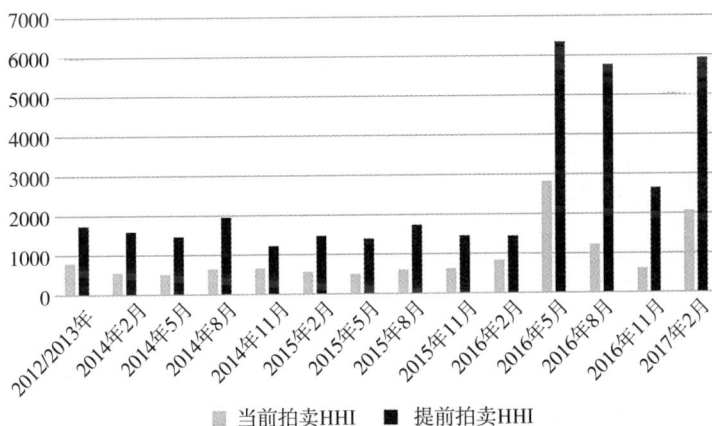

图 2.47　加州碳市场拍卖 HHI 指数

资料来源：CARB, 2017-07-26, http://www.arb.ca.gov/cc/capandtrade/auction/auction_archive.htm.

（3）拍卖收入

2014—2015 财年，接近 8.32 亿美元的拍卖收入用于惠及弱势群体、减少温室气体排放以及提供额外的经济和环境效益，具体预算如下：

6.3 亿美元用于可持续社区、清洁交通(包括高速铁路);

1.1 亿美元用于能效和清洁能源项目;

0.92 亿美元用于自然资源和废物转移项目。

2015—2016 财年,超过 22 亿美元的拍卖收入被提议用于加州的气候投资,具体预算情况见图 2.48。其中,立法机构和州长批准了其中的 14 亿美元用于投资。

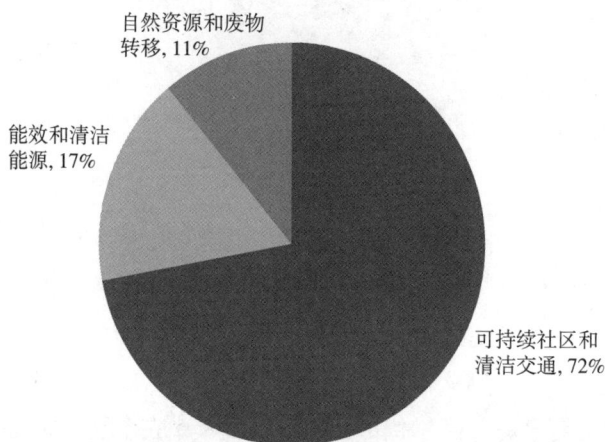

图 2.48　2015—2016 财年加州拍卖收入投资提议情况

资料来源:State of California, *Cap-and-Trade Auction Proceeds Second Investment Plan: Fiscal Years* 2016—17 *through* 2018—19, 2016.

投资者所有的电力设施 2013 年配额的总价值为 7.76 亿美元,预计将用于住宅消费者和小型企业。同时,该项收入还将被用于支持行政支出,以及住宅消费者的加州气候信贷,具体情况见图 2.49。2014 年和 2015 年上半年,加州公共事业委员会(California Public Utilities Commission, CPUC)已经指导投资者所有的电力设施将 2013 年配额收入的一半返还给消费者。

公有的电力设施 2013 年配额的总价值为 3.37 亿美元,公有的电力设施可自行决定配额用于履约还是进行拍卖。公有的电力设施 2013 年配额收入的使用情况见图 2.50。

2. 加州碳市场二级市场运行情况

如果实体希望在拍卖之外进行配额交易,或购买抵消信用,他们可以在二级市场上进行交易。二级市场的交易包括:(1)当前和未来年份的配额;(2)抵消信用;(3)在未来交付配额或抵消信用的合同(即"期货合约")。这些交易在洲

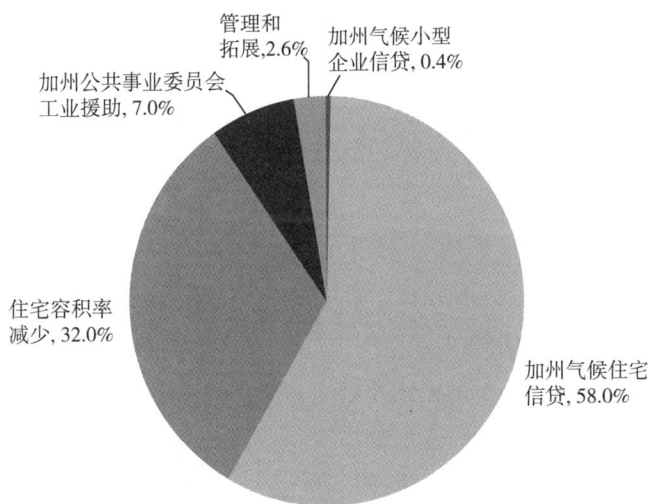

图 2.49　投资者所有的电力设施 2013 年配额收入预计使用情况

资料来源：State of California, *Cap-and-Trade Auction Proceeds Second Investment Plan*: *Fiscal Years* 2016—17 *through* 2018—19, 2016.

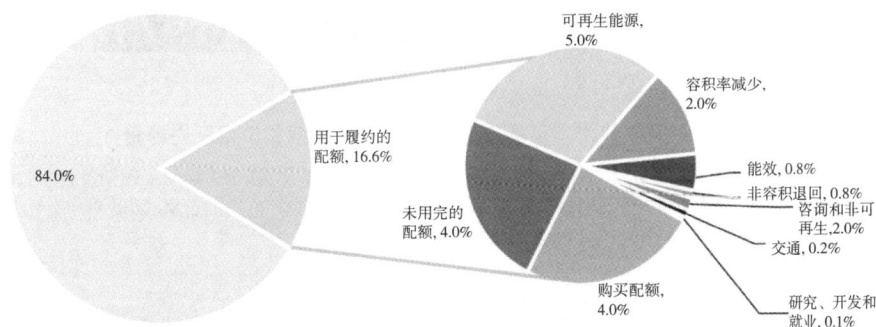

图 2.50　公有的电力设施 2013 年配额收入预计使用情况

资料来源：State of California, *Cap-and-Trade Auction Proceeds Second Investment Plan*: *Fiscal Years* 2016—17 *through* 2018—19, 2016.

际交易所（Intercontinental Exchange, ICE）进行结算。

2013 年之前，加州碳市场期货合约的结算价格保持在拍卖保留价格以上，然而在 2012 年 12 月后大幅下降，这是由于 CABR 在 2012 年 11 月前发布的关于允许资源重组（Resource Shuffling）的决定。资源重组指电力进口商优先用低排放的资源置换高排放的资源。由于在碳市场内所报告的减排是与州外相等大小减排责任的增加所匹配的，因此，资源重组可能带来碳泄漏。而当资源重组开始后,价格稳定在略高于拍卖保留价格[①]。2014 年全年,交易量最大的合约的价格波动仅 0.89 美元,较 2013 年的 4.82 美元和 2012 年的 8.55 美元显著降低（见表 2.24）。稳定的、可预见的合约价格对市场有利,使得企业能够更好地为履约和决策制订长期的计划。

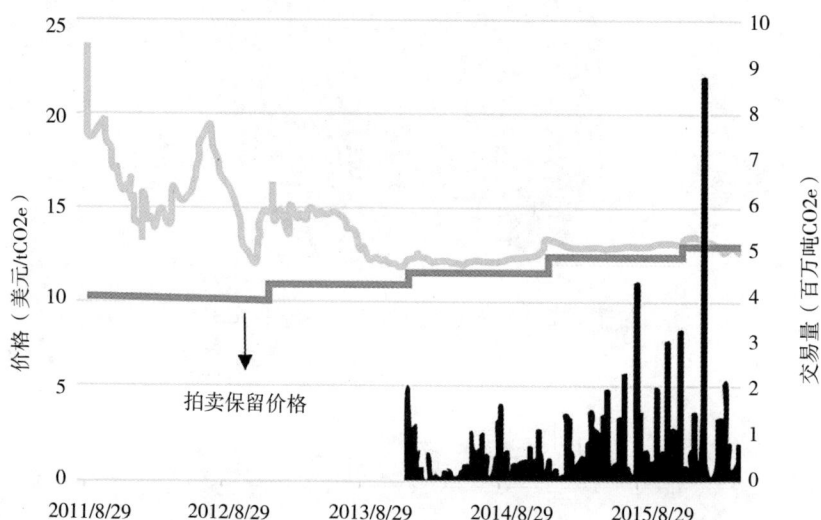

图 2.51　加州碳市场 2011—2016 年配额期货价格及交易量

注:在 2013 年 1 月 1 日第一次拍卖前,该表中的价格数据是生效年份为 2013 年的配额期货价格;2013 年之后的价格为在当年 12 月到期的生效年份为当前年份配额的期货合约的价格;2014 年 1 月 1 日之后的价格为结算价格。

资料来源:California Carbon Dashboard.

表 2.24　加州碳市场二级市场价格波动和周平均交易量

指标	2012	2013	2014 年上半年	2014 年下半年
价格波动(美元)[a]	8.55	4.82	0.89[b]	0.89[b]
周平均交易量（份配额）	226058	1348604	2838154	3757476

注:a.价格波动指 ICE 全年交易量最大的合约一年中最高和最低的结算价格的差额。b.基于数据可比性,2014 年的价格波动为全年的价格波动。

资料来源:Edf,*Carbon Market California-A Comprehensive Analysis of the Golden State's Cap-And-Trade Program Year Two*,2014.

---

① Danny Cullenward & Andy Coghlan,"Structural Oversupply and Credibility in California's Carbon Market",*The Electricity Journal*,Vol 29(5),2016,p.8.

加州碳市场交易量在2014年显著增加,2014年上半年的周平均交易量为2013年的2倍,并在2014年下半年增长了33%(见表2.24)。原因在于,市场规模增加一倍,加州碳市场参与者对碳排放权交易越来越熟悉。同时,纳入企业需要在2014年11月初提交配额,这也在一定程度上提高了市场的活跃度。

2013—2014年,未来年份的配额交易量增加了2倍多。2013年,约2500万份配额的2015年和2016年的未来配额在二级市场上交易,而在2014年,超过7700万份配额的2016年和2017年的未来配额在二级市场上交易。这说明企业对于加州碳市场长期的发展具有信心。[1]

从2016年开始,碳市场出现了一系列新的发展。2016年2月,市场出现了最高的交易记录,日交易量达到了870万吨CO_2e。同时,结算价格轻微下降到拍卖保留价格以下。二级市场价格低于拍卖保留价格表明了碳市场的两个重要的特征。第一,市场中存在参与者,无论是履约主体还是第三方投机者,愿意以低于政府主导的拍卖的价格出售配额。第二,通常认为拍卖保留价格会使得二级市场价格高于保留价格水平。然而,在加州二级市场上的表现否定了这个假设。如果二级市场上在低于拍卖保留价格的供给充足,那么未来配额拍卖将会十分低迷。[2] 这从2016年开始配额拍出比例大幅下降的表现中可以看出。

总体上看,加州碳市场从2016年开始体现出两个新的特征:配额拍卖情况不佳,同时二级市场价格跌至拍卖保留价格以下。以上特征均表明市场参与者对市场配额过剩的认知大于政策预期。

---

[1] Edf, *Carbon Market California-A Comprehensive Analysis of the Golden State's Cap-And-Trade Program Year Two*, 2014.

[2] Danny Cullenward & Andy Coghlan, "Structural oversupply and credibility in California's carbon market", *The Electricity Journal*, Vol 29(5), 2016, p.8.

第三章　澳大利亚基于碳定价机制的碳市场

澳大利亚碳市场制度设计很有自己的特点和创新性,把碳市场的建立分为两个阶段,第一阶段实施介于碳市场和碳税之间的固定碳价格机制,第二阶段才转向由市场决定价格的真正意义上的碳市场,并且对因碳市场而遭受损失的特殊利益群体设计了很详细的各种补偿政策,具有很强的借鉴意义。遗憾的是,澳大利亚碳市场因为政治集团之间的博弈和政府的更迭,2014 年 7 月 17 日,澳大利亚联邦国会参议院以 39 张赞成票对 32 张反对票,宣布废除在该国饱受争议的固定碳价格机制和原计划在 2015 年启动的碳市场,使得本将成为全球第三大的碳市场还未开始就已经结束。

第一节　澳大利亚碳市场的背景

一、经济背景

澳大利亚是世界上工业化程度最高的国家之一,基于历史原因,澳大利亚的产业结构以农业、矿业和制造业为主,高度依赖于能源发展,并多用于出口。据统计,2009—2010 年度,澳大利亚仅矿业的生产总值就占了全国总出口额的54.0%[①],在澳大利亚经济中占有举足轻重的地位。同时,这三大行业也贡献了最大的碳排放。据统计,2011 年,农业部门的碳排放就占澳大利亚温室气体排

---

① 数据来源为 Australian Bureau of Statistics。

放的 14%,仅次于电力部门的 34% 和直接燃料燃烧的 17%[①],而电力又是矿业和制造业动力的主要来源,使这两个行业成为高能耗、高排放的行业。

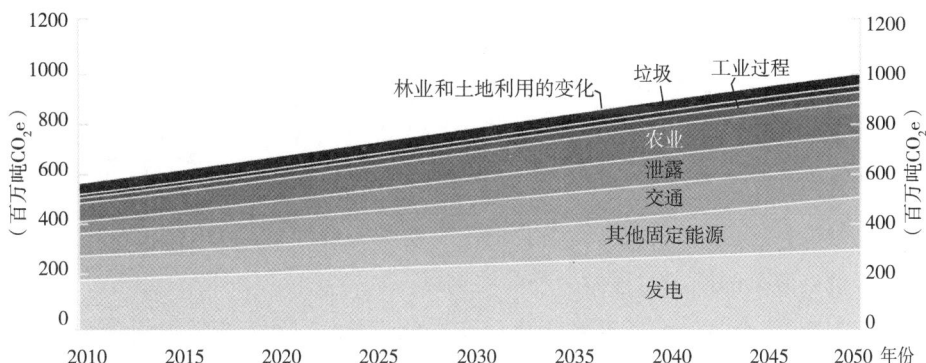

图 3.1 澳大利亚在不引入碳价下的碳排放情况

资料来源:Australian Government,2017-07-26,http://carbonpricemodelling.treasury.gov.au/content/default.asp.

由图 3.1 可知,如果不引入碳价,同时全球采取较为温和的减排行动,那么澳大利亚的碳排放量在 2020 年将达到 6.79 亿吨 CO_2e(在 2000 年的水平上增长 22%),并且持续增长,在 2050 年达到 10.08 亿吨 CO_2e(比 2000 年高出 82%)。其中,就 2020 年的预测数据来看,能源部门(包括电力系统、其他固定能源部门、交通运输、逃逸气体)CO_2 排放的比例最大,高达 74%。其中电力部门为 2.09 亿吨 CO_2e,占所有部门 CO_2 排放的 31%。

然而,由于煤炭资源丰富,澳大利亚的电力部门目前 75% 均为燃煤发电。燃气发电的碳排放量只有燃煤发电的 50%,但燃气发电仅占澳大利亚大约 16% 的发电量。可再生能源发电几乎没有碳排放,但这部分发电也大约只占澳大利亚电力供应的 8%,比重有待进一步提高。

二、政治背景

2011 年,澳大利亚政府发布了"清洁能源未来计划"(Clean Energy Future

---

① Australian Government, Department of Climate Change and Energy Efficiency, *Quarterly Update of Australia's National Greenhouse Gas Inventory*,2012.

Plan),旨在应对全球气候变化对澳大利亚生态环境产生的恶劣影响,并且帮助澳大利亚平稳过渡到一个以利用清洁能源为主的未来社会。该计划包含了四个方面的主要内容:实施碳价格、发展可再生能源、提高能源效率、开展土地行动。其中,实施碳价格政策是主要内容,其他内容围绕该内容展开。

澳大利亚工党自始至终都支持采用市场经济手段来应对气候变化。早在2006年,类似于实施碳价格的政策就在酝酿之中,但是直到2011年有关碳价格政策的法案才正式出台。鉴于澳大利亚经济环境的特殊性,澳大利亚的碳价格政策也是极具特色的,其最终的确立是各政党和工商界博弈的结果,因此,有必要对碳价格政策的制定过程做一个简要回顾。

在2006年10月,关于气候变化如何影响世界经济的《斯特恩报告》(Stern Review)[1]发布。为了应对来自反对党工党领袖金·比利兹的压力,同时也作为对该项报告的回应,自由党领导的霍华德政府在2006年11月成立了关于碳市场的首相级工作组,并在工作组发布了最终报告之后,承诺引入碳市场。

随着2007年联邦大选的到来,反对党凯文·陆克文罢免了作为领袖的比利兹,并声称将在2010年引入碳市场,比霍德华政府2012年的时间表更加提前。工党同时承诺将批准《京都议定书》,[2]投资于清洁煤以及可再生能源,并且偏向于可再生能源。

2008年9月,《部若素气候变化报告》发布了其最终版本,[3]建议对CO_2排放设定20澳元/吨CO_2e至30澳元/吨CO_2e的价格,并且每年上涨4%。2008年7月16日,陆克文政府为其碳污染减排计划(Carbon Pollution Reduction Scheme,CPRS)发布了一份绿皮书,罗列了该计划的设计提纲;2008年12月15日发布了一份白皮书,阐述了更多细节。

然而,CPRS饱受争议:环保团体进行抗议,认为减排目标设定过低而对污染源的援助水平又太高;行业及企业团体认为应该给予更多的许可和援助,以抵消该减排计划对众多企业造成的经济影响,尤其是在全球金融危机的背景下。

---

① 该报告推荐了包括生态税在内的一系列措施,以便在对经济和社会的干扰最小化的情况下解决由于气候变化带来的市场失灵。

② 2007年12月3日,陆克文政府在2007年的联合国气候变化大会上签署了《京都议定书》。通过签署《京都议定书》,澳大利亚承诺,到2012年,其温室气体的排放水平不得高于1990年的108%。澳大利亚对《京都议定书》的认可在2008年的3月11日生效。

③ 该报告由时任反对党领袖的凯文·陆克文在2007年4月委托起草。

2009 年,反对党为被该计划影响的污染源争取到了更大的补偿。然而,相关法案并未在 2009 年的议会中获得通过。2010 年 4 月,政府将碳价格政策推迟至 2012 年之后。

2010 年 6 月,朱丽叶·吉拉德在领导力挑战(Leadership Challenge)中击败了陆克文,成为了澳大利亚的总理。在不久之后的联邦大选中,吉拉德宣称她支持对碳排放定价,并表示只有在该议题达到广泛的共识时才引入碳价格机制,还特别说明不会引入"碳税"。但是,在澳大利亚 2010 年 8 月份的大选中,无论是澳大利亚工党还是自由党、国家党,都未能赢得众议院的多数席位。① 绿党和澳大利亚工党在达成的部分协议中约定,作为绿党对工党在众议院中的支持,同时也是为了平衡在参议院中的权利,工党政府应该成立一个多党气候变化委员会(Multi-Party Climate Change Committee),以此促进对碳排放征税。

最后,2011 年 11 月 8 日,依靠独立议员和绿党成员的支持,吉拉德政府在上下议会以微弱优势通过"碳税法案",使之正式成为法律。该法案包括《2011 年清洁能源法》(Clean Energy Act 2011,CEA 2011)等 18 个一揽子法案,涉及碳价格机制、援助机制、辅助机制、管理机构等方面,是建立澳大利亚碳市场的主要依据。

三、澳大利亚碳市场概述

澳大利亚碳市场可称为碳定价机制(Australia-CPM),主要特点是分阶段实施,包括从类似"碳税"的固定价格阶段过渡到一个以"碳排放权交易"为主的浮动价格阶段。为了便于区别,本部分将"碳价格机制"统称为"碳排放权交易体系",将固定价格阶段的运作方式称为"固定碳价格机制",而将浮动价格阶段的运作方式称为"碳排放权交易市场"。

(一)基本框架

澳大利亚碳市场于 2012 年 7 月 1 日②开始运行,分为固定价格和自由价格

---

① 其中,联合政党赢得了 150 个席位中的 74 个,其中包括 1 位支持反对党的西澳大利亚国家党成员和 1 位支持反对党的独立人士 Bob Katter。工党赢得了 72 个席位,外加 1 名绿党和 3 名支持工党的独立人士,总共是 76 个席位。

② 澳大利亚的财政年度起止点是每年的 7 月 1 日至次年的 6 月 30 日。

两个阶段。

从 2012 年 7 月 1 日到 2015 年 6 月 30 日为止为固定价格阶段。在该阶段，碳价格将固定，且没有总量控制，与碳税非常类似。每一个碳单位(Carbon Unit)对应一吨 CO_2 当量，第一年碳价格为 23 澳元/吨，随后每年递增 5%，至 2014—2015 年为 25.4 澳元。纳入控排范围的企业可以以固定价格向清洁能源管理机构(Clean Energy Regulator)[①]购买碳单位，符合援助条件的企业也可以获得免费的碳单位。无论是以固定价格购买的碳单位，还是免费获得的碳单位，其数量都不得超过该企业当年的碳排放量。

从 2015 年 7 月 1 日起，碳市场将过渡到自由价格阶段，又称为总量与控制交易计划(Cap-and-Trade Emissions Trading Scheme)。该阶段将设定排放总量，以拍卖的方式发放碳单位，同时允许价格根据市场浮动。初步设想是在最初三年将规定价格上限和下限，但由于将在 2015 年 7 月 1 日与 EU ETS 链接，澳大利亚碳市场取消了 15 澳元/吨的最低限价，以期与欧盟的价格保持一致。在浮动价格阶段，碳单位可以无限制地储存，但在借入方面却有所限制：在任一个履约年份，义务实体可借入下一生效年份的碳单位来履行本年度的上交责任，但是上交的碳单位数量不得超过本年度履约责任的 5%。此外，为了保证碳单位交易情况的确定性，政府将在固定价格阶段提前拍卖浮动价格阶段的碳单位，拍卖方式为单向拍卖，碳单位的款项不允许延期支付。

表 3.1　澳大利亚碳市场概览

阶段	时期	价格(澳元/吨)	总量控制	与国际链接
固定价格阶段	2012—2013 年	23.00	无	无
	2013—2014 年	24.15		
	2014—2015 年	25.40		
浮动价格阶段	2015—	市场决定	设立碳污染总额	2015 年与欧盟链接

资料来源：作者根据相关资料整理。

(二)总量确定

在《京都议定书》的第一承诺期，澳大利亚承诺 2012 年碳排放量不超过

---

① 清洁能源管理机构(Clean Energy Regulator)自 2012 年 7 月 1 日开始运行，是碳市场的主要管理者。

1990 年水平的 108%。为了回应国际上的压力,澳大利亚在哥本哈根会议纪要上承诺,2020 年的碳排放在 2000 年的基础上减少 5%,在 2050 年,温室气体减少量为 2000 年的 80%。

根据 5% 的减排目标,澳大利亚政府需要在 2020 年预计的基础上减少至少 1.59 亿吨 CO_2e。根据减排目标和其他相关因素,澳大利亚的政府部门设定了浮动价格阶段的碳排放总量。

1. 由法规规定碳污染总量

碳排放总量可由法规规定,也可经计算得来。由法规规定碳排放总量是总量确定的首选,并需要综合考虑澳大利亚的减排目标与进展、与国际减排行动的互动和对国内社会、经济等方面的影响。具体说来,在主要参考气候变化局(Climate Change Authority)[①]提出的建议和处理碳污染总额和碳预算的相关报告之外,还有以下几个方面:

第一,国际因素,包括:(1)澳大利亚在国际气候变化协议下的国际义务;(2)澳大利亚根据国际气候协议所进行的事项;(3)对全球减排目标的预估;(4)全球减排行动。

第二,国内因素,包括:(1)澳大利亚减排的中长期目标;(2)减排的进展;(3)不同程度的碳污染总额对社会和经济的影响;(4)澳大利亚温室气体减排的自愿行动;(5)不被碳价格机制所覆盖的温室气体的预估;(6)对澳大利亚碳单位发放数量的预估;(7)对《清洁能源法案 2011》[②]及相关法案的履行情况;(8)政府已经或计划购买的国际减排量。

第三,部长考虑的其他相关因素。

在根据以上因素制定出了规定碳排放总量的相关法规之后,须由部长向总理提出建议,并在一定时限内交予议会进行表决,若是没有被参、众两院任意一家驳回,便需要在规定的时限内进行公布。

2. 经计算确定碳排放总量

若没有法规规定碳排放总量,政府还可以通过计算的方式确定。在第一个

---

① 气候变化管理局是一个新的法定代理机构,在 2012 年 7 月 1 日开始运营。它的作用是就设定碳污染总额向政府提出建议,对碳价格机制实行定期评审,对实现国家减排目标的进展进行报告,并就澳大利亚的污染水平、降低污染的进展进行跟踪调查。

② 《清洁能源法案 2011》是设立碳价格机制的主要依据,对配额的发放、总量的确定、行业的援助、机构的监管和企业的履约等相关情况进行了规定。

浮动价格年度,即 2015 年 7 月 1 日至 2016 年 6 月 31 日,若关于碳排放总量的相关法规缺失,那么该年度的碳排放总量便可由以下公式计算得来:

始于 2012 年 7 月 1 日的财政年度的碳排放总量为 3.8 亿吨 CO_2e。其中,"始于 2012 年 7 月 1 日的财政年度的碳排放总量",是指在 2014 年 2 月 1 日之前,录入到数据库中的 2012 年 7 月 1 日到 2013 年 6 月 30 日的财政年度的估计数据。

若在 2016 年 7 月 1 日之后的关于碳排放总量的相关法规缺失,那么该年度的碳排放总量便可由以下公式计算得来:

碳排放总量=前一个浮动价格年度的碳排放总量-0.12 亿吨 CO_2e

3.碳排放总量的公布方式

澳大利亚碳排放总量的公布时间采用提前五年并逐年修正的方式。例如,浮动价格年度始于 2015 年 7 月 1 日,那么该年度及其之后 4 个浮动价格年度的碳排放总量就必须在 2014 年 5 月 31 日之前公布。在碳市场开始运行之时,每一个浮动价格阶段的财政年度都会相应公布五年之后的碳排放总量。如表 3.2 所示,在 2015—2016 年的财政年度,就要设定 2020—2021 年的碳排放总量,在 2016—2017 年,就要设定 2021—2022 年的碳排放总量,依此类推,从而保证企业面临的碳排放总量总能有 5 年时间的确定性。

表 3.2　设定碳排放总量的时间表

截止日期	碳排放总量所属的财政年度的开始
2014 年 5 月 31 日	2015 年,2016 年,2017 年,2018 年,2019 年
2016 年 6 月 30 日	2020 年
2017 年 6 月 30 日	2021 年
今后每一年将设定 5 年后的碳排放总量	

资料来源:Australian Government,"Part 2 of CEA 2011",2011.

(三)覆盖范围

1.覆盖气体

碳价格机制有望覆盖澳大利亚 60% 的碳排放量。其覆盖的温室气体类型主要是《京都议定书》下 6 种温室气体中的 4 种:二氧化碳、甲烷、一氧化二氮和炼铝过程中产生的全氟碳化合物。这些温室气体的来源主要有发电部门、固定能源、交通运输、垃圾填埋场、污水处理厂、工业生产过程和不宜收集的排放(废弃矿井除外)。其中,交通运输主要是指国内航空、国内航运、铁路运输,家庭运输用燃油、轻型车辆的商务运输、农林渔等非道路运输用油则不纳入覆盖范围;就垃圾填埋场而言,在2012年7月1日前倾倒的垃圾所产生的碳排放视为"遗留排放"(Legacy Emissions),不计入排放;废弃矿井在2012年7月1日之前产生的不易收集的排放也不作为覆盖气体予以计量;除此之外,农业和土地利用部门、生物燃料、垃圾处理厂甲烷燃烧等产生的碳排放也不在覆盖范围。

覆盖的温室气体是计算碳排放义务的依据。为了对温室气体来源有更准确的划分,根据温室气体与设施的关系划分为覆盖气体1(Scope 1 Emissions)和覆盖气体2(Scope 2 Emissions)[1]。如果一项活动或者一系列活动,是作为组成设施的一部分而进行的,并向大气层排放了温室气体,那么这些温室气体就属于覆盖范围1的气体。例如,在燃煤发电站燃烧煤炭所产生的碳排放就是覆盖范围1的气体。而如果一项活动或者多项活动产生了电力、热能、冷却或蒸汽,并且被相关设施消耗但并不组成相关设施的一部分,那么这些活动对大气层排放的温室气体就属于覆盖范围2的气体。例如,汽车制造厂使用电力所产生的排放就属于覆盖范围2的气体。对于前者,相关的排放源需要承担排放义务,而对于后者,排放源不需要承担排放义务。

2. 义务实体

义务实体一般是指承担碳排放责任的法人,法人有可能是个人、法人团体、政体或当地主管部门等。法人成为义务实体需符合以下一种或多种条件:(1)为其产生碳排放责任的设施负责,这时法人被作为一个直接排放源来看待,这是澳大利亚碳市场最主要的义务实体;(2)天然气的供应方,并且天然气接收者在该供应中并未引用责任转移编码(Obligation Transfer Number,OTN)[2];(3)OTN的持有者在相关财政年度引用了OTN,并且与该引用相关的天

---

[1] Australian Government, *National Greenhouse and Energy Reporting Regulations* 2008, 2008.
[2] 责任转移机制(obligation transfer number)用于大型天然气使用者和零售商之间自愿转移排放责任,就天然气的供应而言,如果天然气的接收者未引用责任转移编码,那么碳义务就属于天然气供应方;反之,则属于天然气接收者。

然气并未在消耗大型气体的设施①中燃烧;(4)指定的液体燃料选择性框架②的参与者。

其中,为"产生碳排放的设施负责",是指法人对该设施具有经营控制权,或者是持有与该设施相关的责任转移证书(Liability Transfer Certificate,LTC),或者是参与了拥有设施的合资企业。一个法人可以为一个或者多个设施负责。在此,"设施"不仅仅是物理位置或者类似于工厂这样的建筑,而是指一项活动或者是一系列的活动,这些活动涉及了温室气体的排放、能源的生产或消耗,这些活动形成了一项事业或者是企业并且符合法规的要求。③

以上是对义务实体的类型进行了定义,成为义务实体还需要满足一定的阈值,相关要求总结如图3-2所示:

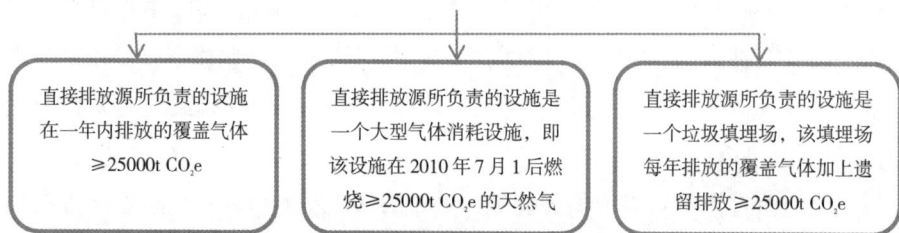

图 3.2　义务实体的阈值要求

资料来源:清洁能源管理机构官网,2017 年 7 月 27 日,http://www.cleanenergyregulator. gov. au/Carbon-Pricing-Mechanism/Liable-entities/Pages/default. aspx。

可以说,以 25000 吨 CO_2e 为阈值④,年排放量超过该阀值的设施被纳入覆盖范围,而对该设施负有责任的法人便是义务实体。从义务实体公开信息数据库(Liable Entities Public Information Database)的相关资料可以得知,覆盖的 374 家义务实体中,涉及的行业主要有矿业、能源和交通等产业,义务实体的大部分是公司法人,也有一些政府和城市(人数在 2 万以上以及具备垃圾填埋场的当地政府,也需要获得排放许可并承担相应的减排义务)。

---

①　所谓消耗大型气体的设施指在 2010 年 7 月 1 日后,该设施燃烧的天然气的碳排放大于或等于 25000 吨二氧化碳当量。

②　该框架自 2013 年 7 月 1 日起实施,参与该框架的大型液体燃料(需要纳税的特定燃料)的使用者,可以选择通过碳市场而非澳大利亚税务局的燃油税或者消费税体系来履行其碳减排义务。

③　Australian Government, "Section 9 of the National Greenhouse and Energy Reporting Act 2007",2007.

④　为了避免垃圾在填埋场之间的转移,在大型垃圾填埋场一定距离之内若有小型垃圾填埋场,前者的阈值可调低到 1 万吨。

(四)配额分配

1. 配额的类型

无论是在固定价格阶段还是浮动价格阶段,义务实体都需要通过提交配额来履行碳减排义务。在澳大利亚碳市场中,可提交的配额称为"合格的排放单位"(Eligible Emissions Unit)。[①] 一单位合格的排放单位对应着一吨 CO_2e。合格的排放单位包括三种:碳单位(Carbon Units)、合格的国际排放单位(Eligible International Emissions Units)、合格的澳大利亚碳信用单位(Eligible Australian Carbon Credit Units, ACCU)。

合格的国际排放单位是从国际碳市场获得的碳排放权,包括以下几种:(1)CDM 项目获得的 CERs;(2)JI 项目下的 ERUs;(3)国家碳汇减量信用创造的移除单位 RUMs(Removal Units);(4)政府许可的其他国际单位。企业在固定价格阶段不可以使用合格国际排放单位,在自由价格阶段使用的数量不能超过碳减排义务的 50%。

在碳农业动议(Carbon Farming Initiative, CFI)下,碳市场未纳入减排要求的农业和土地利用部门可以通过减排获得 ACCU,并且出售给企业。在固定价格阶段,企业可以使用 ACCU 抵消其碳排放义务,但需要满足一定的数量限制,在浮动价格阶段对 ACCU 没有数量限制。

碳单位是由澳大利亚清洁能源管理机构发行,是澳大利亚政府根据排放总量而出让的碳排放权,也是义务实体履约的主要工具。碳单位具有以下性质:(1)个人财产(Personal Property);(2)金融产品;(3)可以转让(固定价格阶段发放的碳单位除外);(4)拥有独立的编号,并标明有效的起始年份;(5)没有失效期;(6)在澳大利亚国家排放单位注册系统(Australia's National Registry of Emissions Units)中以电子条码的形式表示。

2. 配额的分配

碳单位的获得有三种途径:以固定价格购买、由政府免费发放和通过拍卖获得。以固定价格购买的碳单位不存在分配比例上的考虑,由企业根据需要购买,没有总量上限,这是固定碳价格机制特有的特点,在稍后部分会有详细的介绍;

---

① Australian Government, "Section 5 of Part 1 of CEA 2011", 2011.

在固定价格阶段和浮动价格阶段,符合援助条件的义务实体可以通过相关援助机制获得一定数量的免费碳单位,需要根据行业情况考虑分配比例;而通过拍卖获得碳单位是浮动价格阶段特有的模式,这部分拍卖的碳单位在行业间没有限制,分配比例主要体现在时间上。[①]

以拍卖方式发放的碳单位,首先要进行数量上的界定。在设定了碳排放总量的情况下,可供拍卖的碳单位等于碳排放总量与免费发放的碳单位的数量之差;在没有设定碳排放总量的情况下,可供拍卖的碳单位不得超过 1500 万个单位。[②]

拍卖通过电子交易平台进行,采用"连续性向上叫价时钟拍卖"(Sequential Ascending Clock Auction)方式拍卖。在此种方式中,清洁能源管理机构首先宣布碳单位的现价(Current Price),投标方就其准备购买的碳单位数量进行竞标,如果需求量超过可供购买的碳单位数量,管理机构就在下一轮的拍卖中提高碳单位的价格,并由投标方再次上报购买的碳单位数量,在每次上报的过程中,所要购买的碳单位数量只减不增,直至碳单位的供应量等于或者多于需求量,此时,投标方就以上一轮的拍卖价格购买碳单位,这样一来,所有成功的投标方都以统一的价格购买到碳单位。由于拍卖是连续进行的,且价格呈上升趋势,而最后投标方获得碳单位的价格都一致,所以叫做连续性上升时钟拍卖。此外,具备不同生效年份(Vintage Year)的碳单位也可进行拍卖,所以根据生效年份的先后,碳单位再在各个拍卖中依次进行。因此,在这种拍卖方式中,各企业获得的碳单位数量取决于相互之间的博弈,并不存在固定的分配比例。

但是,为了保证企业能够提前预知碳单位对其生产成本的影响,使企业和政府的决策更具确定性,碳单位的拍卖在时序上分为未来配额提前拍卖、在履约期拍卖和生效年份后期拍卖,碳单位的数量也根据时序的不同划分成了不同的比例,表 3.3 展示了对应不同生效年份的碳单位的分配比例。

---

① 关于碳单位的拍卖方式和运营框架,澳大利亚政府还未做出最终决定。以上方案来源于"Auctions for Carbon Units:Auction Schedule,Frequency and Collateral-Regulation Impact Statement(2012)"。

② Australian Government,"Section 101 and 102 of CEA 2011",2011.

表 3.3　各生效年份的碳单位的拍卖时间及比例表

生效年份	履约年份—拍卖比例									
	2012—2013 年	2013—2014 年	2014—2015 年	2015—2016 年	2016—2017 年	2017—2018 年	2018—2019 年	2019—2020 年	2020—2021 年	2021—2022 年
2015—2016 年		2/8	1/8	4/8	1/8					
2016—2017 年		1/8	1/8	1/8	4/8	1/8				
2017—2018 年			1/8	1/8	1/8	4/8	1/8			
2018—2019 年				1/8	1/8	1/8	4/8	1/8		
2019—2020 年					1/8	1/8	1/8	4/8	1/8	
2020—2021 年						1/8	1/8	1/8	4/8	1/8
2021—2022 年							1/8	1/8	1/8	4/8

资料来源:清洁能源未来网站,2017 年 7 月 27 日,http://www.cleanenergyfuture.gov.au/auctions-for-carbon-units/。

一般来说,对应每一个有效期,其拍卖的碳单位数量都根据拍卖的次数均匀分布,用于未来配额提前拍卖的碳单位,其持有的时间不得超过履约年份之前的三年。未售出的碳单位将在下次拍卖中继续拍卖。对于某个生效年份,投标方在每次拍卖中的最大买进数量(Bid Size)不得超过该次拍卖中碳单位总数的25%,用于拍卖的最小买进数量是一个碳单位。

(五)履约方式

义务实体通过上交与其碳排放量相等的合格排放单位履行其碳排放义务。如果上交的配额与碳排放总量相等,那么企业就履行了其碳排放义务,否则,企业还要为配额与碳排放总量之间的那部分差额上交单位差额费用。

企业在固定价格阶段的履约方式与在浮动价格阶段的履约方式大体相同,所不同的是:第一,企业在固定价格阶段使用的合格排放单位只能是碳单位和ACCU,而在浮动价格阶段还可以使用合格国际排放单位;第二,在固定价格阶段,企业在一个财政年度中分两次上交合格排放单位,这种上交方式称为"分期上交"(Progressive Surrender),上交时间分别是本财政年度的 6 月 15 日和次年的 2 月 1 日之前,而企业在浮动价格年度进行履约时,合格排放单位只上交一次,上交时间为下一个财政年度的 2 月 1 日之前;第三,在固定价格阶段,碳单位既不能借入也不能储存,而在浮动价格阶段碳单位可以有限制地跨期借入和储存。

无论是在固定价格阶段,还是在浮动价格阶段,义务实体上交配额的结果可以根据是否有单位差额分为三种情况:(1)当上交的合格排放单位少于碳排放量时,出现单位差额,企业需要支付单位差额费用;(2)当上交的合格排放单位多于碳排放量时,出现单位上交盈余(Unit Surrender Surplus, Surrender Surplus Number),义务实体在浮动价格阶段可以将盈余的合格排放单位存储到下一个财政年度继续使用,而在固定价格阶段只能将盈余的碳单位卖回给政府或者取消,而不能储存;(3)上交的合格排放单位与碳排放量相当,企业没有单位差额或上交盈余,因此无需支付额外的单位差额费用,不会获得返还支付或是将合格排放单位储存到下一年度继续使用的资格。

上述结果的确定方式有计算公式可循,在浮动价格阶段,计算公式如下:

义务实体上交配额的结果 = 排放数额 − [在 2 月 1 日之前上交的单位数额 + 上交盈余数额]

其中,排放数额是指该法人在相关财政年度的排放数额;在 2 月 1 日之前上交的单位数额是指法人在下一个财政年度的 2 月 1 日之前上交,与本财政年度相关的合格排放单位数额;上交数额盈余是指法人在前一个财政年度获得的上交数额盈余,只要前一个财政年度是一个浮动价格年度。

根据公式的计算结果,如果出现单位差额,那么单位差额费用需在下一个财政年度的 2 月 1 日的 5 个工作日之内缴清。如果出现单位上交盈余,可以将盈余存储到今后的财政年度中使用,成为上述公式中的"上交盈余数额"。

在浮动价格年度,义务实体除了可以使用上一个财政年度的碳单位盈余,还可以对下一个财政年度的碳单位进行借入。当然,这种借入也是有限制的:从时间上来看,借入必须发生在下一个财政年度的 2 月 1 日之前,且该碳单位具备与下一个财政年度相符的生效年份;从数量上来看,借入的数量不得超过该法人在相关财政年度排放数量的 5%。如果不符合上述条件,那么就视为该法人并未在下一个财政年度的 2 月 1 日之前上交了超过上述数量的借入的碳单位;并且,该借入的碳单位被视为提交给了下下个财政年度。

浮动价格阶段除了可以使用固定价格阶段所使用的合格排放单位,还可以使用合格国际碳单位,对合格国际碳单位的使用必须符合一定条件:首先,在时间上,可以使用合格国际排放单位的年份开始于 2015 年 7 月 1 日,并且包括其随后的 4 个财政年度。合格国际碳单位必须在下一个财政年度的 2 月 1 日前进行提交,数量不得超过法人在相关财政年度排放额度的 50%。若非如此,法人在相关财政年度的提交则视为无效,这些超额的合格国际排放单位被视为在下下个财政年度进行提交。

四、相关支持机制

对碳排放权的定价会对澳大利亚的经济产生方方面面的影响。从直接影响来说,具有碳排放义务的企业会因为碳价而增大现有的生产成本,特别是那些高能耗、高排放的行业;而通过价格传递,未直接承担碳排放义务的小企业和居民也会因为碳价而面临更多的支出;同时,未被纳入减排范围的农业部门又具备极大的减排潜力,理应在应对气候变化中有所作为。因此,为了让碳价格机制得以顺利运行,政府设计了一系列的支持机制,一方面将通过一定的援助手段来帮助相关行业和居民尽快适应碳价格机制,同时通过推广清洁技术,将农业部门纳入进来,带动整个经济的转型。

(一)产业扶持机制

政府对产业扶持体现在两个方面,一方面是通过"就业及竞争力项目"(Jobs and Competitiveness Program)帮助那些面临激烈国际竞争的碳排放强度高的 EITE(Emission-intensive trade-exposed,EITE)企业;另一方面是通过"清洁技术项目"(Clean Technology Program)对碳排放强度稍弱的部门提供支持,该项目旨在提升制造业的能源效率,并且支持低污染技术的研发。

1. 就业及竞争力项目

政府将自 2012 年 7 月起实施"就业及竞争力项目",对面临激烈国际竞争并且排放最密集的行业发放免费的碳单位,并在 2014—2015 年期间提供 92 亿澳元的资金,从而使这些企业免受碳价的部分影响,支持当地就业、鼓励行业投资更清洁的技术,并且避免离岸的"碳泄漏"。援助分为两类:第一,面临激烈国际竞争并且排放最密集的行业将首先获得覆盖其 94.5% 的排放量的免费碳单位;第二,中等程度的排放密集活动将获得足够涵盖其平均排放量 66% 的免费碳排放配额。这将适用于那些碳泄漏风险较低的活动。液化天然气项目也将获得覆盖其 50% 的排放的额外援助。

援助除了可以帮助那些面临激烈国际竞争且碳排放密集型的行业免受碳价格的全部影响之外,还对那些减排的企业进行奖励。具体做法是,依据历史的碳排放强度发放免费排放配额,因而任何减排的投资将会为企业节约资金,从而增加了这些投资的成本有效性。这是因为,政府可对企业持有的免费分配的碳排放单位进行回购,从而保证企业可以因此获得一部分资金。

更重要的是,"就业及竞争力项目"同样也被设计来支持这些行业未来的投资和增长。免费配额的分配与生产水平相关,援助水平在前五年获得保证,并且至少提前三年通知援助水平相关的任何变更。这些安排使得企业在做投资决策时能清楚地考虑到他们在未来将获得的援助水平。"就业及竞争力项目"的援助安排会被生产力委员会(Productivity Commission)进行审查并向政府提出建议。如果生产力委员会认为政府实施《邸若素气候变化报告——更新至 2011 年》中的措施是解决碳泄漏和援助行业进行过渡的最有效的方式,那么政府将会考虑采纳报告中所提出的措施。这种变更也受到最小援助水平和公示期限的限制。

2. 清洁技术项目

"就业及竞争力项目"将对面临激烈国际竞争和碳排放密集的企业提供长期支持,而排放密集程度稍低的制造业企业也将通过"清洁技术项目"获得过渡性支持。该项目主要是为了帮助相关企业向高效节能的资本设备、低污染技术、生产工艺和产品进行投资。

该项目价值 12 亿澳元,包含以下内容:(1)"清洁技术投资项目"(Clean Technology Investment Program),该项目将在从 2011—2012 年度开始的 7 年间,对在一年中使用 300 兆瓦时电或者是 5 万亿焦耳天然气的制造企业,或是被碳市场覆盖的制造企业提供总额高达 8 亿澳元的资金支持;(2)"食品和铸造行业投资项目"(Food and Foundries Investment Program),政府将在 2011—2012 年度开始的 6 年间,为食品加工业提供多达 1.5 亿澳元的补助金,同时为金属铸造业提供多达 5000 万澳元的补助金,这些行业是贸易暴露型(Trade-exposed)的并且比通常的制造企业更容易受碳价的影响,这些补助金将帮助这些行业投资于高能效的设备和低污染的技术、生产工艺和产品;(3)"清洁技术创新计划"(Clean Technology Innovation Program),政府将在从 2012—2013 年度开始的 5 年间,提供额外的 2 亿澳元来支持企业投资于可再生能源、低污染技术和提高能效的研发,这些经费在研发的税收减免之外,并且将帮助澳大利亚的工商企业有创造力地达到一个清洁能源未来。

"清洁技术项目"下的三个项目所提供的经费,都需要由企业向政府提出申请来获得,并且采取通过共同投资的方式提供,即对于政府提供的每 1 澳元,企业将平均贡献 3 澳元。

除此之外,一项新的"清洁能源技能项目"(Clean Energy Skills)将提供大约3200 万澳元的经费,用于帮助教育机构和行业发展能够促进清洁能源技能的物质和技术基础。技术工人和专业人员将开发这些技能,从而能为澳大利亚的家庭、社区和企业提供高能效的服务、清洁能源项目和低污染产品。这些将帮助各行各业的工人掌握在清洁能源未来中日渐重要的技能,从而更好地适应低碳经济。

(二)能源安全机制

碳价格机制的引入将促使能源部门从高排放的燃煤发电转向低排放的发电装置,为了减少能源部门在转型时所面临的能源安全风险,政府部门设立了能源安全基金(Energy Security Fund)对受碳价严重影响的发电机提供过渡性援助,以在保证能源安全的情况下使发电产业向清洁方式平稳过渡。

该基金有三项举措:(1)协议关闭高碳排放的燃煤发电机组并支付款项;(2)向具有援助资格的发电机组免费分配碳单位并提供资金支持;(3)向发电机组提供贷款以供其融资或购买未来的生效年份的碳单位。

就第一项措施而言,政府将通过协商的方式,在 2020 年前关闭澳大利亚发电容量在 2000 兆瓦左右、排放强度大于 1.2 吨 CO_2e /兆瓦小时燃煤发电机组。对这些发电机组的关闭将按照切实可行的时间表有序进行,以便为建设更为清洁的替代发电容量留出足够的时间。同时,这些发电机组将获得政府的现金支付,支付的金额将根据电力系统可靠性测试(Power System Reliability)[1]、工人的

---

[1] Australian Government, "Division 4 of Part 8 of CEA 2011", 2011.

支付权利以及对发电站适当选址的不同而不同。

在第二项措施中,政府将在 2011—2012 年至 2013—2017 年间以分期付款的形式向具有援助资格的发电装置免费分配碳单位和提供现金支付,这将有望覆盖大约 23% 的燃煤发电站的履约责任。其中,在 2011—2012 年,政府将首先提供 10 亿澳元的援助,在随后的 2013—2017 年,每年将分配 4170.5 万免费碳单位。只有排放强度大于 1.2 吨 CO_2e/兆瓦小时燃煤发电机组可以获得免费分配的碳单位和支付金额。为了保证能源安全,获得免费碳单位的发电机组还必须满足电力系统可靠性测试的需求并公布其"清洁能源投资计划"(Clean Energy Investment Plans)。[1]

第三项措施就是对那些高碳排放的燃煤发电机组提供贷款。这主要是为了供发电机组在碳单位进行拍卖的前三年购买在未来具备生效年份的碳单位。为了进一步巩固能源安全,并且考虑到燃煤发电站在贷款方面遇到的困难,政府也将对那些需要为未偿清的债务募集资金却无法通过合理条件从市场上得到融资的发电机组提供贷款,贷款发放之前,政府鼓励发电机组先寻求民间融资。

(三)农地使用机制

由于碳市场将不覆盖农业碳排放,这意味着农场主、林业运营商和其他的土地管理者无需为其活动所排放的温室气体支付价格。然而,政府希望对那些通过自己的知识技能和经验,降低了碳排放的农场主、土地经营者进行支持和奖励,与碳市场直接相关的举措就是推行《碳农业动议》(CFI)。

CFI 的立法已于 2011 年 3 月启动,规定了一项碳抵消机制。在该机制下,农场主和土地管理者可以通过减少碳排放或者增加碳封存创造碳信用额度,并且出售给其他有碳减排责任的企业。CFI 下产生的碳信用额度可以通过以下活动获得:重新造林和恢复植被、减少牲畜的碳排放、减少化肥污染、对有机肥进行管理、减少碳排放或者是增加农业用地的碳封存、稀树大草原的火灾管理、原始森林保护、森林管理、减少燃烧作物残茬的污染、减少来自稻株栽培的污染、减少来自传统垃圾填埋场的污染。该机制为农场主、造林者和土地所有者创造新的

---

[1] 这些计划必须明确提出他们在现有的设施上减少污染以及向低污染或者零污染的发电容量的研发进行投资的议案。在"能源效率机会项目"(Energy Efficiency Opportunities Program)下可能进行的项目的有关信息,也被包含在这些计划中。

经济机会,同时又通过减少碳排放保护环境。

除了通过《碳农业动议》所产生的配额丰富的碳价格机制的履约方式,政府也对农业部门的节能减排提供资金支持,相关举措包括:(1)生物基金(Biodiversity Fund),自2011—2012年度开始的6年内,投入9.46亿澳元用于保护生物碳储存的项目,并保证碳农业的环境结果;(2)"碳农业未来项目"(Carbon Farming Futures Program),自2011—2012年度开始的6年内,投入4.29亿澳元使农场主和土地拥有者从碳农业中获益,其方式是对那些有利于碳减排和碳储存的方式方法的研发提供支持,包括测量方法以及水土保持设备;(3)持续的《碳农业动议》非京都碳基金(Carbon Farming Initiative Non-Kyoto Carbon Fund),自2012—2013年度开始的6年内,投入2.5亿澳元为包括恢复植被和土壤碳项目在内的其他活动提供激励,该基金主要是用于购买无法在碳价格机制下被义务实体所购买的非京都碳信用单位,以便激励那些未被澳大利亚碳排放目标所计入的碳减排活动[1]。

(四)家庭援助机制

家庭援助机制(The Household Assistance)是澳大利亚政府清洁能源未来计划的一部分,与碳市场的制度设计并没有制度上的直接联系。如果以上三个机制的设计是为了丰富碳市场的履约内涵,减小碳市场的推行阻力,那么家庭援助机制就是通过帮助家庭和个人更好地应对碳市场对生活带来的影响,使碳市场获得更广泛的民意支持。

家庭援助机制主要是通过转移支付和税收减免的方式来实现。

其中转移支付针对的主要是社会中的弱势群体,包括了有育儿负担的家庭、老年人和退伍军人、低收入者和病患。[2] 对他们的援助体现在政府的一次性支付和支付款项的持续增加。

---

[1]　根据是否计入国家减排目标和《京都议定书》的截止日期,CFI下产生的信用单位分为京都信用单位和非京都信用单位,只有前者可以用于满足碳交易体系下的碳排放责任。

[2]　包括:(1)正在领取抚恤金或者政府其他增收款项(Income Support Payment)的人群;(2)被家庭税收优惠A部分(Family Tax Benefit Part A)、家庭税收优惠B部分(Family Tax Benefit Part B)以及家长补助金(Parenting Payment)所覆盖的家庭;(3)持有联邦老年健康卡(Commonwealth Seniors Health Card)或者是退伍军人事务部(Department of Veterans Affairs,DVA)金卡和白卡,并享受老年人补贴的人群;(4)被联邦优惠卡(Commonwealth Concession Card)覆盖并在家中使用高能耗基本医疗设备的病患;(5)在家中使用高能耗基本医疗设备的病患的护理人员,护理人员或者持有联邦优惠卡的病患也可获得补偿;(6)来自低收入家庭并且未通过家庭援助计划获得税收减免或转移支付的人群。

政府的一次性支付,又被称为"清洁能源推进"(Clean Energy Advance)。在2012年5月至6月间,澳大利亚政府已对具备援助资格的老年人、年轻的残疾人、有育儿负担的家庭、在读的学生和学者首次支付了一笔款项:单身的养老金获得者可获得250澳元补助,夫妻双方都是养老金获得者的话,每人可获得190澳元补助;年轻的残疾人根据年龄和是否有小孩的情况可以获得160到240澳元不等的补助;家庭根据收入来源的不同,每个孩子可分别获得110和69澳元的补助;学生和学者也根据年龄情况、婚育与否、是否在家居住和是否有小孩获得最低20澳元、最高240澳元的补助。政府一次性支付的范围主要是老、弱、病、残、孕、童,并未涉及退役军人。其中,到2013年11月,一次性支付对有资格获得款项的年轻人和学生仍有效。

随后,政府会在2013年3月至2014年1月间,针对不同的补助对象发放持续增加的款项,这被称为"清洁能源补充"(Clean Energy Supplement)。这些持续增加的款项不是额外增加的名目,而是基于现有的政府补偿类型,故受补偿人员无须额外的手续即可获得政府的补助,款项将自动计入受偿者的银行账户。根据补助对象的不同,支付持续增加的款项的起始时间和金额也不同。补助金领取者所获得的年度援助将在补助的最大上限上增加1.7%,具体根据消费者物价指数来计算。

除了进行转移支付,家庭援助机制对中低收入者的帮助还体现在税收减免上。自2012年7月1日起,个人所得税的起征额从6000澳元上调到18200澳元,是原有基础的3倍,并且将前两级边际税率分别由15%和30%调到了19%和32.5%。对于高于37000澳元的应税所得额,低收入税收抵消(Low-income Tax Offset,LITO)的最大值由1500澳元降到了445澳元,这相当于是高于37000澳元的每一澳元的抵减率(Withdrawal Rate)下降了1.5%。

表3.4 澳大利亚2012—2013年度与2011—2012年度的个人所得税税率及税级调整

法定税率 \ 税级	2011—2012年		2012—2013年	
	税级(澳元)	边际税率	税级(澳元)	边际税率
一级税率	6001	15%	18201	19%
二级税率	37001	30%	37001	32.5%
三级税率	80001	37%	80001	37%

续表

税级 法定 税率	2011—2012 年		2012—2013 年	
	税级（澳元）	边际税率	税级（澳元）	边际税率
四级税率	180001	45%	180001	45%
有效起征额	16000		20542	
低收入退税	1500	＄30000 中 4%的免除率	445	从＄37000 中 1.5%的免除率

资料来源：FaHCSIA，2017-07-26，http：//www.fahcsia.gov.au/household-assistance-package#tax_cuts.

第二节　澳大利亚固定碳价格机制的内容

除了没有碳排放总量控制，固定价格机制的覆盖范围与浮动价格阶段一致。由于固定价格机制主要是作为碳市场的过渡，因而其重点在于数据的获取和责任的履行，以便为建设碳市场积累经验。

一、数据的获取

企业获得配额和履行责任的依据是其排放数据，因而，获取准确的排放数据极为重要。本节从管理机构的角度入手，介绍了管理机构获得数据的主要途径——国家温室气体及能源报告体系，并且对固定价格阶段排放数据特有的计量方式——中期排放数据和暂时性排放数据进行说明。

（一）国家温室气体及能源报告体系

国家温室气体和能源报告体系（The National Greenhouse and Energy Reporting Scheme，NGER 体系）[①]是一个国家层面的报告体系。该体系自 2008 年 7 月 1 日开始运行，为报告和公布有关企业温室气体排放、能源生产和消耗及

[①]　以《国家温室气体及能源报告法案 2007》（*The National Greenhouse and Energy Reporting Act 2007*，NGER Act）为核心，依托该法案之下的法规及《国际温室气体与能源报告法规 2008》（*the National Greenhouse and Energy Reporting Regulations 2008*）、《国家温室气体及能源报告（测量）决定 2008》（*the National Greenhouse and Energy Reporting（Measurement）Determination 2008*）而建立。

NGER 法规中指明的其他信息引入了一个国家层面的框架。

1. 了解报告阈值

企业是否有报告的义务,取决于是否满足报告阈值。报告的阈值分为两类:设施阈值和公司集团阈值(见表 3.5)。这两类阈值含有三个组成部分:温室气体排放阈值、能源生产阈值和能源消耗阈值。企业必须考虑每一个阈值从而确定其在 NGER 法规下的义务。如果公司超过了一个或多个阈值,那么就必须在达到阈值的第一年进行注册和报告。只要注册未被撤销,那么在之后的每一年都要进行报告。

表 3.5　报告阈值及重要日期

设施阈值	≥25000 吨 ≥100 万亿焦耳		
公司集团阈值	≥125000 吨 ≥500 万亿焦耳	≥87500 吨 ≥350 万亿焦耳	≥50000 吨 ≥200 万亿焦耳
	第一个报告年度 (2008—2009 年)	第二个报告年度 (2009—2010 年)	第三个报告年度 (2010—2011 年及之后)
公司申请注册的 截止日期	2009 年 8 月 31 日	2010 年 8 月 31 日	2011 年 8 月 31 日
公司提交报告的 截止日期	2009 年 10 月 31 日	2010 年 10 月 31 日	2011 年 10 月 31 日
政府公开数据的 截止日期	2010 年 2 月 28 日	2011 年 2 月 28 日	2012 年 2 月 28 日

资料来源:清洁能源管理机构官网,2017 年 7 月 27 日,http://www.cleanenergyregulator.gov.au/National-Greenhouse-and-Energy-Reporting/steps-for-reporting-corporations/NGER-reporting-step-1/Pages/default.aspx。

通过对比报告阈值和碳市场的义务实体的阈值可知,具有报告义务的企业不一定是负有碳减排义务的实体,但具备碳减排义务的企业一定具备报告义务。满足了阈值的企业需要在每个财政年度的 10 月 31 日前向清洁能源管理机构提交《国家温室气体和能源报告》(以下简称为"NGER 报告"),报告的起算时间为每个财政年度的 7 月 1 日和 6 月 30 日。清洁能源管理机构会在每一个财政年度的 2 月 28 日公布前一年度报告中的数据的摘录,公布的信息受到隐私保护的限制[1]。

---

[1]　根据 NGER Act,Clean Energy Regulator Act 2011 和 Privacy Act 1988 整理。

2. 确认控制公司及控制公司的集团

在了解了阈值之后，企业需要对其公司及公司集团的经营情况和管理结构进行确认，从而了解公司、集团和设施是否达到阈值。

一般情况下，在 NGER 体系下进行注册和报告的企业都是"控制公司"（Controlling Corporation），也称原发性公司（Constitutional Corporation）[①]。控制公司是处在澳大利亚公司组织结构中最高层级的公司，它可以是没有实际运营的公司，这意味着它不需要经营日常业务；它也可以是不通过澳大利亚的子公司而在澳大利亚直接运营的外国公司。[②] 除了"控制公司"之外，还有一个概念是"控制公司的集团"（Controlling Corporation' Group）。一个控制公司的集团有可能包含子公司，然而，一些"公司集团"有可能只包含控制公司。正确地定义集团的成员是非常有必要的，这关系到明确控制公司所需要负责报告哪些设施。在某些情况下，公司可以申请报告转移证书（Reporting Transfer Certificate），允许 NGER 报告义务的自愿转移。报告转移证书可以使报告义务从控制公司内部的对设施具有经营控制权的成员转移到另一个公司的成员上，该成员对设施有财务控制权。

3. 报告的类型及提交

控制公司和具备财务控制权的责任转移证书的持有者必须报告其控制下的设施的温室气体排放、能源生产和消耗。根据是否满足阈值和满足何种阈值，报告分为三类：（1）在满足公司阈值的情况下，报告必须覆盖该公司集团下所有成员的具有经营控制权的设施，这包括满足设施阈值和不满足设施阈值的设施；（2）在未达到公司阈值但是满足设施阈值的情况下，报告仅需要覆盖满足设施阈值的设施[③]；（3）在不满足任何阈值的情况下，注册公司仍需要提供一个"低于阈值"的报告（或是零阈值报告）[④]，从而说明其未达到阈值要求。

---

① Australian Government,"Section 7 of the NGER Act",2007.

② 根据澳大利亚宪法，澳大利亚议会可以制定有关外国公司和在联邦限制下成立的贸易或金融公司的法律，这些公司就是原发性公司。

③ 根据 NGER Act 第 19 部分第 3 条，如果一个注册公司或者注册公司的成员，只在部分财政年度对一个设施有经营控制权，那么报告只需要对设施在这部分财政年度的温室气体排放、能源生产和能源使用进行说明。

④ 一项"低于阈值"报告不需要包含能源生产、能源消耗和温室气体排放数据。相反，它只需要罗列控制公司、集团成员和设施详情的有关信息，并且需要附上一份公司集团在该报告年度未达到任何阈值的声明。

NGER 报告者通过使用"综合活动的在线报告系统"(Online System for Comprehensive Activity Reporting,OSCAR)提交报告。OSCAR 为企业计算报告中的数据提供了极大的便利,因为该系统已经涵盖了所有必要的转换因子,这些转换因子可以将能源和燃料消耗自动转为以 CO_2 当量计算的温室气体,这使得企业只需要在提交报告时输入数据即可。否则,企业需要在提交报告之前,根据《国家温室气体及能源报告测量(决定)2008》(National Greenhouse and Energy Reporting(Measurement)Determination,2008)[①]进行手工计算,然后录入到 OSCAR 中。目前,清洁能源机构已经开发了一项新的在线报告系统,该系统称为"排放及能源报告系统"(Emissions and Energy Reporting System,EERS),控制公司和义务实体可以在第一个固定价格年度(2012—2013 年)使用该系统报告其在碳价格机制和 NGER 体系下的温室气体排放及能源生产和消耗情况。EERS 的前身,OSCAR 仍然可用于访问之前提交的报告。

在提交 NGER 报告之前,企业可对报告进行自愿评估(Assessment of NGER Reports)。在这个过程中,企业可以通过各种渠道交流在报告中遇到的问题[②],清洁能源管理机构也可对报告进行评估,以判断是否在数据和公司结构方面存在潜在的错误,这些错误包括:数据错误(无论是大于还是小于报告中的数据)、行政错误(例如,不正确的姓名、地址、拼写错误等等)以及其他的错误或遗漏(例如,使用了不正确的计算方式)。评估将使用一系列内部的、时间序列的和公开可得的信息,这些信息将与《国家温室气体与能源报告法规 2008》《国家温室气体及能源报告(测量)决定 2008》等相关法规中对报告要求的规定相互参照。

无论是企业自己发现所提交的数据中存在错误或是遗漏,还是清洁能源管

---

① 《国家温室气体及能源报告测量(决定)2008》为 NGER Act 下的温室气体排放和能源数据提供了计量方法和标准,并规定对温室气体和能源生产及消耗的估算需要依据以下原则:(1)透明度:排放估计必须记录在案并且有证可查;(2)可比性:在相同行业中,一个公司使用某种方法对本公司排放进行估算的结果,必须可以与另一公司使用相同方法对排放进行估算的结果进行比较,并且估算结果与气候变化与能源效率部(Department of Climate Change and Energy Efficiency,DCCEE)在国家温室气体账户(National Greenhouse Accounts)中公布的结果一致;(3)精确性:对排放估计的误差必须尽量减小,估计结果必须保持在实值 95% 的置信度;(4)完整性:对国家库存报告(National Inventory Report)中所确认的、来源于能源、工业制造和废物部门的可确认排放都必须进行计量。

② 对自用电力的报告(Reporting Own-use Electricity),遗漏的排放或能源资源,未能正确使用能源类别而造成的排放和能源活动归类错误,设施加总上的错误,能源生产和潜在的对实体的不上报。

理机构通过分析报告发现错误,企业都可以重新提交报告。企业在需要重新提交报告的情况下,需要提出申请,然后清洁能源管理机构会对 OSCAR 进行一定时间的解锁,从而让企业能够修正数据并再次提交改进后的报告。

企业必须明白,持续进行报告是其需要履行的义务,而做好记录正是履行这些义务的保证。数据的记录必须自活动发生的那一年起保持 5 年。此外,对报告的评估过程不等同于审计过程。

(二)国家温室气体及能源审计体系

国家温室气体及能源审计体系(National Greenhouse and Energy Reporting Audit)由一系列法律框架组成,包括《国家温室气体和能源报告(审计)决定 2009》(National Greenhouse and Energy Reporting(Audit)Determination 2009)《国家温室气体和能源报告(审计人员注册)方法 2012》(National Greenhouse and Energy Reporting(Auditor Registration)Instrument 2012)等。进行审计是为了检查具有报告义务的公司是否遵守了《国家温室气体与能源报告法规 2007》的规定,从而帮助企业更好地明确其碳减排义务,开发更完善的报告流程,从而满足政府管理和商业运营的需要。

审计检查的内容有:(1)注册公司的结构、经营权以及设施;(2)排放源、能源消耗和生产的识别和测量;(3)报告中温室气体和能源数据的真实性、完整性和有效性,包括数据记录是否满足保存要求;(4)内部控制是否能有效保证数据的收集、计算和报告。

针对这些内容,审计的类型分为两种:保证业务(Assurance Engagement)和核证业务(Verification Engagement)。保证业务通过分析数据和资料,从而对被审计的事物的可靠性、精确性和完整性做出独立结论。根据结论所代表的风险高低,保证业务又分为合理保证(Reasonable Surance Engagement)与有限保证(Limited Assurance Engagement)。前者旨在保证报告中以积极的方式提出结论,而后者旨在保证报告以消极的方式提出结论。核证业务是对被审计单位在特定方面是否履约作出独立评估,成功和有效的核证业务取决于审计小组和委任机构是否能够就核证业务在涉及哪些方面和报告如何作出达成共识,这就非常类似于在财务报告和核证中的"事先约定程序"(Agreed-upon Procedures)。核证业务与保证业务不同,核证业务在报告中提出的结果是"事实发现"

(Factual Findings)而不做出保证结论,相反,对核证报告的使用者根据事先约定的程序和报告中的事实发现来得出自己的结论。

企业可以自发进行审计,或者是由清洁能源管理机构发起审计。企业自发进行审计的目的大多是为其履约情况获得一定程度的保证,或者是通知潜在的投资者或者客户。而清洁能源管理机构发起审计出于两种原因:一是企业有违反法规的嫌疑;二是执行一般的履约事务(有展开内容),出于这两种原因的审计对象基本上都是在已有的企业样本中随机挑选。就前者而言,如果清洁能源管理机构有充足的理由怀疑企业未能履约,那么可以通过书面通知向注册公司发起履约审计。此外,清洁能源管理机构可基于任何理由发起审计,例如,企业不一定有违反法规的嫌疑,而清洁能源管理机构是基于风险管理的考虑或者是收集履约信息的需要而进行审计。

为此,清洁能源管理机构必须设立一个温室气体和能源审计局,[①]审计局之下有根据特定的要求和标准[②]注册的温室气体和能源审计师。无论是企业自发进行的审计,还是由清洁能源管理机构发起的审计,都需要在经过注册的温室气体和能源审计师的指导下进行。一般而言,审计工作都是以小组进行,并且只有审计小组的组长才需要进行注册,审计小组其他成员需要满足法规的其他要求。当审计小组进行审计时,被审计单位必须为执行审计提供必要的安排,包括提供合理的设施和必要的帮助,以使审计能够顺利进行。拒绝审计将会受到民事处罚。

综上所述,在清洁能源管理机构、审计小组和被审计单位之间,存在如图3.3所示的三方关系。其中,清洁能源管理机构是审计报告的预期使用者;被审计单位有责任依照 NGER 法规提交报告;审计小组组长执行审计业务。当被审计单位自愿进行审计时,被审计单位的主管有可能替代清洁能源管理机构成为信息的预期使用者。

目前,国家温室气体及能源审计体系还在不断完善和发展,征求了来自行业、财务及温室气体计量专家以及环境审计部门的广泛意见,并且基于现有的关于国际和国家核证标准的深入分析。

---

① Australian Government, "Section 75A of the NGER Act", 2007.

② Australian Government, "Divisions 6. 3 to 6. 7 of the NGER Regulations".

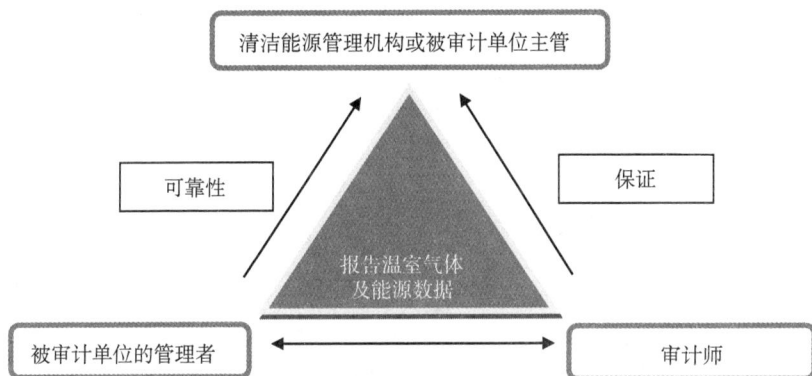

图 3.3　审计中的三方关系

资料来源：Australian Government，*Audit Determination Handbook*，2012，p.10.

（三）中期排放数据的认定

完善的 NGER 报告体系和审计体系为获取全面而真实的数据提供了保证，同时，为了对排放数据有更精确的把握，在固定价格阶段还设定了其独有的排放数据类型——"中期排放数据"（Interim Emissions Number，以下简称"IEN"）。

在澳大利亚的碳市场中，义务实体需要报告的排放数据主要是"暂时性排放数据"（Provisional Emissions Number，PEN）和"排放数据"（Emissions Number）。具体说来，在一个财政年度中，PEN 为义务实体所负责的设施的所有覆盖气体的加总，在合资企业中，PEN 为依据参股比例所计算出来的那部分覆盖气体；对于天然气供应方和 OTN 持有者而言，PEN 为天然气中所含温室气体的总量。与排放数据相比，PEN 主要是源于其时段性，而排放数据则是所有暂时性排放数据的加总。例如，2012—2013 年度的碳排放数据是 PEN，而 2012—2015 年度多个财政年度相加的碳排放数据就是排放数据。明确 PEN 和排放数据的概念对于提交 NGER 报告和履行碳排放义务至关重要，这也是计算 IEN 的前提。之所以将 IEN 称为"中期排放数据"，是因为相对于 PEN 和排放数据，IEN 上报时间为 6 月 15 日，是在一个财政年度结束之前；而 PEN 和排放数据的上报时间是每个财政年度结束后的 10 月 31 日。

1. IEN 的认定

大体上来说，IEN 是对义务实体在相关财政年度的碳排放责任 75% 的估计。

并不是所有的义务实体都拥有 IEN。图 3.4 是根据义务实体的不同来认定义务实体是否拥有 IEN。

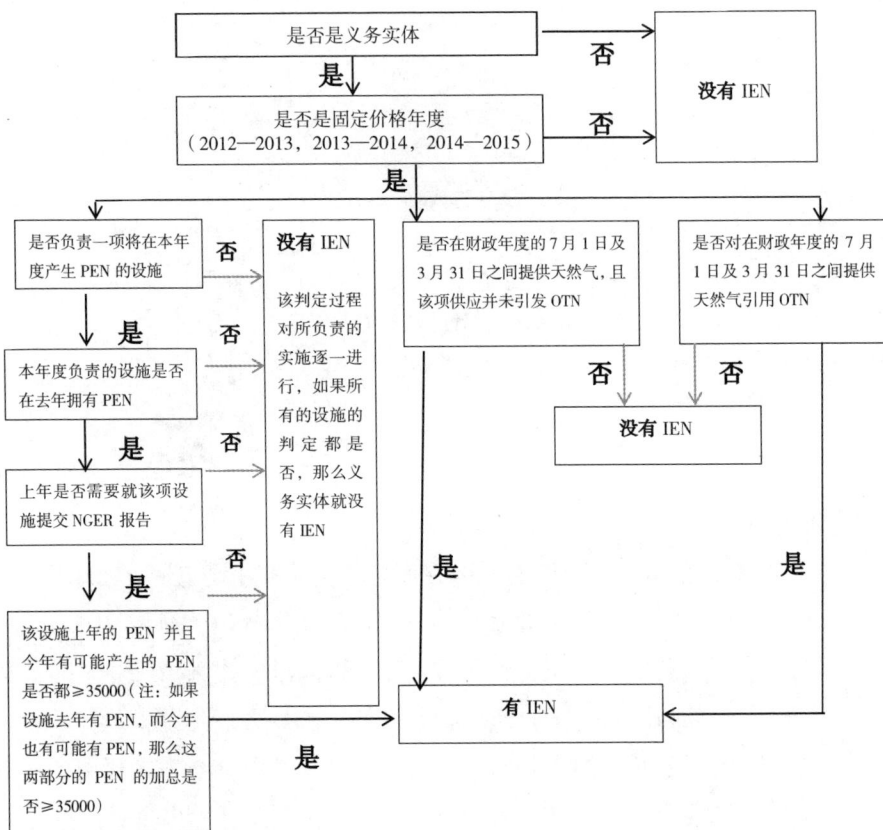

图 3.4　认定义务实体是否具有 IEN

资料来源：Australian Government，*Interim Emissions Number Guideline*，2013，p.8.

由图 3.4 可知，对于直接排放源而言，要拥有 IEN 的前提是 PEN 必须达到 35000 的阈值，且以上问题的回答必须全部是肯定的。而对于天然气供应商和 OTN 的持有者是否拥有 IEN 并没有阈值测试。对于天然气供应方而言，只要在 7 月 1 日及 3 月 31 日之间向其他人供应了任何数量的天然气，并且天然气的供应满足以下条件，便可以对其进行 IEN 的计算，即可以合理估计这些天然气将被天然气的接收者全部使用或者部分使用，天然气的接收者并未引用 OTN；天然气是通过天然气输送管道提取，并且提取发生在澳大利亚境内，那么被供应的天然气所包含的潜在的温室气体的数量就算作是义务实体的 IEN。对于 OTN

持有者而言,情况也类似,即只要 OTN 持有者在 7 月 1 日至 3 月 31 日引用 OTN,并且可以合理估计这些天然气将被 OTN 持有者全部使用或者部分使用,天然气是通过天然气输送管道提取,并且提取发生在澳大利亚境内,那么满足这些条件的天然气便可以作为 IEN 的计算依据。

2. IEN 的计算

(1)直接排放源的 IEN 的计算

IEN 的计算方式根据义务实体承担碳排放责任方式的不同而不同。其中,计算直接排放源的 IEN 比较复杂。

直接排放源可通过两种方式计算 IEN:第一种方法称为"乘前法",将前一个财政年度相关设施的所有 PEN 加总,然后乘以 75%;第二种方法称为"合理估计",对本财政年度的 PEN 进行合理估计,估计结果乘以 75%。

在"乘前法"中,一个设施的 PEN 有可能源于一个或者多个法人的使用[①],在这种情况下,计算 IEN 必须将该设施在前一个财政年度的所有 PEN 加总,然后乘以 75%。采用这种方法计算 IEN 时,最后只有一个涵盖了所有设施的 IEN。

"合理估计"是指企业通过对本财政年度的 PEN 进行合理估计的结果乘以 75% 来计算 IEN。由于 IEN 的上报时间是每个财政年度的 6 月 15 日,这种计算方式允许法人事先估计当前财政年度的 PEN,而无须将所有设施在当前财政年度确切的 PEN 加总。在采用"合理估计"时,必须对每一个设施进行单独估计。这意味着,如果直接排放源负责 5 个设施,那么就必须对每一个设施进行估计,从而会有 5 个不同的 IEN,这些 IEN 在同一份报告中进行报告。

"乘前法"和"合理估计"各有利弊。"乘前法"的优势在于,当去年的 PEN 和当年的 PEN 的 75% 相比出现差额时,义务实体无须为差额支付单位差额费用,因此当前一年的 PEN 较低时,企业更倾向于采用前一年的数据,从而获得一个较低的 IEN。而采用"合理估计"计算得来的 IEN 在低于当前财政年度的实际的 PEN 的 75% 时,将会有一个"估计误差单位差额",并需要为其支付单位差额费用。估计误差单位差额对设施逐一使用:如果义务实体对其中一个设施的 PEN 估计过高,而对另一个设施的 PEN 估计过低,那么单位差额费用将自动适用于被低估的设施。清洁能源管理机构对是否豁免部分或者全部估计误差单位

---

① 由于合资经营,这些法人有可能在本财政年度不承担排放责任。

差额费用拥有自有裁量权。为此,义务实体需要为提供的合理估计做好相关的记录,以证明其决定是合理的。

对于义务实体采用何种标准计算 IEN,并没有明确的规定。这取决于义务实体认为何种方式更适合自己。尽管采用"合理估计"的方式会有估计误差单位差额的风险,仍然有义务实体愿意采用该种方法,这些情况包括:由于设施在当前年度的关停或采取减排措施,当前年度的 PEN 明显低于前一年度的 PEN;或者是设施属于指定的合资企业,所以依靠前一年度 PEN 所计算的 IEN 并不能充分反映各参股人由于参股比例不同而应承担不同的碳减排义务。具体说来,在指定合资企业中,如果采用前一年的 PEN,义务实体需要将该设施所有的 PEN 加总,这就要求每一个参股者将所有参股者的 PEN 加总,再乘以 75%。结果是每一个参与者的 IEN 是该设施所有碳排放责任的 75%。通过"合理估计",合资经营中的每一个参股者可以各自提供其在当前财政年度的 PEN 的 75% 的合理估计,该项 PEN 只包含该设施碳减排义务总量中其参股比例的那部分。通过这种方法,他们可以保证 IEN 只是他们自己在该设施上的那部分的 PEN 的 75%。

(2)天然气供应商和 OTN 持有者的 IEN 的计算

由于天然气供应商和 OTN 持有者在计算 IEN 时,其参照对象均为天然气,因此二者计算方式和方法类似。

首先,天然气供应商和 OTN 持有者在计算 2012—2013 年度的 IEN 时,均无法采用"乘前法"。这是因为在此之前,天然气中所包含的潜在的温室气体并未根据 NGER 法案提交报告,所以在固定碳价格机制的第一年,并没有之前年度的 NGER 报告作为估计的参考,因此,天然气供应方和 OTN 的持有者无法选择利用前一年的 PEN 来计算 IEN,而将根据在财政年度前三个季度(在 7 月 1 日及 3 月 31 日)的天然气的实际数量来确定 IEN。

其次,在确定了在 7 月 1 日至 3 月 31 日所供应的天然气的数量之后,可以根据相关法规①中的公式计算 IEN。计算方式为天然气的供应数量(以千焦或者是立方米为单位)乘以一个特定值,从而确定出天然气所含有的潜在的温室

---

① Australian Government, "Section 1.10B (the default method) or section 1.10C (the prescribed alternative method) of the NGER Measurement Determination 2008",2008.

气体的数量。此外,也可以通过 EERS 进行计算:天然气供应方和 OTN 持有者只需要以千焦为单位向 EERS 输入天然气的数量,EERS 将自动进行余下的计算。

天然气供应商计算 IEN 的方法所不同的是,天然气供应方仍然有可能采用"合理估计"的方法。这是因为清洁能源管理机构意识到,某些天然气供应方的记账和测量系统并不与 IEN 的报告和履约截止日一致,并且关于天然气供应的更多精确的信息是在"分期上交"期过了之后才偶然找到的。因此,清洁能源管理机构建议天然气供应方尽可能对其供应的天然气进行合理估计。

除此之外,OTN 持有者在计算 IEN 时,还需要在天然气的实际数量上扣除在大型气体燃烧设施中燃烧的数量和在"抵消数额法规"(Netting Out Provisions)中规定的数量。"抵消数额法规"适用于 OTN 持有者任何数量的天然气,只要这些天然气满足以下条件:第一,天然气被用于原料(Feedstock)①进行加工;第二,天然气被直接排放源在覆盖设施中燃烧;第三,天然气被用于生产压缩天然气(Compressed Natural Gas,CNG),且 CNG 被直接排放源在现场进行燃烧的;第四,天然气被用于生产 CNG、液体天然气(Liquefied Natural Gas,LNG)或液化石油气(Liquefied Petroleum Gas,LPG);第五,OTN 持有者还需将天然气供应给其他使用者(在此,OTN 持有者担当了天然气供应方的角色,其是否承担碳减排义务取决于天然气接收者是否引用 OTN);第六,天然气在存放区进行转移(包括出口);第七,天然气并非用于燃烧。

OTN 持有者天然气,有可能全部适用"抵消数额法规",因此其天然气中所包含的潜在的温室气体数量将有可能为零,此时 OTN 持有者将没有 IEN。

综上所述,一个义务实体可能有若干个 IEN,这取决于义务实体承担义务的方式以及计算 IEN 的方式。例如,一个义务实体有可能作为一个直接排放源为其所负责的设施拥有一个 IEN,它同样也可以作为 OTN 持有者和天然气供应方。在这种情况下,义务实体将有三个单独的 IEN。另一种情况是,义务实体对其所负责的一些措施采用"合理估计"的方式计算 IEN,对其他设施采用"乘前法"计算 IEN,这也将产生不同的 IEN。在计算 IEN 时,义务实体必须把一个设施看成一个整体,对一个设施只能采用一种计算方式,而不能对同一设施的不同

① 指天然气通过化学过程转化为另一种物质,在此期间不释放温室气体。

部分采用不同的计算方式。

3. IEN 的报告

在固定价格阶段，拥有 IEN 的义务实体需要在特定的时间内在 NGER 体系下注册并进行报告。不同于 NGER 体系中针对 PEN 和排放数据 8 月 31 日的注册时间和 10 月 31 日的报告时间，一个法人如果在 4 月 1 日之前发现自己在该年度是义务实体或者有可能成为义务实体，并且该法人有或者可能有 IEN，那么该法人必须在相关财政年度的 5 月 1 日前在 NGER 体系下提交注册申请。[①]

然而，如果一个法人已经在 NGER 体系下进行了注册，例如，他们是控制公司或者是报告转移证书的持有者，他们就不需要再次申请注册。已注册的控制公司的集团成员需要以自身的资格进行注册。

在注册之后，具有一个或者多个 IEN 的义务实体需要在 6 月 15 日之前提交报告，[②]这份报告将罗列义务实体的详情和 IEN 如何计算的信息。根据 IEN 计算的不同方式，需要提供不同的信息。

如果法人无法在相关财政年度的特定时间之前成功提交申请或报告，那么将会被一次性处以 2000 到 10000 个处罚单位的民事处罚。自截止日期之后[③]，每日还会被额外处以 20 到 100 个处罚单位。1 个处罚单位相当于 170 澳元。

从以上的时间表可以看出，具有 IEN 的法人相当于承担了额外的报告义务，而没有 IEN 的法人有可能仍然是一个义务实体，并且需要按照 NGER 体系既定的时间表进行注册和报告。这是因为，排除在 IEN 之外，但是却产生了碳减排义务的设施，应该纳入到法人的排放数据中去，仍需要在 8 月 31 日之前进行注册，并在 10 月 31 日前提交 NGER 报告。

二、配额的分配

在固定价格阶段，为了履行其碳减排义务，义务实体必须在履约期内获取和上交合格排放单位。义务实体在固定价格阶段可使用的合格排放单位只有两种：由政府发放的碳单位和根据 CFI 获得的 ACCU，而碳单位的获得又可以分为

---

① Australian Government, "15AA of the NGER Act", 2007.

② Australian Government, "22AA of the NGER Act", 2007.

③ 根据 *Interim Emissions Number Guideline* 在 2013 年 4 月 8 日发布的时间来定。

以固定价格购买和通过政府的相关援助机制免费发放。

（一）以固定价格发放的碳单位

在固定价格阶段,碳单位的价格由法律规定,逐年上涨,每一个财政年度的价格保持不变;由于没有碳排放总量控制,企业根据履行碳减排义务的需要来购买碳单位,多买多得,不需要管理机构对其进行分配。因此,以固定价格发放的碳单位可以概括为"控价不控量"(见表3.6)。

表3.6　固定价格碳单位的发放

条目	发放期间	生效年份	单价
1	2013 年 4 月 1 日至 2013 年 6 月 15 日	2012—2013	23 澳元
2	法人在 2012—2013 年度的排放额度公布时间开始至 2014 年 2 月 1 日		
3	2014 年 4 月 1 日至 2014 年 6 月 15 日	2013—2014	24. 15 澳元
4	法人 2013—2014 年度排放额度公布时间开始至 2015 年 2 月 1 日结束时		
5	2015 年 4 月 1 日至 2015 年 6 月 15 日	2014—2015	25. 40 澳元
6	法人 2014—2015 年度排放额度公布时间开始至 2016 年 2 月 1 日结束		

资料来源:Australian Government,"Section100 of Division 2 of Part4 of CEA2011",2011.

由表3.6可知,在固定价格阶段,政府每年会分两次发放碳单位,而企业也相应获得了两次履约机会,时间分别是每个财政年度的6月15日之前和6月15日至下一个财政年度的2月1日之间。企业要获得碳单位需要提出申请并支付相应的金额,由于固定价格阶段的碳单位不能储存和转移,在发放之时自动上交,企业购买的碳单位不得超过一定的数量限制。就表3.6中1、3、5规定的时段而言,企业购买的碳单位不得超过生效年份的IEN总额减去法人在该生效年份所上交的合格排放单位的总额;在表3.6中2、4、6规定的时段,企业购买的碳单位不得超过法人在生效年份的排放总额减去法人在该生效年份所上交的合格排放单位的总额。

（二）以免费方式获得的碳单位

除了可以通过固定价格购买碳单位,符合援助条件的企业还可以获得一定数量的免费碳单位。其中,通过"就业及竞争力项目"(Jobs and Competitiveness Program)获得的免费碳单位是为了帮助企业更好地应对来自碳价的影响和行业竞争压力,对其他未获得或者少获得免费碳单位的企业则形成了一种名义上的"不公正",因而需要考虑行业间的分配比例,是一种"相对性"分配。通过能源安全基金中"燃煤发电机组"(Coal-Fired Generators Free Carbon Units)的规定获得的免费碳单位是根据发电装置的相关参数决定的,取决于发电装置的历史发电量等相关因素,是一种"绝对性"的分配。免费获得碳单位如果不用于上交,就可以在下一个财政年度的 2 月 1 日之前由政府进行回购或者投入市场流通,否则就需要取消。

1. 通过"就业及竞争力项目"获得免费碳单位

"就业及竞争力项目"用于援助那些面临激烈国际竞争的排放密集型的 EITE 行业,包括已有的和新进入的行业和企业。

对"面临激烈国际竞争"的衡量分为数量和质量两个指标:数量指标,是贸易份额(进出口总额占国内生产总值的比例)在 2004—2005 年、2005—2006 年、2006—2007 年、2007—2008 年中的任一年度超过 10%;质量指标,是由于潜在的国际竞争,企业成本已被证明无法有效地转移。"排放密集型"的衡量基于碳排放强度,碳排放强度是基于每百万澳元收入所对应的平均碳排放,或者是每百万澳元附加值所对应的碳排放,单位为吨 CO_2/百万澳元[1]。

基本上所有面临激烈国际竞争的碳排放密集型企业都集中在制造部门,该项目将会对碳排放量占制造部门 80% 的生产活动提供支持,共覆盖 48 项生产活动。这些生产活动有:电解铝的生产、钢铁制造业、造纸业、玻璃生产、水泥生产和石油加工等。

该项目援助的方式是向受影响最严重的企业免费分配部分碳单位[2],免费分配的数量按分配基准乘以一定援助比例计算得出。分配基准将依据行业的历史平均水平,即在评估时期内行业内所有企业的单位产品碳排放量的平均水平。

---

[1] 对排放量和收入或者是附加值的评估基于对所有企业在历史基准时期的生产活动。对排放日期的评估时间是:2006—2007 年至 2007—2008 年;对收入或者是附加值计算日期:2004—2005 年至 2008—2009 年的上半年。评估的依据是可再生能源目标(Renewable Energy Target)下的部分免除证书(Partial Exemption Certificate)最近使用的进程、标准和要求。

[2] 截至 2013 年 4 月 19 日,根据清洁能源管理机构官方网站的信息,总共免费发放 88069902 个碳单位。

电力分配因素的设定是每兆瓦时一个碳单位,然而,这也有可能根据实际情况进行调整①。天然气原料的分配因素根据各州的情况自行设定。最初的援助比例分为以下三档:对于单位利润排放在 2000 吨 CO_2/百万澳元以上或单位增加值排放在 6000 吨 CO_2/百万澳元以上的企业,援助比例为分配基准的 94.5%;对于单位利润排放在 1000 至 1999 吨 CO_2/百万澳元之间或单位增加值排放在 3000 至 5999 吨 CO_2/百万澳元之间的企业,援助比例为分配基准的 66%;液化石油气项目的援助比例为 50%。最初的援助比例将会根据碳生产力贡献每年降低 1.3%。确定援助比例背后的逻辑是:碳排放强度越高,则企业受到碳价格机制的影响越大,因而越需要获得政府帮助,以便该企业有能力实现低碳转型。

在每个履约期早期,间接排放可以获得 100% 的碳单位,而直接排放只能获得 75% 的碳单位,剩下的 25% 将在下一个财政年度进行分配。这意味着碳排放配额是以分期付款的形式进行分配。企业获得的碳单位除了覆盖他们的直接排放,还将覆盖由于使用电力或热能产生的间接排放,以及由于使用天然气及其组成部分(甲烷、乙烷)导致的上游排放的成本增加。

碳单位对现有的企业不存在分配的最大上限,对新企业的分配由法规进行限制,以避免企业通过援助获得不义之财。新进入者如果实施跟现有企业相同的 EITE 活动,将获得相同的援助。现有的进行 EITE 活动所获得的援助不会因为新进入者而进行调整。在澳大利亚新开展的生产活动可以申请 EITE 资格。评估方式和分配基准将按国际最佳实践方式的排放强度(International Best Practice Emissions Intensity)计算。

2. 通过"燃煤发电机组"的规定获得免费碳单位

3. 向燃煤发电站发放免费配额

这主要是为了保障澳大利亚的能源安全。该措施下的免费分配碳单位有总量限制,从 2013—2014 年度到 2016—2017 年度为止,每年度免费分配大约 4170.5 万碳单位。

需要获得免费碳单位的发电机组,必须先申请援助资格证书(Certificate of

---

① 如果年耗电量在 2000 千兆瓦时之上的企业签订了大量电力供应合同,并且该项合同在 2007 年 6 月 3 日之前签订,并在法案获得批准后的 60 天内仍旧有效(合同并未被重新谈判或是修订)。在此情况下,这些合同将被管理机构作为特殊的电力分配因素考虑。

Eligibility），获得该证书需要满足以下条件：(1)在 2008 年 7 月 1 日至 2010 年 6 月 30 日都在运营，并且该期间产生的发电量至少有 95% 是源于煤炭燃烧；(2)与容量至少在 100 兆瓦的电网相连接；(3)发电机组的碳排放强度大于 1 吨 CO_2/兆瓦时。

援助资格证书中会指明发电机组的"年度援助因子"，"年度援助因子"跟"历史发电量"和"排放强度"有关。其中，"历史发电量"根据 2008 年 7 月 1 日前后分作两个时间段考虑：如果是在 2008 年 7 月 1 日之前投入使用的发电机组，那么 2008 年 7 月 1 日至 2010 年 6 月 30 之间的发电量就是历史发电量，计算单位是千兆瓦时(Gigawatt Hours, GWH)；如果是在 2008 年 7 月 1 日之后投入使用的发电机组，那么以发电机组投入使用之日来记，在其铭牌上标明的发电量乘以 14.016 来作为历史发电量，计算单位是兆瓦(Megawatts)。"排放强度"的计算公式为：排放的 CO_2 当量初以千兆瓦时计的电量，计算结果保留到小数点后 3 位。其中，排放的 CO_2 当量是指在 2008 年 7 月 1 日至 2010 年 6 月 30 日之间，为发电所燃烧的燃料排放的温室气体在转换 CO_2 当量时，以千吨计的总量；以千兆瓦时计的电量，是指在 2008 年 7 月 1 日至 2010 年 6 月 30 日之间，发电机组以千兆瓦时所计的发电总量。然而，为避免向低效机组倾斜，排放强度大于 1.3 吨 CO_2/兆瓦时按 1.3 吨 CO_2/兆瓦时算。法案并未对 2008 年 7 月 1 日之后投入使用的发电机组的能源强度的计算做出规定。

综上所述，年度援助因子的计算公式如下（计算结果保留到小数点后 3 位）：

历史发电量×[排放强度−0.86]

获得援助资格证书之后，燃煤发电机组还必须再通过电力系统可靠性测试、提交并公布清洁能源投资计划之后才能获得免费发放的碳单位。免费碳单位的发放按年份不同分为两种计量方式。

其中，在 2013—2014 财政年度的 9 月 1 日、2015—2016 财政年度的 9 月 1 日、2016—2017 财政年度的 9 月 1 日的免费碳单位的计算公式为：

免费碳单位＝证书中指定的年度援助因子/该财政年度的年度援助因子总额×41705000

2014—2015 年财政年度的 9 月 1 日的免费碳单位计算公式为：

免费碳单位＝[证书中指定的年度援助因子/该财政年度的年度援助因子总

额×83410000]−A−B

其中,"该财政年度的年度援助因子的总额"是在援助合格证书中年度援助因子的加总;A 为在 2014 年 9 月 1 日之前,免费发放的碳单位的总数;B 为出于对电力系统可靠性、清洁能源投资计划或者是发电机组封闭合同(Closure Contract)①的考虑,管理机构对不予发放的免费配额的估计。

根据公式计算的结果,如果不是 100 的倍数或者是 50 的倍数,那么就应该取近似 100 的倍数的值。

(三)获取澳大利亚碳信用单位

除了使用碳单位满足其排放义务,义务实体还可以通过《碳农业动议》获得 ACCU。这些 ACCU 是由农场主和土地所有者通过碳封存和减少土地上的温室气体排放而产生,每一个 ACCU 代表了至少 1 吨 CO_2e 。根据《京都议定书》的履约截止日期 2012 年 12 月 31 日,ACCU 分为京都 ACCU(Kyoto ACCUs,以下简称"KACCU")和非京都 ACCU(Non-Kyoto ACCUs,以下简称"NKACCU")。其中,产生 KACCU 的活动满足《京都议定书》下的计量规则,而产生 NKACCU 的活动②不计入澳大利亚《京都议定书》下的温室气体账户,也不计入国家减排目标。由于 NKACCU 不能被义务实体用于满足碳减排义务,这里所谈论的 ACCU 仅指 KACCU。

ACCU 的获得有两种途径,由义务实体可以通过向农场主或土地所有者购买或是通过自身参与相应的减排活动获得,图 3.5 概括了这两种获得方式。

首先,无论是义务实体还是农场主或土地所有者,如果要直接获得 ACCU,必须先申请注册成为可认证的抵消项目实体,并拥有一个 ANREU 注册账户,以便接收清洁能源管理发放的 ACCU;之后通过参加合格抵消项目,减少碳排放或增加碳封存。其中,在《碳农业动议》下成立的抵消项目,需要使用方法学测定,这些方法学规定了实施和观测特定减排活动的细节,并说明了如何在该框架下产

---

①　政府计划在 2020 年前通过协商的方式有偿关闭某些高碳排放的燃煤发电机组,机组的关闭将签订合同。

②　CFI 下的一些活动并不计入澳大利亚《京都议定书》下的温室气体账户,不计入国家减排目标。这些活动包括:土壤碳(Soil Carbon)、野生动物管理(Feral Animal Management)、改善森林管理(Improved Forest Management)和非林地的植被恢复(Non-forest Revegetation)。

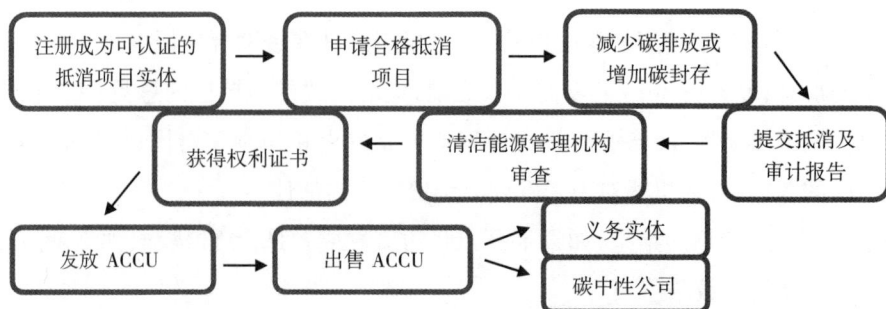

图 3.5　ACCU 的产生及获取流程

资料来源:清洁能源管理机构官网,2017 年 7 月 27 日,http://www.cleanenergyregulator.gov.au/Carbon-Farming-Initiative/planning-a-CFI-project/carbon-farming-initiative-markets/Pages/default.aspx。

生 ACCU。方法学可由私人建议,也可由行业协会或者是政府部门开发。国内抵消完整性委员会(Domestic Offsets Integrity Committee)是一个独立的专家委员会,其职责是评估抵消所用的方法学,并且向气候变化及能源效率部部长提出意见。委员会必须保证所使用的方法学是严密准确的,并且可以实现真正的减排。

在这些活动结束之后,计算以 CO_2 当量计量的净减排量,并对这部分活动和净减排量进行报告和审计。清洁能源管理机构会对这些报告和审计做出审查,并决定是否为抵消项目实体发放 ACCU。抵消项目实体在获得 ACCU 前必须持有一个权利证书,该证书中指明了抵消项目实体可以获得的 ACCU 数量。该数量反映了减排项目在报告期间所达到的以 CO_2 的当量计算的净减排量。如果该项目是一个碳封存项目,该数量首先要根据逆转缓冲的风险减少 5%。如果该项目的减排量已经被计入了其他碳抵消项目,还要在该数量的基础上减去这一部分的减排量。

如果抵消项目实体就是义务实体本身,那么义务实体就通过清洁能源管理机构向其注册账户中创建的电子条码获得了 ACCU;如果抵消项目实体是农场主或者土地管理者,那么义务实体就需要从市场上购买 ACCU。ACCU 的市场价格由现货和期货市场决定,还可以受一系列因素的影响,包括国际气候变化的框架和澳大利亚的法规。无论是澳大利亚的联邦政府,还是其下属机构,都不得为 Kyoto ACCUs 以及 Non-Kyoto ACCUs 的未来价值做出表示或保证。只有未被上交、取消或者放弃的 ACCU 才可以在市场上进行交易。ACCU 没有到期日,可以用于储存并在未来出售。

三、责任的履行

在固定价格阶段,大部分义务实体需要在一个财政年度中分两次上交碳单位。在本财政年度的 6 月 15 日之前上交碳单位,称为"分期上交"(Progressive Surrender),其单位差额称为暂时性单位差额(Provisional Unit Shortfall);在次年的 2 月 1 日之前上交碳单位,称为"校准上交"(True Up Surrender),其单位差额称为最终单位差额(Final Unit Shortfall)。分期上交时,需要上交的碳单位数量是排放数量的 75%,而校准上交的碳单位数量是排放量余下的部分。这种分阶段的上交方式类似于在公司税中采用的分期付款,可以为企业在进行最终碳单位上交时完成其碳排放报告留出足够的时间。

在固定价格阶段,并不是所有的义务实体都需要履行"分期上交"义务。对于那些在之前年度不需要提交 NGER 报告或在之前年度的 NGER 报告中所报告的排放数额少于 3.5 万吨 CO_2e 的直接排放源不需要履行"分期上交"义务;此外,在当下财政年度的碳排放量有可能少于 3.5 万吨 CO_2e 的直接排放源也无此项义务。满足这三种情况的义务实体只需要在 2 月 1 日之前履行"校准上交"义务即可。

根据这两种上交方式,会分别产生两种单位差额;而在计算中,由于采用合理估计的方法计算 IEN,还有可能因为误差估计产生第三种单位差额——误差单位差额。

(一)单位差额的产生与计算

1. 暂时性单位差额的计算

暂时性单位差额的计算公式为:

暂时性单位差额=IEN 总额−6 月 15 日之前上交的单位数额

其中,6 月 15 日之前上交的单位数额是指:法人在相关财政年度的 6 月 15 日之前上交的,与该财政年度相关的合格排放单位的数量,这里主要是指碳单位和澳大利亚碳信用单位;IEN 总额指:法人在相关财政年度的中期碳排放总数。中期排放总额是所有中期排放数额的加总,中期排放数额可以通过计算或者估计得来。在计算时,需要得知之前年度的 PEN,而这些 PEN 加总的 75%就是该年度的 IEN;如果要通过估计得来,其估计的数目也是在之前 PEN 的 75%上下,而估计的数额会产生估计误差额,这一个参数会纳入到期末单位差额里进行计算。

该公式的计算结果会有三种情况:(1)计算结果大于零时,暂时性单位差额的数值就等于计算结果的数值;(2)计算结果等于零时,该法人在相关的财政年度便没有暂时性的单位差额;(3)计算结果小于零时,法人在相关的财政年度就获得了暂时性的上交盈余。而暂时性的上交盈余也会被纳入期末单位差额里进行计算。当然,计算结果要注意取整。

综上所述,通过计算暂时性单位差额有可能会产生估计误差额和暂时性上交盈余,这两个参数都会被纳入到最终单位差额的计算中去,称作盈余及估计误差调整额(Surplus and Estimation Error Adjustment Number)。

2. 最终单位差额的计算

最终单位差额的计算公式为:

最终单位差额=排放数额-[在 6 月 15 日至 2 月 1 日之间提交的单位数额+IEN 总额+盈余及估计误差调整额]

其中,"排放数额"是指该法人在财政年度的排放数额,基本上就是其 PEN 的加总;而"在 6 月 15 日至 2 月 1 日之间提交的单位数额",指在本财政年度 6 月 15 日至次年 2 月 1 日之间所提交的碳单位和澳大利亚碳信用单位的总和;这两项参数是"累计上交"的最明显的体现,因为"IEN 总额"默认了义务实体在 6 月 15 日之前就上交了足够多的碳单位,而"在 6 月 15 日至 2 月 1 日之间提交的单位数额"就是义务实体第二次上交的数额;"盈余及估计误差调整额"主要跟暂时性单位的差额的计算有关,关键是在计算 IEN 时,对 PEN 做 75%时是否存在估计误差,以及暂时性单位差额的计算结果是否有暂时性上交盈余。将加总后的估计误差额减去暂时性上交盈余的总数,便是盈余及估计误差调整数额,计算结果根据实际情况有可能出现正负数或者为零。

该公式的计算结果会有三种情况:(1)计算结果大于零时,最终单位差额的数值就等于计算结果的数值;(2)计算结果等于零时,该法人在相关的财政年度便没有最终单位差额;(3)计算结果小于零时,法人在相关的财政年度就获得了最终上交盈余(Final Surplus Surrender Number)①。此处的计算结果也要取整。

---

① 最终上交盈余的计算不包含上交的 ACCU。

3.估计误差单位差额的计算

义务实体产生单位差额的方式主要就是通过计算暂时性排放数额和最终排放数额得来,但是对于采用对 PNE 进行 75% 的合理估计的义务实体而言,单位差额的产生还有第三种途径,就是因为估计误差数额而产生的额外的单位差额。这是为了避免义务实体通过采用合理估计的方法降低其碳减排义务,从而逃避其应承担的责任。

估计误差的计算公式如下:

估计误差=[0.75×PEN]−估计额

其中,"PEN"是义务实体在相关财政年度实际的 PEN,而"估计额"是在知晓实际的 PEN 之前,对 PEN 进行 75% 的合理估计。如果有多个估计误差,那么估计误差单位差额的总额就等于这些估计误差的总和。

对于这些估计误差单位差额,义务实体需要支付相应的单位差额费用。在某些情况下,清洁能源管理机构可以豁免部分或者全部估计误差单位差额费用,这些情况有:(1)法人是否采取了合理的措施来避免产生估计误差单位差额;(2)法人在提交估计报告时,有可能难以合理预见此时碳排放的增长,而估计误差单位差额的产生在多大程度上是源于该种原因;(3)法人在之前的财政年度是否有估计误差单位差额;(4)清洁能源管理机构认为需要考虑的其他相关情况。

(二)合格澳大利亚碳单位的上交限制

在"分期上交"中,义务实体除了可以使用碳单位,还可以使用一定数量的ACCU。

在财政年度的 6 月 15 日之前,上交的 ACCU 不得超过以下任一种数量:如果多于 50% 的 IEN 是源于垃圾填埋设施的排放量,那么合格 ACCU 的数量也不得超过该年度 IEN 的总额;否则,就不得超过在该财政年度 IEN 总额的 5%;

在财政年度的 6 月 15 日和次年的 2 月 1 日之间,对 ACCU 上交的限制在考虑到垃圾填埋实施时,与在财政年度的 6 月 15 之前上交的情况类似,也是有50% 的数量限制,所不同的是,如果多于 50% 的排放总额是源于垃圾填埋设施,那么合格 ACCU 的数量也不得超过年度排放数额的总量;此外,在 6 月 15 日和次年的 2 月 1 日之间上交的 ACCU,该数量也不得超过:

5%的上交限制-在 6 月 15 日之前上交的 ACCU 的数量

"5%的上交限制"是指法人在财政年度 5%的排放总额;"在 6 月 15 日之前上交的 ACCU 的数量"是指,在财政年度的 6 月 15 日之前上交的合格的 ACCU,并且该数量并未超过该财政年度 IEN 总额的 5%。根据该公式可以看出,可以在 6 月 15 日和次年的 2 月 1 日之间上交的 ACCU,其数量是被用于在 6 月 15 日之前上交后所剩余的那部分。

超过数量限制的那部分 ACCU,将推迟至下一个期间上交:在 6 月 15 日之前超额部分,将视为在相关财政年度的 6 月 15 日至次年的 2 月 1 日之间上交;在 6 月 15 日和次年的 2 月 1 日之间上交的超额部分,视为下一个财政年度的 6 月 15 日至下下个财政年度的 2 月 1 日之间上交。

(三)责任履行的其他事项

企业所持有的合格排放单位,均通过向管理机构发送电子通知进行提交。管理机构接到通知后,将企业在注册局中持有的合格排放单位进行注销,并将其账户中的条码移除。企业如果拥有最终上交盈余,就可以通过政府的回购获得返还支付,回购的时间是碳单位发放的财政年度的 9 月 1 日至下一个财政年度 2 月 1 日之间。为此,联邦政府还设立了固定收入基金以作为支付来源。

返还支付金额计算公式如下:

返还支付金额=最终上交盈余数额×固定价格金额

其中,"固定价格金额"是指政府支付的价格,该价格与根据《国家温室气体与能源报告》第 100(1)分项所发放的在固定价格年度的碳单位的单价一致,并以澳大利亚储备银行在该履约年度 6 月 15 日的最新贴现率计算,以便回购价格能够反映市场的现价。从 6 月 15 日之后,回购价格将等于其生效年份的碳单位的固定价格。

企业如果拥有单位差额,就需要缴纳单位差额费用。清洁能源管理机构可依据 NGER 报告对义务实体的单位差额和单位差额费用进行评估。报告中的数据有可能出现失误或者是少于实际排放的情况,那么企业可以通过对不正确数据的自愿披露,来获得对一部分单位差额费用的减免。需要满足的条件是:(1)自愿披露发生在下一个财政年度的 2 月 1 日之后;(2)自愿披露发生在相关的调查行动①采取之前；（3）企业在相关的财政年度拥有一个单位差额；（4）企业向管理机构提出申请，要求减免一部分单位差额的费用。管理机构在考虑了相关情况后，可以减免一部分单位差额费用，这些相关情况包括：（1）导致报告中出现失误数据的情形；（2）企业是否采取了合理的预防措施并且恪尽职守，以避免报告中数据的失误；（3）管理机构考虑的其他相关因素。减免的单位差额费用也有一定限制，不得少于单位差额的数量与相关财政年度的碳单位的价格的乘积。如果管理机构拒绝对企业的单位差额费用进行减免，那么就需要对企业做出拒绝减免的书面通知。

评估后的义务实体需要就其单位差额缴纳费用。在固定价格阶段，每吨 CO_2 当量将要支付碳价格的 1.3 倍的费用，这意味着在 2012—2015 年度，单位差额费用分别是 29.9 澳元、31.4 澳元和 33.0 澳元。其中暂时性差额的费用需在 6 月 15 日之后的 5 个工作日之内缴清；最终单位差额的费用需在下一个固定价格年度的 2 月 1 日之后的 5 个工作日之内缴清。延迟支付单位差额费用将被处以罚金，罚金从延迟支付之日起，以每年 20% 的年率起算；如果法规中规定了更低的年率，就以较低的年率为准。当然，如果管理机构控制下的电脑系统、相关的通讯工具②以及公共运输服务出现了故障或失灵，导致企业无法按时上交合格排放单位，管理机构可以酌情对上交合格排放单位的截止日期进行一定的延长，并在其网站上公布其延长截止日期的决定。

第三节　澳大利亚固定碳价格机制的优劣

一、澳大利亚固定碳价格机制的优点

（一）增强基础数据的可靠性

固定碳价格机制之所以能够增强基础数据的可靠性，体现在其对 NGER 报

① Australian Government, "Section 134A of Division 4 of Part 6 of Clean Energy Act 2011", 2011.

② 参见 Telecommunications Act 1997。

告系统的利用和比较单纯的交易模式。

义务实体在根据 NGER 报告体系进行报告时,需要在一个财政年度中对排放数据进行两次报告。需要首先在每个财政年度的 6 月 15 日之前对其 IEN 进行报告,这就使相关的管理机构提前掌握了一部分基础数据;其次,在每个财政年度结束之后的 10 月 31 日,再对整个财政年度的 PEN 进行报告,这就使义务实体对数据的把握更为全面,而且由于对碳排放义务的"校准"履行是在每个财政年度结束之后的 2 月 1 日,这就为义务实体准备 NGER 报告留足了充足的时间。此外,对于 NGER 的审计又进一步增强了数据的真实性。根据《2011—2012 年国家温室气体和能源报告审定计划》的报告显示,在被审计的覆盖排放中只有 0.3% 包含了可计量的错误。

固定碳价格机制单纯的交易模式体现在固定价格阶段,义务实体的履约工具主要是碳单位和 ACCU,碳单位的发放主要来源于政府,义务实体以固定价格从政府处购买,购买的碳单位立刻自动上交,相当于交易只存在于义务实体和政府之间,流通方向单一,符合"污染者付费原则",便于统计,而交易量又可以验证排放数据,因此,又为基础数据提供了实践支撑。

当然,政府免费发放的碳单位和 ACCU 可以在市场上进行流通,但这部分的碳单位和 ACCU 在市场上流通的数量有限,通过市场上购买的配额并不能构成在固定价格阶段履约的主体,可以为碳市场的基础能力建设提供参照依据。

(二)为基础能力建设提供过渡时间

与整个碳市场的周期相比,固定碳价格机制存在的时间并不长,因此其意义并不单单局限于固定价格阶段本身,而是整个碳市场。由于固定碳价格机制对于碳市场只是一个过渡,只有碳市场的成功才是固定价格机制的成功,所以固定碳价格机制在这三年间的经验积累是至关重要的。

与欧盟碳市场在第一阶段就进行"干中学"的模式不同,澳大利亚碳市场则谨慎得多,先建立固定价格机制,为稍后的总量与控制交易模式提供过渡时间。

首先,就交易经验而言,在这三年期间,欧盟等其他国家的碳市场也逐渐建立和完善,可以为澳大利亚的碳市场提供借鉴经验;而澳大利亚的固定碳价格机制本身,也有少量的碳单位(未被上交或者取消的免费的碳单位才能用于交易)和 ACCU 可供交易。通过对这些碳单位和 ACCU 的买卖,一方面可以积累一定的交易经验,同时由于数量有限,也并不会对整个价格机制的稳定性产生过大的影响。

此外,通过三年的过渡时间,相关的报告和核查机制会更为完善,也有利于培养更多更专业的碳盘查人员,建立更为科学的方法学,企业对碳价格的影响也更为适应,碳污染总量的设定也能充分地听取相关意见,这些都是一个成熟的碳市场的必备条件。

(三)提高企业对碳价格的适应性

企业是碳排放责任的主要承担者,也是碳市场的主要参与者,企业能否良好地适应碳价格的影响,是碳市场正常运转的重要保障。而固定价格机制之所以能够提高企业对碳价格的适应性,就体现在碳价的固定和相关的援助机制上。

正如企业在做经营决策时会考虑劳动力、运输和原材料成本一样,他们在权衡是否做其他投资时也会将碳污染的成本考虑进来。与对未来碳价格变动的不确定相比,固定的碳价格可以使企业提前做好生产经营决策,避免了企业因为碳价变动而遭受的损失。如果投资清洁能源技术或是高能效设备的成本要高于碳价,那么企业将选择支付碳价;反之,则愿意在节能减排方面进行投资。澳大利亚固定碳价格机制在前三年采用的是固定价格,且具体价格提前公布,因而可以增大企业生产成本的确定性和投资者的信心,这将与欧盟碳市场因为价格暴跌而停滞不前和银行碳市场部门的大量裁员形成鲜明对比。

此外,碳价格机制由于其减排效力,针对的多是高能耗、高排放的行业,而这些行业由于历史原因一时难以立刻转型,如果受碳价的冲击过大,又会对澳大利亚的经济产生负面影响。因此,这些企业更需要固定的碳价格来确保其收益的稳定性:一方面,政府发放的免费碳单位可以减小碳价格对其所造成的冲击;另一方面,企业通过节能减排所盈余的碳单位可以售回给政府或是到市场上出售,由于政府的回购价格不低于固定价格,所以企业至少可以获得不低于固定价格的那部分收益,这将促进企业进行节能减排并且更好地应对碳价格带来的压力。

(四)有利于清洁能源的发展

固定碳价格机制对清洁能源发展的促进作用体现在两个方面:一个方面是有利于企业做出是否进行节能减排的投资决策;另一方是使政府获得了额外的

财政收益,可以用于规划清洁能源的布局。

就以第一个方面看来,明确的碳价格将会降低经营和财务风险,这反过来又将促进企业更乐于为清洁能源未来的关键业务亮起绿灯。例如,投入资金用于清洁生产设施、提高能源效率或者采用新的低污染的技术。这是因为,固定碳价格机制为企业的碳排放成本提供了一个明确的价格信号,企业可以根据碳价格进行是否投资清洁技术的权衡,如果碳价高于投资成本,那么将对企业的节能减排产生激励作用;如果低于投资成本,那么企业需要支付碳价,而这部分收益将会被政府统一用于投资可再生能源和清洁能源技术,产生规模效应;或是对收益进行再分配,鼓励那些乐于提高能效和减少污染的企业,提高这部分企业的竞争力和规模,带动整个经济结构的转型升级。

此外,政府对燃煤发电援助和关停也正是为了给那些以可再生能源发电的装置提供市场空间,改善电力部门的能源结构。如图3.6所示,在2020年左右,以清洁能源作为电力来源的比例将占整个电力部门的20%,在2050年将达到更高。虽然清洁能源的发展是一个长期过程,但这些都与固定碳价格机制的实施密不可分。

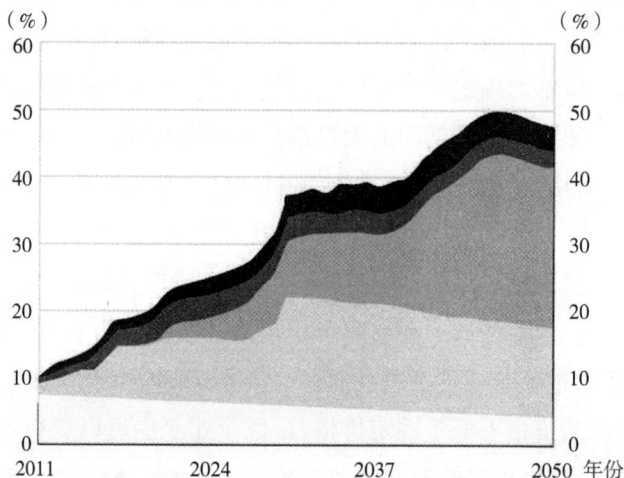

图例(从下往上):▦水能 ▨风能 ▥地热能 ▩生物质能 ■太阳能 ■规模可再生能源计划

图3.6 引入碳价情形下可再生能源发电在总发电中的比重

资料来源:Australian Government,2017-07-27,http://carbonpricemodelling.treasury.gov.au/carbonpricemodel-ling/content/report/20chapter5.asp.

（五）改善居民的生活水平

固定碳价格机制对居民生活水平的改善主要体现在碳价格带来的居民收入来源的增加和新的工作机会的出现。

为了援助受碳价格机制影响的家庭,政府承诺将碳价格机制收益中超过50%的部分用于帮助家庭,且援助将是永久性的。在该种承诺下,2/3 的家庭获得援助,这些援助包括政府在碳价格机制运行前对居民进行的一次性支付,以及在随后年度基于现有的政府支付类型持续增加的款项。一次性支付的覆盖范围主要是老、弱、病、残、孕、童及家庭和学者,支付的款项从最低是 20 澳元,最高可达 240 澳元;款项的持续增加主要针对补助金领取者,这些补助金领取者所获得的年度援助将在补贴的最大上限上增加 1.7%,具体根据消费者物价指数来计算。

此外,政府还通过调整个人所得税的起征额来进行税收减免。在新的个人所得税中,起征额从原来的 6000 澳元上调到 18200 澳元,是原有基础的 3 倍,这就意味着年收入少于 18200 澳元的个人不需要支付所得税,而年收入高于 18200 澳元的个人只需要为超过 18200 澳元的部分支付所得税。税收减免意味着通过工作获得的报酬增加,这将鼓励更多的人参与到劳动力市场中。

通过政府对家庭的援助,数百万家庭将在碳价格机制下变得更好;而向清洁能源未来的转型将会为澳大利亚的工作者提供新的经济机会。作为碳市场的过渡期,不少工人将获得培训的机会,以掌握清洁能源技术,这将帮助他们更好地适应清洁能源未来。在 2020 年,随着澳大利亚的污染增长率下降,预期将会增加 1.6 百万的就业机会。[①]

（六）对国际碳市场有创新借鉴意义

澳大利亚的固定碳价格机制对国际碳市场的创新借鉴意义体现在三个方面。

首先,澳大利亚的固定碳价格机制克服了种种阻力艰难上马,首先就证明了

---

① Australian Government, *Securing A Clean Energy Future: The Australian Government's Climate Change Plan*, 2011.

碳减排计划在工业化的国家也是可以获得政治上的妥协,对其他国家如何让碳
减排计划在本国生根发芽提供了范本。

其次,澳大利亚固定碳价格机制采取的是类似于碳税的管理模式,在其之后
将过渡到取消价格下限的市场交易模式,可以说将很好地印证了 Weitzman
(1974)等人关于碳税与碳排放权交易在时序上搭配的观点,是国际碳排放权交
易市场上极具特色的一种模式①。

最后,澳大利亚的固定碳价格机制,在国际碳市场价格波动、极不稳定的情
况下应运而生,将会为其他国家采取何种模式进行碳价格设置提供借鉴意义。
首先从价格发现来看,碳价格机制的初始碳价格定于 23 澳元,这主要是基于
2011 年 EUA 价格和模型对国际碳价格的预测。虽然 2012 年国际碳市场严重不
景气,EUA 价格下跌至 11—12 澳元,但是政府考虑到所实施的是固定碳价格,
不应该让公众觉得可以随意变化,因此仍然维持 23 澳元的价格。如果在此基础
上,固定碳价格机制能够正常运作,将为其他碳市场的价格发现提供借鉴经验。
此外,从价格的设定来看,虽然固定碳价格机制采用的是固定价格,但固定价格
只存在于企业与政府之间(企业以固定价格从政府手中购买碳单位),在政府免
费发放的那部分配额,仍然由市场决定其价格(企业可将免费的碳单位在市场
上进行出售)。虽然对于免费发放的配额没有明确规定上、下限,但是由于持有
免费配额的企业可以将这部分配额以固定价格售回给政府,就相当于企业至少
会以高于该年度固定价格的金额出售该部分配额;而需要从市场上购买碳单位
的企业,愿意支付的价格不会超过该年度碳单位固定价格的 1.3 倍②,这意味着
市场上碳单位的价格是存在一个浮动区间的,这也将很好地验证理论界关于
"安全阀"③的讨论。

---

① 所谓"碳税与碳交易在时序上的搭配",指的是短期采用碳税作为温室气体减排的工具,长期改
为采用碳交易。在 Weitzman(1974)看来,在面对信息不足或不确定的情况时,价格工具或是数量工具各
有其适用性,并以经济效率或福利损失作为比较基准,以边际减量成本曲线和边际减量效益曲线为例做
了说明。

② 没有满足碳单位上交义务的企业需要支付单位差额费用,该费用是相关财政年度碳单位价格的
1.3 倍。

③ 国际货币基金会(2008)及皮泽(Pizer,2002)提出安全阀(Safety Valve)的概念,建议为碳价订定
上限及下限,并允许排放源储存或借贷碳单位,以稳定碳市场交易价格。

二、澳大利亚固定碳价格机制的缺陷

2014年7月17日,澳大利亚联邦国会参议院以39张赞成票对32张反对票,宣布废除在该国饱受争议的固定碳价格机制和原计划在2015年启动的碳市场,使得本将成为继欧盟和中国广东之后全球第三大的碳市场还未开始就已经结束。

关于碳定价问题,澳大利亚一直存在争议,反对者认为目前的固定碳价格机制导致企业的生产成本提高,普通民众生活开支增加,让澳大利亚经济发展减缓,就业率降低;与此同时,固定碳价格机制无法从真正意义上降低碳排放,对环境保护起不到显著作用。从实践来看,固定碳价格机制的确存在一定的缺陷。

(一)无法有效反映供求关系

固定价格机制的碳单位价格由法规事先规定,初始价格为23澳元/吨,此后在考虑通胀因素的基础上以每年2.5%的增幅提高,增长到2013—2014年的24.15澳元/吨,再到2014—2015年的25.40澳元/吨。

之所以将初始碳价格定于23澳元/吨也是基于如下考虑:第一,碳价格机制是在2011年7月之前完成的,当时EUA的三个月平均价格大概为23澳元/吨;第二,基于模型预测,如果实施符合550百万分比浓度(Parts Per Million,ppm)全球行动(即CO_2浓度在550ppm的水平上保持平衡),以及各国所承诺的减排义务实现时,国际碳价格将达到20—25澳元/吨。虽然2012年国际碳市场严重不景气,EUA价格下跌至11—12澳元/吨,但是政府考虑到所实施的是固定碳价格,不应该让公众觉得可以随意变化,因此仍然维持23澳元/吨的价格,为此也受到巨大压力。[①]

制定固定碳单位价格的出发点是"庇古"思想,具有政府主导特征,对于约束企业减排也有一定的效力,但是与具有浮动价格的碳市场相比,却无法更有效地反映供求关系。在总量控制与交易的碳市场中,通过设定碳污染总量,确定了既定的减排目标,理论上,只要碳单位初始的分配方式确定,各企业可以通过市

① 李瑾:《澳大利亚碳价体系并非碳税》,《第一财经日报》2012年7月4日。

场交易,利用价格体系的功能,促使碳排放的外部成本内部化,达到最适当的碳排放水平。与"控价不控量"的固定碳价格机制相比,"控量不控价"的碳排放权交易价格由市场决定,灵敏度更大,效率更高,更能反映市场参与者的需求。

(二)成为一种新型的税收负担

在固定碳价格机制下对碳排放定价,其实施方式非常类似于"碳税",这将会对相关企业和居民形成一种新型的税收负担。

首先,针对碳价格机制直接覆盖的行业而言,EITE 行业获得了大量的免费碳单位,且这些免费的碳单位可以用于在市场上出售或者是由政府进行回购,不仅减少了这些行业理应承担的碳排放责任,还可以使其获得额外的收益;而不具有援助资格的其他企业需要以固定价格购买碳单位,对于这些需要购买碳单位的企业而言,固定碳价格机制就相当于对其增加了一种新型的税收负担。并且根据行业所面临的国际竞争和消费者的议价能力,并不是所有的企业都能够将碳价格造成的成本上升转嫁给消费者,例如食品行业就仍然需要保持低价。此外,对于那些未被碳价格机制直接覆盖的中小企业和居民,也间接承担了碳价格带来的负担,这最主要的体现在对能源成本的增加上。根据澳大利亚工业协会(Australian Industry Group)在 2013 年 1 月发布的调查显示,485 家受访企业中,碳价大约使他们的能源成本平均增加了 14.5%[1];而根据澳大利亚政府《清洁能源计划》公布的数据显示,在 2012—2013 年,23 澳元/吨的碳价格将会平均使每个家庭的支出增加 9.9 澳元,如表 3.7 所示。

表 3.7 在 2012—2013 年度 23 澳元/吨的碳价对每个家庭每周支出的平均影响

行业	每周支出(澳元/周)	消费者价格(%)
电力	3.3	10
天然气	1.5	9
食品	0.8	≤50
影响加总	9.9	70

资料来源:Australian Government, *Securing a clean energy future:the Australiangovernment's climate change plan*, 2011.

---

[1] Ai Group, *Ai Group Survey:Business Pricing Responses to Australia's Carbon Tax, the First Six Months*, 2013.

（三）降低工薪阶层的生活水平

固定碳价格机制将会降低工薪阶层的生活水平，主要是因为企业有可能将碳价造成的成本上升转嫁给居民，而工薪阶层所获得的援助又将随着物价上涨而收效甚微。

政府估计，在碳价格机制自 2012 年 7 月 1 开始运行的头三年，政府可以通过出售碳单位获得将近 250 亿美元的收益，同时，加上其他的收益和支出节省，总收益有望超过 270 亿美元[1]，收益中的 150 亿美元将用于对家庭的补偿。主要是针对养老金的领取者和中低收入家庭。支付的主要形式为税收减免、增加家庭福利、提高养老金和津贴。九成家庭将获得一些形式的补助。根据政府的说法，数百万家庭将变得更好。

然而，正如消费税的补偿计划，针对碳价格机制的补贴效用同样也会随着时间付诸东流。例如，在消费税之下，税收减免实际上反映了一种税级攀升，养老金的领取者获得的养老金每年以 2 个百分点上涨（扣除物价因素后），并且其享用的食物也不在该种税率的覆盖之下，可以说是获益颇丰。然而，根据《养老金的哈默审查》（Harmer Review of Pensions），"8 年之后，独居老人所获得的养老金远不如老年夫妇所得的支付比率高"。

鉴于消费税补偿计划的历史，家庭援助计划也有可能重蹈覆辙，即补偿有可能被一般性通货膨胀、税级攀升和政府政策的变更所抵消。现阶段看似慷慨的补偿有可能使工薪阶层对未来逐渐恶化的生活状况视而不见。例如，补助金领取者所获得的年度援助将在补贴的最大上限上增加 1.7%，基本与通货膨胀率保持一致，而碳价 2.5% 的增长因子却略高于此。

此外，在前四年，由于附带的补偿和支出比财政收入的增长大，所以一揽子计划将对财政收入产生 40 亿美元的冲击。政府很有可能为这部分差额削减在医院、学校和道路上的预算支出，那么工薪阶层将为污染者获得的大额补偿买单。

（四）不利于清洁能源的发展

在一些行业专家和学者看来，固定的碳价不仅无法有效地反映供求关系，而

---

① Australian Government, *Securing a Clean Energy Future: The Australian Government's Climate Change Plan*, 2011.

且碳价的设定也过低,无法为清洁能源的发展筹措足够的资金,并不利于清洁能源的发展。

这些观点认为,就传统能源向可再生能源的转化而言,23 澳元/吨的碳排放配额价格过低,为了使得风力发电变得成本有效,价格应该达到 70 澳元/吨;若要使用像太阳能这样的技术,就需要替换掉煤和燃气,那么建厂的初始投资就需要使碳价格不低于 200 澳元/吨。[①] 财政数据也显示,若要在 2050 年达到使温室气体排放下降 80% 的目标,碳价应该高达 131 澳元/吨。然而,无论采取怎样的价格,都无异于是政治自戕,工党政府当然不会飞蛾扑火,所以政府采取的策略就是鼓励燃煤发电向燃气发电转换。

事实上,能源部部长,马丁·佛格森就曾说过:"在传统能源向新兴能源的转型期间,燃气将扮演一项重要角色,无论是从乐观还是悲观看来,它都是一种更清洁的转型能源。"[②]然而,绿党的领袖参议员鲍伯·布朗对煤层气(Coal-seam Gas)是否是一种比煤炭更为清洁的化石能源提出了质疑。他认为,那些认为天然气对环境的损害要比煤炭降低一半的假设是非常值得推敲的,因为开采煤层气必然要破坏地质构造,从而导致甲烷的泄露,甲烷对大气的污染要比煤层气大 30 倍,而至今为止并未有人对由此产生的甲烷提出一种可用于测量或者是估计的方法。[③]

此外,由于投资者只有在确保燃气具备长期收益的情况下才会对其进行投资,那么燃气发电站的生命周期据估计至少应该长达 40 年,而现阶段的碳排放配额价格又不能够使得可再生能源在可预见的未来内达到成本有效,那么转型期就有可能跨越整个 40 年,才能使得投资具备回报性。所以,在可预见的未来内,澳大利亚的能源结构很可能是以燃气发电为主,大规模使用清洁能源还需要很长一段时间。

① "Beyond Zero Emissions Carbon Pricing-Will it Benefit Renewable Energy?", http://xa. yimg. com/kq/groups/15154881/590217568/name/BZE% 20Carbon% 20Price% 20Recommendations% 2020110228. pdf, 2011.

② Sid Maher, "Greens Question the Science of Gas for Power Generation", http://www.theaustralian.com. au/national-affairs/greens-question-the-science-of-gas-for-power-generation/story-fn59niix-1226117058621,2011.

③ Sid Maher, "Greens' Gas Campaign off Target", http://www.theaustralian.com.au/national-affairs/greens-gas-campaign-off-target-says-origin-energy/story-fn59niix-1226117774194,2011.

（五）未能与国际社会接轨

应对气候变化是一个全球性的行动,不能只依靠任何国家或地区自身的行动。固定碳价格机制在前三年并未与国际上的碳市场接轨,企业主要是通过国内市场履约,可履约的配额和方式有限,并不能充分发挥企业的创造力和积极性。

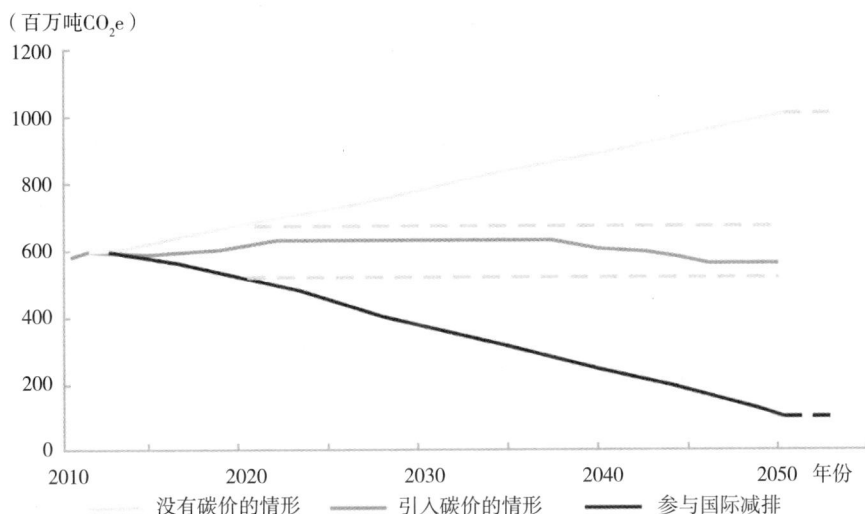

图 3.7　澳大利亚在没有碳价与碳价是否与国际接轨情况下的碳排放

资料来源:Australian Government,2017−07−27,http://carbonpricemodelling.treasury.gov.au/carbonpricemodelling/content/report/02chapter5.asp.

此外,政府的测算显示,仅仅依靠国内的碳排放配额交易,直至 2050 年,碳市场也只能将温室气体排放在 2000 年的基础上降低 2%;而依靠国际的交易框架,减排可达到 80%。由图 3.7 可以看出,在没有引入碳市场的情况下,澳大利亚的碳排放在 2020 年将达到将近 7 亿吨 CO_2e ,而在碳排放权交易体系下,国内的减排活动可使碳排放保持在 6 亿吨 CO_2e 左右,通过参与国际的减排活动更是可以使碳排放远低于 6 亿吨 CO_2e ,而这种差异在 2050 年达到更大。所以在发达国家之间建立起类似的碳市场并且进行链接就显得至关重要。

第四章 新西兰覆盖农业林业的碳市场

1997年,在日本京都召开的《气候变化框架公约》(UNFCCC)第三次缔约方大会通过了《京都议定书》,旨在限制发达国家温室气体排放量以抑制全球变暖。当年底,新西兰签署《京都议定书》,承诺在京都第一承诺期(2008—2012年)将排放量保持在1990年的水平。新西兰是地广人稀的岛国,大量的交通运输是支撑其经济和社会正常运行的基础,故虽然新西兰的绝对排放量仅占发达国家总排放量的0.3%—0.4%,但其人均排放量远高于世界平均水平。另一方面,广阔富饶的土地、温和的气候又为发展规模农业提供了天然优越的环境条件。农业是新西兰的重要支柱产业,占GDP的10%,为12%就业人口提供了工作机会,占出口额的50%以上。由农业所产生的温室气体占新西兰总排放量的近50%,如此之高的比例,是其他发达国家所没有的。为完成《京都议定书》所规定的目标,新西兰国内对气候政策进行了激烈讨论,最终经过几年的立法及修正而逐步建立起新西兰碳市场,即新西兰碳排放权交易体系(New Zealand Emission Trading System,NZ ETS)。

第一节 新西兰碳市场关键制度要素

一、新西兰碳市场的立法体系

新西兰是继欧盟之后第二个实施国家层面碳排放权交易体系的国家,政府在应对气候变化问题上采取的是"立法与政策配套相结合,以立法为主"的模式,重视以法律手段确定碳市场的法律地位。2002年出台《气候变化应对法

2002》(*The Climate Change Response Act 2002*),明确碳市场归新西兰财政部管理,建立了注册登记制度和温室气体排放核查制度,是新西兰碳市场的基础性制度安排。2006 年通过的《气候应对法 2006 修正案》(*Climate Change Response Amendment Act 2006*),主要插入了"林汇公约"(Forest Sink Covenants)和"成本回收"(Cost Recovery)两部分内容,目的是在 2008 年建立森林碳汇制度,允许土地所有者根据《京都议定书》中碳固定的内容在土地上建立碳汇林。2008 年 9 月 10 日,新西兰议会以 63∶57 的接近票数通过《气候变化应对法(排放交易)2008 年修正案》(*The Climate Change Response (Emission Trading) Amendment Act 2008*),该法案正式成为新法律,确定了碳市场的基本法律框架,这标志着 NZ ETS 正式建立,具体明确了 NZ ETS 的宗旨是通过帮助新西兰降低碳排放水平和履行其国际义务来应对全球气候变化问题。

该法给所有经济部门限定了 CO_2 排放限额,超额排放需购买额外指标。电力、交通、农业分别于 2010、2011、2013 年被纳入碳市场。NZ ETS 于 2008 年 9 月 26 日正式生效,并于 2009 年通过了特殊专责委员会的审查。2008 年 11 月,新西兰国家党上台执政,为了应对金融危机带来的经济衰退,降低碳市场对普通家庭的经济和收入影响,新西兰政府调整了相应政策。2008 年年底,议会特别委员会成立,对已完成的碳排放权交易制度进行重新审议修订。2009 年 6 月对森林碳汇的部分细节进行了改进;2009 年 11 月 25 日通过了《应对气候变化修正议案》(*Climate Change Response Amendment*),其修改主要包括四个方面:一是引进了一个过渡阶段,2013 年前的排放单位价格最高不超过 25 新元/吨,且购买 1 吨排放额度可排放 2 吨 CO_2,为加入 NZ ETS 的企业进行平稳过渡提供保障;二是改变参与企业免费排放额度的核定方式,由祖父法改为基线法[①],即不以企业历史排放数据为依据,改用行业单位产量的排放平均值作为依据,根据企业产能核准免费排放额度;三是减缓企业逐年核减免费排放额度的进程,使之与 2050 年的长期减排目标相吻合;四是改变了交通业、能源、工业及农业进入碳市场的时间,交通业、能源行业及工业于 2010 年 7 月被纳入碳市场,农业进入碳市场的时间从 2013 年延期至 2015 年。2011 年的第三次修改调整了管理机构。

---

① The Ministry for the Environment and the Ministry of Business, Innovation and Employment, *Climate Change Response Act* 2002,2002.

上述法案共同构成了 NZ ETS 已有的法律框架,目前正在进行进一步的修改完善。

二、新西兰碳市场覆盖范围

新西兰碳市场覆盖《京都议定书》中全部 6 种温室气体,纳入行业包括林业、固定能源、渔业、工业、交通、合成气、废弃物处理和农业。NZ ETS 采取逐步推进的方式,覆盖行业逐步纳入,各行业在不同阶段拥有不同的权利和义务(具体安排见表 4.1)其中最主要的权利和义务包括以下几种:上缴新西兰排放单位(New Zealand Units,以下简称"NZUs")①以履行义务;通过森林碳汇赚取 NZU;免费获得 NZU(主要是农业和 EITE 企业②);自愿或强制性报告碳排放。

表 4.1　各行业纳入碳市场时间

部门	上缴 NZUs	获得 NZUsᵃ	得到 NZU 配额	自愿报告	强制性报告	履行全部义务
林业	√	√	√	—	—	2008.7.1
固定能源	√			—	2010.1.1	2010.7.1
渔业ᵇ		√		—	2010.1.1	2010.7.1
工业过程	√		√	—	2010.1.1	2010.7.1
液体化石燃料	√			—	2010.1.1	2010.7.1
合成气体	√			2011.1.1	2012.1.1	2013.1.1
废弃物处理	√			2011.1.1	2012.1.1	2013.1.1
农业	√		√	2011.1.1	2012.1.1	2015.1.1

注:a.指该部门本身可以通过生产活动产生 NZU;b.渔业不需为其排放承担责任,考虑到 NZ ETS 引起的能源、燃料价格上涨,政府将向渔业免费分配 NZU。
资料来源:New Zealand Government, 2017 - 07 - 27, http://www.climatechange.govt.nz/emissions-trading-scheme/obligations/.

(一)林业

林业于 2008 年 1 月 1 日最早被纳入 NZ ETS 并且将在整个碳市场中发挥独

---

　　①　新西兰排放单位(NZU)是 NZ ETS 的排放配额,每单位等同于一个京都单位。
　　②　新西兰政府认为由于 NZ ETS 的实施,这类企业将面临巨大的成本增加,这类企业将面临国际竞争力下降和碳泄漏的潜在风险,因而需要向 EITE 企业免费分配 NZU。

特的作用。作为净碳汇的林业,2008 年吸收了 1400 万吨 CO_2,相当于新西兰 2008 年排放的 19%。在 ETS 下,1990 年前种植的森林(1989 年 12 月 31 日前种植的并在 2007 年 12 月 31 日前仍然存活的森林)的所有者在其采伐森林时需要上缴 NZUs。

(二)固定能源

新西兰固定能源部门的一个独特的情况是,65%的电力来自可再生能源,主要是水电,因此属于低排放的能源系统。但减少固定能源部门的排放仍然非常重要,从 1990 年至 2011 年间,新西兰由发电产生的温室气体排放量增长了近 49%,工业过程中使用能源的排放增长了大约 8%。因此,固定能源部门被纳入 NZ ETS。

固定能源部门包括所有用化石燃料(煤炭和天然气)发电和直接产生工业热的部门。不包括用于运输的能源、工业生产过程中的排放或是在商业及住宅设施的加热排放(这些排放将会被纳入 ETS 其他主体)。新西兰固定能源排放主要来自煤炭和天然气。固定能源部门被纳入 ETS 的门槛得满足以下条件之一:(1)一年内进口煤量超过 2000 吨;(2)一年内开采煤炭超过 2000 吨;(3)进口天然气;(4)开采天然气(不包括开采后用以出口的天然气);(5)利用地热流体发电或产生工业热,并且每年排放超过 4000 吨 CO_2e;(6)为发电或工业热燃烧使用过的或废弃的油超过 1500 吨 CO_2e;(7)为发电或工业热燃烧旧轮胎。满足以下条件之一的企业可以选择性进入 ETS:(1)一年内从煤矿开采者处购买超过 25 万吨煤炭;(2)一年内从天然气开采者处购买天然气超过 2 兆焦耳的企业。[①]

新西兰固定能源参与者主要是上述活动的"上游"企业,例如煤矿。同时,其他沿供应链的下游公司可以选择性加入 ETS 并且承担强制性参与者的义务。例如,一个用煤的发电商可以选择承担其他煤炭供应商的上缴义务,在这种情况下,煤炭和天然气的供应商便不再承担义务。目前,有五家公司选择进入 NZ ETS,他们和所分担责任的强制性参与者面临相同的报告和上缴义务。固定能

---

① Climate change information, "Participating in the New Zealand Emissions Trading Scheme(NZ ETS)", http://www.climatechange.govt.nz/emissions-trading-scheme/participating/,2015.

源部门不会获得分配的 NZU,因为他们可以将 NZ ETS 义务的成本转嫁给消费者。

(三)液体化石燃料

新西兰的人均汽车拥有量居世界第二。同时,新西兰的地理条件决定了其高度依赖飞机和船舶,液体化石燃料消耗量大。同时,从 1990 年到 2006 年,新西兰运输总排放量增加了 560 万吨 CO_2e ,增长了 64%。因此,液体化石燃料部门被纳入了 ETS。

液体化石燃料的交易计划适用于供应链"上游"企业,参与者通常是上游的运营商——运输燃料的生产者、煤炭生产商和将这些产品运入新西兰的进口商,而私人购买者不直接参与计划。[①] 在分配方面,液体化石燃料参与者不会得到免费的 NZUs,因为他们可以将 ETS 的成本转移给其消费者。因此 NZ ETS 将提高液体化石燃料的价格,这有利于促进新的清洁能源和清洁交通方式如自行车和步行的发展,从而达到减排的目的。

(四)农业

新西兰的农业部门主要是畜牧业,是由各种反刍动物如羊、肉牛和奶牛组成的。农业部门所排放的温室气体通常是指由农业活动导致的生物温室气体(甲烷和一氧化二氮)的排放。农业部门是新西兰最大的温室气体排放源,占全国总排放量的大约 48%,并且仍在持续增长。因此新西兰将农业纳入到碳市场中,这也是 NZ ETS 的一大特点。

ETS 通过碳的价格提供激励来减少每单位农产品产出的排放水平,减排可以通过提高农业生产效率、增加植树、更有效地施用氮肥、增加使用硝化抑制剂、更加有效地管理动物粪便和利用其他发达国家先进的减排技术来实现。农业温室气体排放量的计算采用排放因子法,规定每单位产品温室气体排放量(如每吨固体乳制品或每吨肉用畜体温室气体排放量),通过产量乘以排放因子的方法来计算排放量。

---

① Climate change information,"Participating in the New Zealand Emissions Trading Scheme(NZ ETS)", http://www.climatechange.govt.nz/emissions-trading-scheme/participating/,2015.

农业部门 ETS 的参与者也主要是肉类和奶制品的加工商、鲜活动物的出口商、化肥的进口商和制造商以及禽蛋的生产商。农民和种植者则不需要注册或直接参与 NZ ETS,这样做是为了简化监察和报告,保持较低的行政成本。从2015 年起,农业部门中在 ETS 面临非 CO_2 农业排放的成本。非 CO_2 温室气体包括甲烷(来自家畜)、氧化亚氮(来自动物粪便)和施用氮肥。ETS 覆盖进行上述活动的农场和牧场。参与者能够申请免费的 NZUs 来弥补增加的成本。农业原定于 2015 年正式纳入 ETS,但最终进入 ETS 时间仍未确定。自 2015 年起,尽管法律上新西兰碳市场已覆盖了这些排放,然而将这些气体纳入碳排放交易体系的措施遭遇无限期推迟。新西兰政府曾表示,只有在技术成熟,有技术可用于减少这些排放量,并且新西兰的国际竞争对手也采取排放措施的条件下,农业"生物性"碳排放才会承担相应的责任,进入碳排放交易体系。[1]

(五)其他行业

渔业、工业过程、废弃物及合成温室气体等行业也被纳入到 NZ ETS 当中。

渔业从业者不需要为其排放量上缴排放单位,由于能源、燃料价格增长将增加渔业者的成本,符合以下条件之一的渔业参与者可以免费获得 NZUs:(1)2009年 9 月 24 日前在配额登记册上登记的参与者;(2)上述条件(1)的继任者。

2006 年,新西兰工业过程部门的排放量占整个温室气体排放量的 6%,排放量从 1990 年至 2007 年增长了 40.9%。铁、钢、铝、砖、熟石灰、玻璃和黄金的全部生产商有义务对他们生产过程中的排放量进行报告和上缴 NZUs。

合成温室气体(SGG)包括氢氟烃、全氟化碳和六氟化硫。NZ ETS 的参与者主要是进口合成温室气体的制造商和进口商(包括商品中含有合成温室气体的进口商)。从 2013 年 1 月起,进口散装氢氟烃和全氟化碳及电器装置中六氟化硫的含量超过规定阈值的进口商被纳入 NZ ETS,开始上缴 NZUs;生产氢氟烃和全氟化碳的生产商同时也为其生产的合成温室气体履行相同的 NZ ETS 义务。2013 年 1 月 1 日起,含有氢氟烃和全氟化碳产品和车辆的进口商面临碳税,由新西兰交通运输局(NZTA)负责执行;其他含有氢氟烃和全氟化碳的一切产品

---

① Ministry for the Environment, *Legislative Changes to the New Zealand Emissions Trading Scheme-2012*, 2016.

在机场征收碳税,由新西兰海关局负责执行。再出口或销毁氢氟烃和全氟化碳作为清除活动有资格接受 NZUs。出口商从 2013 年 1 月 1 日起有资格获得 NZUs。

在 NZ ETS 关于废弃物的条例中,废弃物处理设施的运营商只需要负责甲烷的排放量[①]。废弃物产业不会获得分配的 NZUs,但小型的和偏远地区的废弃物处理商会获得所有上缴排放单位和报告的豁免权。2012 年 1 月 1 日以来,满足下列条件之一的废弃物处理商获得豁免权:(1)每年处理量小于 1000 吨并且距离最近的现代填埋场的陆路距离至少 150 千米;(2)每年处理量小于 500 吨并且距离最近的现代填埋场陆路距离至少 75 公里;(3)坐落在距大陆至少 25 公里远的沿海岛屿上。豁免权于 2013 年 1 月 1 日正式生效,这些参与者不需报告 2012 年度的排放量。

三、新西兰碳市场的过渡期安排

2009 年 11 月 25 日,新西兰议会通过了《应对气候变化修正议案》,将 2010 年 7 月至 2012 年 12 月设置为 NZ ETS 的过渡期,期间采取特殊政策帮助参与者平稳过渡。

《京都议定书》中新西兰承诺的国际减排义务是 2010 年的排放量稳定在 1990 年的水平上,到 2020 年(第二承诺期)在 1990 年基础上实现温室气体减排 10% 到 20%。第一阶段 2008 年到 2012 年,新西兰的初始配额量为其 1990 年排放量的五倍,也就是平均每年的排放水平与 1990 年持平。新西兰在过渡期采取了一些特殊的政策帮助 NZ ETS 参与者顺利过渡,这些过渡政策主要包括[②]:

(1)固定价格选择。在过渡期内,NZ ETS 的参与者可以向政府购买 NZU,价格为 25 新元,这相当于 NZU 的价格上限,可以起到价格安全阀的作用。旨在限定 NEUs 的价格,防止国际碳价突然飙升给新西兰国内企业造成影响,在排放

---

① 尽管废弃物填埋场也会由于废物的分解释放出大量的二氧化碳,但此二氧化碳排放量不属于新西兰的国际义务。不被纳入 NZ ETS 中。同样污水处理排放并不包含在 NZ ETS 中。废物焚烧发电则被视为固定能源部门的一部分。

② Emissions Trading Scheme Review Panel(ETSRP), "Doing New Zealand's Fair Share", *Emissions Trading Scheme Review* 2011:*Final Report*,Wellington:Ministry for the Environment,2011,pp.29–34.

交易启动初期提高稳定性，控制排放源的履约成本。

（2）"排二缴一"（One-for-Two）。液体矿石燃料、固定能源、工业过程等部门的参与者，只需为每两单位 CO_2e 的温室气体排放量上缴 1 单位的 NZU，也就是说，这些行业的参与者享受了"半价"的优惠。结合固定价格选择，实际上，在过渡期，上述部门的参与者面临的每单位排放量的最高价格为 12.5 新元。

（3）在过渡期，政府向部分产业免费分配 NZUs，一方面是向因 NZ ETS 而遭受损失的产业进行补偿，这主要针对林业和渔业；另一方面是防止竞争力下降和碳泄漏，过渡期仅仅针对工业中的 EITE 企业。

（4）禁止林业以外的行业在国际市场上出售 NZU，这样可以确保国内市场NZU 的供应。

（5）允许基于产业水平的方法分配贸易行业和排放密集型行业配额。由于处在过渡期，遵约实体无须完全履行体系中的相关义务，且经济环境并未受到足够的激励去投资温室气体减排活动。一旦 2012 年年底过渡期结束，遵约实体须履行全部的义务，此时固定价格期权形式和"排二缴一"的缴纳政策中止实行（同时 NZUs 的出口也会受到限制）。

四、新西兰碳市场配额分配

尽管国际上一些其他的排放配额单位同样也可以使用，但是政府规定在 NZ ETS 中，首要的排放配额标准是由新西兰官方制定的 NZU。任何个人或实体都可以持有或交易 NZU，遵约实体可以将配额储备留用并在未来的履约期限内使用配额，但不得借用（做空）NZUs。在首个《京都议定书》承诺期中，每个单位的NZU 等同于一个京都单位，在过渡期结束时，新西兰排放登记簿会以京都单位为基准对 NZU 进行调整。这使得 NZ ETS 的遵约实体可以通过登记簿将 NZU兑换成京都单位并进行离岸出售。

NZU 具有的特定法律特性决定了其必须为持有者在贸易活动时或交易其所持有的 NZUs 时提供足够的保障。这一法律特性包含了许多方面，包括在税收系统下对 NZUs 的处理方式等。政府希望通过与既得利益相关者和非既得利益者共同协商配额单位的相关法律特性以确保双方能够对此达成确切共识。

初始配额为免费分配，且在过渡期不实施拍卖。具体而言，NZU 的免费分配在不同行业采取不同的方式。

渔业的分配采用祖父法,将获得 2005 年排放的 90%。林业中的免费配额只针对"1990 年前的林地",分配将基于森林的性质和购买的时间(具体见表4.2)。过渡时期内,林业的配额分配不考虑树种等因素。例如,2002 年 11 月 1日前购买的"1990 年前的林地"每公顷获得 60 NZU,免费配额分两次发放,2012年 12 月 31 日前每公顷发放 23 NZU,之后每公顷发放 37 NZU。

工业免费分配的方式采用基线法,"排放基线"是以某种活动造成的单位产出平均排放,根据企业向政府提供的相关数计算得出。这样,高效的企业将会获得收益,低效的企业也将得到鞭策,计算公式为:

$$FA = LA \times PDCT \times AB$$

其中,FA 为企业年度最终免费配额量;LA 为援助水平,分为 60% 和 90% 两档;$PDCT$ 为企业的年生产量;AB 为活动的排放基线。对于农业来说,援助水平为 90%。企业的援助水平将根据单位排放来确定,当一个工业活动每百万美元收益所排放的温室气体等于或高于 800 吨且低于 1600 吨 CO_2e 时,被认定是中等密集排放的活动,援助水平为 60%;当每百万收益所排放的温室气体等于或高于 1600 吨 CO_2e 时,被认定是高度密集排放的活动,援助水平为 90%。

表 4.2　NZ ETS 林业 NZU 免费分配量

类别	2012 年 12 月 31 日前分配量	2012 年 12 月 31 日后分配量
林地所有人于 2002 年 11 月 1 日前购买	23NZU 每公顷	37 NZU 每公顷
林地所有人于 2002 年 11 月 1 日后购买	15 NZU 每公顷	24 NZU 每公顷
2008 年 1 月 1 日起的官方林业许可土地	7 NZU 每公顷	11 NZU 每公顷

资料来源:Department of Conservation,2017-07-27,http://www.doc.govt.nz/.

免费配额发放于 2010 年 7 月 1 日开始,在过渡期内"排二缴一",所以免费分配给合法企业的 NZUs 的数量也将是正常补贴的一半。政府对合法的工业活动的援助水平,从 2013 起每年减少 1.3%;对农业从 2016 年起每年减少 1.3%。[①]

---

① Emissions Trading Scheme Review Panel(ETSRP),"Doing New Zealand's Fair Share",*Emissions Trading Scheme Review* 2011:*Final Report*,Wellington:Ministry for the Environment,2011,p.41.

为获得免费 NZUs,企业每年向计划管理人提交申请,并且依据企业自身的生产水平提供真实的信息。此外,管理人有权利向企业要求更多的信息来求证分配的正确性。当企业收到免费的 NZUs 后,必须保存充足的可以被查证的记录至少七年,在此期间,管理人可以查询记录以监管企业的援助水平。

五、新西兰碳市场遵约机制

(一)测量、报告和核查制度

新西兰政府对 NZ ETS 参与者的测量、报告和核查遵循以下条款以确保其信息的真实性和准确性:

(1)由独立的第三方机构对参与者年度报告进行核查;

(2)由独立的第三方机构对参与者提交的免费配额额度进行核查;

(3)政府承诺能够诉诸权力机构采取有约束力的裁决,使参与者能够按照其提议的活动建议履约;

(4)增加参与者汇报排放情况的频次。

(二)注册登记系统

新西兰的排放登记系统(New Zealand Emission Unit Registry,NZEUR),是新西兰唯一的国家登记簿,以满足新西兰在《京都议定书》中的履约要求,2007 年12 月 6 日开始运行。NZEUR 负责 NZ ETS 中排放的核算、报告和履约的一致性,以及账户转让,不记录价格信息和资金流转,不提供现金流服务,只记录账户中配额的流动,并且独立于自愿碳市场及其登记系统。NZEUR 的具体功能包括:开户;持有京都配额或 NZUs;NZEUR 和其他《京都议定书》下的官方注册体系之间的转让;NZEUR 内部账户之间的转让;登记 NZ ETS 参与者行为。

(三)履行义务

新西兰参与者采用基于税收体系的自我评估方法来履约。估算方法与 UN-FCCC 的《国家清单报告指南》和《京都议定书》的核算指南保持一致。参与者评估自身排放:在每个履约期(每年的 1 月 1 日到 12 月 31 日)计算其排放量,次年

3月31日前提交年度报告说明其排放活动,并汇报其碳排放量。汇报应在参与者承诺履行相关义务前6到12月开始,以免受到惩罚。NZ ETS参与者通过以下方式履行义务:上缴在本国碳市场购入的NZUs(从获得免费配额的或赚取NZUs的主体手中购入);上缴在国际碳市场购入的符合条件的排放配额;上缴分配到的或赚取的NZUs;上缴以固定价格期权形式从政府部门认购的NZUs。

(四)惩罚机制

同税收制度相结合,新西兰政府对NZ ETS中的违约和欺诈行为进行有力的惩罚。过渡期内NZ ETS没有设置排放上限。但是,当参与者的排放量超过了其所得的免费配额时,需要从市场上或者从政府购买NZUs。如果没有如期上缴所需的NZUs,除必须全额补缴之外,还必须支付30新元/吨的罚款。如果参与者故意不履行义务,那么将按照1∶2的比例补缴NZUs,罚金金额也将提升至60新元/吨,且参与者还将面临刑事处罚的可能性。对于参与者未能履行的其他义务,第一次违约将被处以民事罚款4000新元,第二次8000新元,第三次12000新元。故意不履行减排义务的遵约实体将受到刑事处罚,包括巨额罚款和对个人的刑事定罪。遵约实体必须汇报其未能监控或者上报符合条款的排放量的原因何在,行政机构有相应的处理程序用以对其排放量进行默认评估。当这种情况发生时,遵约实体将由于未能履行其义务而受到罚款并承担更严厉的补偿额和更高的经济惩罚。行政侵权会采取一系列较小的处罚措施,法规中也包括对行政机关决议的适当上诉程序。

六、新西兰碳市场灵活机制

根据《京都议定书》规定,有减排义务的国家被分配到的配额单位(Assigned Amount Units,AAUs)①就是他们的目标完成配额。这些国家必须在2008—2012年的五年期间根据UNFCCC的规定,将实际排放量AAUs和其他排放单位降到符合《京都议定书》的相关要求。

---

① Assigned Amount Unit(AAU)是京都机制下的排放单位,1单位AAU等于1吨CO_2e的温室气体排放。

　　《京都议定书》创建了三种灵活机制,通过获得和交易《京都议定书》单位,支持国家履行自己的责任目标并激励他们超额完成。《京都议定书》下的合法单位除排放单位 AUUs 外还包含清除单位(RMUs)、ERUs 和 CERs。NZ ETS 创建了 NZU 作为国内 NZ ETS 交易的单位。NZU 可以作为标的物在碳市场上进行交易。NZ ETS 允许参与者在国际市场上购买排放单位并出售 NZUs,也允许参与者上缴特定类型的京都机制下的排放单位(如 RMUs[①]、ERUs 和几类 CERs)来履行他们的义务。这一方面保证了 NZUs 反映国际价格,另一方面允许参与者更灵活地来履行义务。在第一承诺期,新西兰政府不对纳入 NZ ETS 的 AAUs 种类设定上限,但对 CERs 和 ERUs 类型设限。但政府不承认与核电项目有关的 CERs 和 ERUs,并且不允许个人登记持有 CERs,拒绝接纳退出 CERs 的个人。同时,过渡期规定除林业之外,其他行业的 NZUs 不可在国际市场上出售。

　　政府已在准则中确立,在议定书第一承诺期(2008—2012 年)内,ETS 将与国际京都碳市场相衔接。受某些限制的影响,NZUs 与《京都议定书》单位是可互换的,遵约实体为了达到 NZ ETS 的标准可以缴纳 NZUs 和京都单位。遵约实体可以用 NZUs 交换京都单位以进行离岸出售。然而,离岸出售将受《京都议定书》承诺期间储备(CPR)的制约。对 CPR 进行管理时,将优先考虑那些参与减排项目、协商温室协议和提倡永久森林碳汇项目的成员,以使他们能够在国际上出售排放单位。

　　在《京都议定书》第一承诺期间,政府不会对可以纳入 NZ ETS 的 AAUs 种类设定上限。但 NZ ETS 会借助政府的力量对那些被纳入 NZ ETS 的 CERs 和 ERUs 类型设限。政府已经决定排除那些新西兰排放单位登记簿中与核电项目有关的 CERs 和 ERUs,并且防止个人登记持有 CERs。为了遵守《京都议定书》的承诺,政府也拒绝接纳退出 CERs 的个人。因此,这些排放单位不能被用于 NZ ETS 承诺条款内。同样,如果与 HFC-23 项目有关的议题尚未解决,新西兰会考虑从京都登记簿甚至 NZ ETS 中排除相关的排放单位。根据最新公告,从 2012 年 12 月起还禁止 HFC-23 和 N_2O 项目、非世界水坝委员会认可的水电项目产生 CER 和 ERU。

　　总体而言,京都信用是对 NZU 的重要补充,事实上京都信用也占到企业上

①　NZ ETS 的清除活动包括:森林碳汇、碳固定、碳封存、出口和摧毁合成气体等。

缴的相当比例,起到了确保新西兰国内配额或信用供给的作用。同时,京都信用可以履行新西兰在《京都议定书》第一承诺期的减排义务。此外,NZ ETS 还预留了接口,以便未来与其他减排机制相链接。

第二节　新西兰碳市场纳入林业部门的制度规则

林业于 2008 年最早纳入 NZ ETS 并且在整个体系中发挥独特的作用。在过渡期,林业也可得到政府免费发放的配额,是受援助的行业,NZUs 的固定价格为 25 新元,且"排二缴一"。由于《京都议定书》规定不可使用 1990 年前森林产生的碳汇,因此新西兰将"1990 年前的林地"和"1990 年后的林地"进行区别对待。

一、林地概念

纳入到新西兰碳市场中的林地,被分为"1990 年前的林地"和"1990 年后的林地"进行区别对待。因此明确"1990 年前的林地"与"1990 年后的林地"概念是非常重要的。

(一)1990 年前的林地

"1990 年前的林地"是指 1989 年 12 月 31 日已经是森林且到 2007 年 12 月 31 日一直是森林的林地。这里的林地指的是人造林地,天然林不参与碳市场。2008—2012 年过渡期内,一共有 5500 个 NZUs 免费配额可供申请。申请的具体规则是:

(1)发生毁林,且毁林面积大于 2 公顷。不能获得免费 NZUs,且必须强制加入 NZ ETS,在市场上购买相应数量的 NZUs 以弥补毁林造成的排放。

(2)未发生毁林。则林地所有者面临三种选择:

一是自愿申请配额。得到的配额可以自由在市场上出售获益。但之后一旦发生毁林活动,且毁林面积大于 2 公顷则会被强制全数归还所申请的所有免费配额,且从碳市场购买相应数量的 NZUs 以弥补毁林带来的排放。

二是自愿申请免责,即免除排放责任。这主要是针对林地面积小于 50 公顷且预估到未来有毁林活动的林地所有者。申请免责后,若未来发生毁林活动,只需归还免费配额,不需从市场上购买相应 NZUs 来弥补毁林带来的排放。

三是自愿不申请免费配额。这主要是针对林地面积很小的所有者,这样的林地所有者申请免费配额得到的收益可能比付出的成本小得多,因此可以选择不申请免费配额。这样,一旦发生毁林活动,所有者只要去市场上购买相应数量的 NZUs 或者以支付现金的方式弥补毁林造成的排放。

对于"1990 年前的森林土地",若毁林后重新种植树木成为林地,则不用承担 NZ ETS 下的排放责任,若砍伐后的土地转化为非林土地则需承担 NZ ETS 下的排放责任,同时将会获得一次性的免费配额补助,帮助抵消因土地使用灵活性降低而减少了的土地价值。

对"1990 年前的林地",政策旨在鼓励保护现有林地,减少砍伐以达到减排目的。

(二)1990 年后的林地

"1990 年后的林地"是指 1989 年 12 月 31 日已经是林地但在 1990 年 1 月 1 日到 2007 年 12 月 31 日期间曾有过毁林行为,但在 2007 年年底后通过植树造林等行为又重新成为森林的林地。这里的林地指的都是人工林。

"1990 年后的林地"不发放免费配额,因为在制定林业与碳市场的相关政策时,这些林地并不一定存在,因此难以明确量化。具体的量化规则是:计算实际造林数量。森林所有者根据木材收益和碳汇收益自愿选择是否加入碳市场:如果预测未来毁林带来的木材收益大于碳汇收益,则不加入碳市场。如果预测未来毁林带来的木材收益小于碳汇收益,则选择加入碳市场。如果难以预测,亦可以选择部分林地加入碳市场。对于自愿加入 NZ ETS 的林地所有者,首先需要完成登记注册,在农林部帮助下获得加入 NZ ETS 的资格。之后要履行报告义务,并且在退出时对账户进行核算,在转让时遵循有关规定。森林碳汇不设置上限,所有者申请加入碳市场,得到相应 NZUs 后,可以在市场上出售获利。但之后一旦出现毁林活动,则需全数返还或重新购买相应数量的 NZUs 或支付现金以弥补排放。

对于"1990 年后的林地"政策旨在鼓励森林所有者加强植树造林,增加森林碳汇。

二、政策指导

为了推进林业顺利加入碳市场,帮助相关参与者更好地理解相关政策,新西兰农林部出台了各种技术指南,用以帮助林地所有者及森林所有者参与碳市场。

《林业参与碳排放权交易计划指南》交代了林业参与碳市场的基本情况,有助于林地森林所有者了解碳市场,解释了"1990 年前的林地"和"1990 年后的林地"的含义,1990 年前的林地和 1990 年后的林地参与者的权利和义务,所有者可以根据指南判断自身是否应该加入。《林地参与碳排放权交易计划之土地分类指南》给出林地类型判断方法,帮助所有者判断自己的林地或森林是属于"1990 年之前的林地"还是"1990 年之后的林地"。《地图指南和空间地理制图信息标准》提供必要的林地基础信息用来确定参与 ETS 的林地的边界范围,提供林地制图方法,参与者可使用农林部提供的在线制图工具或者用自己的 GIS 工具按照指南方法制图来界定林地的范围、计算林地的面积。《林地参与碳排放权交易计划查表法指南》用以帮助参与者通过查表法(林地面积小于 100 公顷)计算森林碳汇。《林业参与碳排放权交易计划的实地测量方法和标准》指导参与者通过实地调查法(大于 100 公顷)开展森林实地测量,并利用政府部门在线计算器计算森林碳汇储量。林业的温室气体难以测量,新西兰开发了专门的计量工具和方法学,主要采取近似法,例如,按照给定树木种类、树木年龄以及地理位置计算碳汇量,而非实际测量的碳汇量。《1990 年前林地 NZUs 的分配和免除方法指南》帮助所有者明确 1990 年前林地的保护重要性及毁林活动面临的机会成本,并且明确了所有者参与 NZ ETS 的具体补偿办法和免责情况。

三、参与主体与流程

(一)参与主体

NZ ETS 参与者可以是个人、公司、家族信托代理人企业等。"1990 年前的林地"参与者有两种:一是因毁林面积达到 2 公顷而被强制纳入 ETS 的林地所有者。二是自愿加入 ETS,申请领取免费配额的林主。"1990 年后的林地"的森林所有者,自愿加入 ETS 的即为参与者,可以是林地所有者也可以是出租管理人。这里,我们要重点关注的是:1990 之前林地的参加人为土地拥有人,也包含租用土地的管理人。因为在 1990 年之前,针对林地,ETS 的目的为管控对林地的损毁行为。所以需要林主对领取的免费配额负责;而对于 1990 年后的林地,主要目标是鼓励造林,因此鼓励更多的参与者参与林业,加入 ETS。

(二)参与流程

林地拥有者若想参与进 NZ ETS,必须经过的程序有:登记注册、林地大小圈定、碳汇变动计算、碳汇管控、碳汇数据记录、申请分配额度、给出排放单位等环节。

(1)登记注册。林地拥有者要注册成为 NZ ETS 成员,第一步是打开中央注册系统注册成员,拿到成员名字和密码。第二步,申请 NZU 账户,该账户用以记录核算参与者持有的 NZUs 的变化情况。第三步,新西兰经济发展部负责核实申请人的身份,并分配给申请者一个唯一的账号。第四步,农业与林业管理机构要综合审查申请者的各个层面包括:林地、林权、运营合法权限等。从而检查申请是否合格。第五步,经农林部验证合格后,经济发展部会将启动第三步中提到的唯一账号的密码交给申请者。第六步,参与者得到对账户的处理权限之后,一定得根据经济发展机构的规定来编辑排放状况表单。

(2)林地大小圈定。完成登记注册后,林主需要按照农林部的指导划定参与 NZ ETS 林地的边界。首先进行森林制图,然后划定参与碳核算的区域范围。边界信息一旦确定,相关信息将由农林部保存。

(3)核算碳汇。根据农林部出台的《排放权交易计划查表法指南》和《排放权交易计划中林业的实地测量方法和标准指南》,采用"查表法"或"实地测量法"计算自己计算范围内碳汇波动状态,计算得出的数据要记录在"排放情况报表"内。

(4)碳汇项目管理。在参与 NZ ETS 的过程中,林主需要及时对划定边界内的土地变更活动向农林部进行报告,加强备案管理。同时,对于边界外的同样属于林主的土地变动活动也要加强管理。

(5)碳汇数据录入。如果参与者在报告期内依照上述方法进行了碳汇项目管理并且没有发生排放活动,则可将根据(3)中方法计算出来的碳汇变化情况记录在"排放情况报表"内。该表是农林部为参与 ETS 的每一款林地制作保存的核算记录,详细记录该块林地的 NZUs 的每一笔变化。参加人员依照规定限制认真制作实现状况表单,之后,能够计算出林地碳汇贮存量的波动状况。计算出应该获得或上缴的 NZUs 的数量。经过农林部和经济发展部的共同审核之后,如果该林地碳储存增加,林汇增加,则林主可以得到政府发放的 NZUs。同理如果经过核算后发现林地碳储存减少,则林主需要归还已申领的免费配额或从市场上购买相应数量的 NZUs 上缴以弥补排放。

(6)申请免费配额。对于 1990 年后森林的申请、获取可以划分成以下两种状况:一是一次性申领:按照查表法,在 2013 年 1 月到 3 月间,一次性申请领取 2008—2012 年共 5 年的碳汇储量对应的 NZU。二是分成两次申领:首先从 2012 年 1 月到 3 月期间,申领从 2008 年到 2011 年总共 4 年的碳汇储量相应的 NZU,之后从 2013 年 1 月到 3 月中,再次申领 2012 年总计碳汇储量相应的 NZU。在 1990 年之前的森林亦可划分成两类:一种为针对那些损毁森林大于两公顷的强制参加者,其没有获取 NZU 的权利,同时他们还应该偿还对应的 NZU。另外一类则为对于那些在 1990 年之前申领到无偿的 NZU 的林地拥有者,这又可以进一步划分成三类:一是符合规格的 1990 年前的林地,同时从 2002 年 10 月 31 日未进行所有权转让的,每一公顷的林地会得到 60 个 NZU;二是对于符合规格的 1990 年前的林地,且未在 2002 年 11 月 1 日当日与之后转让给持有者,他能够得到 1 公顷 39 个 NZU;三是已经于 2008 年 1 月 1 日当日或者之后依据《怀唐伊条约》(*Treaty of Waitangi*)流转于毛利人部落的皇室林地,1 公顷能够得到 18 个 NZU[①]。

(7)上缴排放单位。林地拥有者应该遵照买卖的规矩,不然,如果发生碳排放或者退市状况,就必须上缴 NZU 来填补。如果发生违背碳市场规则的行为,就会遭受严厉的惩处。

四、权利义务及惩罚机制

(一)权利义务

整个碳买卖环境中,林地拥有者的权利重点为,根据所拥有林地的碳汇的增

---

① New Zealand Legislation, *Climate Change* (*Pre-1990 Forest Land Allocation Plan*) *Order* 2010, 2010.

多,能够得到政府发放的 NZU,这些 NZU 可以进行买卖。整个市场尊重并保障林地拥有者的自愿参与权、交易权、盈利权、公平获得买卖讯息的权利。以及农林部的专家提供的无偿帮助参与者进行林地制图、碳汇计量等的权利。此外,碳汇市场根据这一状况也做出了详细的规定,进一步确认了林地拥有者的义务。

第一,20 世纪 90 年代后森林参与进碳市场必须要遵守六条规定:

(1)若接收碳买卖单位之后还出现滥伐现象,则要把一些已经接收的单位还回去,如果全部碳排放权交易单位都卖出了,那么需要在公开的碳市场购回。

(2)林地损坏之后,即便是实施再次种植,还是必须还回首轮造林得到的所有碳买卖单位,第二轮植树造林能够再根据碳存量速查表申请得到碳排放权交易单位。

(3)参加人员并不需要耗费时间在那里等到砍伐时才买回已经申领的所有碳排放权交易单位,当然还可以根据市场上现在的价格提前或者按批次买取,同时储存到自身的派出单位注册拥有的账户里,从而用来满足将来的需求。

(4)如果因为人为砍伐或者自然问题,比如干旱、大火等而导致的森林大面积死亡,森林死亡后就会把之前已经吸收的空气中含有的碳元素再次返回到大气中去,即使之前已经加入了碳市场并且已经申请领取了碳排放权交易单位,在此情况下也要返还自己之前领取的碳排放权交易单位,而不能用二次造林来进行弥补,当然,通过二次造林还能再次获得申请领取碳排放权交易单位的权利。

(5)碳排放权交易过程原则上是可以中途停止的,但是对于终止参与的参与者而言要在保证碳配额额度为正数的情况下才能退出,并且要对于拟退出的林地而损失的碳配额进行清算赔偿。

(6)碳排放权交易权利是与林地的归属权相绑定的,当林地所有权易主时,相附带的碳排放权交易权利也会随之转换。

第二,在 1990 年前的林地要在五个标准下进行申请碳排放权交易单位:

(1)当交易正式生效后,无论是由于天灾还是人祸方面的因素而引发的森林大面积死亡或者毁坏的情况下,除非提前申请了责任免除,否则,都应当原数归还之前申请所得到的碳配额,可以二次购买其他所有者的碳配额,也可以直接采用现金折算的方式进行补偿。除了归还碳配额外,还要弥补由于森林死亡后返还给大气的碳元素含量,当然,碳配额使用资格也可以在二次造林后再次申请。

（2）在森林责任负责人并没有直接参与碳配额交易的情况下，如果由于天灾或人祸引发的森林大面积死亡或损坏，并且森林方没有申请责任免除时，森林方面必须按照国际标准（具体国家不同）偿还损失、弥补碳配额。

（3）在森林林木的死亡或损伤是由于人祸而导致的情况下，森林持有者可以依法要求责任方按照国家标准进行碳配额或者是现金层面的赔偿。

（4）因为某种原因而导致森林方面不得不终止交易行为时，森林方必须在保证碳配额值为正数的情况下，对由于自己终止交易而造成的相对林地碳信誉的损伤进行等价弥补。

（5）碳权益是绑定在林地使用权上的，因此当林地易主时，碳权益也会随之发生易主的变化。一般情况下，在满足以上五项原则时，针对加入碳市场的森林持有者而言，无论在退市时或者在森林交易时，必须保证自己的碳排放权交易账户的余额为零。为保证碳排放权交易结束后的"单位结余"指数处于 0 数值状态，当森林责任方终止交易时，要对森林的单位结余指数进行清算（清算日期截至终止交易当天），如果数值大于 0，则要将剩余的使用权交出；第二种情况就是针对森林虽然还在碳权益交易市场中，但是其土地和林地资源已经到期并且无续约的情况下，其林地的相关单位结余和碳排放权交易权利就会转让到下一任的参与者手中。

（二）惩罚规则

1990 年前的林地，当遭遇人为砍伐或者干旱、大火等自然灾害而导致的森林大面积死亡，森林死亡后就会把之前已经吸收的空气中含有的碳元素再次返回到大气中去，即使之前已经加入了碳市场并且已经申请领取了配额，在此情况下也要返还自己之前领取的配额，而不能通过二次造林来进行弥补。而在此（1990 年）之前，只要交易已经开始，无论是由于天灾还是人祸方面的原因而引发的森林林地死亡或者损坏，都必须要进行二次造林来弥补，一直到交易完成，在此期间森林责任方除了要承担相关的违约责任外，还要受到相应的法律追究，负担着民事责任与刑事责任。在法律的强制执行下，针对没有合理承担责任的森林责任方，在缴纳 60 美元/吨 CO_2e 的罚金之外还必须承担高出约 1 倍的补偿金，更严重的还有被定罪的危险。

第三节 新西兰碳市场纳入林业的方法学

一旦林地在碳市场注册后,森林碳汇储量就要按照以下的标准进行分类,按照既定方法进行计算:对于一片1990年以后的林地,如果参与者想要(或者被要求)记录碳排放来确定碳汇储量的变化,需要计算当期增加量和上期剩余量,获得的或者上缴的排放单位需要和碳汇变动量相等;对于一片1990年前的且已经被砍伐的林地,参与者需要上缴与被毁林地碳汇储量相等的排放单位,只计算在被砍伐那一年,当时的森林碳汇储量。

一、森林碳汇计量原理

林业的温室气体难以测量,新西兰采用类生物量法开发了专门的计量工具和方法学,主要采取近似法,按照给定树木种类、树木年龄以及地理位置计算碳汇量,而非实际测量的碳汇储量。碳汇储量由每公顷所吸收的 CO_2 的量来表示。这个 CO_2 量等于森林成长过程中从大气中所吸收并储存起来的 CO_2 重量。该重量与森林完全腐烂之后排放回大气中的 CO_2 重量是守恒的。森林碳汇储量包括森林中所有的含碳元素,即在茎、树枝、树叶和树根中,还包括地上的断枝和木质残体。由于森林减少或者收割所产生的树木碎片、树桩和其他木质残骸随着时间慢慢腐烂,它们所释放的 CO_2 也会有相应的计算方法。

对于面积小于100公顷的林地,采用"查表法"来计算森林碳汇储量。新西兰农林部出台了《林地参与碳排放权交易计划查表法指南》,指导相关参与者使用既定的碳汇表来计算林地的碳汇储量。

对于面积大于100公顷的林地,采用"实地测量法"来计算森林碳汇储量。新西兰农林部出台了《林地参与碳排放权交易计划的实地测量方法和标准》,指导相关参与者开展森林实地测量,并利用在线计算器来计算林地的碳汇储量。

实际应用中,查表法使用更加普遍和广泛,下面就查表法的原理及操作方法进行分析。

二、查表法

（一）查表法原理

查表法适用于小于 100 公顷的林地。新西兰农林部出台了一系列检索表，检索表里是给定森林种类、生长地点、树龄等信息之后事先计算出来的森林碳汇储量，由 CO_2 重量来表示，等于该树种生长到该树龄从大气中所吸收并固定的所有 CO_2 量，也等于该树种完全腐烂后释放到大气中的所有 CO_2 的量。在检索表中所列出的森林碳排放价值包括森林中所有的含碳元素，即在茎、树枝、树叶和树根中，还包括地上的断枝和木质残体。对于 1989 年之后的林地，由于森林减少或者收割所产生的树木碎片、树桩和其他木质残骸随着时间慢慢腐烂，它们所释放的 CO_2 在表中独立列出。检索表就是这些根据法律法规采取默认格式或者特殊格式所列出的碳排放数据表。

检索表包含 5 种不同的树种，它们涵盖了新西兰主要的经济林木：辐射松、道格拉斯冷杉、外来软木、外来硬木、本地土生森林。其中辐射松和道格拉斯冷杉被单独作为检索表中的两种树种，因为这二者在新西兰是主要的人工林木，其在新西兰自然条件下的生长率等相关数据是可得的，并且数据质量很好。其他的外来树种（即那些不是新西兰本地土生的或者没有人类干预在自然条件下不能生存的）被大致分为外来软木和外来硬木两种。所有新西兰本地土生的树种被广义地归为一类——本地土生森林。外来软木和外来硬木主要是从其生物学上区分的。外来软木的定义是外来的松杉类（裸子植物）森林物种但不包括辐射松和道格拉斯冷杉。外来硬木的定义是外来的被子植物类森林物种。表 4.3 列出了常见的几种外来软木和外来硬木。

表 4.3　新西兰常见的外来软木和外来硬木

外来软木	外来硬木
松属树种	栎属树种
枞树冷杉物种	梣属树种
花旗松	榆树种

外来软木	外来硬木
云杉属树种	桉树种
柏属树种	黑木树种
红木	相思树种
—	杨树种

资料来源：Department of Conservation，2017-07-27，http://www.doc.govt.nz/.

检索表中的碳汇储量是基于在新西兰已经非常成熟的森林成长建模技术。这些技术被广泛运用在新西兰的林业中来预测随着时间的推移森林干量的增加量。干量转换为整棵树的碳汇储量通过科学研究确定，基本遵循碳守恒方法。毁林采伐和间伐树木的腐败转化率也是通过这种算法确定。对于辐射松和道格拉斯冷杉的生长模型已经在全新西兰得到标准化测量。对于不常见的外来物种，目前可用的数据比较少，因此外来硬木检索表内的数据是基于一个比较稳定树种的成长模型，采用的是桉树的成长模型。对于非辐射松和道格拉斯冷杉的软木，采用的是基于辐射松的生长模型，但相比辐射松来说平均增长率会放缓一些。本地土生森林的碳汇储量通过再生的灌木获得，因为灌木是原始森林的发端，也将首先被纳入碳市场。再生灌木丛的数据通过麦卢卡这种灌木获得，该灌木占新西兰本土再生总面积的百分之七十以上。检索表里给出了从开始再生起某一公顷土地增加的平均碳汇储量。

当然，查表法提供的是典型的森林在指定的区域的平均环境下、进行平均水平的间伐和整枝方式下的碳汇储量，只是一种近似的算法，针对某一个具体位置、具体树林碳汇储量的精确计算是不可能的。例如一个区域内的自然条件比通用模型中的条件要好，水源更充沛、阳光更充足、平均温度更高，此地的树木生长速度一定较平均水平更快，采用查表法计算出的碳汇储量会比实际储量小。尽管查表法不能精确测量碳汇储量，但却在误差允许的范围内使碳汇测量工作标准化且简单易行，极大地方便了林地所有者对自己碳汇的管理。

（二）查表法操作方法

使用查表法前，必须明确以下几个问题：该林地属于1990年前的林地还是1990年后的林地；林地上的树木种类；如果树木是辐射松，则还需要明确林地所处地理位置;计量碳汇时的树龄;如果林地是二次林地或 1990 年后发生转换的,需要明确该土地上一批森林的树种及树龄,当然如果是辐射松还需明确地理位置。下面就每一种情况的具体计算方法进行说明。

1. 计算 1990 年前林地碳汇储量

计算 1990 年前林地的碳汇储量需要用到 2 张检索表(见本书附表 6):基于不同地区的每公顷辐射松碳汇储量检索表(见本书附表 6.1)和每公顷道格拉斯冷杉、外来软木和外来硬木碳汇储量(见本书附表 6.2)。计算公式为:

$$E = A \times C$$

其中:

E 为因此块林地毁林而产生的 CO_2 排放量;

A 为毁林面积(以公顷计);

C 为从本书附表 6 中查到的默认碳汇储量,基于给定的树种、树龄和地区(如适用)子区域。

2. 计算 1990 年后林地碳汇储量

1990 年后林地的计算方法与 1990 年前的林地不同,因为 1990 年后的林地除了计算该林地当采伐发生时的碳汇储量,还需要计算该地曾经的森林碳汇残余。需要用到 4 张检索表(见本书附表 7):附表 7.1 为基于不同地区的每公顷辐射松碳汇储量,附表 7.2 为全国平均水平的每公顷道格拉斯冷杉、外来软木、外来硬木和本地土生森林碳汇储量,附表 7.3 为基于不同地区的每公顷辐射松收获后残留的碳汇储量,包括地面以上的木材、树桩和树根,附表 7.4 为全国平均水平的每公顷道格拉斯冷杉、外来软木、外来硬木和本地土生森林收获后残留的碳汇储量。

如果森林是第一代(即之前没有毁林的行为),就没有前代森林留下的残留碳汇,只需确定现在的碳汇储量即可。如果森林不是第二代(或更多代),则需要考虑前代森林收获后留下的残留碳汇,需要分几步计算:(1)计算现在这代森林的碳汇储量;(2)计算前代森林收获后残留的碳汇,基于收获时的树龄、树种和地区,数据在残留碳汇表里查询;(3)计算随时间推移已经消耗掉的前代残留碳汇,假设以 10 年为一个衰退期,残留表里的碳汇需要乘一个衰退期的剩余年数再除以 10(例如一片森林已经砍伐 4 年,则查表所得剩余碳汇需乘以 6 除以 10);(4)把各项相加。具体公式如下。

当前森林在一个排放计算期内由于树木生长固定的碳汇量为：

$$T_1 = A \times C_1$$

其中：

T_1 为 1990 年后森林的碳汇储量；

A 为林地面积，包括子区域面积；

C_1 为从本书附表 7.1 或附表 7.2 中查到的默认碳汇储量，基于给定的树种、树龄和地区（如适用）子区域。

由于前代森林收货后而残存的碳汇储量为：

$$T_2 = A \times C_2 \times (10 - Y)/10$$

其中：

T_2 为前代森林收获后而残存的碳汇储量；

A 为林地面积，包括子区域面积；

C_2 为从本书附表 7.3 或附表 7.4 中查到的默认残留碳汇储量，基于给定的树种、树龄和地区（如适用）子区域；

Y 为前代树木砍伐到现在经过的年数。

1990 年后林地总碳汇储量为 $T_1 + T_2$

查表法将复杂的碳汇计算化繁为简，只要经过简单的学习，林业参与者即可掌握。参与者们将自行管理自己林地的碳汇储量，当碳汇发生变化时，及时登记在"排放情况变化表"内。

第四节 新西兰碳市场的特点与运行情况

与已经建成或正在建设中的比较具有代表性和影响力的碳市场相比，新西兰碳市场有自己鲜明的特色，比如覆盖了农业和林业、没有总量设定，与《京都议定书》密切挂钩等等，很有必要对其特点进行总结。

一、新西兰碳市场的特点

总体而言，NZ ETS 有几点鲜明的特色：

第一,NZ ETS 与主流碳市场不同,没有设定配额总量,其履约工具的来源限于 NZU 和国外的 AAU、CER、ERU、RUM,而这些履约工具均依托《京都议定书》的相关机制,因此,NZ ETS 受到《京都议定书》的间接约束。但配额总量设定是碳市场制度设计中的重点和难点,EU ETS 曾出现过由于总量设定过高而引起的碳价过低、交易冷淡的情况。NZ ETS 不设定配额总量、仅间接受《京都议定书》约束的机制能否健康、持续地运行?目前,《京都议定书》第一期已经到期,在碳市场的调节下,NZUs 的价格逐渐上涨,2016 年 5 月至 2017 年 6 月,碳价格在 15.55 至 19.55 新元之间波动,价格较稳定。

第二,在覆盖范围方面,NZ ETS 将林业和农业纳入进来。林业的纳入对减少森林采伐起到一定的作用并且创造了大量碳汇;农业作为新西兰最大的温室气体排放源,被纳入碳市场具有非常重要的意义。但是目前碳市场中的林业和农业方面也存在和面临一些问题:首先是温室气体排放量的计算方法,林业采用自行开发的计量工具和方法学,农业采用排放因子法,这些不是直接的计量方法,在准确性方面存在争议。其次是政治上的影响,农业的纳入虽然是 NZ ETS 最重要和最具特色的方面,但受到的阻力也是最大的,碳市场曾被农民联盟(Federated Farmers)和行动党称之为"愚蠢举措",认为该举措会明显地影响新西兰的经济水平和国际竞争力。各方面的压力和争议使得将农业纳入 NZ ETS 显得"任重而道远"。另外,林业投资的长期性和《京都议定书》第一期结束后国际上对碳市场的不确定性使得很多意欲参与 NZ ETS 的土地所有者和已经参与 NZ ETS 的林主对未来产生担忧:如果不能达成替代《京都议定书》的协议,可能意味着 NZ ETS 的终结,从而不可能通过出售碳配额赚取收入,甚至还有人担忧,林主们可能不得不退还他们的信用。尽管新西兰相关发言人一再强调这种情况不会发生,人们的担忧依然存在。2015 年 11 月 30 日,新西兰接受《京都议定书》的"多哈修正案"。该修正案是在卡塔尔多哈举行的 UNFCCC 第十八届缔约方大会上设立的。该修正案在《京都议定书》基础上将 2013—2020 年确定为第二个承诺期。通过接受"多哈修正案",新西兰表示支持第二个承诺期和正在进行的气候变化谈判。UNFCCC 的一些缔约方在这一时期均提出了减排目标,新西兰政府也提出来 2020 年的排放目标,但这个目标是根据 UNFCCC 而不是《京都议定书》进行的,新西兰政府决定将根据 UNFCCC 而不是根据《京都议定书》实施 2013—2020 年期间的减排承诺。该修正案只有在 UNFCCC 下的 144

个缔约方接受之后才会生效。截至 2016 年 7 月 18 日,66 个缔约方已经接受了《多哈修正案》。

第三,覆盖范围采取逐步纳入的方式,最终包含所有经济行业,各行业则在不同阶段拥有不同的权利和义务。针对各行业分别制定分配和交易规则、逐步纳入 NZ ETS 的方式,一方面使得新西兰可以用一种循序渐进的方法实行碳排放权交易计划,并且为各个行业量身定做更具体、更适用的方法,给复杂的行业一定的缓冲和调整时间;另一方面,部分关键行业如农业数次推迟纳入时间,一定程度上影响了公众对 NZ ETS 的信心。

第四,充分利用《京都议定书》三大灵活机制的配额和信用,一方面确保国内配额或信用的供给,另一方面保证能够完成《京都议定书》的减排目标。

第五,NZ ETS 与传统类型的总量交易模式有两方面的不同:一方面,它是在通用的全球性协议《京都议定书》基础上运行的。由于该协议提供了国际排放上限,NZ ETS 无须设立额外的上限。这个全球性上限会形成国际碳价格,该价格确立了 NZ ETS 市场中的碳价格。另一方面,在《京都议定书》的框架下,遵约实体可以通过在发展中国家参与减排项目赚取排放单位,这些发展中国家虽然签署了《京都议定书》,但并没有排放总量上限。遵约实体还可以通过在发达国家合理利用其合法土地赚取清除单位,如土地转换利用和林业活动等。

二、新西兰碳市场运行情况及评价

(一)林业获得最多的免费配额

按照上述配额分配的原则,工业、渔业和林业在过渡期将获得免费 NZU。2010、2011 年,工业、渔业和“1990 年前的林地”获得的免费 NZU 和“1990 年后的林地”依据森林碳汇的清除量赚取的 NZU 以及通过其他清除活动获得的 NZU,如图 4.1 所示。由于工业在 2010 年 7 月才纳入,因而 2010 年免费 NZU 只有半年的量。在 2011 年,工业免费获得 347 万吨的 NZU,其中钢、铁、铝制造业占 42%,纸浆、造纸业占比 23%,制砖、水泥及石灰行业占比 16%。[①] 从图中可以

---

①　Ministry for the Environment,*NZ ETS* 2011 *Facts and Figures*,2012,pp.4-5.

看出,林业是主要的获得 NZU 的部门。并且林业是唯一可以直接将获得的排放单位在国际市场上进行交易的部门。2010 年,新西兰本土一家林业大公司 Ernslaw One 就以 20 新元的单价在国内市场上卖出 50000 排放单位,并且以 21 到 22 新元的价格向挪威出售了 52 万 NZU。2013 年,"1990 年后的林地"数据与第二个强制性排放报告期的第一年相关。永久性森林灌溉计划(PFSI)以类似新西兰 ETS 的方式向"1990 年前的林地"发放了清除单位。2008 年至 2012 年,新西兰政府向 PFSI 参与者发放 AAU。从 2013 年起,新西兰政府向 PFSI 参与者发放 NZU。用于林业清除的排放返还可以每年提交,但必须在每个强制性排放报告期间提交。图 4.1 的数据是根据 2016 年度"1990 年后的林地"转移的排放单位计算,随着收到和处理的额外返还,数据可能会发生变化。其他清除活动是指林业中清除或捕获温室气体排放以外的活动,具体包括出口合成温室气体和生产嵌入碳的产品。①

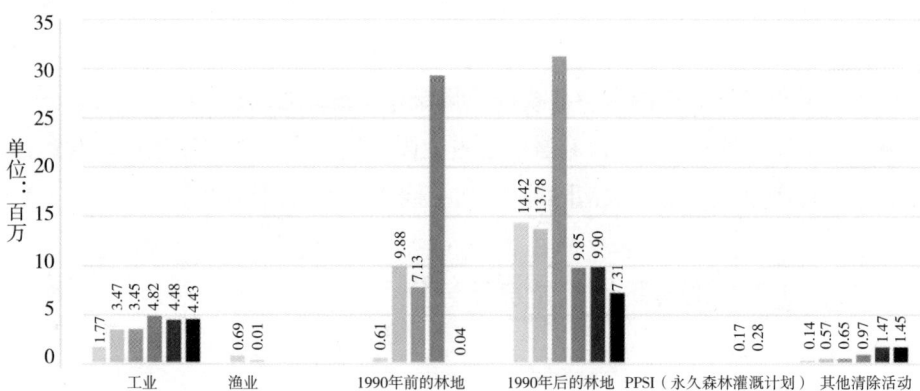

图例(从左到右): ■ 2010年 ■ 2011年 ■ 2012年 ■ 2013年 ■ 2014年 ■ 2015年

图 4.1 2010—2015 年各行业获得配额情况

注:工业过程于 2010 年 7 月才纳入 ETS,因此 2010 年的数据只包括半年的情况,2011—2015 年均为全年数据。
资料来源:NZ ETS,*Facts and Figures*,2015。

(二)履约率很高

图 4.2 比较了 2010—2015 年之间的关键数据。固定能源与工业(由固定

---

① Ministry for the Environment, *NZ ETS 2015 Facts and figures*, 2016, p.8.

能源和工业部门组成),液体化石燃料和废物参与者每两吨排放量必须上缴一个排放单位,林业参与者每 2 吨排放量必须上缴一个 NZU。农业参与者有义务报告其排放量,但没有相应的上缴义务。当土地所有者在"1990 年前的林地"上砍伐森林时,他们必须告知有关部门他们正在进行砍伐森林,并且在次年必须量化排放返还中森林砍伐的排放量,并上缴必要的排放单位。[1]
2010—2013 年,NZ ETS 的履约率很高,各行业的排放量及上缴量如图 4.2 所示。固定能源、工业和液体化石燃料部门履约情况很好,按照过渡期"排二缴一"的政策良性运行。农业从 2012 年起开始登记排放量,但目前仍未要求农业上缴排放单位。较高的履约率说明碳市场整体运行情况很好,一方面说明其遵约机制和惩罚机制都对参与者起到了约束作用,另一方面说明 NZ ETS 的制度设计较为合理,这也与政策制定者根据运行情况不断完善调整其制度规则密不可分。

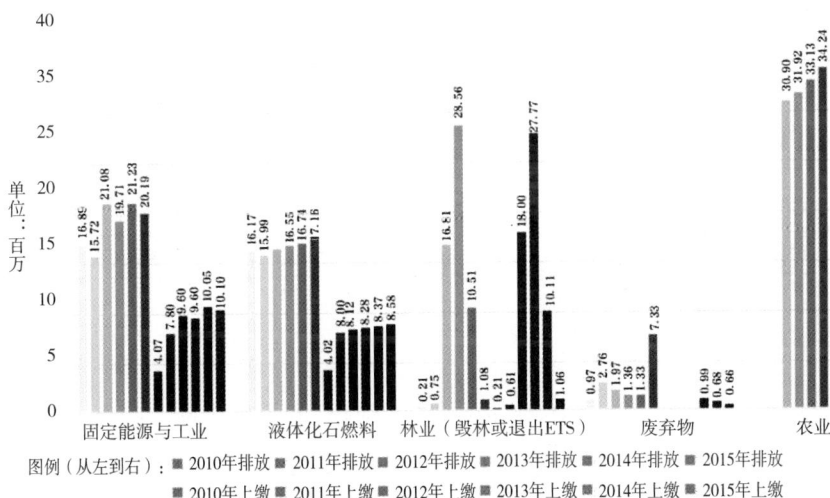

图例(从左到右):■2010年排放 ■2011年排放 ■2012年排放 ■2013年排放 ■2014年排放 ■2015年排放
　　　　　　　■2010年上缴 ■2011年上缴 ■2012年上缴 ■2013年上缴 ■2014年上缴 ■2015年上缴

图 4.2　2010—2015 年 NZ ETS 各行业的排放量及上缴量

注:固定能源、工业和交通在 2010 年 7 月才纳入,并享受"排二缴一"的优惠,因此这些行业在 2010 年上缴量约为排放量的四分之一,在 2011 年上缴量约为排放量的一半。此外,2011 年林业上缴量超过了排放量,这是因为部分"1990 年后的林地"退出而返还配额。

资料来源:NZ ETS,*NZ ETS 2015 Facts and Figures*,2016,p.7.

――――――――――――――――

[1]　Ministry for the Environment,*NZ ETS 2015 Facts and figures*,2016,p.7.

(三)履约信用类别随时间发生转变

表4.4详细列举了2010—2011年上缴配额和信用的类别。2010年大多数的上缴单位为NZUs(特别是林业NZUs),主要原因是当时国内单位比京都单位便宜3新元到5新元。相反,到了2011年中后期,上缴的减排单位中出现了大量的国际减排单位:从CDM项目和JI项目获得的或购买的CERs和ERUs。上缴总量中京都单位接近70%。这是由于当时国际市场上的京都单位的价格比国内市场的NZU价格更低,国内参与者选择更多地从国际市场上购入京都单位来履约造成的。

表4.4 2010—2011年上缴情况

类别	2010年	2011年
总量	8336168	16344445
林业 NZUs	5319159	2105049
其他 NZUs	2556141	2292963
NZ AAUs	262883	279511
CERs	133150	4150189
ERUs	0	4267077
RMUs	0	3176081
25新元政府购买 NZUs	64835	73575

注:除林业外,2010年数据为六个月上缴量,2011年为全年量。
资料来源:NZ ETS, *Facts and Figures*, 2013.

图4.3和图4.4为2010—2015年新西兰国内碳市场和国际碳市场按照交易单位划分的交易情况。从图4.3可以看出,国内市场上,2012年之前,NZU为主要的交易信用单位,2012年起交易中ERU份额逐渐增多,至2013年,ERU已成为国内交易中最重要的信用单位。但由于国内发放的免费配额基本保持稳定,因此交易中NZU的绝对数量基本保持不变。从图4.4中可以看出,与国际碳市场的交易中,ERU也是主要的交易信用,除ERU外,CER也占据一定的份额。

履约信用单位的变化,一方面反映了NZ ETS的灵活机制,与国际上京都信用的链接良好,以2011年数据分析,占据数量前三位的刚好是三类京都信用

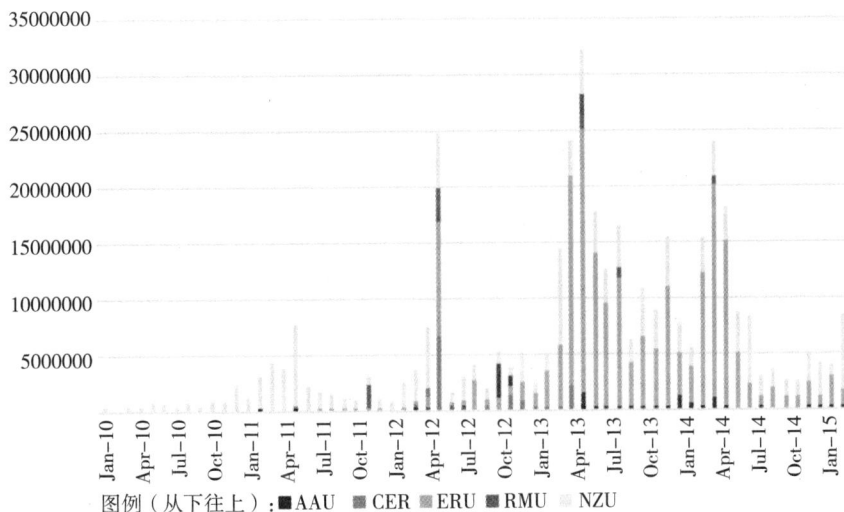

图 4.3　新西兰国内碳市场交易情况

资料来源：EPA，2017-07-28，http://www.epa.govt.nz/.

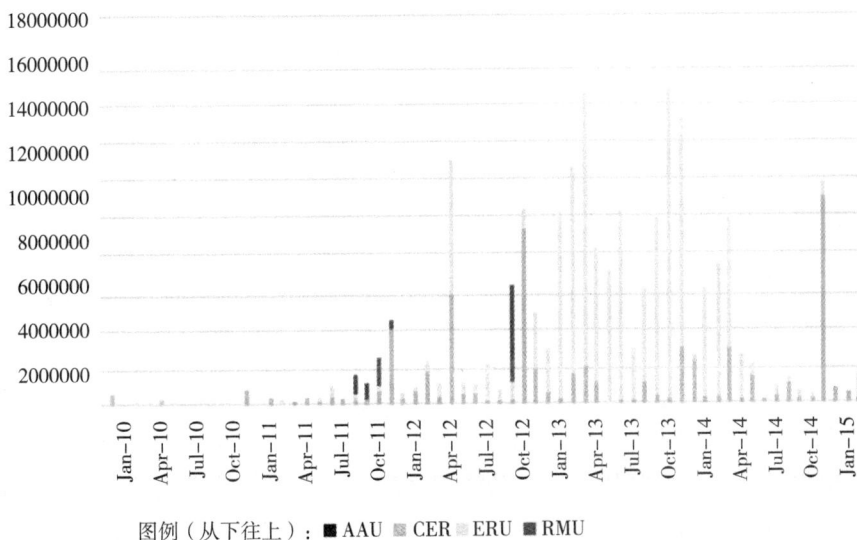

图例（从下往上）：■ AAU　 CER　 ERU　■ RMU

图 4.4　新西兰国际碳市场交易情况

资料来源：EPA，2017-07-28，http://www.epa.govt.nz/.

ERU、CER 和 RMU，其中数量高的是 ERU，约占上缴总量的 26.11%，随后是 CER 和 RMU，占比分别达到 25.39% 和 19.43%，三者共占 70.93%，这足以说明京都信用在 NZ ETS 中的重要地位。另一方面也反映了国际上京都信用单位的价格波动对新西兰国内碳市场的影响。当国际碳价低于本国碳价时，参与者们更倾向于从国际市场上购入价格更低的信用单位。

(四)碳价格逐渐上涨且价格比较稳定

政府规定参与者可以 25 新元每单位的价格购买 NZU，相当于为 NZU 设定了最高价格。除最高价限制外，NZU 的价格随市场调节自由波动，从 2015 年下半年开始，NZUs 的价格逐渐上涨，2016 年 5 月至 2017 年 6 月，NZUs 的价格都处于高位，碳价格在 15.55 至 19.55 新元之间波动，价格较稳定。

图 4.5　2010 年 3 月至 2012 年 12 月 CER 及 NZU 现货价格走势

资料来源:CommTrade,2017-08-01,https://www.commtrade.co.nz/.

如图 4.5 所示，2012 年，受欧盟碳价格跌破 0.2 美元的影响，国际单位的价格继续下跌，然而新西兰的碳价格一直保持在 2 新元之上。原因是国内以林业参与者为主的 NZUs 供给者拒绝低价出卖排放单位。值得注意的是，以 25 新元固定价格向政府购买的 NZU 量也占到 2011 年上缴量的 0.45%，而当年的碳价格并没有达到 25 新元的水平，这是由于一些企业主直接选择以固定价格向政府购买配额而没有在碳市场上进行交易。这些企业主做出这样的选择，有的是因

图 4.6　2013 年 4 月至 2015 年 4 月 NZU 现货价格走势

资料来源：CommTrade，2017-08-01，https://www.commtrade.co.nz/.

为信息不对称,不知道碳市场上的排放单位更便宜;有的是出于方便及节约时间成本等考虑。这两年新西兰的碳价格保持在较高水平,从政府购买与从碳市场购买价差并不太大。另一方面,由参与者选择用固定价格购买排放单位也说明价格安全阀机制起到了作用。如图 4.6,近两年新西兰 NZU 现货价格呈现波动上涨趋势,2015 年 4 月 13 日,现货价格为 6.55 新元。总体而言,NZU 价格呈现出"有自主调节的随国际碳价的波动",一方面价格波动与国际市场价格密切相关,另一方面又有一套自己的调节机制,防止碳价过高或过低。但是由于国际信用价格较低,使得从国际市场上购买信用单位用以履约的成本不高,一定程度上影响了碳排放权交易体系对参与者节能减排的激励。

（五）交易量逐步攀升并趋于稳定

从前文图 4.3 和图 4.4 中已经可以看出新西兰国内和国际碳市场中信用单位交易量的大幅上升。表 4.9 和表 4.10 给出的是按交易笔数统计的新西兰国际和国内碳市场的交易数量。从国际、国内交易情况看,自 NZ ETS 施行以来,新西兰国内、国际排放单位交易量逐年增加,2013 年达到小高潮,之后趋于稳定。2008 年全年,只有 1 笔国内交易和 4 笔国际交易,而到了 2014 年,每月至少有 100 笔交易,2014 年 3 月国内交易曾达 617 笔。从交易结构看,2011 年之前,国内市场主要以 NZU 为主,2011 年开始,ERU 开始占据主要份额,NZU 的绝对数量保持基本不变。与国际市场的交易中,主要以 ERU 和 CER 为主。

表 4.5 2008 年 1 月到 2017 年 5 月新西兰国内排放单位交易情况

(单位:笔交易)

月份	2008 年	2009 年	2010 年	2011 年	2012 年	2013 年	2014 年	2015 年	2016 年	2017 年
1 月	0	0	8	97	90	130	234	171	129	171
2 月	0	0	0	228	130	233	299	155	213	322
3 月	0	0	7	359	204	300	617	270	356	371
4 月	1	1	33	235	193	332	443	291	341	293
5 月	0	3	84	312	251	529	501	364	378	340
6 月	0	0	40	149	121	403	207	195	371	
7 月	0	0	69	111	136	395	249	138	249	
8 月	1	0	34	127	105	523	151	137	271	
9 月	0	1	42	89	119	412	201	133	283	
10 月	0	16	63	81	128	360	182	155	203	
11 月	0	0	68	90	102	270	108	179	436	
12 月	0	0	79	87	154	297	231	192	145	

资料来源:EPA,2017-07-28,http://www.epa.govt.nz/.

表 4.6 2008 年 1 月到 2017 年 5 月新西兰国际排放单位交易情况

(单位:笔交易)

月份	2008 年	2009 年	2010 年	2011 年	2012 年	2013 年	2014 年	2015 年	2016 年	2017 年
1 月	0	1	1	0	12	24	20	8	0	0
2 月	0	5	1	2	13	32	12	12	0	0
3 月	2	0	2	5	37	52	31	30	0	0
4 月	0	4	4	4	24	35	42	43	0	0
5 月	0	5	5	5	69	30	10	27	0	0
6 月	1	0	3	4	8	10	14	14	0	
7 月	0	1	0	12	20	33	6	12	0	
8 月	0	3	0	6	31	38	8	10	0	
9 月	0	1	2	6	17	40	10	9	0	
10 月	0	1	4	5	21	41	10	50	0	
11 月	0	3	0	12	70	32	11	133	0	
12 月	1	3	8	39	39	56	32	0	0	

资料来源:EPA,2017-07-28,http://www.epa.govt.nz/.

(六)减排效果显著

从 NZ ETS 的减排效果来看,林业纳入的时间最长,效果也最为明显。图 4.7 反映了 2005—2012 年新西兰造林、毁林及林地变化面积的情况,从中可以看出,自 2008 年林业纳入 NZ ETS 以来,毁林面积大幅度减少,同时造林面积增加,林地总面积由之前的净减少转为净增加,且净增量逐年增加。说明 NZ ETS 确实对减少毁林、增加造林有积极的影响。

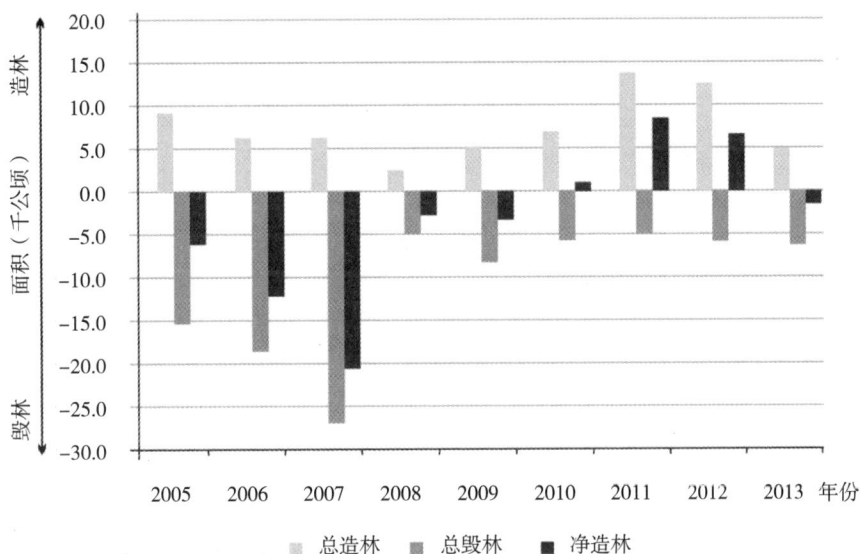

图 4.7 2005—2012 年期间新西兰森林种植区域年净变值统计

资料来源:NZ ETS,*Facts and Figures*,2013.

从减排的整体效果看,新西兰承诺在第一阶段,2008—2012 年,排放总量为 1990 年排放量的 5 倍,即平均每年的排放水平与 1990 年持平。一期承诺排放总量相当于 3.09 亿 NZU。表 4.7 给出了 2008—2012 年新西兰实际碳排放情况,可以看出实际排放总量为 3.01 亿 NZU,少于承诺排放总量,达到了预期。

表 4.7　2008—2012 年新西兰排放情况

（单位：百万 NZU）

类别	2008 年	2009 年	2010 年	2011 年	2012 年	总量
固定能源	34.6	31.7	31.6	31.2	32.1	161.29
工业过程	4.1	4.2	4.5	5.3	5.3	23.41
溶剂	0	0.03	0.03	0.03	0.03	0.15
固体废弃物	3.9	3.8	3.7	3.6	3.6	18.63
农业	33.2	33.4	33.6	34.2	35	169.32
林业	−17.4	−18	−18.5	−18.8	−19.1	−91.8
总量	61.5	60.8	59.1	58.9	60.9	301.2

资料来源：EPA，2017-07-28，http://www.epa.govt.nz/.

　　新西兰在第一承诺期完成了减排任务，这与 NZ ETS 的建立和运行密不可分。总体而言，2008 年至 2012 年的过渡时期内，NZ ETS 运行情况良好，发挥了应有的作用。

第五章 日本东京都覆盖建筑物的碳市场

建立全国性碳市场在日本的计划之内,日本计划筹建的全国性ETS由国家政府主管,主要针对超大型的排放源,例如,电厂和钢铁厂等能源和资源的提供者,纳入其减排计划的碳排放将达到全国碳排放的一半。但是由于各种原因这一计划迟迟未能付诸实践。

由表5.1可知日本全国性碳市场与东京都碳市场的不同之处主要在管理对象、分配机制、监管机制及抵消机制四个方面。

表5.1 日本全国性碳市场与东京都碳市场的比较

类别		全国	东京都
管理对象		超大型排放源——日本最大的500家能源和资源供应商	大型排放源
分配机制	相同点	总量设定:依据日本的减排承诺,到2020年温室气体排放量在1990年的基础上降低25%,设定绝对的减排总量而非强度目标	
	不同点	原则上使用拍卖的方式进行配额分配,能源密集型企业可做特殊处理	按祖父分配法则进行配额分配,即依据减排设施的历史排放量无偿分配配额
交易机制	相同点	均建立注册登记系统,统一管理碳排放权交易。此外,交易的流程及稳定碳排放权交易价格的措施也大体相同	
监管机制	相同点	适用由国家政府统一制定的MRV制度	
	不同点	由国家政府进行管理	由地方政府进行管理
抵消机制	相同点	能使用可再生能源碳信用	
	不同点	还可使用《京都议定书》碳信用(Kyoto Credits)	目前可使用的东京都外的碳信用有中小型设施碳信用、非东京都碳信用以及埼玉县碳信用

资料来源:作者根据相关资料自行整理。

日本未能建立全国性碳市场的主要问题在于：

第一，阻力大。全国性 ETS 管理对象是日本最大的 500 家能源和资源供应商，这些供应商的谈判能力较之于区域性 ETS 的监管对象——燃料、热能和电能年使用量的原油折合量不低于 1500 公升的设施的谈判能力更强，所以，全国性 ETS 建立过程中遇到的阻力会更大。

第二，成本高。一开始就采取拍卖的方式来分配配额，加重了减排设施的负担，从而影响到设施的参与积极性。

第三，难统一。全国范围内各区域的情况不尽相同，由国家政府统一实施监管既有现实难度，也很可能因管理上的"一刀切"而带来一些不良后果，因此需要更长的准备期。

第四，链接难。全国性 ETS 还要考虑到与国际性 ETS 及其他国家的全国性ETS 的链接问题，由于当前在碳排放权交易这个领域并没有统一的国际规则，每个国家或地区都是根据自身的实际情况来设计 ETS 的运行机制，因此，建立起ETS 的国际联系也需要很长的磋商与筹备过程。

因此，日本搁置了全国碳市场建设计划，先从东京都做起。2010 年 4 月，东京都碳市场正式启动，它是日本也是亚洲的首个碳市场。

第一节　东京都碳市场的关键制度

东京都碳市场将东京都年能耗折合原油为 1500 公升及以上的 1400 多个建筑物和用能设备纳入减排范围。东京都碳市场的正常运行主要由五大机制来保障——分配机制、交易机制、监管机制、抵消机制和退出机制。

一、分配机制

(一)总量设定

东京都碳市场设定的是绝对的减排总量而非强度目标。减排目标是：2020 年在2000 年的基础上减排 25%，这一减排目标是东京都碳市场设定减排总量的依据。

东京都碳市场承诺期为五年,减排总量也是按五年来设定的。始于2010年的第一承诺期被定位为"大幅度减排的转折期",第一承诺期的减排目标是:在基年的基础上将大型商业部门的排放量减少6%(大型商业部门基年的排放量可参考基年已有设备的排放量总和)。为了进一步减排,预期第二期的减排目标为:在基年的基础上将大型商业部门的排放量减少17%。

1.总量设定的法律依据

东京都的减排目标、各部门的减排目标的设定是在相关法律法规(表5.2)的指导下进行的。

表5.2　东京都碳市场中总量设定的法律依据

法律法规	具体内容
东京都环境基本法令	这一法令是东京都环境行动的基本参照标准。该法令的第九章提出要敦促东京都政府起草东京都环境行动计划。并将东京都环境行动计划中的目标和措施规定为东京都政府的法定义务
东京都环境行动计划	该计划中提出了应对气候变化的基本目标、长期目标及中期目标。 基本目标:为避免危险的气候变化应将气温变化控制在2℃以内,2050年温室气体的排放量应下降到当前排放水平的一半以下。 中期目标:到2020年,温室气体排放量在2000年的基础上降低25%,这相当于在1990年排放量的基础上减少17%。 长期目标:将东京都温室气体排放量降到最低,到2050年将温室气体排放量降低到当前排放量的一半以下

资料来源:*Tokyo Metropolitan Basic Environment Ordinance*,1994;Tokyo Metropolitan Government,*Tokyo Metropolitan Environmental Master Plan*,2008.

2.各部门减排总量设定

(1)基准情景(BAU)下的能源消费估计

东京都能源消费总量从1990年到2000年呈增长趋势,从2000年到2005年略有下降。而且这种能源消费量的下降是一种趋势,如此下去到2020年的能源消费量为774千万亿焦耳,在2000年的基础上下降了3%左右。但是各部门的能源消费量变化趋势不一,商业部门的能源消费量从2000年到2020年有极大的增长,居民的能源消费量也有可预见的增长,与此同时,工业部门和交通运输部门的能源消费量有可预见的下降。

(2)基准情景下的CO_2排放量估计

利用能源消耗与CO_2排放量之间的转换方法,很容易估计出东京都到2020

年与能源相关的 CO_2 排放量为 5690 万吨,在 2000 年的基础上降幅约为 1%。由于产业结构、户数和交通工具容纳量等各因素在部门间有所不同,与能源相关的 CO_2 排放量在各部门间的变动趋势各不相同。预计商业部门的 CO_2 排放量会增加 25%,产业部门的 CO_2 排放量将下降 26%,交通部门的 CO_2 排放量将下降 27%,居民所产生的 CO_2 排放量将增加 8%。

(3)部门减排总量的设定

部门减排目标的设定采取自上而下的方式——具体来说就是先为东京都设立一个总目标——到 2020 年减排 25%,再往下分配到各部门。

根据基准情景下的 CO_2 排放量估计结果可知从 2000 年到 2020 年各部门的减排量变化趋势各不相同,因此,社会经济潮流的影响会增大,如果根据它们在 2000 年排放中的占比来设定实际的减排目标会是很不妥当的。所以这一体系中采取的办法是根据基准情景下 2020 年 CO_2 排放量估计结果而非 2000 年各主体的排放占比确定各主体的减排比例。

依此确定的以 2000 年和 1990 年为基年的各部门减排目标如表 5.3 所示。

表 5.3　各部门减排目标

年份＼部门	1990 年（万吨）	2000 年（万吨）	2020 年（万吨）	以 1990 年为基年的减排目标	以 2000 年为基年的减排目标
工业部门和商业部门	2555	2570	2146	16%	17%
居民	1300	1433	1158	11%	19%
交通部门	1485	1766	1022	31%	42%
CO_2 排放总量	5340	5768	4326	19%	25%

资料来源:Bureau of the Environment,"Tokyo Cap-and-Trade Program" for Large Facilities,2012-03-30,http://www.kankyo.metro.tokyo.jp/en/climate/cap_and_trade.html.

(二)配额分配

1. 东京都碳市场所纳入设施的一般分配规则

现有设施在每个承诺期开始之初可以免费获得除去为新增设施①预留配额

---

① "新增设施"指 2010 年之后引进的,首年的燃料、热能和电力的总使用量折合成原油超过 1500 公升的设施。

的剩余配额。相关设施的配额分配采取的是基于历史排放量的祖父分配法,具体计算方法:

祖父法分配配额=基年排放量[①]×履约因子×承诺期(5 年)[②]

其中,基年的排放量通常取该设施在 2002—2007 财年间任意连续 3 年实际排放量的平均值。履约系数是根据东京都政府的法规来设定,乘以数字 5 表示的是承诺期 5 年的配额总量。第一和第二承诺期的履约系数参见表5.4。

表5.4　承诺期的履约系数

规制对象		履约系数(与基年水平相比较减少的比例)	
		第一承诺期	第二承诺期
Ⅰ—1	办公楼(除Ⅰ—2 中包含的办公楼以外)、区域供热供冷工厂	8%	17%
Ⅰ—2	大量使用区域供冷供热的办公楼	6%	15%
Ⅱ	除Ⅰ—1 和Ⅰ—2 以外的其他设施,例如商业设施	6%	15%

资料来源:Bureau of the Environment,"Tokyo Cap-and-Trade Program" for Large Facilities,2012－03－30,http://www.kankyo.metro.tokyo.jp/en/climate/cap_and_trade.html.

2. 2010 年及以后的新进入者的分配规则

新增的办公大楼及其他在 2010 年以后新进入到碳市场的建筑共同分配为新进设备预留的免费配额。配额的分配方法有两种:一种是基于历史排放量的祖父分配法则,另外一种是基于排放强度标准的分配方法。

只有气候变化措施的推进水平满足了《设施运营管理标准指南》(*Guideline for Certification of Operation Management in Facilities*)(见表5.5)的设施才能选用第一种方法,以避免在按祖父法则分配配额的情况下新进入者在进入之前故意大量排放温室气体以获得较多的配额。

[①]　基年排放量:过去三年的平均排放量。

[②]　Bureau of the environment Tokyo Metropolitan Government,T*okyo Cap-and-Trade Program*:*Japan's first mandatory emissions trading scheme*,2010,p.19.

表 5.5   商业部门相关设施运营管理

运营管理		运营管理条件
制暖供暖设备	禁止制热设备的非必要运行	制暖设备开启时间最早不得早于供应端空调设备开启一小时,且应在供应端空调关闭前关闭
	禁止空调泵的非必要运行	空调泵开启时间最早不得早于供应端空调设备开启一小时,且应在供应端空调关闭前关闭
空调及通风设备	禁止空调设备的非必要运行	空调设备开启时间最早不得早于房屋使用时间一小时,且应在结束使用房屋前关闭
	禁止设置过高的室内温度	用空调取暖时室内的最高设置温度不得高于 22℃,用空调降温时室内的最低温度设置不得低于 26℃
照明及电子设备	禁止非必要照明	按照房屋使用时间来控制照明时间

资料来源:Bureau of the Environment, "Tokyo Cap-and-Trade Program" for Large Facilities, 2012 – 03 – 30, http://www.kankyo.metro.tokyo.jp/en/climate/cap_and_trade.html.

第二种方法中基年排放量为排放活动指数与排放强度标准的乘积。排放强度标准是参照《能源相关 CO_2 排放量监测和报告指南》(*Guideline for Monitoring and Reporting Energy-Related CO_2 Emissions*)给出的,具体数据如下表所示。

表 5.6   各类设施的排放强度标准

设施分类	排放活动指数(单位)	排放强度标准
办公室	面积(平方米)	85(千克 CO_2 每年每平方米)
办公室(公用办公楼)	面积(平方米)	60(千克 CO_2 每年每平方米)
信息交流	面积(平方米)	320(千克 CO_2 每年每平方米)
广播站	面积(平方米)	215(千克 CO_2 每年每平方米)
商业	面积(平方米)	130(千克 CO_2 每年每平方米)
住宿	面积(平方米)	150(千克 CO_2 每年每平方米)
教育	面积(平方米)	50(千克 CO_2 每年每平方米)
医药	面积(平方米)	150(千克 CO_2 每年每平方米)
文化	面积(平方米)	75(千克 CO_2 每年每平方米)
配送	面积(平方米)	50(千克 CO_2 每年每平方米)
停车场	面积(平方米)	20(千克 CO_2 每年每平方米)
工厂及其他	—	历史排放量的 95%

资料来源:Bureau of the Environment, "Tokyo Cap-and-Trade Program" for Large Facilities, 2012 – 03 – 30, http://www.kankyo.metro.tokyo.jp/en/climate/cap_and_trade.html.

二、交易机制

排放权交易在日本的交易规模不大,金融机构及其他公司的交易经验明显不足。东京都碳市场作为日本首个城市碳市场引起了包括金融机构和东京证券交易所在内的众多机构的广泛关注。

支持日本碳市场发展的方式之一是为加入到这一市场中的主体积极提供信息。此外,东京都还在听取专家意见的基础上制定出排放权的交易指南,明确了以下几个方面的信息:(1)东京都注册系统的运行机制(即如何开户);(2)碳信用的发行与交易流程;(3)东京都政府为营造安全高效的交易环境所采取的措施。

(一)建立碳排放权登记管理系统

为了便于记录和管理碳排放权交易的开展情况,2010 年年底东京都开始着手建立碳排放权登记管理系统的准备工作。

1. 登记管理系统中的账户类型

该交易系统设置了三个类型的账户从不同的侧面记录排放权交易开展情况。

表 5.7　登记管理系统中的账户类型

账户类型	所有人	要点
指定管理账户	负有减排义务的设施	账户数量和负有减排义务的设施数量相等
一般管理账户	负有减排义务的设施和希望参加碳排放权交易的企业	除了负有减排义务的企业之外,任何愿意参加碳排放权交易的企业均可开设账户
政府管理账户	东京都知事	企业的履约记录,运营管理所需的账户。为了统一管理,管理账户只设一个

资料来源:Bureau of the Environment,"Tokyo Cap-and-Trade Program" for Large Facilities,2012-03-30,http://www.kankyo.metro.tokyo.jp/en/climate/cap_and_trade.html.

2. 登记管理系统中的会计原则

为了保证碳排放权交易的顺利进行,登记管理系统的运行应遵循相应的会计原则。

（1）在减排计划期间无偿取得的额外碳减排的财会处理。仅作为实际减排记录，但是不可作为可交易的财产入账。

（2）出售额外碳减排的财会处理。在确定为减排收入前，作为临时和未决算收入记账。

（3）购买碳排放权的财会处理：①设施为达标而购买碳排放权时，买进的碳排放权作为无形固定资产或投资及其他资产记账；②设施购买碳排放权是为了出售给有减排需求的第三方时，买进的碳排放权作为库存记账。

（4）作为补贴的记账。设施预测到可能无法达标需要用购买的碳减排来抵消时，购买单位碳排放权根据一般的会计原则作为补贴来记账。

（5）企业最终将碳排放权用以抵消其减排义务时的结算（从一般管理账户到制定管理账户）。作为一般管理费或者销售费用记账。

（6）偶然发生债务的特别记账。必要时对一些认为重要的部分要特别记账。

3. 碳排放权交易和注册登记流程

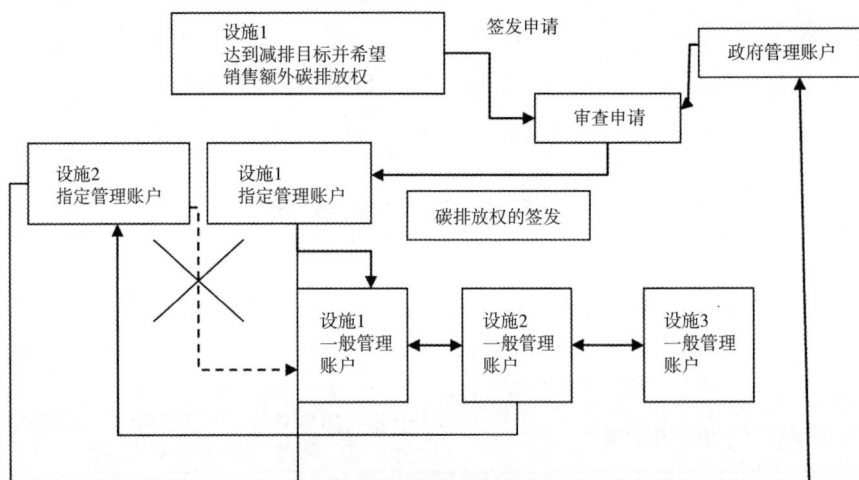

图5.1　碳排放权交易和登记注册流程

资料来源：Bureau of the Environment, "Tokyo Cap-and-Trade Program" for Large Facilities, 2012-03-30, http://www.kankyo.metro.tokyo.jp/en/climate/cap_and_trade.html.

从图5.1可以看出一个设施可以向政府部门提出签发碳排放权的申请，申请通过审查后，政府签发的碳排放权将进入该设施的指定管理账户，然后该设施可以将额外的碳排放权放进自己的一般管理账户,这时候需要通过购买碳排放权来完成减排任务的企业可以通过一般账户进行交易,最后再将一般账户中的碳排放权转进自己的指定管理账户完成减排任务。

(二)碳信用

东京都碳市场中有五种碳信用:剩余碳信用(Excess Credits)、中小型设施碳信用、可再生能源碳信用、非东京都碳信用(Outside Tokyo Credits)、埼玉县碳信用。后四种碳信用统称为抵消碳信用。

参与减排的企业超过法定减排量的部分可以在承诺期内用于交易,计算公式为:

法定减排量=基年排放量×履约系数×承诺期内过去的年数

这一规定使得减排企业可以在2011年即第一减排承诺期的第二财年开始启动碳排放权交易。

在此,借用两个实例来介绍剩余碳信用额度的确定。

(1)假设参与减排设施的基年排放量为10000吨,履约系数为8%,其剩余碳信用额度的计算如图5.2所示。

在计算剩余碳信用额度时有两点需要注意:第一,剩余碳信用额度的售出量不得超过减排设施基年排放量的一半,例如,某设施的基年排放量为10000吨时,其可出售的剩余碳信用量不得超过5000吨,如果该设施减排合规系数为8%,即其法定减排量为800吨,那么当该设施某年的排放量为4000吨时,则该设施当年可出售的剩余碳信用量为5000-800=4200吨;该设施某年的排放量为6000吨时,则该设施当年可出售的剩余碳信用量为4000-800=3200吨,具体计算方法参考图5.3。

第二,除CO_2外的其他温室气体减排量对剩余碳信用额度的影响。CO_2外的其他温室气体的减排量不能用于交易,但是它们可以用于完成法定减排义务,这样一来可用于交易的剩余碳排放信用额度便可以增多。

(三)政府稳定交易价格的策略

要建立稳健的碳市场就有必要采取措施稳定交易价格。

稳定交易价格的首要策略是稳定排放权的供给量。东京都碳市场注重运营机制的灵活性,以此来调节市场上碳排放权的供给量。

一年后（第二财年）		二年后（第三财年）	
每年的法定减排量	1000 吨/年 × 8% × 1 年 =800 吨	10000 吨/年 × 8% × 2 年 =1600 吨	

	减排 500 吨	减排 500 吨	减排 1500 吨
由于实际减排量小于义务减排量,所以没有可以出售的碳信用	2010 年的排放量 9500 吨	2010 年的排放量 9500 吨	2011 年的排放量 8500 吨

两年的总减排量为 2000 吨,除去两年的法定减排总量 1600 吨,还有 400 吨可以出售的剩余碳信用额度。

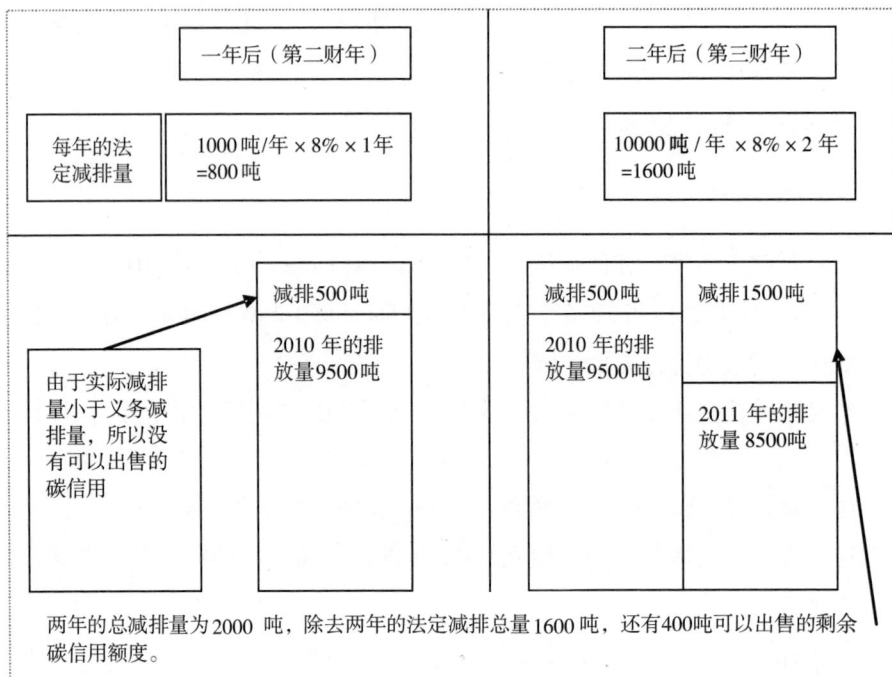

图 5.2 剩余碳信用额度的计算实例 1

资料来源:Bureau of the Environment,"Tokyo Cap-and-Trade Program" for Large Facilities,2012-03-30,http://www.kankyo.metro.tokyo.jp/en/climate/cap_and_trade.html.

现已有很多稳定交易价格的措施,例如:鼓励纳入碳市场的设施实行 CO_2 减排策略以获得更多的超额减排量,利用太阳能银行[1],增加中小型企业对碳信用额度的供给量。举例来说,TMG 从 2009 年开始,为 4 万户家庭提供两年补贴,以支持太阳能驱动家用设备的使用,发放补助的条件之一是将前十年获得的减排额度转移给全球变暖防控中心,该中心就将这些减排额度存放在太阳能银行中,并将它们以绿色电力(热能)证书的形式出售。[2]

---

[1] "太阳能银行"指将富裕的太阳能储存起来留到太阳能匮乏的季节使用。日本的太阳能银行是一个面积为 1500 平方米、深为 3 米的人造湖,这个湖的特别之处在于它的湖水,湖水分为三层:底层是含盐较多的咸水,水深为 1.5 米;中间是含盐较少的咸水,这一层水深为 1.3 米,顶层是不含盐的淡水,这一层的水深为 0.2 米。"太阳能银行"的运作奥秘在于湖水的层次设计中。表面的淡水白天吸收到的热量。到夜晚会散发掉,但由于它冷却后,比重没有咸水大,所以这层淡水会一直浮在上面,形成保温层。下面的含盐咸水不会浮到表面,那么白天吸收的热量便不会散失。因此,湖底的水温就会随着咸水被晒时间的增长而增高。

[2] Bureau of the environment Tokyo Metropolitan Government,*Tokyo Cap-and-Trade Program:Japan's First Mandatory Emissions Trading Scheme*,2010,p.26.

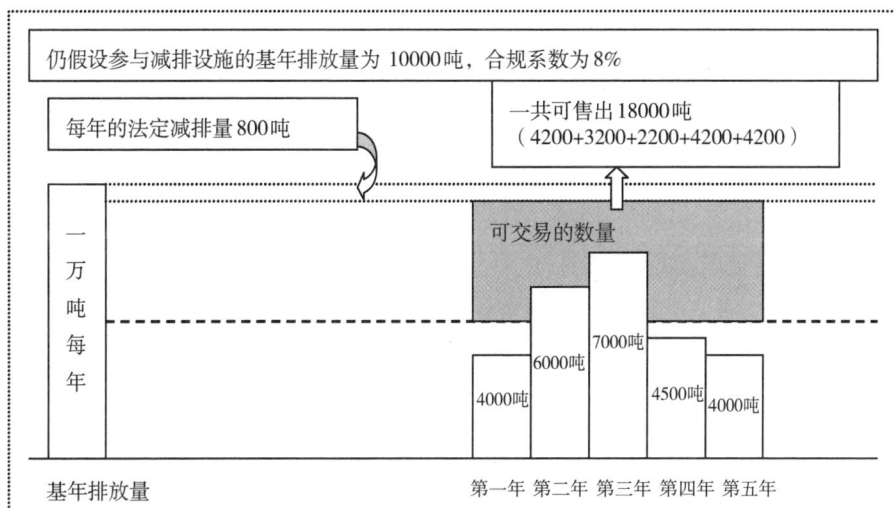

图 5.3　剩余碳信用额度的计算实例 2

资料来源：Bureau of the Environment,"Tokyo Cap-and-Trade Program" for Large Facilities,2012-03-30,ht-tp://www.kankyo.metro.tokyo.jp/en/climate/cap_and_trade.html.

　　如果政府能预见到实行这些措施并不能阻止交易价格的非正常变化,那么就应在必要的时候采取进一步的行动进行调控。例如:为将价格上涨幅度控制在合理范围内,增加东京都以外的碳信用的使用量。在允许东京都中小型企业碳信用使用的同时,与《京都议定书》中的碳信用指标联动。此外,政府还将采取措施,确保太阳能银行能够提供充足的绿色电力(热电)证书,并确保在履行减免义务时可使用该证书。[①]

三、监管机制

(一)MRV 制度

　　东京都碳市场监管机制的核心是 MRV 制度。碳市场中对企业和设备层面点源温室气体排放的测量、报告与核查有两个重要的目的:核准初始排放量,为减排配额的初始分配提供依据;核准减排设施每财年的减排额度,作为评判其减排义务

----

　　① Bureau of the environment Tokyo Metropolitan Government,*Tokyo Cap-and-Trade Program：Japan's First Mandatory Emissions Trading Scheme*,2010,p.26.

履行情况的重要依据。由此可见,MRV 是减排配额商品化的一个重要技术基础。

2009 年 7 月,东京都政府出台了以纳入碳市场的减排设施为对象的《温室气体计算指南》,以第三方认证机构为对象的《申请认证资格指南》以及以获得认证资格的第三方认证机构为对象的《温室气体排放认证指南》。这些规范指南的出台使得各主体能依据清晰的规则做好温室气体的计算、监测、报告以及核查工作,保证了碳市场的公平性。

根据规定,纳入东京都碳市场的减排设施每年都有义务向管理者提交前一财年温室气体排放报告,公开经过认证机构认证的温室气体排放数据(具体流程如图 5.4 所示)

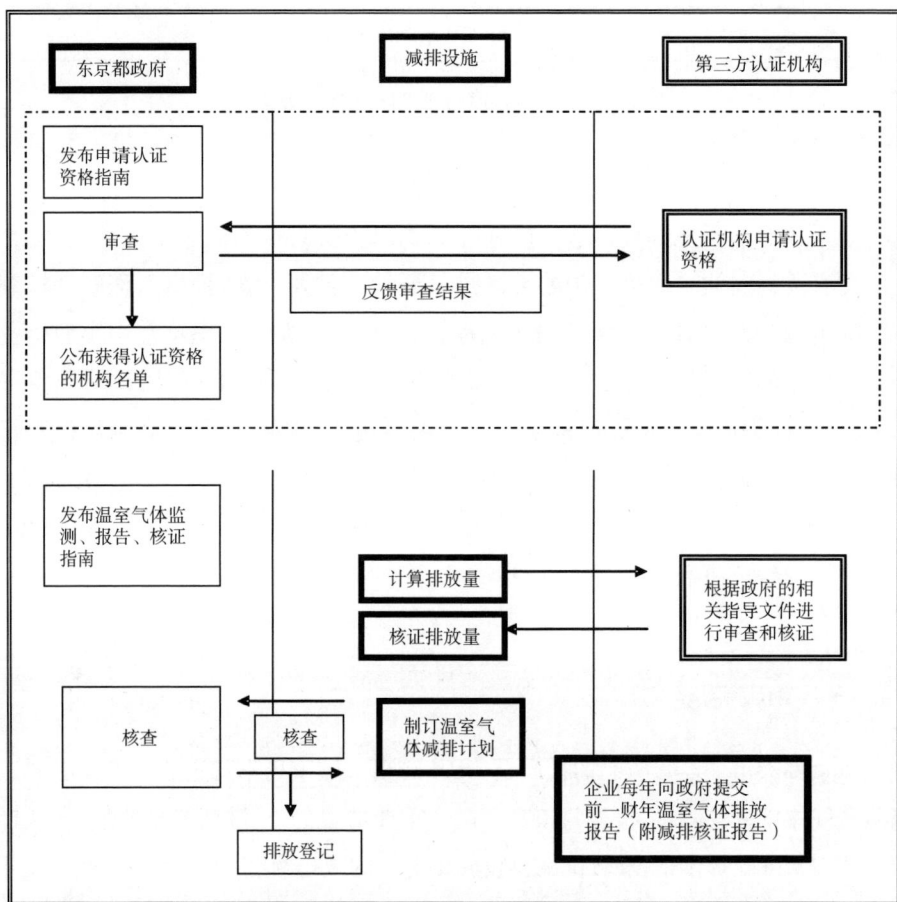

图 5.4　温室气体报告及公开流程

资料来源:作者根据相关资料自行整理。

认证机构认证的内容包括三大类:减排措施认证、排放水平认证以及碳信用认证(具体内容见表5.8、表5.9和表5.10)。

表5.8　顶级设施认证

类别	认证节点	项目	认证的关键点
自愿性	申请成为顶级设施	检查申请设施是否符合相关标准	检查申请设施是否推行了标准中规定的运营措施; 检查申请设施是否使用了标准中规定的设备

资料来源:Bureau of the Environment,"Tokyo Cap-and-Trade Program" for Large Facilities,2012-03-30,http://www.kankyo.metro.tokyo.jp/en/climate/cap_and_trade.html.

表5.9　碳信用认证

类别	认证节点	项目	认证关键点
自愿性	需要证明减排水平和新能源设备认证时	检查该设施是否达到了发放碳信用的标准	检查电力消费和减排的监测是否正确无误

资料来源:Bureau of the Environment,"Tokyo Cap-and-Trade Program" for Large Facilities,2012-03-30,http://www.kankyo.metro.tokyo.jp/en/climate/cap_and_trade.html.

表5.10　排放量认证

类别	认证节点	认证内容	认证的关键点	
			设施的边界和监测点	能源消费;CO_2排放
强制性	设施首次进入应减排范围(提交证明函证明其在减排范围内)	是否满足被纳入设施的规模要求(过去三年最大的能源消费数据,2009年后落入减排范围的企业只用考量过去一年的能源消费情况)	合理界定设施的边界; 监测点应全面覆盖。	检查能源消费和其他数据是否与相关规定吻合
强制性	减排义务确立	基年排放量(与能源相关的CO_2排放)	查看情形是否有变化	检查能源消费和其他数据是否与相关规定吻合; 检查将能源消耗转变为CO_2排放当量是否存在计算错误

类别	认证节点	认证内容	认证的关键点	
			设施的边界和监测点	能源消费；CO_2 排放
强制性	每财年（提交一份减排计划）	前一财年的 CO_2 排放（与能源相关的 CO_2 排放）	查看情形是否有变化	检查能源消费和其他数据是否与相关规定吻合；检查将能源消耗转变为 CO_2 排放当量是否存在计算错误
自愿性	如果要使用其他的气体减排来完成总减排任务	其他气体减排数据	确定其他气体的排放源；检查其他气体排放量的测量是否高度准确	检查与其他气体排放相关的数据是否与相关规定吻合；检查将其他气体排放转变为 CO_2 排放当量是否存在计算错误

资料来源：Bureau of the Environment，"Tokyo Cap-and-Trade Program" for Large Facilities，2012－03－30，http://www.kankyo.metro.tokyo.jp/en/climate/cap_and_trade.html.

（二）履约与惩罚

1. 排放因子

东京都碳市场的主要目标是能源的最终使用者。此外，日本采取了间接排放法则。如此一来，发电过程中的 CO_2 排放量会算在使用这些电力设施的账上。

在东京都碳市场中设定排放因子将设施消费的能源转换成 CO_2 排放量。东京都碳市场使用的是固定排放因子，以避免因能源生产问题而增加的 CO_2 排放因子给新能源消费者带来排放量的巨大波动。这种方式在本质上与英国的碳减排承诺（Carbon Reduction Commitment）①是一样的。

---

① 英国"碳减排承诺计划"是英国政府拟采取的一项针对私营和集体部门的大型非能源密集型机构减排的措施。该计划是一种强制性总量控制交易体系，其涵盖每半小时的用电量超过法定的 6000 兆瓦时的企业和集体部门的组织。碳减排承诺计划既致力于减少使用能源时产生的直接二氧化碳排放，也致力于减少生产能源时产生的间接二氧化碳排放。然而已经纳入气候变化协议的排放量或纳入欧盟碳排放权交易体系的直接排放量不包括在内。该计划中除网电会使用单独的电力排放因子外，其他的排放因子与 EU ETS 的相同。政府意识到这些因素会随着时间的变化而变化，尤其是网电。因此，政府计划在每个阶段之初更新这些因素以更好地反映这个计划开始时使用燃料产生的实际碳排放。

在源头上减少 CO_2 排放量的先进措施在推进减排的过程中也是必不可少的。东京都碳市场就此单独采取措施，制定了能源和环境计划①。这一措施要求能源提供者每年向政府提交并公开它们的排放系数、改善计划以及使用可再生能源装置的引进计划。

2. 履约评估

参与到配额分配中的设施有义务将其排放量控制在排放限制量以下。这是法定义务，违背会受到惩罚。惩罚包括：罚款（50 万日元）、通报、按未完成比例征收额外费用。额外费用由政府来决定，以吨为单位进行计算。这也就是说未完成减排义务的企业在交完罚款后，依然要承担从别处购买配额完成其减排任务的费用。

一般都是在一个承诺期结束后的那一年进行履约评估。举例来说，始于 2010 年结束于 2014 年的承诺期的履约评估将在 2015 年进行。参与配额分配的设施有义务在 2015 年向政府提交其在承诺期内的总排放量。至此，排放量超过其配额的设施要在 2015 年内通过碳排放权交易将其最终排放量（实际排放量减去其通过碳排放权交易获得的排放量）降低到配额以下。根据政府规定未完成减排义务的企业需要通过碳排放权交易获得的排放量等于实际排放量减去限额再乘以 1.3。

在政府命令执行限期之前未能达到要求的设施将被处以 50 万日元的罚款，政府还将通报未完成减排任务的设备名称以及减排义务的违背情况。

此外，碳市场覆盖的未能按要求提供温室气体排放报告并公开其排放信息的设备，将被处以 50 万日元罚款并予以通报。

为保证各项义务的履行，由第三方认证机构针对各种义务的违背情况制定相应的罚款及其他的惩罚措施。

四、抵消机制

除了和碳市场中的其他设施进行排放权交易，排放设施也可以使用碳市场

---

① 能源环境计划（Energy Environment Plan）是东京都根据《东京都环境安全法令》制定的，从能源供应方着手的一项二氧化碳减排措施。这一措施要求能源提供者每年向政府提交并公开它们的排放系数、改善计划以及可循环利用的能源装置的引进计划，自 2005 年生效。这一计划让电力消费者清楚各生产者的二氧化碳排放系数。同理，公共设施招投标过程中也可以使用该系统来评估电力生产者的"投标"，以此来确定生产者应达到的二氧化碳排放系数水平以及使用可再生能源的装置占比。

外的其他碳信用额度来完成它们的减排义务。目前可使用的碳市场外的碳信用有中小型设施碳信用、可再生能源碳信用、非东京都碳信用以及埼玉县碳信用。

（一）东京都中小型设施碳信用

此类碳信用的采用不仅有利于碳市场内减排设施减排目标的达成，还能鼓励东京都的中小企业参与到碳市场中。

1. 申请中小型设施碳信用的条件

申请中小型设施碳信用的条件包括以下四点：

（1）申请者需提交温室气体排放报告；

（2）原则上减排项目的推行是以建筑为单位的。如果能源的使用能分开监测，以住户或者财产共有权为单位也是允许的；

（3）申请者必须有升级设施设备的权力或者能从拥有该权力的人手中取得授权；

（4）申请者应位于东京都内。

2. 符合申请条件的中小型设施获签中小型设施碳信用的流程图

符合中小型设施碳信用申请条件的设施可以按照以下的程序来获签碳信用。

3. 中小型设施碳信用额度的计算方法

计算中小型碳信用额度可以分两步进行：

第一，确定基年排放量：从减排措施实施前的最近三个连续财年中选择一年作为基年，这一年能源相关的 CO_2 排放量即为基年排放量。

第二，比较"实际减排量"和"预估减排量"，取较小者作为中小型企业碳信用的签发依据。值得注意的是如果实际减排量为零或者负数，即当年排放量不低于基年排放量时，该设施不能获得中小型设施碳信用额度。

（二）可再生能源碳信用

可再生能源碳信用是东京都碳市场优先采用且无使用额度限制的抵消碳信用。企业可以将其拥有的且被东京都碳市场所认可的可再生能源证书（Renewable Energy Certificates）转换成可再生能源碳信用，用以完成自己的减排任务。

```
┌─────────────────────────────────────────────────────────┐
│ ①确定参与设施的边界                                          │
│ ②估算减排量                                                 │
└─────────────────────────────────────────────────────────┘
                          ↓
┌─────────────────────────────────────────────────────────┐
│ 提交边界确定报告和预估减排量报告（注：报告不需要核证，且应在减      │
│ 排措施就绪前30天提交）                                         │
└─────────────────────────────────────────────────────────┘
                          ↓
┌─────────────────────────────────────────────────────────┐
│ ①实施认证标准中规定的减排措施                                  │
│ ②计算认证减排量                                              │
└─────────────────────────────────────────────────────────┘
                          ↓
┌─────────────────────────────────────────────────────────┐
│ 提出中小型设施碳信用额度认证申请（注：额度需要核证；"计算—核        │
│ 证—申请"这一流程可以几年一次）                                 │
└─────────────────────────────────────────────────────────┘
                          ↓
┌─────────────────────────────────────────────────────────┐
│ 开户（交易账户）                                             │
└─────────────────────────────────────────────────────────┘
                          ↓
┌─────────────────────────────────────────────────────────┐
│ 申请可交易碳信用的签发（签发的碳信用直接进入申请者交易账户）        │
└─────────────────────────────────────────────────────────┘
```

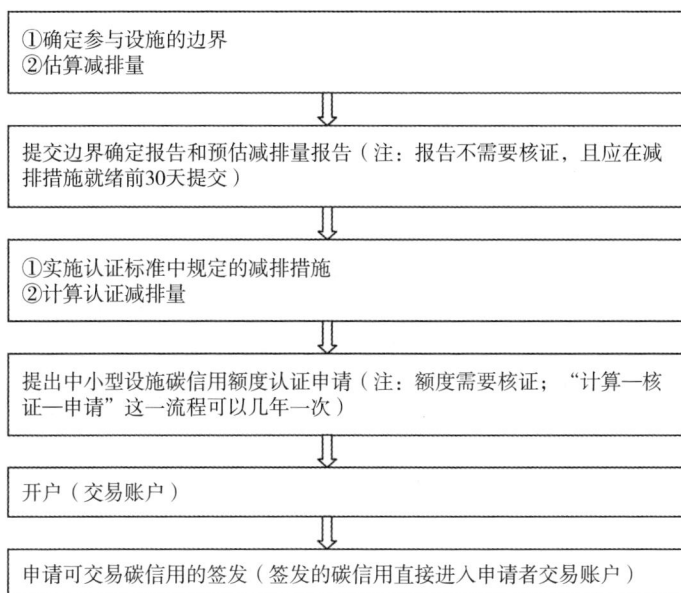

图 5.5　中小型设施碳信用的签发流程

资料来源：Bureau of the Environment,"Tokyo Cap-and-Trade Program" for Large Facilities,2012-03-30,ht-tp://www.kankyo.metro.tokyo.jp/en/climate/cap_and_trade.html.

1. 可再生能源碳信用的申请条件

申请可再生能源碳信用需满足三个方面的条件。

（1）申请"使用可再生能源发电设施"证书的条件

一般原则是发电设施的拥有者才可以申请这一证书,但有以下几个例外也可申请这一证书：第一,通过受让获得新能源环境价值拥有权的其他人；第二,获得设施拥有许可的其他人；第三,向东京都碳市场纳入的减排设施供应电力的电力生产和供应商。

（2）申请"清洁电力生产"证书的条件

原则上是获得了"使用可再生能源发电设施"证书的设施拥有者才能申请"清洁电力生产"证书,例外情况参考"使用可再生能源发电设施"证书的例外情况。

（3）电力生产时间、可再生能源证书的签发时间以及证书可使用的承诺期之间的关系

弄清楚以上三者之间的关系,对指导可再生能源型碳信用的签发与使用都有重要的指导意义。三者之间的关系见表5.11。

预估减排量　无碳信用额度可用　可用碳信用额度

可用碳信用额度

基年排放量　实际排放量　预估排放量　实际排放量　实际排放量

(a)　(b)　(c)

(a)年实际排放量高于基年排放量
(b)年减排量小于预估减排量
(c)年减排量大于预估减排量

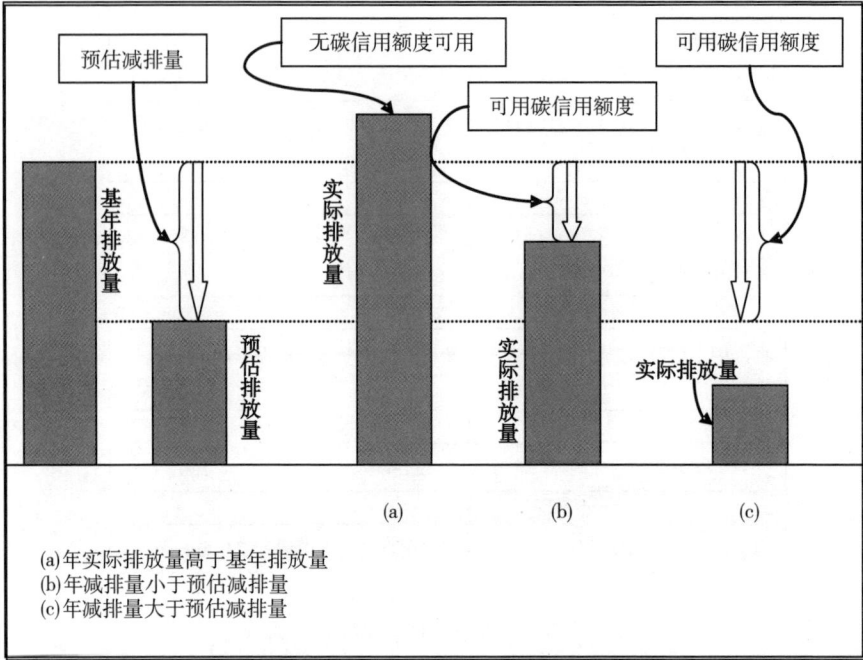

图 5.6　中小型设施碳信用额度的计算方法

资料来源：Bureau of the Environment,"Tokyo Cap-and-Trade Program"for Large Facilities,2012-03-30,http://www.kankyo.metro.tokyo.jp/en/climate/cap_and_trade.html.

表 5.11　电力生产时间、可再生能源证书签发时间及证书可使用承诺期之间的关系表

	2007 年	2008 年	2009 年	2010 年	2011 年	2012 年	2013 年	2014 年	2015 年	可使用证书的减排承诺期
					第一减排承诺期				调整年	
①	电力生产	获得证书			转换成碳信用					第一减排承诺期
②			电力生产	获得证书	转换成碳信用					第一、第二减排承诺期
③								电力生产	获得证书；转换成碳信用	第一、第二、第三减排承诺期

资料来源：Bureau of the Environment,"Tokyo Cap-and-Trade Program"for Large Facilities,2012-03-30,http://www.kankyo.metro.tokyo.jp/en/climate/cap_and_trade.html.

2. 可再生能源型碳信用的签发流程图

符合可再生能源型碳信用申请条件的主体可以按照以下程序获签这一类型的碳信用。

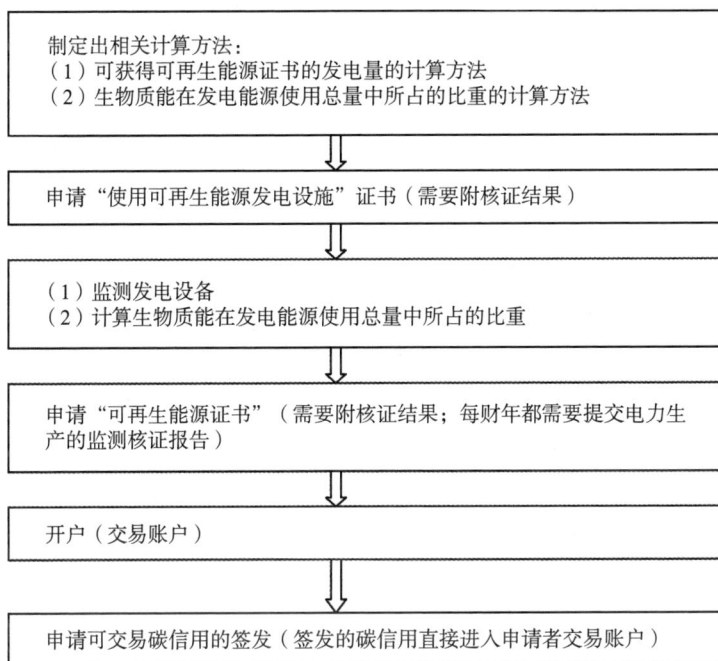

制定出相关计算方法：
（1）可获得可再生能源证书的发电量的计算方法
（2）生物质能在发电能源使用总量中所占的比重的计算方法

申请"使用可再生能源发电设施"证书（需要附核证结果）

（1）监测发电设备
（2）计算生物质能在发电能源使用总量中所占的比重

申请"可再生能源证书"（需要附核证结果；每财年都需要提交电力生产的监测核证报告）

开户（交易账户）

申请可交易碳信用的签发（签发的碳信用直接进入申请者交易账户）

图 5.7　可再生能源型碳信用的签发流程图

资料来源：Bureau of the Environment,"Tokyo Cap-and-Trade Program" for Large Facilities,2012-03-30,ht-tp://www.kankyo.metro.tokyo.jp/en/climate/cap_and_trade.html.

3. 可再生能源证书转换成碳信用的方法

东京都碳市场所认可的可再生能源证书有三个获得途径,通过不同途径获得的证书在转换成可再生能源碳信用的时候有所不同,具体情况见图5.8。

图5-8中介绍的是一般情况下的计算方法,若利用新能源所得电力是供生产者自身使用,则可再生能源型碳信用的计算方法(举例说明)如图5.9所示。

（三）非东京都碳信用

与东京都碳市场中纳入的减排设施规模相当的非东京都设施实现的 CO_2 减排量也可以用于完成碳市场减排设施的减排任务。这一碳信用额度的计算方

可再生能源证书的获得途径		转换方法（举例说明）
①太阳能发电、风能发电、地热能发电以及1000千瓦内的水力发电	1.5倍	例：计算使用太阳能获得1000千瓦时电力可以获得的碳信用。 1000（千瓦时）×0.382（千克二氧化碳/千瓦时）×1.5=573（千克二氧化碳）； 其中0.382（千克二氧化碳/千瓦时）是电力部门的二氧化碳排放系数即每千瓦时的电力生产会产生0.382千克的二氧化碳。
②生物质能发电（生物质能的使用量应该占能源使用总量的95%以上，纸浆黑夜发电不算在内）	1倍	
③发电量在1000千瓦到10000千瓦之间的水力发电	1倍	

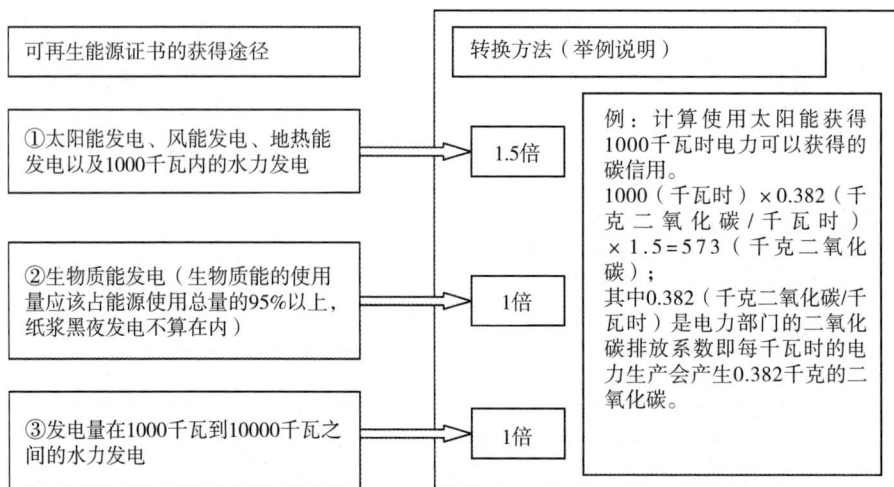

图5.8　将可再生能源证书转换成碳信用的实例图

资料来源：Bureau of the Environment，"Tokyo Cap-and-Trade Program" for Large Facilities，2012-03-30，http://www.kankyo.metro.tokyo.jp/en/climate/cap_and_trade.html.

例：某设施2010年，自身利用太阳能获得的发电量为1000000千瓦时（使用电力部门二氧化碳排放系数可折合成382吨二氧化碳）；外部电力供给为10000000千瓦时（使用电力部门二氧化碳排放系数可折合成3820吨二氧化碳），其可获得的碳信用额度的计算方法如下。

| 计算方法一：该设施在计算能源相关二氧化碳排放量的时候没有纳入其利用太阳能获得的发电量折合的二氧化碳排放量。
则：
能源相关二氧化碳排放量为3820吨。
可再生能源碳信用为191吨二氧化碳【382（吨二氧化碳）×0.5】；其中0.5是规定的转换系数。 | 计算方法二：该设施在计算能源相关二氧化碳排放量的时候没有纳入其利用太阳能获得的发电量折合的二氧化碳排放量。
则：
能源相关二氧化碳排放量为3629吨【3820（吨）-382（吨）×0.5】；其中0.5是规定的转换系数。
可再生能源碳信用为0吨二氧化碳。 | 计算方法三：该设施在计算能源相关二氧化碳排放量的时候纳入其利用太阳能获得的发电量折合的二氧化碳排放量。
则：
能源相关二氧化碳排放量为4202吨【3820（吨）+382（吨）】。
可再生能源碳信用为573吨二氧化碳【382（吨二氧化碳）×1.5】；其中1.5是规定的转换系数。 |

图5.9　特殊情况下可再生能源型碳信用的计算实例

资料来源：Bureau of the Environment，"Tokyo Cap-and-Trade Program" for Large Facilities，2012-03-30，http://www.kankyo.metro.tokyo.jp/en/climate/cap_and_trade.html.

法与碳市场减排设施的减排量计算方法相同,即用总减排量减去义务减排量(参照体系内的义务减排量来确定)的剩余减排量。

1. 非东京都碳信用的申请条件

东京都以外的企业申请非东京都碳信用需要满足以下两个条件:

第一,基年的能源消费折合原油 1500 公升及以上。基年 CO_2 排放量不超过150000 吨;

第二,采取相关减排措施后应达到的预计减排率不能低于 6%。

2. 非东京都碳信用的签发流程

符合申请条件的设施可以按照以下程序获签非东京都碳信用。

第一步,在 2011 年 9 月底提出初步申请并领取东京都颁发的减排证书;

第二步,向东京都政府提交附有核证报告的非东京都碳信用监测报告(每财年);

第三步,2015 年年初东京都政府会根据设施的减排证书和碳信用申请书将可使用的非东京都碳信用录入申请设施在注册登记系统中的交易账户。

(四)埼玉县碳信用

2011 年开始运行的埼玉县碳市场在机制设置上基本与东京都碳市场相同,只根据属地情况进行了微小修订。东京都与埼玉县在 2010 年东京都政府与埼玉县政府就大东京区域内碳市场的拓展达成了三个伙伴关系协议:第一,两者互相分享各自碳市场的相关信息,并共同筹建合作机制,以便开展各个层面的广泛合作,例如,这两个市场的碳信用交易机制的筹建;第二,在大东京范围内公开合作成果,积极促成大东京区域内碳市场合作;第三,积极推动日本政府建立全国性的碳市场。东京都碳市场与埼玉县碳市场之间有广泛的联系。埼玉县碳市场中的剩余碳信用以及中小型设施碳信用可以用于完成东京都碳市场中的减排义务。而且这些碳信用的使用量是没有限制的。

五、退出机制

在之前年份里燃料、热能和电能使用量的原油折合量不低于 1500 公升的设施要参与减排。当他们的排放量能持续三年低于该门槛,该设施即可向东京都政府提交申请报告,经东京都政府审批同意后离开碳市场。

东京都碳市场的履约期为五年。在这期间如果有设施退出,配额会根据履约期起始年到该设施退出年的实际排放量重新分配。举例来说,在第一履约期内,2013年有个设施退出,配额会根据2010—2012年的实际排放量重新分配。

六、第二履约期的制度更新

2015年,东京都碳市场进入其第二个履约期(2015—2019年),最大的变化是履约系数的增加。除此之外,东京都碳市场还引入了几项新的措施以支持设施实现新的减排目标,同时激励碳市场之外的低碳能源供应商。

(一)鼓励采用低碳能源的措施

为了计算能源使用的排放(特别是电力和热力),履约设施使用标准的转换因子①,而不区分能源供应商。在第二个履约期,东京都碳市场引入了一个新的机制,使得能够识别低碳能源供应商,同时鼓励其使用该种类型的能源。在此种新机制下,被东京都政府授权的能源供应商获得单独的转换因子,以反映其改进排放的努力。因此,如果一个设施决定使用低碳能源,通过在计算中使用改进过的转换因子,有效地减少了其年排放量。

此种机制代表了一个独特和创新的需求侧的方法,目的在于,通过鼓励低碳能源的消费,增加低碳能源的供给。

(二)针对租户的评估和披露制度

为了满足第二履约期更高的履约系数,设施的拥有者需要更紧密地与其租户合作,这是因为租户在实现减排目标中也扮演着重要的角色。然而,部分租户缺乏相关的知识和能力来采取节约能源的措施。为了解决该问题,东京都碳市场引入了新的制度来评估和公开披露租户的减排措施,该制度的主要效果在于:(1)社会评价;(2)租户之间的比较;(3)对于未来减排的激励。

---

① "标准转换因子"被用于计算电力和热力的排放:(1)电力为东京都供电的电力公司的平均碳强度(2011和2012年的平均);(2)热力为东京都的热力供应商平均碳强度(2012年的平均)。

（三）能源效率数据中心的核证系统

数据处理逐渐成了一项能源密集型的商业活动,东京都数据中心联合服务器的占地面积占全国此类设施总面积的 50% 左右。为了解决数据中心的排放问题,东京都政府与日本数据中心委员会达成了一项协议,为能源效率数据中心建立了核证系统。核证的标准包括中心的总能源效率,具体的能源效率管理措施,以及其他与安全管理相关的措施(例如,抗震、数据安全、电力故障的准备等)。此外,对于中小型的数据服务设施,其数据向认证的数据中心转移的成本由东京都碳市场承担。[1]

第二节　东京都碳市场的运行状况

在第一个承诺期的前五年,与基准年排放相比,东京都碳市场实现了 25% 的减排。从东京都政府官方网站发布的东京都碳市场的运行报告来看,东京都碳市场运营态势良好,效果显著。

一、东京都碳市场总体减排情况

2014 年,东京都碳市场覆盖的设施共排放 1027 万吨 CO_2 [2],较之于基年[3] 1363 万吨的排放量减少了 25%,减排幅度比日本大地震后经历电力危机的 2011 年还要大。各年具体排放情况见图 5.10。

目前,超过 90% 的设施已经超过了第一个履约期 6% 或 8% 的减排目标。同时,76% 的设施已经超过了第二履约期 15% 或 17% 的减排目标。东京都的设施所有者似乎可以预见减少能源使用的长期益处,并且已经采取行动来实现其目标。设施减排目标完成情况见图 5.11。

---

① ICAP, *Emissions Trading Worldwide*, *International Carbon Action Partnership*(*ICAP*) *Status Report* 2016, 2016.

② Tokyo Metropolitan Government, *Result of the 5th Fiscal Year the Tokyo Cap-and-Trade Program*, 2016。

③ 基年排放量的计算方法为:在 2002—2007 年间选取连续三年,并计算这三年的平均排放量。

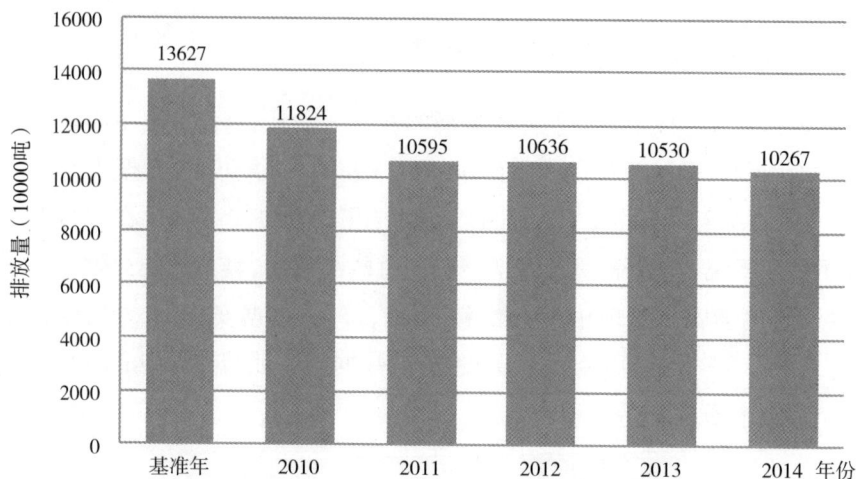

图 5.10 东京都碳市场 2010—2014 年排放情况

资料来源：Tokyo Metropolitan Government，*Result of the 5th Fiscal Year the Tokyo Cap-and-Trade Program*，2016.

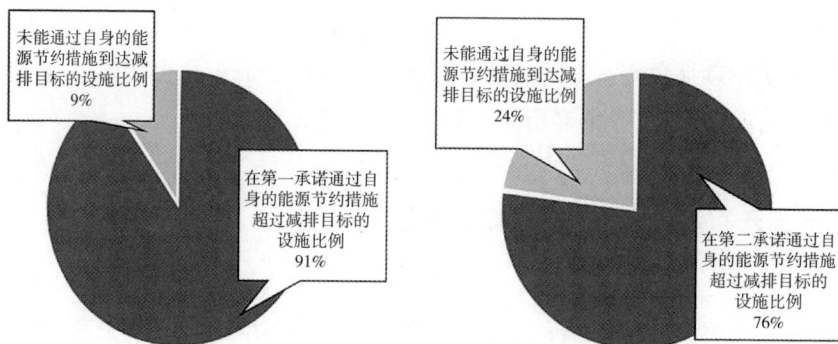

图 5.11 所有设施完成减排目标的比例

资料来源：Tokyo Metropolitan Government，*Result of the 5th Fiscal Year the Tokyo Cap-and-Trade Program*，2016.

分析预计，在第二个履约期末 2019 年，东京都碳市场累计的减排量将达到 119 万吨。具体累计减排量见图 5.12。

二、减排主体的主要减排措施

东京都碳市场减排成效得益于该市场覆盖的减排设施积极采取减排措施。其中包括 2011 年电力危机中企业采取的措施的延续，尽管相关措施已经不再必

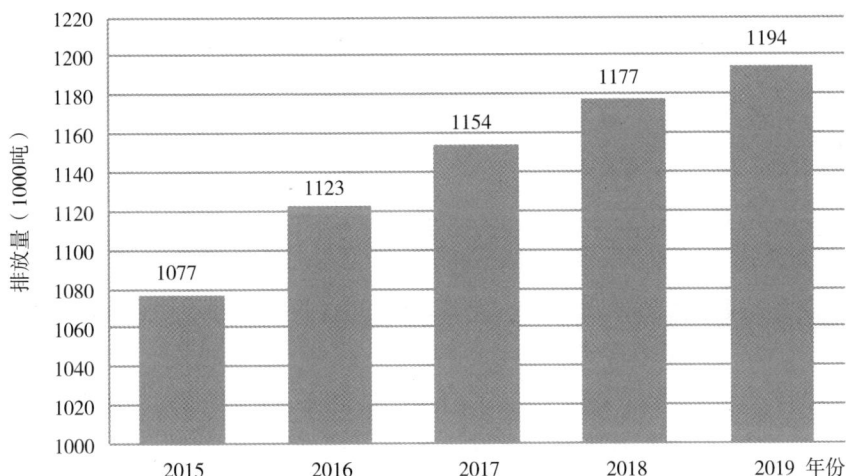

图 5.12　东京都碳市场 2015—2019 年预计累计减排情况

资料来源：Tokyo Metropolitan Government, *Result of the 5th Fiscal Year the Tokyo Cap-and-Trade Program*, 2016.

要。经调查发现,2011 年碳市场覆盖设施采取的减排措施中有两个亮点:第一,有 50% 左右的设施将其照明水平由 750 勒克斯(Lux)降低到 500 勒克斯,而且有进一步降低照明水平的意愿;第二,超过一半的租户表示向业主提出了采取电力节约措施的建议。东京都政府认为节约用电措施的顺利推行离不开在东京都碳市场下建立起来的节能体系。

在某些情况下,部分在地震和由此导致的电力危机发生后立刻实施的措施,例如 LED 节能灯的安装、高效率空调的引入、空调使用高效率的能源泵等。减排设施所提交的报告显示,未来将采取更多的措施。

减排主体采取的具体措施和相应的减排量见表 5.12。

表 5.12　减排主体采取的减排措施

措施：热资源、空调		
措施类型	措施数量	减排量（吨 CO_2）
引入高效率的热源设备	317	127583
为空调和能源节约控制设备引入高效率的泵	308	28182
引入高效率的空调	293	27101

措施:热资源、空调		
措施类型	措施数量	减排量(吨 CO_2)
引入高效率的小型空调	58	2172
变风量空调系统	275	5024
利用外部空气冷却	233	19943
CO_2 浓度—基于外部空气质量控制系统	99	15808
引入全热换热器	41	3286
引入高效率的风扇	230	12149
优化夏日空调温度的设定	86	10032
引入加热控制	28	476
优化空调运行时间	120	12245
措施:照明及其他		
措施类型	措施数量	减排量(吨 CO_2)
建设能源管理系统	39	5726
能源消耗可视化	10	1153
需求控制系统	5	532
引入高效率的照明设备和照明控制	1208	84018
LED 灯	954	66376
Hf 灯	90	7694
传感器	80	3005
放松亮度标准	256	18953
局部照明—缩短照明时间	24	768
引入电梯能源节约控制	93	1954

资料来源:Tokyo Metropolitan Government, *Result of the 5th Fiscal Year the Tokyo Cap-and-Trade Program*, 2016.

东京都碳市场的实施和减排主体减排措施的实施,使得东京都能源消耗大幅下降。由图5.13可以看出,2010年引入碳市场后,东京都工业和商业的终端能源消费量大幅下降,下降速度超过了全日本的水平。

同时东京都碳市场覆盖设施的排放量的下降趋势与能源消费的下降趋势相同。说明减排主体采取的减排措施显著降低了能源消费,东京都碳市场的减排效果较为明显。

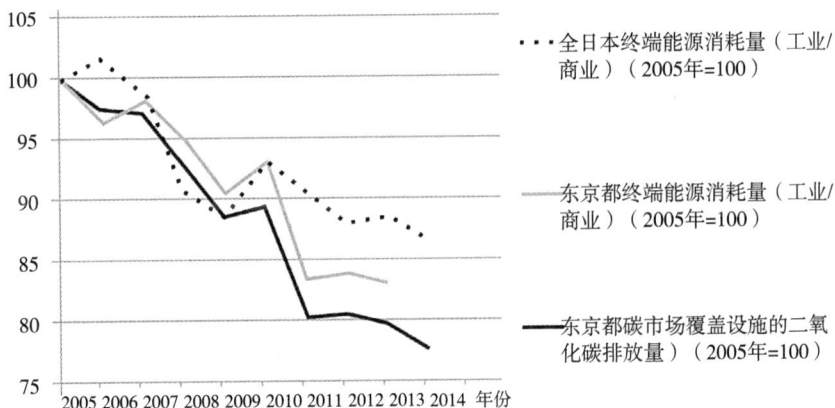

图 5.13　CO₂ 排放趋势

资料来源：Tokyo Metropolitan Government,*Result of the 5th Fiscal Year the Tokyo Cap-and-Trade Program*,2016.

第三节　东京都碳市场的特色

本节将东京都碳市场与其前身"东京都碳减排报告制度"及全球典型碳市场：德国碳市场与美国 RGGI 碳市场进行比较,以总结东京都碳市场的特色。

一、东京都碳市场与其前身"东京都碳减排报告制度"的比较

东京都碳市场的建立过程就是东京都为了实现减排目标不断探索的过程,经历了从"强制报告,自愿减排"到"强制减排"的过程,表 5.13 按照时间顺序梳理了这一过程中的标志性事件。

表 5.13　东京都碳市场的建立过程

时间	事件	意义
2000 年 12 月	东京都政府颁布了《东京都环境安全法令》取代了《东京都制止污染法令》	"东京都碳减排报告制度"得以建立
2005 年 3 月	修订《东京都环境安全法令》	"东京都碳减排报告制度"得到加强

续表

时间	事件	意义
2007年6月	颁布《东京都气候变化应对策略》	主张引进针对大型设施的强制减排计划
2008年6月	通过修订《东京都环境安全法令》的议案	加大了《东京都气候变化应对策略》的实施力度,引进东京都总量控制交易体系。
2009年4月	颁布《东京都环境安全法令实施规章》	《东京都环境安全法令修订案》正式生效。该规章还确定了东京都碳市场涵盖的范围、服从系数、文件提交流程等方面的内容。
2010年4月	强制性的碳减排计划——东京都碳市场正式开始运营	这是日本也是亚洲的首个强制性的减排计划

资料来源:作者根据东京都环境局网站上相关文件整理。

　　从东京都碳市场的建立过程我们可以看出其是在"东京都碳减排报告制度"的基础上发展而来,本文通过比较分析这两种减排安排,研究东京都碳市场对日本碳市场的完善与发展。

　　通过表5.14对比分析,可得出以下几个结论:

　　(1)东京都碳市场的减排要求更高,减排目标更加具体明确且更具有可控性;

　　(2)东京都碳市场的监管机制更加健全,监管力度更大,政府不仅对减排主体需要核证的内容、核证机构的申请条件以及核证方法等有更明确的规定,其对违规的处罚也更严厉;

　　(3)东京都碳市场的运行更加标准化,有利于政策的连贯推行,也有利于信息管理。

表5.14　东京都碳市场与"东京都碳减排报告制度"的比较

类别	东京都碳减排报告制度	东京都碳市场
温室气体减排	各主体有义务推行减排措施	各主体有义务完成减排任务
"制定—提交—公开"温室气体减排计划	各主体需提交并公开"碳减排报告"、"中期报告"以及"执行情况报告"(每年的报告格式不一样)。	各主体需提交并公开"温室气体减排计划",该计划中须包括温室气体排放现状和温室气体减排计划两个方面的内容(报告的格式是标准化的)。

类别		东京都碳减排报告制度	东京都碳市场
核证年度温室气体排放量		不需要核证	需要获得核证资格的第三方机构进行核证
组织开发	任命减排技术指导	需要任命一位技术指导	需要任命一位技术经理
	合规租户	达到一定规模的租户有义务与房屋拥有者一起推行减排措施	达到一定规模的租户有义务与房屋拥有者一起推行减排措施,此外,租用面积超过 500 平方米,年用电量超过 600 万千瓦时的租户还需要提交温室气体减排计划。
未能达到合规水平的惩罚措施		公开通报违规情况	责令其采取措施完成 1.3 倍减差额的减排量;未能完成以上减排量的设施将被通报违规情况,需缴纳在碳市场上购买相应减排量的费用和相应罚款。
未能完成规定程序的惩罚措施		公开通报违规情况	公开通报违规情况并处以罚款

资料来源:作者根据东京都环境局网站上相关文件整理。

二、东京都碳市场与德国碳市场①及美国 RGGI 的比较

东京都碳市场、德国碳市场以及美国 RGGI 均是典型的非全国层面的碳市场,这三者分别代表政府监管的碳市场、自由交易的碳市场和自愿减排区域交易市场。对其进行横向比较,可以更好地研究东京都碳市场构建及运行经验。

(一)东京都碳市场与德国碳市场及美国 RGGI 的共同特征

(1)这三个典型的区域碳市场均将工业部门纳入了减排范围内,这是因为工业生产是最主要的排放源之一。

---

① 德国碳市场就 EU ETS 而言是区域碳市场。EU ETS 在 31 个国家(全部 28 个欧盟国家加上冰岛,列支敦士登和挪威)开展业务。

(2)减排任务的设定遵从"先易后难"及"前松后紧"的原则,以便企业和社会逐渐适应碳排放管理模式。

(3)三个体系均建立了抵消机制,以便减排主体能够以更具效率的方式完成减排任务。但三者也都制定了碳抵消制度的管理办法,严格体系外碳信用的使用条件,指出在体系内购买碳排放权的重要性。

(二)东京都碳市场与德国碳市场及美国 RGGI 的不同特色

(1)限额设定的方法不同。东京都碳市场和 RGGI 都采取"自下而上"的方式,德国碳市场采用的是"自上而下"的方式。这是因为日本政府没有给东京都碳市场强制的减排任务,美国政府没有给 RGGI 强制分派减排任务,但德国碳市场需要承担欧盟下达的强制减排任务。

(2)分配机制的设置各不相同。东京都碳市场采取的是无偿分配方式,RGGI 采取的有偿分配方式,德国碳市场采取的则是有偿和无偿相结合的方式。

(3)日本设置了退出机制,用以保证体系运行的灵活性、高效性及稳定性,其他两者则没有这一机制。

表 5.15 东京都碳市场与德国碳市场及美国 RGGI 的比较

类别	东京都碳市场	德国碳市场	美国 RGGI
范围的界定与总量目标	管理对象:年能耗折合原油 1500 公升及以上的建筑物和用能设备。管理对象集中于工业部门和商业部门。第一个履约期的总量目标:各减排主体在基年的基础上减排 6%—8%,第二个履约期的减排要求更高	管理对象:功率不低于 20000 千瓦的设备。主要关注工业用能的管理。总量目标:到 2020 年,减排设备在 2000 年的基础上减排 20%	管理对象:覆盖区域内使用化石燃料发电且发电量超过 25 兆瓦的电厂。总量目标:各电厂第一阶段可以维持现有排放量不变,从 2015 年开始到 2018 年,每年减少 2.5% 的排放量
限额设定方法	自下而上	自上而下	自下而上

续表

类别	东京都碳市场	德国碳市场	美国 RGGI
分配机制	无偿分配： ①一般分配方法：采取基于历史排放量的祖父分配法。具体计算方法：祖父法分配配额＝基年排放量×履约系数×5，其中，基年的排放量通常取该设施在2002—2007财年间任意连续3年实际排放量的平均值。 ②新增设施的配额分配：新增的办公大楼及其他在2010年以后新进入到该交易体系的建筑共同分配为新进设备预留的免费配额。配额的分配方法有两种：一种是基于历史排放量的祖父分配法则，另外一种是基于排放强度标准分配方法	无偿分配与有偿分配相结合： ①按祖父法则分配：按照历史排放量的98.75%对CO_2年排放量在2.5万吨以下的用能设施进行配额分配。 ②基线法：依据单位能耗量对CO_2年排放量在2.5万吨以上的用能设施进行配额分配。例如，以褐煤、无烟煤、天然气为燃料的发电设备分别可获得50%、82%、92%的免费额度。由此可见，设施使用燃烧效率较高的燃料可获得较多的免费配额。 ③第一阶段用于拍卖的配额不超过总量的5%，第二阶段不超过10%，2013年约50%的配额被拍卖；到2020年超过60%的配额通过拍卖方式获得	有偿分配： RGGI采用拍卖的方式分配配额，具体来说，可用三个关键词来理解RGGI的配额拍卖方式：单轮竞价、统一价格和密封投标。每次拍卖都会预先设定最低价格。此外，RGGI还规定单笔拍卖数量应在1000份配额以上，每个竞拍者购买的配额数量不得超过当次拍卖总量的25%
交易机制	拥有剩余减排额度的设施或者拥有签发的抵消碳信用的设施可以在注册登记系统中开启交易账户进行碳排放权的交易活动	莱比锡交易所是碳排放权交易的平台，购买方在交易所购买碳排放权后通过管理处转移权力。减排设施在交易所的减排账户每年结清平衡	整个交易市场由一级市场和二级市场共同构成。一级市场是政府主导的配额拍卖市场，二级市场是配额进行二次分配的市场，其交易通常通过芝加哥气候交易所和绿色交易所进行
监管机制	要求管理对象每年向政府提交上年温室气体排放报告，排放报告需附获得认证资格的第三方认证机构的核证报告	多家有资质和权限的检验机构会对减排设备提交给排放交易处年度计划及设备排放监控和测量计划中的数据进行检测，经由州政府给联邦环保局提交检测结果，由联邦环保局对减排真实性和兼容性进行最终核对	管理对象需要按规定安装排放检测系统用以记录和报告排放数据。管理对象按照管理机构的要求提交附有履约证明的季度报告

续表

类别	东京都碳市场	德国碳市场	美国 RGGI
抵消机制	可使用的碳信用有中小型设施碳信用、可再生能源碳信用、非东京都碳信用以及埼玉县碳信用。对每种碳信用的申请条件、签发程序以及使用条件都有严格的规定	《欧盟衔接指令》规定，EUA、CER 及 ERU 的单位价值相同，但 CDM 和 JI 的项目产生的减排信用在欧盟市场上流通有条件和数量上的限制	只允许使用发生在 RGGI 参与州或就碳抵消项目的管理和监督与 RGGI 签署了备忘录的非参与州的碳抵消项目产生的碳信用
退出机制	有	无	无

资料来源：作者根据国际碳行动网站(http://icapcarbonaction.com/)资料整理。

三、东京都碳市场的优缺点

东京都碳市场有以下几个优点：

第一，准备充分，选择合理的实施时机。东京都在开始碳市场之前就建立了碳减排报告制度并开发了相应的系统，这为碳市场的建设和运行奠定了重要的基础。

第二，合理确定覆盖范围。以碳排放水平为基础进行跨行业碳排放管理，行业覆盖范围为工业和商业，微观管理对象是建筑物和用能设备。这样的管理安排十分切合东京都的碳排放结构。

第三，根据实际情况选择合理的配额分配方法并不断对其进行补充和完善。东京都碳市场最初全部按照祖父分配法进行配额分配，后来又慢慢引入其他的分配方法，例如，针对新进入设施采用基于排放强度标准的分配方法。这样的配额分配安排在初期有利于吸引更多的参与者，到后期又能以更具有效率的方式运行。

第四，建立了退出机制，这一机制的建立不仅鼓励了企业积极采取减排措施，还有利于增加这一体系的灵活性。

东京都碳市场的缺点在于交易市场结构单一。排放权交易在日本的交易规模不大，金融机构及相关公司的交易经验明显不足。

第六章　韩国全国碳市场

2015 年 1 月,韩国碳市场正式启动,成为亚洲第一个国家层面的总量交易体系,也是继欧盟碳市场之后的全球第二大碳市场,致力于通过成本有效的市场手段推动韩国的绿色增长与低碳发展战略。

第一节　韩国碳市场的产生与发展

一、韩国碳市场产生的背景

在历经数十年的经济强劲增长后,韩国已成为经济合作与发展组织(OECD)成员国中温室气体排放增长最快的国家。虽然没有处于《京都议定书》附件一国家的行列,韩国不承担强制减排义务,但 2008 年以来的世界性经济衰退及长期的粗放增长模式带来的负面影响,促使韩国开始积极探索经济转型的新路,正加快向低碳化和可持续发展模式转型,能源安全、资源效率以及气候变化逐渐成为韩国政府关心的重大问题。

(一)国际环境

作为位于北半球的临海国家,韩国同样面临着气候变化的巨大威胁,且极度的能源匮乏,使韩国的能源严重依赖国外进口。自 20 世纪 60 年代实施工业化战略以来,韩国经济飞速发展,同时因为电力企业的电价管制,使得韩国能耗急剧上升,随之而来的则是温室气体排放的持续增加,年均增长率为 2.87%(见图6.1),在经济合作与发展组织(OECD)成员国中增长率最高。根据《韩国 2013

年环境白皮书》的数据,2012 年,韩国 CO$_2$ 排放量为 6. 93 亿吨 CO$_2$e,处于世界第十二位,排放比重占全球温室气体总排放的 1.6%。2008 年以前,韩国没有采取足够措施控制温室气体排放,而根据《京都议定书》的规定,在第一次温室气体削减义务公约(2008—2012 年)终止时,韩国很有可能自动成为削减义务国(即附件一国家)。然而目前,根据对《京都议定书》的多哈修正,韩国还没有成为削减义务国。面对国际气候公约的压力、世界能源供给的竞争与国际经济发展趋势的引导,韩国经济开始向低碳社会和绿色增长相协调的模式转变。

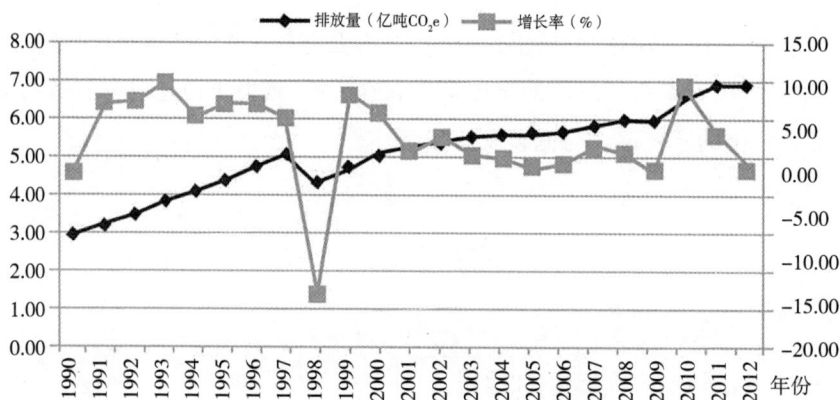

图 6.1 韩国温室气体排放量及增长率

资料来源:United Nations Framework Convention on Climate Change,2017-08-02,http://unfccc.int/ghg_data/ghg_data_unfccc/ghg_profiles/items/4626.php.

(二)国内背景

韩国国土面积小,且资源贫乏。自 20 世纪 60 年代开始工业化以来,韩国经济飞速发展,由一个贫穷落后的农业国家,迅速发展为新兴工业化国家,被称为"汉江奇迹"。但是,这种粗放发展模式也为韩国带来了严峻的问题,制约其经济的可持续发展。

韩国是世界上第十大能源消耗国,能源消耗主要来源于化石燃料,煤炭和石油约占总能耗的 83%,而新能源和可再生能源只占总能耗的 5%(如图 6.2 所示)。因此这种化石燃料主导的能源结构加速了不可再生能源的消耗,也加剧了对生态环境的破坏和污染。不仅如此,韩国的能源资源非常有限,主要依赖进口维持,对外依存度甚至达到 97%。且由于自身环境限制,韩国难以大力发展清洁能源。面对如此困境,再加上国际能源市场日趋激烈的竞争局面,韩国政府开始积极探索发展新模式,以期解决环境问题与资源瓶颈。同时,韩国工业及建筑业等作业场所废弃物排放量巨大,工业生产过程中排放的温室气体也逐年激增,已成为 OECD 国家中碳排放量最高的国家。由此可见,韩国迫切需要实行碳减排措施,以减少温室气体排放,促进经济向高能效低碳化的新模式转变。

（万吨标准油）

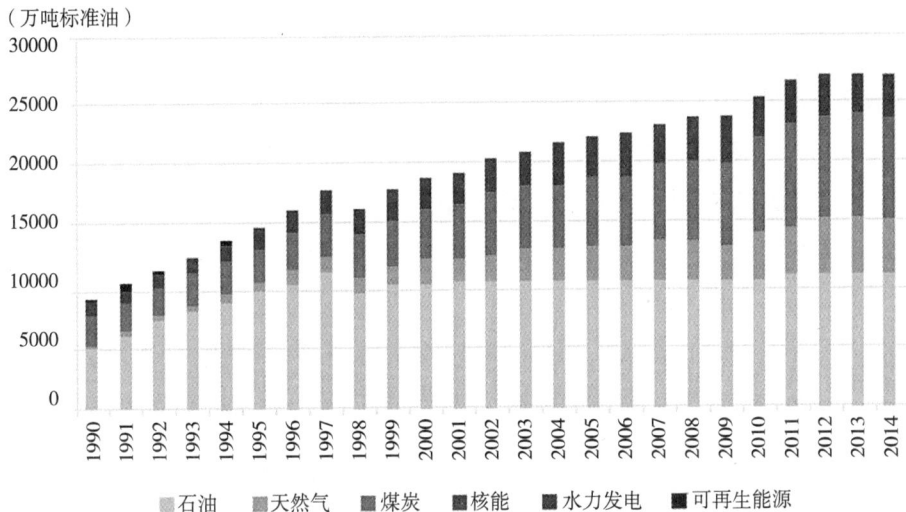

图 6.2　1990—2014 年韩国各类能源消耗量

资料来源:BP,2016 - 11 - 02,http://www.bp.com/en/global/corporate/energy-economics/statistical-review-of-world-energy/downloads.html.

二、韩国碳市场的发展历程

自 20 世纪 90 年代起,韩国经历了高增长高污染的困扰之后,就开始重视保护环境,先后出台多部法律条例来强化环境保护的法制建设。1999 年,韩国颁布了第一部关于气候变化的政策草案《气候变化框架公约下应对全球变暖的第一个综合预案(1999—2001 年)》。此后,韩国采取中庸立场应对气候变化,呼吁在“一切照常”而非激进的情况下减少碳排放。2008 年,韩国总统李明博上台后大举推行环保政策,韩国政府正式提出了《低碳绿色增长国家战略》(*National Strategy for Low Carbon and Green Growth*),将低碳绿色发展上升到韩国的国家战略高度,并于 2009 年成立了绿色增长委员会,以统一协调政府的绿色增长战略实施。

2009 年 2 月,韩国政府出台了《气候变化对策基本法》,旨在应对气候变暖对韩国产生的巨大影响。其中第 20 条"限制温室气体排放量"及第 21 条"排放权交易"明确提出了韩国将建立碳市场来实行温室气体减排。为有效实现减排目标,韩国政府于 2010 年开始,选择首尔、釜山等 15 个城市的 23 个企业、3 个大型流通企业集团等代表性高碳排放企业,设立温室气体排放权交易试点,采取企业自愿参与的方式开展碳排放权交易试点工作,为后续建立全国范围的碳市场积累了经验,减少了阻力,提高了国民对减排的共识。

2010 年 1 月,韩国政府向联合国提交了 2020 年的自主减排目标——到 2020 年,韩国温室气体排放量比"基准情景"减少 30%。4 月,韩国政府颁布了《低碳绿色增长基本法》(Framework Act on Low Carbon, Green Growth),成为指导韩国低碳绿色战略发展的基本法律保障,其中规定了大型排放企业和能耗企业需要每年向政府报告其温室气体排放量和能源消耗量,且提出了建立可交易温室气体排放权的体系。6 月,韩国成立温室气体清单与研究中心(GIR),负责编制覆盖超过全国总排放量 60% 的国家温室气体排放清单。

2011 年 3 月,韩国政府建立了温室气体与能源目标管理体系(TMS),并由 GIR 管理实施。TMS 通过政府的强制手段直接对纳入体系的企业温室气体排放及能源使用效率进行管控。2010 年,相关部门即完成了纳入 TMS 的企业范围框架;2011 年,政府依据历史法制定了纳入 TMS 企业的 2012 年减排目标。TMS 于 2012 年正式开始运行,纳入其框架的企业需要在 2013 年 3 月提交 2012 年的排放报告,由第三方核查机构进行审核,再交由环境部进行评估。TMS 管制企业的温室气体排放及能源消耗标准如表 6.1 所示,一旦企业同时满足温室气体排放量和能源消耗双重标准即会被强制纳入管理体系。

表 6.1 TMS 管制企业纳入标准

年份	2014 年		2015 年		2016 年	
	企业集团	单一企业	企业集团	单一企业	企业集团	单一企业
温室气体排放量（万吨 CO_2e）	≥8.75	≥2.0	8.75—12.5	2—2.5	5—12.5	1.5—2.5

资料来源:作者根据相关资料自行整理。

TMS 规定,只要企业在过去三年的年均排放量超过了当年规定的门槛,就会被纳入 TMS,其减排目标将会在次年设定,而企业的减排活动将在之后第二年开始实施,企业需要在第三年 3 月底之前向政府报告其温室气体排放量和能源消耗量,相关部门再根据企业的运行效率和扩张计划向企业分配下一年度的减排目标。

2012 年 11 月 13 日,韩国国会审议通过了温室气体排放配额分配与交易实施法案(ETS Act)。该法案规定了韩国碳排放权交易体系(韩国 ETS)的规则框架及管理结构,并计划韩国碳市场于 2015 年 1 月启动实施,与 TMS 平行运作。在 TMS 基础上,许多政府部门参与了韩国 ETS 的框架设计和运行实施。韩国环境部统管碳市场整体设计与运行,还成立了特别工作组负责协调管理碳市场的立法设计,包括 MRV 程序、总量设定与配额分配框架、建立交易平台和市场运作相关的法律法规等。虽然韩国 ETS 同样是为温室气体减排服务,但 ETS 是通过市场机制来帮助企业实现减排,而 TMS 则是通过政府的强制手段来实现排放控制。ETS 启动之后,温室气体年均排放量超过 2.5 万吨 CO_2e 的单一企业或设备、超过 12.5 万吨 CO_2e 的企业集团将由 TMS 转入韩国 ETS,成为 ETS 的控排企业。温室气体排放配额分配与交易实施法案中第十条法例规定了管制企业将依据其自身排放水平被纳入 TMS 或韩国 ETS,不会同时纳入两个体系。两种体系的比较参见表 6.2。

表 6.2　TMS 与韩国 ETS 的比较

体系名称	温室气体与能源目标管理体系(TMS)	韩国碳排放权交易体系(Korean ETS)
启动时间	2012 年	2015 年
法律依据	低碳绿色增长基本法	温室气体排放配额分配与交易实施法案
管理部门	环境部	战略财政部(目前)
性质	政府直接调控	市场间接调控
运营体制	(1)每年设定下一年度减排目标; (2)管制企业自行实现减排; (3)政府每年对减排业绩进行核查; (4)政府对未达标企业进行惩罚	(1)5 年为单位设定减排目标; (2)管制企业通过分配排放配额及进行市场交易进行减排; (3)目标机制较为灵活: ——超标完成部分可出售或储存 ——未达部分可买入或拆借; (4)企业每年提交排放清单; (5)政府对未达标企业进行惩罚;

续表

体系名称	温室气体与能源目标管理体系(TMS)	韩国碳排放权交易体系(Korean ETS)
纳入企业标准	自 2014 年 1 月起: (1)排放量超过 1.5 万吨 CO_2e 或能耗量超过 80 万亿焦的企业; (2)排放量超过 5 万吨 CO_2e 或能耗量超过 200 万亿焦的集团	(1)排放量超过 2.5 万吨 CO_2e 的企业; (2)排放量超过 12.5 万吨 CO_2e 的集团。

资料来源:作者根据相关资料自行整理。

三、韩国碳市场的法律依据

自韩国提出低碳绿色增长战略以来,韩国政府相继出台与修订了一系列法律法规,目前已形成了一套较为完整的法律体系,涵盖农业、制造、运输、建筑、电力、供水等相关领域,以确保绿色增长战略目标和相关政策规划的顺利实现。绿色增长法律体系约包含 20 部相关立法,以下就应对气候变化的相关立法进行简要介绍。

(一)《低碳绿色增长基本法》

2009 年 12 月 30 日,韩国国会通过了《低碳绿色增长基本法》,并于 2010 年 4 月 14 日起开始实施。作为韩国绿色增长战略的奠基石,《低碳绿色增长基本法》从战略的高度为韩国的绿色可持续发展提供了立法和体制保障,也为体系中其他相关立法提供了指导和依据。

《低碳绿色增长基本法》的主要内容包括制定绿色增长国家战略、建立绿色增长委员会、发展绿色经济产业、实现低碳社会、实现绿色生活和可持续发展等项目以及各机构和各单位具体的实行计划。此外,还包括实行气候变化和能源目标管理制度、设定温室气体中长期的减排目标、构筑温室气体综合信息管理体制以及建立低碳交通体系等有关内容,旨在实现经济和环境的协调发展,为低碳绿色增长提供有利条件,将绿色技术、绿色产业作为新的增长动力并加以有效利用以促进国民经济的发展和国民生活质量的提高。基本法生效后,将对绿色产业施行绿色认证制,可获得认证的项目包括新生和再生能源、水资源、绿色信息通信、环保车辆和环保农产品等 10 个项目、61 项重点技术。对于大型建筑物,将实行"能源、温室气体目标管理制",严格限制能源的使用。环境部将新设"温室气体综合信息中心",负责推行在 2012 年以前将能源消耗量平均每年减少1%至6%的有关计划。[①]

(二)《气候变化对策基本法》

韩国《气候变化对策基本法》是韩国政府为应对持续增加的温室气体排放对气候和环境造成的破坏而制定的基本法律,于 2009 年 2 月公布,从公布后 3个月开始实施。

《气候变化对策基本法》共七章,第一章为总则,明确了立法目的、相关名词定义,阐述了国家、地方政府、企业以及国民应当承担的责任。第二章为建立气候变化应对综合计划,阐明了综合应对计划的实施方案、年度计划的建立与执行、地方政府年度实施计划书的制定与提交。第三章为气候变化委员会的设置,规定了气候变化委员会、气候变化对策业务委员会的设立及资料提交。第四章为温室气体减排措施,对温室气体资料搜集、温室气体排放量计算、建立国家报告细则、相关活动的温室气体排放量报告和排放量计算咨询与协助、森林碳汇、温室气体总量管制与排放交易做了相关说明。第五章为其他措施与调试能力提升,对气候变化冲击与脆弱性评估、财政协助、促进国际合作、法律措施、促进民间团体气候变化应对活动做出了相关规定。第六章为基金设置及运用,设置了气候变化应对基金,说明了基金用途及管理方式。第七章为处罚。

其中第 17 条"企业温室气体排放报告",规定管制企业需每年向政府相关部门提交温室气体排放量报告,于 2011 年 1 月 1 日起实施。第 20 条"限制温室气体排放量",规定政府可对温室气体排放量达一定规模以上的企业,依法制定其温室气体排放量上限,以管制温室气体排放。第 21 条"排放权交易",规定政府需建立温室气体排放量核配方案及排放权交易的年度计划。此两条规定从2013 年 1 月 1 日开始实施。《气候变化对策基本法》明确了韩国政府将碳市场作为应对气候变化的主要政策工具,从法律的高度保障了碳市场的开展与实施。

[①] 韦大乐、马爱民、马涛:《应对气候变化立法的几点思考与建议——日本、韩国应对气候变化立法交流启示》,《中国发展观察》2014 年第 8 期。

(三)其他相关法律

2009 年 9 月,韩国政府公布了 2020 年 CO_2 排放量比 BAU 情景减排 30% 的目标,并成立了温室气体综合信息中心,主管温室气体减排目标的设定、管理及气候变化有关国际合作。2012 年 5 月和 12 月,韩国出台了《温室气体排放权配额及交易的相关法律》和《温室气体排放权配额及交易的相关法律实施细则》,为碳市场提供了坚实的保障和实施的指导细则,也向世界传递了韩国政府的减排意志与蓝图。

第二节　韩国碳市场的制度设计

相比依靠政府直接调控的韩国温室气体与能源目标管理体系,碳市场的减排成本大为降低。企业可通过减排技术的开发或引进来自行减排,也可通过购买、借入、抵消等多种手段来合理安排长期范围内的减排措施与碳资产管理。

下面从总体概况、覆盖范围、分配机制、灵活机制、履约机制以及制度设计评价六个方面对韩国碳市场的制度设计进行评述。

一、总体概况

韩国碳市场于 2015 年 1 月 1 日启动,是亚洲第一个国家层面的总量交易体系。2015 年韩国碳市场的配额总量为 5.73 亿吨 CO_2e,是继欧盟碳市场之后的世界第二大碳市场,覆盖了韩国约三分之二的碳排放量。

(一)减排目标

韩国政府将每五年制定一份碳市场的总体规划(ETS Master Plan),为韩国碳市场提供未来十年的整体框架和运行指导。总体规划需在每个履约期开始的一年之前制定完成,而国家分配方案(NAP)需在每个履约期开始前六个月制定完成,其中应该包括配额总量、各履约年的配额量、覆盖范围、预留配额及其分配标准等关键要素。

韩国碳市场的减排目标是在 BAU 情景预测的基础上制定的,而 BAU 情景是基于石油价格、经济增长率、工业结构、各部门的长期投资计划等关键经济要素的预测而测算的韩国未来一定时间段内的温室气体排放量。因此,BAU 情景的预测将会直接影响韩国碳市场的配额分配数量。

目前,韩国政府已经公布了 2020 年与 2030 年的减排目标(见图 6.3)。到 2020 年,韩国温室气体排放量比 BAU 情景减少 30%,即 2020 年排放量为 5.43 亿吨 CO_2e ,韩国将无条件达到此目标。同时,韩国政府计划于 2030 年温室气体排放量比 BAU 情景减少 37%,即 2030 年排放量为 5.36 亿吨 CO_2e 。这意味着 2030 年 CO_2 排放量将比 2012 年下降 22%,这其中部分减排量(约 11% 或近 1 亿吨 CO_2e)可能通过国际碳抵消项目获得。[①]

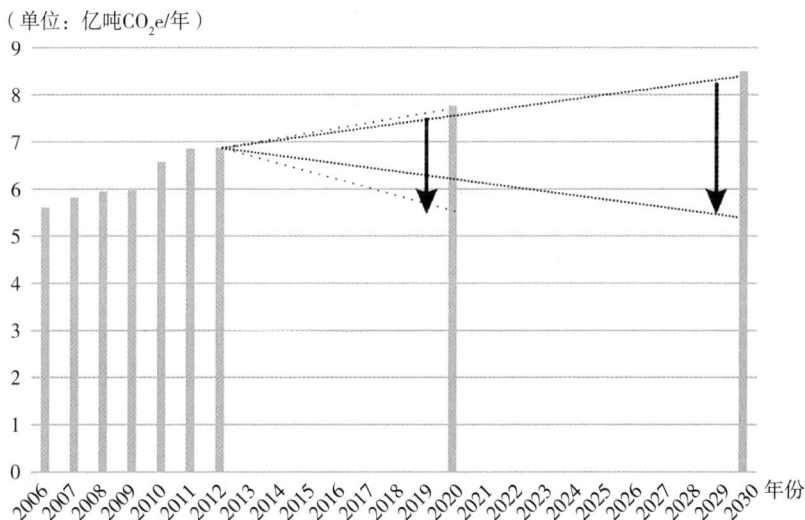

（单位：亿吨CO_2e/年）

图 6.3　温室气体历史排放、BAU 及韩国减排目标

资料来源:UNFCCC,2016-11-02,http://unfccc.int/2860.php.

(二)总量设置

韩国碳市场分为三个履约期,履约年则为一年,如表 6.3 所示。韩国碳市场第一履约期(2015—2017 年)的碳排放配额总量为 16.87 亿吨 CO_2e ,包括了用

---

① 数据根据韩国环境部网站(http://eng.me.go.kr/eng/web/main.do)整理。

作市场调节、补偿先期减排企业和分配给新增控排企业的 0.89 亿吨预留配额。

表 6.3 韩国碳市场履约期

履约期	时间	跨度
第一期	2015—2017 年	3 年
第二期	2018—2020 年	3 年
第三期	2021—2025 年	5 年

资料来源:作者根据韩国环境部网站(http://eng.me.go.kr/eng/web/main.do)整理。

韩国碳市场第一履约期每年的配额总量如表 6.4,第二履约期和第三履约期的配额总量暂未公布。

表 6.4 韩国碳市场第一期配额总量

年份	配额总量(亿吨 CO_2e)
2015 年	5.735
2016 年	5.622
2017 年	5.509
第一期	16.87

资料来源:作者根据韩国环境部网站(http://eng.me.go.kr/eng/web/main.do)整理。

二、覆盖范围

韩国碳市场覆盖了《京都议定书》中规定的全部 6 种温室气体。前三年的温室气体年均排放量超过 2.5 万吨 CO_2e 的单一企业或设备、超过 12.5 万吨 CO_2e 的企业集团都应该强制性纳入碳市场。根据企业温室气体排放量、排放源核查和测量的可能性,韩国碳市场第一期(2015—2017 年)纳入了包括钢铁、水泥、石化、炼油、电力、建筑、废弃资源利用及航空业等行业中的 23 个子行业,共 525 家排放主体,主要行业分布情况参见图 6.4。大多数韩国主要公司都被包含进来,包括韩国电力集团、POSCO、三星电子和 GS Caltex。此外,乐天酒店、首尔国立大学、仁川机场和首尔市政府也因为排放达到门槛而被纳入。这些控排主体及所有自愿加入到碳市场的企业,其温室气体排放总量约占韩国总排放量的

66%。其中电力和能源行业配额最多,为 7.39 亿吨、钢铁 3.06 亿吨、石化 1.44 亿吨、水泥 1.28 亿吨。除了 525 家排放主体外,韩国发展银行、韩国工业银行、韩国进出口银行及韩国金融公司,将一同参与碳市场。受管制的排放源则包括直接排放和间接排放①。

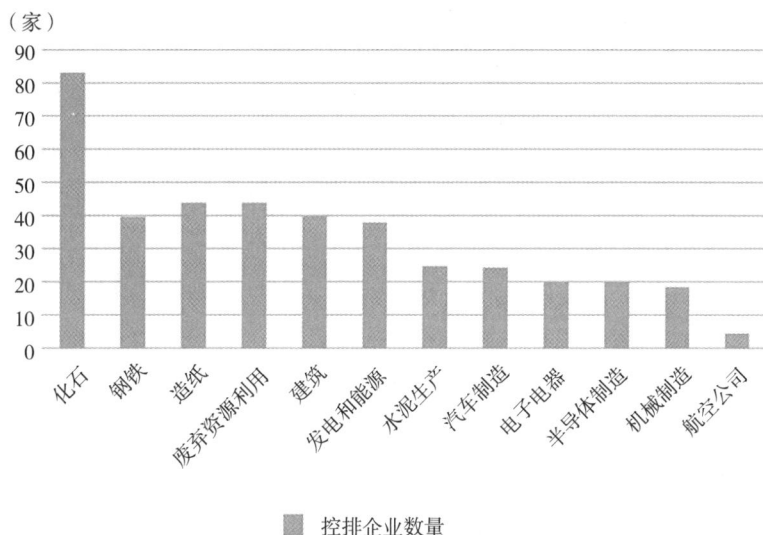

图 6.4　控排企业分布图(主要行业)

资料来源:作者根据韩国环境部网站(http://eng.me.go.kr/eng/web/main.do)整理。

　　如果 TMS 的管制企业因为新增产能或企业扩张而符合碳市场的门槛,将被视作控排企业纳入碳市场,其他 TMS 的管制企业也可以申请成为碳市场的自愿减排企业,但碳市场的法案并没有对其配额分配作出相关说明。

三、分配机制

　　配额分配计划于履约期开始之前的六个月制定完成,整个履约期的配额则会在每个履约期第一个履约年开始之前依照 NAP 中的计划一次性发放给控排企业,这与包括 EU ETS 在内的大多数其他碳市场的分配机制都有所不同。整个履约期配额的提前发放将会在很大程度上影响企业的财务状况,因为提前发

---

　　①　间接排放指企业购买的电力或热力在其生产过程中产生的温室气体排放。

放的排放权配额将作为控排企业金融资产的一部分而影响企业的整体市值。对于大型排放企业来说,因其分配到的免费配额更多,这种影响将更为显著,需要企业加强碳资产的管理能力和意识,以降低未来的履约风险。

考虑到企业参与的积极性及其竞争性的影响,韩国碳市场的配额发放采用由100%免费发放逐渐过渡到拍卖的形式。第一履约期(2015—2017年)的配额将全部免费发放给企业,不采用拍卖的方式。包括电力、钢铁和化工的大多数部门将根据历史法,即基准年(2011—2013年)的平均温室气体排放量获得免费配额。而包括水泥熟料、炼油厂和民航业在内的三个部门将根据标杆法,即基准年(2011—2013年)平均温室气体排放量的行业标杆值来获得免费配额。

第二履约期(2018—2020年)配额总量的97%将免费发放给企业,剩余3%进行拍卖。第三履约期(2021—2025年)免费分配的配额总量将少于90%,超过10%的部分进行拍卖。

为了保护对国际竞争比较敏感的企业,避免因碳市场而影响其竞争力,对于纳入碳市场的高能耗及EITE企业,他们将在各履约期均获得100%的免费配额。EITE企业的标准定义如下:

(1)生产成本增加超过5%并且贸易强度超过10%;

(2)生产成本增加超过30%;

(3)贸易强度超过30%。

同时,对于受碳市场影响较大的企业,政府考虑给予一定的财政扶持,如税收减免或补贴。

四、灵活机制

(一)配额预留

根据韩国碳市场配额方案,在配额分配时需要保留一部分配额,作为新的控排企业、先期减排行动、新增产能以及市场调节的预留配额。而且,因控排企业关停、未进行有效的减排行动、排放设备停止运行等原因被主管部门撤回的配额也将转入预留配额。预留配额的比例将在NAP中预先设定,第一履约期配额总量的约5%将作为预留配额。

如果控排企业具有之前在 TMS 中可证实的减排行动,可向碳市场有关部门申请额外的配额分配,作为前期减排行动的补偿。其配额数量不应超过第一履约期总配额的 3%。如果控排企业因为规划之外的产能扩张、产品线更改、强制性的发电量增加,可申请追加配额。

(二)配额的存储和借贷

在履约年及不同履约期之间,企业可以无限额地储存配额,但所存储配额仅限于下个履约期的第一年。同时,同一个履约期的履约年间,企业可以预借不超过履约年总量 10% 的配额,但不允许企业跨履约期预借配额。

(三)抵消机制

抵消机制允许企业运用抵消项目产生的信用来进行履约,帮助控排企业以更灵活的方式完成减排目标。

在第一履约期与第二履约期内,控排企业可以将外部减排项目获得的减排量用于抵消,包括 2010 年 4 月 14 日之后实施的符合条件的 CDM 项目以及碳捕获与封存项目,但仅允许使用国内的抵消信用,且使用比例不得超过企业当年履约目标的 10%。从第三履约期开始,将允许控排企业使用不超过 50% 的抵消信用进行履约,且允许使用国际抵消信用。但企业实际使用的抵消信用中,国际额度比例不得超过国内额度。

根据抵消机制的规定,抵消项目需要经过韩国环保部审批后才能将其产生的 CER 转换成为韩国抵消信用(Korean Offset Credit,KOC),而 KOC 则需要再被转换成韩国信用单位(Korean Credit Units,KCU)才能在韩国交易所(KRX)中进行交易和用来履约。

可产生抵消信用的抵消项目包含以下两种:(1)在碳市场法案规定范围之外的部门所开展的符合国际标准的抵消项目;(2)CDM 项目及经官方认可的其他项目。

另一个与抵消机制相关的法案是碳汇法案(Act on the Management and Improvement of Carbon Sink,Carbon Sink Act),于 2013 年 2 月起实施,其目的是通过开展森林碳汇项目来应对气候变化。其中规定了 9 种森林碳汇抵消项目:(1)造林;(2)重新造林;(3)植被恢复;(4)森林管理;(5)保护区域碳汇的管理与改善;(6)木质林产品;(7)森林生物质能利用;(8)防止森林砍伐和森林退化;(9)混合项目。此外,森林碳汇项目的成果可根据项目需求自行选择:第一,可获得减排量的森林碳汇抵消项目;第二,作为社会贡献的森林碳汇抵消项目。前者有很大可能用于控排企业的履约,后者只能用作企业社会责任的履行。森林碳汇被认为是完成韩国碳减排目标的一个重要战略,因而森林碳汇项目有很大可能会逐步纳入抵消机制。

(四)市场稳定机制

韩国碳市场没有设置固定价格阶段,因此不会给市场提供价格信号引导,为了降低价格大幅波动的风险,韩国碳市场制定了一系列市场稳定措施。

配额分配委员会将针对以下情景启用市场稳定措施:(1)连续六个月的配额价格上升到前两年平均价格的3倍以上;(2)连续六个月的配额价格上升到前两年平均价格的2倍以上且一月内平均交易量上升到前两年同一个月的平均值的2倍以上;(3)一月内平均交易价格低于前两年均价60%以上。2015年和2016年的价格封顶为1万韩元。

市场稳定措施将包括:(1)将不超过25%的预留配额进行额外分配;(2)设定预留配额不超过履约年配额总量150%且不小于70%的上下限;(3)增加或减少企业可预借的配额比例;(4)增加或减少抵消信用的使用比例;(5)临时设定价格上限及下限。

市场大幅波动发生后,韩国环境部将先确定是否有实施市场稳定措施的必要,再将决议提交给配额分配委员会(Emission Allowance Allocation Committee,EAAC)进行是否干涉市场的最终决策。因为市场稳定措施为事后调节政策,所需周期较长,不能对市场波动进行迅速反馈,有可能会与政策目标背离。另一方面,市场稳定机制中并没有提及每种措施的使用前提,这种政策模糊性也可能会给市场预期带来不确定性,导致参与者对市场信心的下降。

五、履约机制

(一)监测、报告和核查制度

在履约年结束后三个月内(次年3月底之前),控排企业需报告其年度排放量,并由独立的第三方机构对企业年度报告进行核查。在履约年结束后 5 个月内(次年 5 月底之前),企业排放报告将由环境部下属认证委员会进行复审和核证。如果控排企业没有如实报告其排放量,排放报告将不能通过。在履约年结束后 6 个月内,企业需上缴配额。

(二)惩罚机制

未履约的企业将遭到高于市场平均价格 3 倍的处罚,最高不超过 10 万韩元/吨。因 2015 年和 2016 年的市场价格上限为 1 万韩元/吨,因此这一期间的最高罚金将为 3 万韩元/吨。

六、韩国碳市场制度设计评价

第一,减排目标设置较高,会给控排企业带来较重负担。韩国政府目前提出的减排目标为 2020 年温室气体排放量比基准情形的 7.76 亿吨下降 30%,因减排力度与其他碳市场相比较大,可能会造成碳价高企,纳入碳市场的企业会承担较重成本负担。如果韩国政府在制定碳市场总量增长曲线时没有考虑一些交叉政策的影响,如技术进步带来的能源效率提升和可再生能源应用比例提高对未来的温室气体排放曲线的影响,则基准情形的预测可能偏高,而比基准情形降低 30% 的目标也会给控排企业带来过高的成本。

第二,覆盖范围较广,会带来较高的 MRV 成本。韩国碳市场覆盖了《京都议定书》规定的全部 6 种气体,与其他碳市场相比,覆盖范围更为全面和严格,但由于一些气体不能被直接及准确地监测,可能会增加监测成本。同时,韩国碳市场规定受管制的排放源包括直接排放和间接排放,尽管间接排放的管制会激励企业提高能效及初级能源的使用,但也会导致配额的不当分配,并且使报告和履约过程复杂化。

第三,抵消机制较为严格,会增加控排企业成本。从其他碳市场抵消机制经验来看,抵消机制允许控排企业采用更加灵活的方式进行履约,可降低控排企业的减排成本,保持其对减排目标完成的积极性。韩国规定在直至 2020 年的第一履约期和第二履约期内,控排企业只能使用不超过 10% 的抵消信用,且不允许使用国际抵消信用,而严格的抵消机制会间接增加企业减排成本,造成市场碳价上升。

第三节　韩国碳市场运行情况

韩国碳市场自 2015 年 1 月 1 日正式启动①,首批纳入 525 家控排企业,第一履约期(2015—2017 年)预计发放 16.87 亿吨碳配额,至今已运行两年有余,已成为全球仅次于欧盟碳市场的第二大碳市场。

一直以来,韩国碳排放量稳居全球前 10 位,因此其所采取的减排措施对全球温室气体的减排效果来说至关重要。碳市场的合理设计不仅能对一个国家的碳价和市场效率产生正面效应,也是应对全球气候变化的有效途径。所以,自韩国碳市场筹备以来,韩国政府就有心打造全球规模最大的碳市场,并按照最高标准制定碳价和减排目标。但目前来看,其运行情况并不理想。

一、市场流动性不足

运行两年来,韩国碳市场的交易量合计达到 32.1 万碳配额②(Korean Allowance Unit,KAU)。而在 2015 年,共计 5.45 亿 KAU 被免费分配给 525 家参与主体。可见,韩国碳市场的流动性与其他碳市场相比明显较低。导致低流动性的原因有以下几点:

第一,韩国碳市场长期处于供不应求的状态。目前来看,碳市场价格不断上行,加之一些企业未来产能增加的不确定性,使得有潜在出售意愿的企业在卖出配额时非常谨慎,因此严重影响了韩国碳市场的流动性。

第二,部分行业的配额分配数量较少。由于韩国碳市场的减排目标及配额分配方案是基于韩国环保部所做的 2020 年基准情景预测而定,一些行业认为基准情景对温室气体的排放预测过低,因而导致配额比企业所需少 10%—20%,在企业自身配额本就不足的情况下,根本无暇参与市场交易,因而使得韩国碳市场流动性降低。

---

① 数据来源为 International Carbon Action(https://icapcarbonaction.com/en/ets-map)。
② 1 吨 KAU 等于 1 吨 CO_2e。

第三,控排企业和市场监管者缺乏有关环境商品及市场交易的经验。虽然有 TMS 的经验可以借鉴,但 TMS 是政府直接管控温室气体排放的工具,而处于起步阶段的韩国碳市场则是市场间接调控工具,控排企业和市场监管者缺乏运用市场机制来解决环境问题和进行环境产品交易的相关经验,因此,企业在市场中更多地会选择观望态度,从而影响了市场的活跃程度。

二、控排企业履约负担较重

韩国碳市场自运营以来,政府收到多起针对韩国环保部制定的碳市场规则的控诉,以寻求更多的配额。尽管市场中有购买意向的企业很多,然而愿意出售的企业却几乎没有。而为了完成减排目标,企业如果不能购入额外的配额,就得缴纳附加税。按照规则,排放权配额的市场价格是 1 万韩元/吨,而附加税则是 3 万韩元/吨。对于需要额外购入碳排放权配额的企业来说,二者都是一笔不小的负担。

例如,对于负担较重的钢铁行业,碳排放权交易制度的实施一方面使钢铁企业不能完成规划的钢铁产量,另一方面如果将发电行业的排放权购买负担转嫁到电费上将进一步增加钢铁企业的成本,使其面临进退两难的窘境和高企的债务负担。

三、抵消项目市场低迷

根据韩国碳市场抵消机制的规定,抵消项目需要经过多重审批和转换才能在韩国交易所(KRX)中进行交易和用来履约。因为 KOC 不能直接在韩国交易所进行交易,致使允许 KOC 交易的不透明的二级市场逐步发展壮大。而政府只允许有履约需求的控排企业在韩国交易所购买 KCU,第三方机构则不能参与交易。抵消机制的复杂化和政府对于交易的多重限制使得抵消项目市场供给不足,同样缺乏活跃度,没有为控排企业的履约需求提供足够的灵活性。

四、政府采取的措施

韩国碳市场作为李明博总统提出的绿色发展战略的核心内容,也是韩国打造亚洲绿色发展中心和提升区域绿色影响力的重要举措,在实施初期即受到来自国内控排企业的众多异议和诉讼,如何平稳市场情绪、调整体系规则对韩国碳市场的起步期发展至关重要。面对启动两年来的市场运行状况,韩国政府采取了如下应对措施:

第一,为市场注入流动性。首先,韩国政府将根据碳市场的分配方案,对先期减排企业的减排行动进行一定配额补偿。其次,一定比例的预留配额也将被释放,以满足市场需求,降低碳价。同时,韩国政府也在计划与包括中国、日本在内的碳市场进行链接,以进一步降低企业减排成本和提高市场流动性。

第二,减轻企业负担。对于负担较重的上游能源企业,如受管控的电力部门等,韩国政府计划对其进行成本补偿。同时,对于产能被低估以及配额严重短缺的行业,政府也计划重新调整分配方案,以减轻企业负担,保障减排目标的顺利实现。

第三,更换碳市场管理部门。因企业多起诉讼都针对由韩国环境部出台的韩国碳市场方案及执行规则,韩国政府计划将碳市场管理权移交至韩国战略与金融部,由其负责韩国碳市场的方案制定及运行管理。巴黎气候大会之后,韩国政府计划于 2021 年之前新增约 20 个火力发电站,因为金融战略部将会站在更加同情与理解控排企业的立场上,碳市场管理权的移交很可能会导致配额分配水平的上升。

第七章 加拿大区域碳市场

加拿大作为北美洲的重要国家,在应对气候变化方面具有天然的优势:地广人稀,森林覆盖率高,清洁发展技术在国际上表现突出。然而,持续增长的人口、经济发展对能源的依赖都是加拿大面临的严峻挑战。

2009 年在哥本哈根气候大会上,加拿大承诺到 2020 年在 2005 年的基础上减排 17%;2015 年,进一步承诺其温室气体排放量较 2005 年下降 30%。为了实现这一目标,加拿大采取了一系列的政策,如提出"清洁发展和气候变化泛加拿大框架(PCF)""泛加拿大碳定价方法等"。与此同时,加拿大的各省和特区也提出了自己的减排标准并采取了相应的措施,其中碳排放权交易是重要的一项举措。目前,加拿大正在运行的区域碳市场主要包括:魁北克省碳市场(Québec Cap and Trade System)和安大略省碳市场(Ontario Cap and Trade Program)。

第一节 魁北克省碳市场

早在 2008 年,魁北克省就加入了西部气候行动(WCI),并成为了 WCI 碳排放权交易体系设计积极的参与者。2013 年 1 月 1 日,魁北克碳市场正式开始运行。一年后,魁北克碳市场与加州碳市场链接,从而形成了北美最大的碳市场,同时也是世界上第一个由不同国家的地方政府共同设计和运行的碳市场。魁北克碳市场包括三个履约期:2013—2014 年、2015—2017 年和 2018—2020 年。目前,魁北克碳市场第二个履约期正在运行中。

一、魁北克省碳市场的法律政策基础

2009 年 6 月,魁北克国民大会一致通过了法案以修订《环境质量法案》(*Environment Quality Act*)和其他一系列与气候变化相关的立法,从而赋予了政府通过条例实施碳排放权交易的权力。

2009 年 11 月,魁北克政府通过法律引入了新的温室气体减排目标:到 2020 年在 1990 年的水平上减排 20%,这对于碳市场总量的设定至关重要。2011 年 12 月,经过 60 天的公开征求意见,魁北克政府通过了《关于碳排放权交易的规定》(*Regulation Respecting a Cap-and-trade System for Greenhouse Gas Emission Allowances*),规定了魁北克碳市场的相关运行规则。2012 年 12 月,再一次经过 60 天的公开征求意见,魁北克政府通过了修订关于碳排放权交易条例的规定。新的条例旨在协调魁北克和加州碳市场使二者得以进行链接,同时,也引入了魁北克碳市场抵消信用体系的相关规定。同时,还通过了枢密令 1185—2012(Order in Council 1185—2012),规定了魁北克碳市场 2013—2020 年的总量;以及枢密令 1187—2012(Order in Council 1187—2012),规定了魁北克碳市场部分的管理授权。

二、魁北克省碳市场的制度设计

(一)覆盖范围

魁北克碳市场覆盖的温室气体范围较广,除了 CO_2、甲烷、氧化亚氮、氢氟碳化合物、全氟碳化合物、六氟化硫外,还包括三氧化氮以及其他氟化的温室气体。

覆盖的行业在三个时期内略有不同。第一期(2013—2014 年),覆盖范围为年排放大于 25000 公吨 CO_2e 工业和电力行业的企业,覆盖了接近 80 个设施[①];

---

① Gouvernement du Québec, *Québec's Cap-and-Trade System for Greenhouse Gas Emission Allowances: Technical Review*, 2014.

第二期(2015—2017 年)和第三期(2018—2020 年),化石燃料的分销商也被纳入到碳市场中[①],从而碳市场覆盖了魁北克温室气体总排放的 85%[②]。可以说覆盖了魁北克经济体的大部分排放。

(二)总量设置

魁北克整体的减排目标包括三个阶段:2020 年温室气体排放较 1990 年减少 20%;2030 年较 1990 年减少 37.5%;2050 年较 1990 年减少 80%—95%。从 2015 年开始,魁北克碳市场的总量也逐年递减,以鼓励覆盖的设施提高能效,利用可再生能源以及使用低碳技术。第一期总量为每年 2320 万排放单位;第二和第三期,由于覆盖范围的扩大,总量在 2015 年扩张为 6530 万排放单位,并逐年递减。魁北克碳市场三期的总量见图 7.1。

总量(万排放单位)

图 7.1 魁北克碳市场 2013—2020 年总量

资料来源:Gouvernement du Québec,*A Brief Look at the Québec Cap-And-Trade-System for Emission Allowances*,2017.

[①] Gouvernement du Québec,*A Brief Look at the Québec Cap-And-Trade-System for Emission Allowances*,2017.

[②] Gouvernement du Québec,*A Brief Look at the Québec Cap-And-Trade-System for Emission Allowances*,2017.

(三)配额分配

魁北克碳市场的配额分配方式包括两种:第一种,对于受到国际竞争影响存在"碳泄漏"风险的工业行业,免费分配一部分配额;第二种,电力和燃料分销商100%的配额需要通过拍卖购买。

1. 免费分配

为了减少碳市场对魁北克工业行业的影响,同时避免碳泄漏,以下工业行业的部分配额可通过免费分配获得:铝、石灰、水泥、石化、冶金、矿业和球团、造纸、石油加工及其他(玻璃容器、电极、石膏制品、鲜活农产品)。

在第一期(2013—2014年),免费分配是基于温室气体排放的历史水平、生产水平和温室气体排放的强度目标,对于生产过程的排放100%免费分配,对于燃烧排放80%免费分配,除此之外,其他源的排放也是100%免费分配。在第二个履约期(2015—2017年),免费分配的比例每年减少1%—2%。[①]

2013年5月1日,进行第一次配额的免费发放,之后免费配额将每两年发放一次:在每年的1月14日(Year x),将发放75%的免费配额,在第二年的9月(Year $x+1$),在管理部门核定了前一年(Year x)的排放报告后,剩余的25%免费配额将会发放,此时的免费配额将根据排放报告进行调整。

可以看出,魁北克碳市场配额的免费分配基于每个纳入设施每年实际的生产水平计算和调整,这样就在一定程度上避免了配额的过度分配,同时允许设施扩大其生产。

2. 拍卖

电力和燃料分销商100%的配额通过拍卖获得。魁北克政府可以单独举行拍卖或者与进行链接的碳市场共同举行拍卖,比如加州碳市场。魁北克的管理条例允许每年最多举行4次拍卖,或者每个季度举行一次拍卖。拍卖面向所有在履约工具跟踪系统服务(Compliance Instrument Tracking System Service, CITSS)中注册的参与者。所有拍卖将在开始前60天进行公告。

(1)拍卖程序

拍卖程序要求参与者在出售配额、交付财务担保、用此财务担保进行履约,

---

① ICAP,2017-08-02,https://icapcarbonaction.com/zh/ets-map.

或用持有的配额进行履约的前 30 天进行注册。魁北克碳市场的拍卖过程与加州碳市场进行了协调,以利于进行联合拍卖。魁北克和加州碳市场的管理条例均包含了基于 WCI 伙伴建议的关于货币兑换的规定,以便于在联合拍卖中的财务担保(Financial Guarantee)、投标和支付可使用加元或美元。[①]

在拍卖中,投标者可提交多个投标(Bid),每一个投标包含最低价格、投标者的财务担保的规模、投标者的购买限制和持有限制。投标价格指对于一单位排放单位所出的价格,必须以整数的加元(美元)和加分(美分)表示。投标的数量为手(Lots),一手等于 1000 个排放单位。所有的投标均是保密的,出售价格由最后一单位排放单位售出的价格决定。投标成功者将会被告知数量和需要付出的总成本。投标成功者必须在要求的时间范围内完成财务结算,否则将使用其财务担保。[②]

(2)最低投标价格

魁北克碳市场设置了每年的最低投标价格,2012 年为 10 加元(与加州碳市场相同)。管理条例允许在 2020 年前,最低投标价格每年增长 5%,同时考虑通货膨胀。由于通货膨胀率的差异,最低投标价格在伙伴辖区内允许不同。对于魁北克—加州碳市场的联合拍卖,基于最新的由加拿大银行(Bank of Canada)公布的汇率,最低投标价格将会比魁北克和加州碳市场单独的最低投标价格高。

(3)相关管理机构

相关管理机构包括拍卖管理机构和金融服务管理机构。

拍卖管理机构为西部气候行动公司(Western Climate Initiative, Inc., WCI, Inc.)。该公司为非盈利机构,在拍卖中接收和处理关于拍卖注册和财务担保的申请,管理拍卖程序,并分析接收的投标是否符合相关规定。

金融服务管理机构为德意志银行(Deutsche Bank)。西部气候行动公司与德意志银行签订了合约,银行将提供与拍卖相关的金融和事务性的服务。相关服务包括[③]:

---

① Gouvernement du Québec, *Québec's Cap-and-Trade System for Greenhouse Gas Emission Allowances: Technical Review*, 2014.

② Gouvernement du Québec, *The Carbon Market-Auctions*, 2017 - 08 - 02, http://www.mddelcc.gouv.qc.ca/changements/carbone/Ventes-encheres-en.htm.

③ Gouvernement du Québec, *The Carbon Market-Auctions*, 2017 - 08 - 02, http://www.mddelcc.gouv.qc.ca/changements/carbone/Ventes-encheres-en.htm.

①在拍卖前

- 处理财务资格申请
- 开立和维护用于预付财务担保的银行账户
- 管理财务担保

②在拍卖后

- 支付
- 返还未使用的财务担保

(四)灵活机制

魁北克碳市场主要的灵活机制包括配额价格控制储备机制(Allowance Price Containment Reserve)和配额的存储及借贷。

1. 配额价格储备机制

与加州碳市场类似,魁北克碳市场也建立了配额价格控制储备机制。储备机制中配额的出售在一年中最多可进行四次。只有魁北克碳市场的控排主体有资格购买储备机制中的配额。

储备配额的数量为2013—2014年配额预算的1%,2015—2017年配额预算的4%,2018—2020年配额预算的7%,2021年及之后年份配额预算的4%①。储备机制中配额的出售规则与加州碳市场十分相似。每一层储备配额的价格与加州碳市场相同,2013年分别为40加元、45加元和50加元,从2014年开始至2020年,每一层的价格每年增长5%,并考虑通货膨胀。②

根据魁北克碳市场的规定,为了购买储备机制中的配额,在当前的履约期内,控排主体在其一般账户中不能包含有效的履约工具。此外,购买的储备机制中的配额必须用于履约,此类配额将会直接转入控排主体的履约账户中。因此,此类配额将不可能再次在市场上出售。从而保证了储备机制中的配额仅供在市场上难以获得履约工具的控排主体使用。

储备机制的管理机构同样为西部气候行动公司,该公司负责接收和处理相

---

① Gouvernement du Québec, *The Carbon Market-Sales by mutual agreement by the Minister*, 2017-08-02, http://www.mddelcc.gouv.qc.ca/changements/carbone/Ventes-gre-ministre-en.htm.

② Gouvernement du Québec, *Québec's Cap-and-Trade System for Greenhouse Gas Emission Allowances*: *Technical Review*, 2014.

关申请和程序,但在此之前必须经过部长的允许。

拍卖中配额出售和储备机制中配额出售的比较见表7.1。

表 7.1　拍卖中配额和出售储备机制中配额出售的比较

拍卖	储备机制配额出售
魁北克碳市场中的控排主体和参与者均可参加	只有控排主体可参与
参与者可提交不同的价格同时对拍得的配额支付最终价格	参与者按照魁北克规定的价格购买配额
每一单位配额拥有各自的生效年份	每一单位配额并未被赋予特定的生效年份
获得的配额被转入参与者的一般账户	获得的配额被转入参与者的履约账户

资料来源:The Ministère du Développement durable, de l' Environnement et de la Lutte contre les changements climatiques(MDDELCC), *Québec Sale by Mutual Agreement Training Presentatio*,2015.

2.配额的存储和预借

魁北克碳市场允许配额的存储,但控排主体与加州碳市场类似,受到一般履约账户的持有限制。配额的预借则是不允许的。

(五)抵消机制

魁北克碳市场抵消机制中的抵消信用类型包括一般的抵消信用和早期行为抵消信用。

1.一般的抵消信用

魁北克碳市场的抵消规则遵循了 WCI 的相关建议。魁北克碳市场签发的抵消信用必须代表真实的、可核证的、额外的、永久的以及可实施的减排量。同时抵消信用协议的实施需要满足透明度、连贯性、可比性、准确性、可验证性、可核证性和有效性的要求。

魁北克碳市场规定用于履约的抵消信用不能超过控排主体履约期排放量的8%。抵消信用协议的类型包括以下五种[1]:

- 粪便储存设施——甲烷的销毁
- 垃圾场——甲烷的处理和销毁
- 绝缘泡沫塑料中臭氧消耗物质和家用电器气体制冷剂的销毁

----

① Gouvernement du Québec,*The Carbon Market Offset credits*,2017.

● 活跃的地下煤矿中的新风系统产生的甲烷的捕获和销毁

为了确保环境的完整性,部长在发生以下情形时可以要求抵消信用的发起人替换签发给抵消信用购买者的抵消信用:

(1)由于疏忽,发起人提供的文件中包含不准确或错误的信息,抵消信用签发的减排量是不符合要求的;

(2)相同的减排同时在另一个项目下申请抵消信用。

当抵消信用不可能恢复或替代时,可以从部长环境完整性账户(Minister's Environmental Integrity Account)中提出同等数量的信用。部长从签发的抵消信用中取出 3% 作为应急储备金以填充环境完整性账户。

2. 早期行为抵消信用

只有在第一期满足了严格标准的控排主体才能接受早期行为抵消信用。特别的是,申请者被要求证明:基于 2005—2007 年的参考期间,从强度和净减排量两个方面其每年已经产生了减排,同时,此类减排是特殊行动的结果,而不是得益于产量的减少。

早期行为抵消信用仅签发一次,接受申请的截止日期为 2013 年 5 月 31 日。

(六)履约机制

魁北克碳市场履约机制中两个重要的方面:一是强制性的温室气体排放报告,保证了数据的准确性;二是惩罚措施,保证了碳市场的严肃性及相关规定的有效执行。

1. 强制性的温室气体排放报告

碳市场的有效运行很大程度上依赖于严格的温室气体排放报告。从 2007 年 11 月起,《关于某些排放至空气中的污染物的强制报告的规定》(*Regulation Respecting Mandatory Reporting of Certain Emissions of Contaminants into the Atmosphere*)开始生效,要求魁北克的企业报告其生产活动产生的污染物排放,包括温室气体。2008 年加入 WCI 后,魁北克承诺采用 WCI 温室气体报告的统一规定,对其温室气体强制报告的规定于 2010、2011 和 2012 年进行了多次修订。最新的修订条例于 2015 年 12 月 30 日颁布,目的是简化某些条款、计算方法以便理解,同时解释了将在 2015 年 1 月纳入的燃料分销商强制报告的相关问题。

强制报告的门槛为 10000 公吨 CO_2e,燃料分销商为 200 升。报告的频率为一年一次,报告的提交时间为每年的 6 月 1 日。提交的报告必须由 ISO 14065 认证的机构出具。

2.惩罚措施

未完成履约的控排主体,如果是自然人,将被罚款 3000—5000 加元,同时面临 18 个月的监禁;对于法人,将被罚款 10000—3000000 加元。在第二次未完成履约时,罚款将变成双倍。此外,可持续发展、环境与应对气候变化部长(Minister of Sustainable Development,the Environment and the Fight against Climate Change)可以停止向未完成履约的排放主体发放配额。

控排主体如果在履约期结束的 11 月 1 日未提交足够的配额,那么对于每一份短缺的配额,必须额外提交 3 份配额作为惩罚。[①]

第二节　安大略省碳市场

安大略省从 2008 年开始成为 WCI 的成员。2016 年 5 月 18 日,安大略省通过了引入碳排放权交易的法案。2017 年 1 月 1 日安大略省碳市场开始运行,2017—2020 年为第一期,并计划于 2018 年与加州和魁北克碳市场进行链接。

一、安大略省碳市场的法律政策基础

2014 年,安大略省完成了其在 2014 年温室气体排放较 1990 年减少 6% 的目标。2015 年,安大略省提出建立碳市场以帮助本省完成其短期和长期的温室气体减排目标,随后发布了其应对气候变化的战略,以达成到 2050 年温室气体排放较 1990 年减少 80% 的目标,而碳市场也是其中的措施之一。

2016 年 5 月,安大略省通过了《减缓气候变化和低碳经济法案》(Climate Change Mitigation and Low-carbon Economy Act),碳市场的相关规定是其中的重要内容。该法案的通过为碳排放权交易提供了坚实的法律基础,包括温室气体排放量化、报告和核定(管理条例 143/16)及碳排放权交易体系(管理条例

---

①　ICAP,2017-08-02,https://icapcarbonaction.com/zh/ets-map.

144/16）等。同时将安大略省的减排目标以法律的形式确定下来，即：2020 年温室气体排放较 1990 年减少 15%，2030 年减少 37%，2050 年减少 80%。

二、安大略省碳市场的制度设计

（一）覆盖范围

安大略省碳市场覆盖的温室气体包括 CO_2、甲烷、六氟化硫、二氧化氮、三氟化氮和其他氟化温室气体。

在第一期，覆盖的行业包括：（1）电力进口商和生产商；（2）年排放量大于 25000 吨 CO_2e 的设施或天然气分销商；（3）年出售量大于 200 升的燃料供应商，同时，年排放量在 10000—25000 吨 CO_2e 的设施可以自愿加入。

（二）总量设置

安大略省碳市场在 2017 年的配额总量为 1.42 亿吨 CO_2e，随后每年递减 4.17% 以帮助安大略省实现其 2020 年的温室气体减排目标。2018—2019 年的配额总量分别为 1.36 亿吨 CO_2e，1.31 亿吨 CO_2e 和 1.25 亿吨 CO_2e。

（三）配额分配

第一期，除电力进口和生产商、天然气和燃料供应和分销商外，其他控排主体均可申请免费配额。电力进口和生产商、天然气和燃料供应和分销商则需要通过拍卖获得其全部的配额。

1. 免费分配

安大略省碳市场对于不同设施设计了 A、B、C、D 和 E 五种不同的配额免费分配方法。安大略碳市场免费分配配额的总量按照以下步骤确定[1]：

（1）每一种方法会计算出该种方法下免费分配的配额的基数。

（2）每一种方法会引入各自的总量调整系数和援助因子（除了方法 B，仅引入了援助因子）。

---

[1] Methodology for the Distribution of Ontario Emission Allowances Free of Charge, 2016.

（3）在 t 年安大略碳市场免费分配的配额总量等于经过产量调整后五种方法的配额总和。

①方法 A：基于产量的标杆法

在此种方法下，未引入总量调整因子和援助因子的免费分配的配额基数通过以下公式计算：

$$B_{bpt} = \sum_{i}^{n} [Product_{i\_t-2} \times BM_{p\_i}] \quad B_{bpt} = \sum_{i}^{n} [Product_{i\_t-2} \times BM_{p\_i}]$$

$$B_{bct} = \sum_{i}^{n} [Product_{i\_t-2} \times BM_{c\_i}] \quad B_{bct} = \sum_{i}^{n} [Product_{i\_t-2} \times BM_{c\_i}]$$

其中，B_{bpt} 为某个设施在第 t 年固定过程排放的配额基数，B_{bct} 为燃烧排放的配额基数；i 为相应生产的产品、生产过程中使用的产品或工艺参数；$Product_{i_t-2}$ 为在第 $t-2$ 年生产的产品、生产过程中使用的产品或工艺参数；B_{p_i} 为固定过程排放的标杆值，B_{c_i} 为燃烧排放的标杆值。

可以看出，安大略省碳市场的标杆值不是仅仅基于产品的，而是细化到了最终产品、生产过程中使用的产品和工艺参数。

引入总量调整因子和援助因子后的基数为：

$$A_{pbt} = AF_t \times (B_{bpt} \times C_{pt} + B_{bct} \times C_{at})$$

其中，AF_t 为援助因子；C_{pt} 为固定过程排放的总量调整因子；C_{at} 为基于生物质燃料使用计算的燃烧排放的总量调整因子。

②方法 B：基于能源使用的方法

在此种方法下，某个设施能源使用的计算方法如下：

$$B_{et} = (B_1 - B_2) + (B_3 - B_4) + B_5$$

$$B_{biot} = \sum_{i}^{n} (EI_{biomass\_i} \times EF_{biomass\_CH4\_i} \times 0.000021) + (EI_{biomass\_i} \times EF_{biomass\_N2O\_i} \times$$

$$0.000310) \quad B_{biot} = \sum_{i}^{n} (EI_{biomass\_i} \times EF_{biomass\_CH4\_i} \times 0.000021) + (EI_{biomass\_i} \times$$

$$EF_{biomass\_N2O\_i} \times 0.000310)$$

其中，B_{et} 为第 t 年某个设施特定的温室气体活动使用的非生物质燃料的配额基数；B_{biot} 为某个设施使用生物质燃料在特定的温室气体活动中产生的甲烷和氧化亚氮排放的配额基数；$(B_1 - B_2)$ 为某个在燃烧设备中使用天然气生产的设施的配额减去传输给独立电力系统运营商（IESO）控制的电网或分销商分配系统的电力的配额基数;$(B_3 - B_4)$ 为某个在燃烧设备中未使用天然气生产的设施的配额基数减去传输给独立电力系统运营商控制的电网或分销商分配系统的电力的配额基数;B_5 为从电力生产商购买但未传输给独立电力系统运营商控制的电网或分销商分配系统的电力的配额基数;$EI_{biomass\_i}$ 为以 GJ 表示的在第 $t-2$ 年某个设施温室气体活动中使用的生物质燃料 i 的总的能源投入量;$EF_{biomass\_CH4\_i}$ 为默认的甲烷排放因子;$EF_{biomass\_N2O\_i}$ 为默认的氧化亚氮排放因子。

此方法引入总量调整因子和援助因子的配额基数为:

$$A_{et} = AF_t [(B_{et} \times C_{at}) + B_{biot}]$$

③方法 C:基于历史的方法

方法 C 包含两种方法:基于历史排放量的方法和基于历史排放强度的方法。

在此种方法下,引入总量调整因子和援助因子的配额基数为:

$$A_{ht} = AF_t \times [(B_{hpt} + B_{hpit}) \times C_{pt} + (B_{hct} + B_{hict}) \times C_{at}]$$

其中,B_{hpt} 为某个设施第 t 年固定过程排放的配额基数,B_{hct} 为某个设施第 t 年燃烧排放的配额基数,以上两种配额基数通过历史排放量的方法计算。

B_{hipt} 为某个设施第 t 年固定过程排放的配额基数,B_{hcit} 为某个设施第 t 年燃烧排放的配额基数,以上两种配额基数通过历史排放强度的方法计算,公式如下:

$$B_{hpit} = \sum_i^n Product_{i\_t-2} \times EI_{p\_i} \quad B_{hpit} = \sum_i^n Product_{i\_t-2} \times EI_{p\_i}$$

$$B_{hcit} = \sum_i^n Product_{i\_t-2} \times EI_{c\_i} \quad B_{hcit} = \sum_i^n Product_{i\_t-2} \times EI_{c\_i}$$

其中,EI_{p_i} 和 EI_{c_i} 分别为第 t 年固定过程排放和燃烧排放的强度值。

④方法 D:直接方法

在此种方法下,引入总量调整因子和援助因子的配额基数为:

$$A_{dt} = AF_t (B_{dct} \times C_{cdt} + B_{dpt} \times C_{pt} + B_{dnft} \times C_{cdt})$$

其中,B_{dct} 为某个设施在第 t 年燃烧排放的配额基数;B_{dpt} 为铁涂石灰(iron coated lime)生产固定过程排放的配额基数;B_{dnft} 为硝酸生产过程排放(非固定的)的配额基数;C_{cdt} 为固定过程排放的总量调整因子。

⑤方法 E:间接使用热能的方法

此种方法适用于某个设施使用由其他设施生产的热能的情况。

此种方法下间接使用的热能的配额基数计算方法为:

$$B_{iute} = Heat_{imported\_t-2} \times NBF_{import\_t-2} \times EF_{NGB}$$

其中,B_{iute} 为某个使用由其他设施生产的热能的设施在 t 年排放的配额基数;$Heat_{imported\_t-2}$ 为某个设施在 $t-2$ 年使用的由其他设施生产的热能的数量,由 GJ 表示;NBF_{import_t-2} 为生产热能的设备产生 $Heat_{imported\_t-2}$ 数量的热能的总能源投入中非生物质燃料的比例;$EF_{NGB} = 0.061646$。

从而,引入总量调整系数和援助因子后的配额基数为:

$$A_{it} = AF_t \times B_{iute} \times C_{at}$$

2. 拍卖

从 2017 年开始,安大略碳市场将每年举行四次单轮投标的拍卖。

(1)拍卖的配额类型。拍卖的配额包括以下三种类型。第一种是为了拍卖储备的配额,包括拍卖当年剩余的配额,此种配额的生效年份标记为拍卖当年,以及拍卖年份三年后配额的 10%,此种配额的生效年份标记为拍卖当年的随后三年。第二种是碳市场参与者由于未能提交足够的配额,惩罚性地提交短缺部分三倍的配额。第三种是从市场参与者碳交易账户中移除的配额。

(2)拍卖的配额比例。在每一次拍卖中,对于生效年份为拍卖当年的配额,每次拍卖的比例没有要求,只要在第四次拍卖后所有此种类型的配额都被拍卖;对于生效年份为拍卖当年的随后三年的配额,每次拍卖的比例为 25%。

(3)未拍出配额的处理。在每一次拍卖后,未拍出的配额将被储存并在随后的拍卖中进行拍卖,同时需要遵循以下的原则:

● 生效年份为拍卖当年的未拍出的配额,只有当在最近的拍卖之后,此类配额的投标价格连续在两次以上的拍卖中高于最低保留价格时,此类配额才能随后进行拍卖。

● 生效年份为拍卖年份随后三年的未拍出的配额,只能在不早于其生效年份的时间进行拍卖;

● 在单次拍卖中,生效年份为拍卖当年的未拍出的配额,参与拍卖的最大数量是生效年份为拍卖当年的之前未参与拍卖的配额总量的 25%。

(4)拍卖保留价格。拍卖保留价格为在拍卖当天,魁北克和加州碳市场最近设定的年拍卖保留价格中的较高价格。

（四）灵活机制

1.配额价格储备机制

对储备配额进行出售，能够在市场价格过高时起到调节作用。

在每个履约期的第一年的 1 月 1 日，安大略碳市场储备配额总量的 5% 用于出售。每年最多可以进行 4 次配额的出售，若在单次出售中配额未完全售出，剩余的配额将储存起来以供下次出售。只有控排主体才能购买此类配额，从而防止配额的二次出售。

储备的配额将被分为数量相等的 A、B 和 C 三类，三类配额的价格逐次递增。2017 年三类配额的价格为：

A 类配额 2017 年价格 = $47.88 \times (0.05 + lr)$

B 类配额 2017 年价格 = $53.86 \times (0.05 + lr)$

C 类配额 2017 年价格 = $59.85 \times (0.05 + lr)$

其中，lr = 到 2016 年 9 月 30 日为止安大略消费者价格指数 12 个月的月度平均值/到 2015 年 9 月 30 日为止安大略消费者价格指数 12 个月的月度平均值。

2017 年后三类配额价格的计算方法为：

$$P_y = P_{y-1} \times (0.05 + lr)$$

其中，P_y 为相应类型的配额在 y 年的价格；P_{y-1} 为相应类型配额在 $y-1$ 年的价格；$lr = y-1$ 年到 2016 年 9 月 30 日为止安大略消费者价格指数 12 个月的月度平均值 / $y-2$ 年到 2015 年 9 月 30 日为止安大略消费者价格指数 12 个月的月度平均值

2.账户持有限制

安大略碳市场对当前年份的配额和未来生效年份的配额设置了不同的持有限制。

对于当前年份的配额，碳交易账户中配额的持有限制如下，持有限制包括当前年份的配额、用于出售的配额（A、B 和 C 类）以及早期行为抵消信用：

持有限制 = 2500000 + 0.025 ×（当年碳市场配额总量 − 25000000）

对于未来生效年份的配额，每个年份的持有限制为：

生效年份为 j 的配额的持有限制 $= 2500000 + 0.025 \times (j$ 年碳市场配额总量 $-25000000)$

如果账户中的配额超过了持有限制,碳市场管理部门会将超过持有限制的配额从账户中移除,并储存以供拍卖。

3. 配额的存储和预借

配额的预借是不允许的,存储允许但数量有一定限制。

(五)履约机制

1. 监测、报告和核证机制

年排放量超过 25000 吨 CO_2e 的设施和天然气分销商、年供应量大于 200 升的燃料供应商,以及电力进口商每年必须报告及核证其温室气体排放,并强制加入碳市场;年排放量超过 10000 吨但小于 25000 吨 CO_2e 的设施和天然气分销商需要报告其温室气体排放但不需要核证。

提交温室气体排放报告的时间为每年的 6 月 1 日。排放报告的核证是保证排放数据真实可信的过程,保证排放数据足够准确并满足排放报告的相关规定,同时还需符合一系列的标准,如《温室气体声明审定与核查规范的指南》(ISO 14064—3)。第三方核查机构将评估排放报告以确保:

- 由于测量或计算导致的排放量的误差小于 5%
- 产量数据的误差小于 0.1%(从 2017 年开始)
- 报告符合法律规定的规则和指导方针

第三方核查机构可以在加拿大标准委员会(Standards Council of Canada, SCC)和美国国际标准协会(American National Standards Institute, ANSI)的名单中挑选。温室气体排放核证报告的提交时间为每年的 9 月 1 日。

2. 抵消信用①

第一期,抵消信用和早期行动信用均可在履约时使用。在最终的碳排放权交易管理条例获批前的 4 年中进行了减排行动的设施可以获得早期行动信用。目前的管理条例中并未具体公布早期行动信用的具体规定。

目前,安大略正在与魁北克最后修订抵消协议。抵消协议将与由魁北克、加

---

① ICAP,2017-08-02,https://icapcarbonaction.com/zh/ets-map.

州和其他 WCI 成员在 2010 年共同确定的抵消项目原则保持一致。以下的抵消
协议将优先开发:臭氧消耗物质、垃圾填埋气体捕获以及煤矿甲烷的销毁。其次
是林业和农业协议。

抵消信用的使用比例限制为控排实体履约责任的 8%。

3. 惩罚措施

如果控排主体未能提交足够的配额以覆盖其产生的排放,则需要提交为短
缺配额数量 4 倍的配额。同时,还需缴纳最少 25000 加元/天的罚款,直到控排
主体提交足够的配额,罚款的上限为 600 万加元。个人的罚款为 5000 加元/天,
上限为 400 万加元。

第八章 中国七个试点的碳市场

2011年10月底,中国启动了"两省五市"(湖北省、广东省、北京市、上海市、天津市、重庆市和深圳市)碳市场试点。从2013年6月开始,7个碳市场试点先后启动交易。中国"两省五市"碳市场试点的地域跨度从华北、中西部到南方沿海地区,覆盖国土面积48万平方公里,2010年人口总数1.99亿,约占总人口的18%,GDP合计11.84万亿元,约占全国GDP的30%。碳排放量约占全国的20%左右,覆盖行业20多个、企事业单位2000多家,每年形成约12亿吨CO_2配额,成为仅次于EU ETS的全球第二大碳市场。中国希望通过碳市场试点,探索建设碳市场的制度和方法,发现碳市场运行中的问题,以便为全国统一碳市场的建设提供经验。2015年9月底,在《中美元首气候变化联合声明》中,中国宣布将于2017年启动全国碳市场。

第一节 中国碳市场试点的背景

一、中国碳市场建设进程

作为高增长新兴经济体的典型代表,中国已成为全球最大的CO_2排放国。同时,中国自身也因日益严重的大面积雾霾天气成为最大受害者,这些促使中国政府下定决心向污染宣战。2009年,中国在哥本哈根气候峰会宣布,到2020年,实现碳强度比2005年下降40%到45%。2011年,中国首次将温室气体排放控制内容写入《中华人民共和国国民经济和社会发展第十二个五年(2011—2015年)规划纲要》,提出了"十二五"时期中国应对气候变化约束性目标:到

2015 年,单位国内生产总值 CO_2 排放比 2010 年下降 17%,单位国内生产总值能耗比 2010 年下降 16%。同时根据各地现有经济发展与环境条件,在《"十二五"控制温室气体排放工作方案》中将国家碳强度指标分解并分配到各省、直辖市与自治区(见表 8.1)。

表 8.1 "十二五"碳市场试点地区单位国内生产总值 CO_2 排放下降指标

地区	单位国内生产总值 CO_2 排放下降(%)	单位国内生产总值能源消耗下降(%)
全国	17	16
北京	18	17
天津	19	18
上海	19	18
湖北	17	16
广东	19.5	18
重庆	17	16

资料来源:"十二五"控制温室气体排放工作方案。

2014 年 11 月 12 日,中国在《中美气候变化联合声明》中宣布于 2030 年左右 CO_2 排放达到峰值,并将努力早日达到,到 2030 年非化石能源占一次能源消费比重提高到 20% 左右的目标。在国际减排承诺和国内资源环境双重压力之下,中国政府将控制温室气体排放的重点政策工具转向了市场化手段。中国碳市场的建设进程大体经历了以 CDM 为基础的自愿碳交易阶段,7 个碳市场试点准备阶段,7 个碳市场试点运行阶段,全国碳市场准备阶段,如图 8.1 所示。

二、中国试点碳市场的基础条件与总体特征

中国 7 个试点虽然数量少,但体量大,在国内具有一定的代表性,其社会经济发展也体现出新兴经济体不完全市场的特征和规律。第一,7 个试点分布于东中西不同区域,经济发展水平、经济结构和能源结构、工业化城镇化阶段差异大,既有发达的直辖市,又有欠发达的省份,还有改革开放的特区,反映了中国区域差别较大的国情,代表性较为多元;第二,试点的碳排放均未达到排放峰值,正处于工业化、城镇化的关键阶段;第三,经济仍处在中高速增长阶段,同时,在经

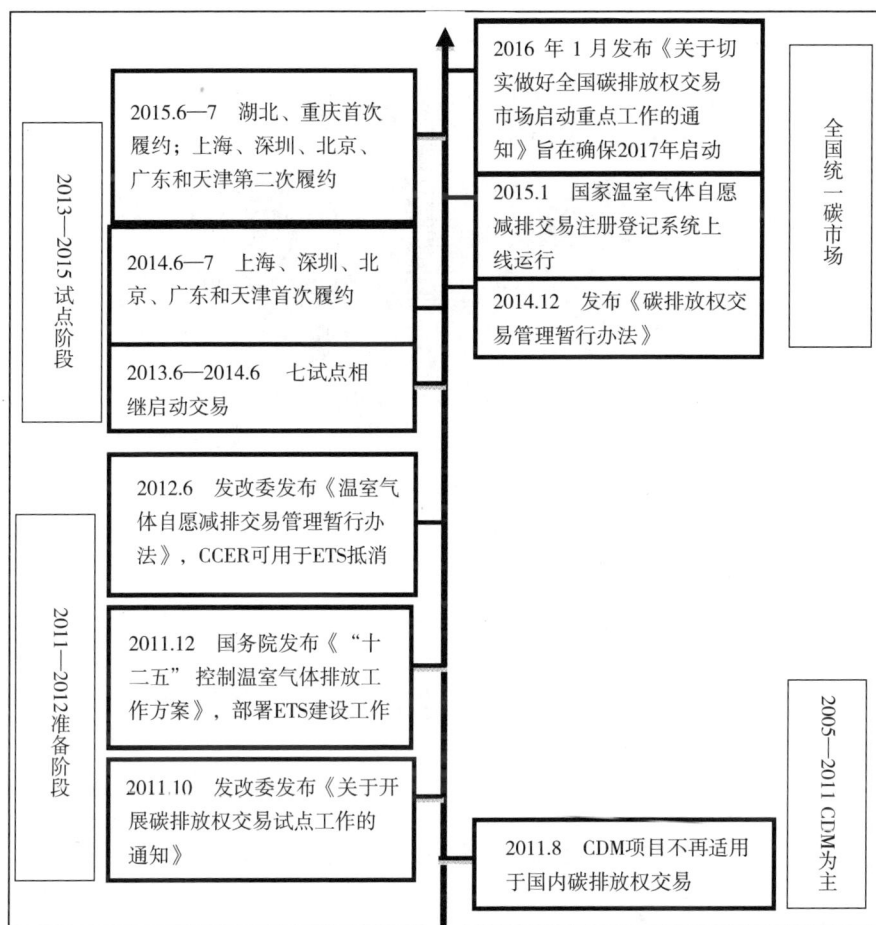

图 8.1　中国碳排放权交易政策实施进程

资料来源:作者根据相关文件自行整理。

济增长、政策和市场预期等方面存在很大的不确定性;第四,试点的市场是不完全的,某些高排放行业处于垄断地位;第五,试点相关法律滞后、数据基础薄弱、企业能力不足;第六,7个试点碳市场的总量规模较大,在全球碳市场中仅次于欧盟,居于第二位,也反映出中国在全球碳排放和碳减排中举足轻重的影响力。因此,中国碳交易试点不仅可以对全国碳市场的建立探索路径、模式和经验教训,而且也为全球其他国家特别是发展中国家和新兴经济体提供经验借鉴,为全球碳市场发展注入活力,提振信心,为完善全球气候治理中的政策工具作出贡献。

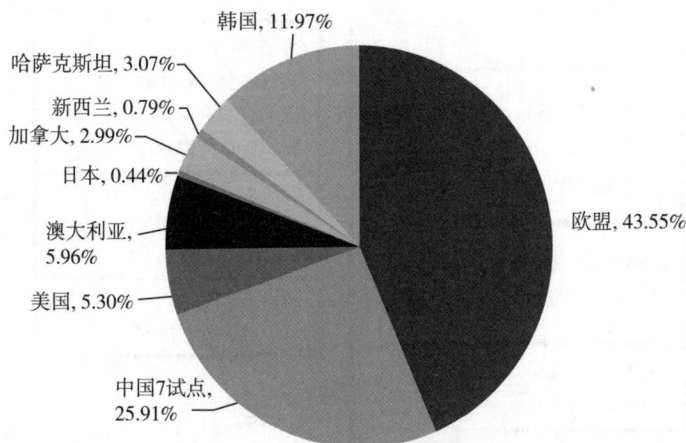

图 8.2　全球碳市场规模比例

资料来源：World Bank, *State and Trends of Carbon Pricing*, 2014.ICAP, *Emissions Trading: Worldwide International Carbon Action Partnership* (*ICAP*) *Status Report* 2014, 2014.

第二节　中国试点碳市场的关键制度

一、覆盖范围

(一)覆盖温室气体

与 EU ETS 一样，考虑到数据的可得性，中国各试点在试点阶段仅覆盖了 CO_2。但中国试点碳市场对间接排放的纳入是与 EU ETS 等国际碳市场最大的不同，碳核算中的间接排放存在重复计算问题。比如，发电厂燃煤产生的排放对电厂而言属于直接排放，但对用电单位而言属于间接排放。国际做法是在碳排放量化和配额分配环节中不考虑间接排放，以避免总量的重复计算。然而，一方面，中国的一些省市的间接排放达到了其总排放的 80%[1]；另一方面，目前中国

---

[1]　Feng, K.et al., "Outsourcing CO_2 within China", *Proceedings of the National Academy of Sciences of the United States of America*, Vol. 110, 2013, p.9.

电价是受管制的,价格成本无法向下游传导。纳入间接排放后工业用户也将为其电力消费支付间接排放成本,有助于电力消费侧的减排。因此,纳入间接排放是在中国现有的电力体制下,电力市场不完全的折中方案。

(二)企业排放边界

世界范围内的碳市场通常将排放设施作为最小的单位参与碳市场,在设施层面更容易跟踪其活动水平的变化,从而便于配额分配和履约。但中国各试点均从企业层面,以企业组织机构代码为准来确定排放边界,进行配额分配和履约。

原因在于,中国目前的能源统计体系的最小单位为企业,从企业层面以组织机构代码作为企业边界纳入碳排放权交易体系,可利用我国现有的能源统计体系,方便主管部门对企业的排放及其履约行为进行管理。但同时,也限制了配额分配的方法,对企业排放边界的界定和边界的变更带来更大的困难和复杂性。北京、上海和广东对新增产能以设施纳入,对中国在设施层面控排进行了有益的探索。

(三)覆盖行业

各试点结合各自产业结构特征、行政成本和市场活跃度来综合选择纳入门槛和行业,根据本地区的控排主体碳排放实际规模,各试点分别设定了纳入配额管理的年排放或能耗限额,以此来确定控排主体,覆盖碳排放量占当地全社会碳排放量的比例在35%—60%之间。纳入门槛最低的是北京和深圳规定的年排放5000 吨 CO_2 ,最高的则是湖北规定的年能耗 6 万吨标煤(见表 8.2)。

表 8.2 各试点纳入门槛和覆盖排放比例

试点	纳入门槛	控排主体数量	覆盖排放比例
北京	年排放>1 万吨 CO_2 (2013,2014) 年排放>5000 吨 CO_2 (2015)	415(2013) 543(2014) 551(2015) 947(2016)	40%
天津	年排放>2 万吨 CO_2 (2015)	114(2014) 109(2015)	60%

试点	纳入门槛	控排主体数量	覆盖排放比例
上海	工业:年综合能耗>1万吨标煤;已参加试点的企业年综合能耗>5000吨标煤 非工业:航空、港口、建筑年综合能耗>5000吨标煤;水运年综合能耗>5万吨标煤(2016)	190(2015) 312(2016)	57%
湖北	石化、化工、建材、钢铁、有色、造纸和电力年综合能耗>1万吨标准煤 其他行业年综合能耗>6万吨标准煤(2016)	138(2014) 167(2015) 236(2016)	49%
广东	年排放>2万吨,或年综合能耗>1万吨标准煤(2016)	184(2013) 190(2014) 217(2015) 244(2016)	55%
重庆	年排放>2万吨	242(2014) 237(2015) 200左右(2016)	40%
深圳	工业:年排放>5000吨 公共建筑:>20000平方米 机关建筑:>10000平方米	578(2015) 824(2016)	40%

资料来源:ICAP Factsheet以及各试点配额分配方案。

在纳入行业上,各试点的覆盖范围与其经济结构相一致,并综合考虑以下因素:排放量大、减排潜力大、企业规模大、数据基础好。各试点覆盖的行业基本上是高能耗、高排放的传统行业,主要包括电力热力、钢铁、水泥、石油、化工、制造业等。同时,各试点的纳入行业也体现出一些显著的差别(见表8.3)。

表8.3　各试点纳入行业

试点	纳入行业
北京	电力、热力、水泥、石化、其他工业、制造业及服务业 2016年新增城市轨道交通运营单位和公共电汽车客运单位。
天津	电力、热力、钢铁、化工、石化和油气开采
上海	工业行业:电力、钢铁、石化、化工、有色、建材、纺织、造纸、橡胶及化纤 非工业行业:航空、机场、港口、水运、宾馆、商务办公建筑和铁路站点
湖北	电力、钢铁、水泥、化工等12个行业(2014) 2015年度新增陶瓷制造行业,原电力热力行业拆分成电力行业和热力及热电联产行业,原汽车和其他设备制造行业拆分成汽车制造行业和通用设备制造行业,共15个行业

试点	纳入行业
广东	电力、水泥、钢铁和石化 2016年新增民用航空、造纸业、白水泥业
重庆	化工(电石、合成氨、甲醇)、建材(水泥、平板玻璃)、钢铁(粗钢)、有色(电解铝、铜冶炼)、造纸(纸浆制造、机制纸和纸板)、电力(纯发电、热电联产)六大行业
深圳	工业(电力、水务、制造业等)、建筑、公交、港口、地铁

资料来源:ICAP,Factsheet.

广东、湖北、天津以重化工业为主,北京、上海、深圳则覆盖了大量的建筑、交通和服务业。建筑、交通和服务业等行业的碳排放量虽然在北京、上海和深圳的总排放量中所占比重不大,但对其 GDP 的贡献率显著。在工业化和城市化快速发展的背景下,建筑、交通和服务业的能源消费需求不断上升,北京、上海和深圳将建筑、交通和服务业等非工业行业纳入控排,能够在促进能效提高的同时限制能源需求。深圳还计划将公共交通纳入碳市场,以减缓城市机动车的碳排放增长,促进新能源汽车的应用。

7 个试点控排主体的数量差异较大。最少的为天津 109 家,最多的为北京947 家。值得注意的是,控排主体数量最多的两个试点深圳和北京,第一履约期配额总量却分别只有 0.33 亿吨和 0.50 亿吨,反而是 7 个试点中最少的两个;而控排主体数量相对较少的两个试点湖北省和广东省,其配额总量分别高达 3.24亿吨和 3.88 亿吨,是 7 个试点中最多的两个。这恰好反映了 7 个试点的产业结构和排放结构差异,湖北和广东两省的产业结构偏重,大型重化工业排放源较多,而北京和深圳的第三产业发达,单体排放源规模不大。

二、总量和结构

与发达经济体相比,如欧盟,对于作为新兴经济体的中国来说,总量的设定具有很大的挑战性。首先,碳市场通常是在绝对排放目标的基础上运行的,而中国的减排目标是碳强度目标而不是排放量绝对下降目标,需要把强度目标转换为绝对目标并在此基础上建立碳市场。其次,中国经济处于快速增长阶段,尚未到达排放峰值,即使考虑了节能政策措施和 2030 年达峰目标,中国碳排放总量预计在相当长的时间内仍会快速增长。因此,中国的总量设定需要为碳排放留出一定的空间。最后,中国未来的排放轨迹面临着较大的不确定性。经济快速增长、经济结构转变、技术进步以及政策的变化均会对能源使用和碳排放产生影响。因此,在特定总量下未来的排放水平、减排目标和碳价格具有很大的不确定性。[①]

在此背景下,各试点将总量设定与国家碳强度下降目标相结合,充分考虑经济增长和不确定性,进行总量设置。

一方面,在总量设置上,将总量设定与国家碳强度下降目标相结合,充分考虑经济增长和不确定性,进行总量设置。例如,湖北将历史法和预测法相结合以确定总量。对于现有企业,采取历史法设定相对严格的限制以控制排放,对于新增设施和由于产出变化增加的排放,则采取预测法为经济增长留出空间;深圳为实现国家下达的 2010—2015 年深圳碳强度下降 21% 的目标,根据区域减排目标、行业减排潜力、成本、产业竞争力和发展战略等,为电力、水务和制造业分别设置了相应的碳强度下降目标,如制造业为 25%,然后制定强度标杆并结合预期产出确定基于强度的总量[②]。

另一方面,在配额结构上,各试点通过柔性的配额结构划分,既控制现有设施的排放,又充分考虑经济增长对新增排放的需求,还为政府调节市场留出了空间。

各试点的总量均由三个部分组成:初始分配配额、新增预留配额和政府预留配额。初始分配配额控制既有排放设施,新增预留配额为企业预留发展空间,政府预留配额用于市场调控和价格发现。以湖北为例,配额设计为年度初始配额、新增预留配额、政府预留配额三大部分的总量结构,其中 2014 年度初始配额将既有排放设施排放配额水平严格控制在 2010 年排放水平的 97%;政府预留部分占配额总量的 8%,其中 30% 可用于公开竞价以促进市场价格发现;其余部分则是为新增产能和新增产量设定的新增预留配额,如果不足也可以动用政府预留配额。中国碳市场的特点是新增预留配额比例较大,以适应中高速经济增长的特征。

---

① Frank Jotzo,"Emissions trading in China:Principles,design options and lessons from international practice",CCEP Working Paper,No. 1303,2013.

② Jing Jing Jiang et al.,"The construction of Shenzhen's carbon emission trading scheme",*Energy Policy*,2014(75),pp.17-21.

三、配额分配

(一)以免费分配为主,小比例的拍卖

碳排放权初始配额的分配将影响市场的配置效率,设计合理的初始分配方案成为碳市场的核心。配额分配一般有三种方式:拍卖、免费分配和混合方式。

除广东外,其他试点的初始配额均采取免费发放的方式。广东重视一级市场,采取的是免费发放和部分有偿发放的混合方式。广东规定 2013—2014 年,控排企业、新建项目企业的免费配额和有偿配额比例为 97% 和 3%,2015 年比例为 90% 和 10%,"十三五"以后根据实际情况再逐步提高有偿配额比例。

从经济学理论上来说,碳市场设计的初衷就是将温室气体排放的外部影响内部化,而配额只有 100% 拍卖才能完全实现内部化。其次,采用拍卖的形式进行配额分配,政府就不需要事前制定复杂的测算公式,而由企业通过市场决定各自所需的配额量,可以有效避免企业的寻租行为。第三,拍卖可以避免企业通过免费配额获得大笔"意外之财"。但同时,拍卖会导致企业负担过重,从而对碳市场产生抵触情绪。因此,2014 年广东将比例进行了调整,电力企业的免费配额比例为 95%,钢铁、石化和水泥企业的免费配额比例为 97%,同时,有偿配额不再强制购买,而将以竞价形式发放。这在一定程度上降低了企业的履约成本。

除了免费分配大部分配额,各试点均预留一小部分(一般在 3% 以内)配额通过拍卖或固定价格出售等方式有偿发放,用于市场价格发现和调控。各试点拍卖配额的时间点和目的略有不同。例如,湖北规定配额总量的 2.4% 可用于拍卖,而且在启动交易之初进行拍卖,目的是为了价格发现,提高市场活跃度。而深圳规定配额总量的 3% 可用于拍卖,并在履约前实施,目的是满足配额有缺口的控排主体的市场需求,用于促进控排主体履约。

(二)以历史法为主,部分行业或新增尝试标杆法

历史法以企业过去的碳排放数据为基础进行分配,对数据的要求较为简单,操作容易,因此各试点的免费配额分配以历史排放量或历史强度法为主。

但历史法可能会"鞭打快牛",不利于激励企业今后对节能减排技术的研发

和引进。通过以历史碳排放为基础配额,并在其后乘以多项调整因子,将前期减排奖励、减排潜力、对清洁技术的鼓励、行业增长趋势等因素考虑在内,可一定程度上弥补历史法的缺陷。上海引入"先期减排配额";北京引入行业控排系数[①],而天津在采用历史平均排放法计算配额时除了乘以行业控排系数外,还乘以绩效系数[②];2014 年,湖北为所有行业设定了统一的控排系数,即总量调整系数,然而,由于各行业的减排成本、减排潜力、行业竞争力存在差异,实施碳排放权交易对各行业的影响也不同。2015 年,基于公平性和独立性原则,引入了有差别的碳排放行业控排系数,用于修正控排企业配额的参数。

标杆法的分配思路则完全不同,标杆法强调鼓励先进,鞭策落后,但标杆法对数据的要求比较复杂,只有当产品划分到比较细致的程度时,单位产品碳排放才具有可比性,当行业的产品分类非常复杂时,制定标杆值也非常困难。因此,在中国试点中,标杆法主要在新增设施以及电力、水泥、航空、建筑物等产品较为单一的行业中得到了应用。

表8.4　各试点配额免费分配方法

试点	历史排放法	历史强度法	标杆法
湖北	2014:电力之外的工业企业;电力企业的预分配配额 2015:水泥、电力、热力及热电联产之外的工业企业 2016:非基准线法的行业	2016:玻璃及其他建材、陶瓷制造行业	2014:电力企业的事后调节配额 2015、2016:水泥、电力、热力及热电联产
深圳	无	公交行业采用目标碳强度法;其他行业依据历史强度计算目标碳强度	电力、水务、燃气行业
上海	电力之外的工业行业;商场、宾馆、商务办公建筑和铁路站点 2016:商场、宾馆、商务办公、机场等建筑,以及其他工业企业	2016:工业企业、航空港口及水运、自来水生产	电力、航空、机场和港口行业 2016:电力热力、汽车、玻璃生产

---

① 主管部门依据全市"十二五"GDP 平均增速目标、各相关行业碳强度下降目标、各行业碳排放历史平均水平和年均增幅综合测算确定。

② 由主管部门综合考虑纳入企业先期减碳成效及企业控制温室气体排放技术水平确定。

续表

试点	历史排放法	历史强度法	标杆法
北京	石化、水泥、制造业和其他行业、其他服务业、交通运输行业企业的固定源部分	供热企业（单位）和火力发电企业、燃气及水的生产和供应企业、交通运输企业的移动排放设施	所有纳入行业的新增设施
广东	热电联产，水泥矿山开采和其他粉磨工序，石化企业，短流程钢铁企业	2016:特殊造纸	纯发电机组，水泥熟料生产和水泥粉磨工序，长流程钢铁企业 2016年度增加民用航空、普通造纸
天津	钢铁、化工、石化、油气开采行业的既有设施	电力、热力行业的既有设施	所有纳入行业的新增设施
重庆	电解铝、金属合金、电石、水泥、钢铁、烧碱	无	无

资料来源:作者根据各试点地区配额分配方案及主管部门通知等文件整理。

（三）事后调节机制

尽管各试点基于本地实际设计了各具特色的分配方法和模式,但是由于信息不完备和规则不完善,事前分配的控排主体的配额难免可能出现与其实际排放较大差异的情况,因而需要一套事后调整的机制对配额分配进行动态管理。

部分试点根据企业实际产能或产值变化调节配额。如深圳规定,履约期末碳排放权交易主管部门将根据企业实际增加值对预分配配额进行调整:当企业实际增加值高于计划分配预测增加值时,根据企业实际增加的增加值乘以碳强度,追加分配企业配额;当企业的实际增加值低于计划分配预测增加值时,根据企业实际减少的增加值乘以确定的碳强度目标值,从计划分配配额中进行核减。

部分采用历史法的试点,如湖北采用了滚动基准年。湖北2014年选取2009—2011年为基准年,2015年基准年滚动,为2012—2014年。在滚动基准年下,基准年的排放更能有效反映当前的排放量,更符合采用历史法的高增长发展中地区的特征。同时,配额一年一核发,使主管部门能够及时根据实际情况设定合理的年度减排目标,确保了碳市场的稳定流通,维护了市场信心,从根本上保障了碳市场对减排目标的有效达成。滚动基准年是一把双刃剑。从企业自身利益最大化角度来看,履约时排放数据越低越好,分配来年配额时,排放数据越高越好。因此,滚动基准年实际上是一种制衡机制,倒逼企业报出客观的数据。

(四)配额一年一核配

除上海外,7个试点的配额均为一年一核定,一年一发放,其中,北京虽然配额一年一发,但已确定了三年各年度控排主体的配额。而上海则是一次性向控排主体发放三年的配额。配额一年一核配有利于碳市场及时纠偏,但不利于形成配额的长期预期。

(五)配额的储存和预借

配额的储存和预借对于企业跨期进行碳资产管理、降低减排成本具有重要的作用,但同时也会对市场供求产生较大的影响。因此,各试点对配额的预借都是禁止的,仅仅允许配额的储存,但配额储存的条件存在差异。其中,湖北对配额储存的要求更为严格,规定参与过交易后的配额才可储存,而未参与过交易的配额在履约时会注销,这在一定程度上有助于提高碳排放权交易的流动性。

四、抵消机制

(一)抵消比例

7个试点均允许采用一定比例的CCER用于抵消碳排放,各试点均考虑了CCER抵消机制对总量的冲击,把CCER比例限制在10%以内。湖北、深圳、广东、天津和重庆较为宽松,均不超过年度配额或排放量的10%,其中重庆为8%。北京较为严格,不超过年度配额的5%,上海在2016年度更是将比例下调至不超过年度基础配额的1%。

(二)CCER产出时间

在CCER的产出时间上,各试点在国家要求的2005年2月16日以后产生的减排量之外,对减排量的产生时间设置了更严格的限制。

北京、上海、天津和湖北的时间限制一致,均规定 CCER 全部减排量应产生于 2013 年 1 月 1 日后,而重庆则将时间限制规定在 2010 年 12 月 31 日后。

目前对于计入期跨过时间门槛的 CCER 项目,其减排量获得签发后,尚无法从时间上拆分减排量。因此,对于这类 CCER 项目,整个项目减排量都将无法进入北京、上海、天津和湖北碳市场。

广东虽然没有对 CCER 提出时间限制,但将第三类备案项目(获得国家发改委批准为 CDM 项目且在联合国 CDM 执行理事会注册前产生减排量的项目,Pre-CDM 项目)排除在外,而第三类项目绝大部分产生的 CCER 也均在 2013 年前。

(三)项目类型

一方面,各试点均限制了水电项目的 CCER。其中,湖北仅保留了小水电项目。水电项目产生的减排量较多,但碳市场前期的需求并不大。同时,水电对生态环境有一定的负面影响,欧盟对水电项目 CER 进入碳市场也必须先进行生态、环境和社会影响的严格评估。因此各试点纷纷对水电项目进行限制。

另一方面,各试点允许用于抵消的减排量的项目类型有一定差异。

从减排气体类型来看,6 种温室气体中,天津仅接受减排二氧化碳的项目,而北京还接受减排甲烷的项目,广东更进一步规定二氧化碳与甲烷的减排量应占项目所有减排量的 50% 以上。其他试点对减排气体类型未作要求。

从具体项目类型看,各试点对项目类型的限制也有所不同。除了对水电项目的限制,广东对使用煤、油和天然气等化石能源的发电、供热和余能利用项目也不能用于抵消;而重庆将项目限制在以下几类:节约能源和提高能效;清洁能源和非水可再生能源;碳汇;能源活动、工业生产活动、农业、废物处理等领域。值得注意的是,深圳虽未对项目类型做出具体限制,但对不同项目类型产生的减排量做出了相应的地域限制。

(四)优先使用协议合作地区的项目

除重庆和上海外,其余试点对 CCER 来源地有一定的限制。但各试点均不再像碳市场初期那样仅仅局限于本地的 CCER 用于履约,多数采用优先使用协议合作地区项目的方式来提高碳市场的流动性。

表 8.5　各试点 CCER 抵消规则

试点	比例限制	减排量产生时间	项目类型	地域限制
湖北	年度碳排放初始配额的10%	已备案减排量100%可用于抵消； 未备案减排量按不高于项目有效计入期（2013年1月1日—2015年5月31日）内减排量60%的比例用于抵消	非大、中型水电类项目产生； 鼓励优先使用农、林类项目产生的减排量	（1）100%在本省行政区域内，纳入碳排放配额管理企业组织边界范围外产生； （2）与本省签署了碳市场合作协议的省市，经国家发改委备案的减排量可以抵消，年度用于抵消的减排量不高于5万吨。
深圳	年度碳排放量的10%		允许特定区域范围内的风力发电、太阳能发电和垃圾焚烧发电项目	来自本市及和本市签署碳排放权交易区域战略合作协议的省份或者地区
			允许特定区域范围内的林业碳汇项目和农业减排项目	全国范围内
			所有项目类型	本市企业在全国投资开发的项目
上海	年度配额量的5%；不超过年度基础配额的1%（2016）	项目所有减排量均产生于2013年1月1日后	非水电类项目（2016）	非上海试点企业排放边界范围内的 CCER
北京	年度配额量的5%；京外项目为2.5%	减排量于2013年1月1日后实际产生	非来自减排氢氟碳化物、全氟化碳、氧化亚氮、六氟化硫气体的项目及水电项目	（1）50%以上非来自本市行政辖区内重点排放单位固定设施的减排量 （2）优先使用河北省、天津市等与本市签署应对气候变化、生态建设、大气污染治理等相关合作协议地区的项目

试点	比例限制	减排量产生时间	项目类型	地域限制
广东	年度实际碳排放量的10%		(1)CO_2与甲烷的减排量占项目所有减排量的50%以上； (2)非水电项目，非使用煤、油和天然气（不含煤层气）等化石能源的发电、供热和余能（含余热、余压、余气）利用项目； (3)非在联合国清洁发展机制执行理事会注册前就已经产生减排量的项目	(1)70%以上应当是本省温室气体自愿减排项目产生； (2)控排企业排放边界范围外产生； (3)广东省审定签发的碳普惠试点地区减排量； (4)非来自国家批准的其他碳排放权交易试点地区或已启动碳市场地区的项目
天津	年度实际排放量的10%	所属的自愿减排项目，其全部减排量均应产生于2013年1月1日后	(1)仅来自CO_2气体项目； (2)不包括来自水电项目的减排量	(1)优先使用津京冀地区项目产生的减排量； (2)本市及其他碳排放权交易试点省市纳入企业排放边界范围内的减排量不得用于本市的碳排放量抵消
重庆	审定排放量的8%	减排项目于2010年12月31日后投入运行（碳汇项目不受此限）	节约能源和提高能效；清洁能源和非水可再生能源；碳汇；能源活动、工业生产活动、农业、废物处理等领域；非水电减排项目	

资料来源：上海环境能源交易所，《上海碳市场报告2015》，2016年；碳视角，《碳交易试点2016年度碳排放配额分配方案要点解析》，2017年。

第三节　中国试点碳市场运行情况

一、市场表现

(一)交易量

中国碳市场交易持续性较差,原因在于大部分控排主体的碳排放权交易策略十分被动,参与碳排放权交易的主要动机仍是完成履约。交易不能分散在平时而是集中于履约前一个月会大幅增加企业的履约成本,尤其是在缺乏碳期货和期权交易的市场,无法实现低成本减排的初衷。

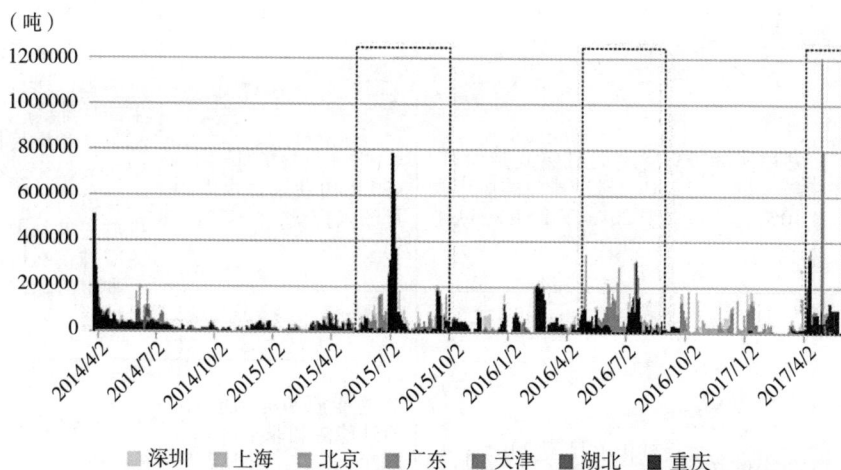

图 8.3　2014—2017 年各交易试点当日交易量

资料来源:根据各试点交易机构公布的交易数据整理。

7 个试点均存在交易过度集中的情况,主要集中时间是履约截止日前 1—2 个月(见图 8.3)。2013 年履约期,除天津之外,深圳、上海、北京、广东最后一个月的成交量占总成交量的比重均超过了 65%,完成履约后,交易量又显著下降;2014 年履约期与 2013 年履约期相比,交易量集中于履约截止前的情况有所改善,履约最后一个月,除广东外,其余试点成交量占总成交量的比例均在 50%以下。

（二）交易价格

7个试点的价格有显著的波动。大多数试点碳价于2013年和2014年建立之初有暂时的上涨（深圳的碳价在2013年10月的较短时间内曾超过人民币100元/吨），但随后在2014年年末和2015年年初下滑并保持稳定。2015年5月和6月，大部分试点的碳价急剧下跌，这很大程度上是由于配额过剩（见图8.4）。

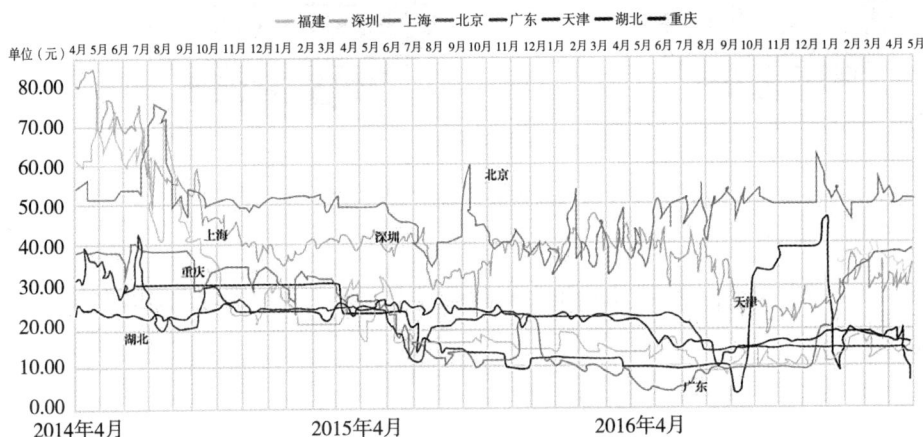

图8.4　中国碳排放权交易试点配额成交均价（2014年4月2日—2017年5月31日）

注：直线段部分代表当日无成交量。

资料来源：湖北省碳排放权交易中心。

（三）市场参与者

从全国碳市场交易量看，湖北试点交易总量和交易额均居全国首位，其次为深圳和广东试点（见图8.5）。

湖北和深圳允许参与的主体最为开放，除机构和个人投资者外，也允许境外投资者参与交易（见表8.6）。另一个允许个人投资者进入的是天津市场，但与深圳不同，对机构投资者有中资控股的要求。截至2017年5月31日，湖北碳市场共吸引投资者8212户，其中个人投资者7841户，机构投资者135户①。而在

---

① 资料来源为湖北碳排放权交易中心。

协商议价+大宗成交+现货远期

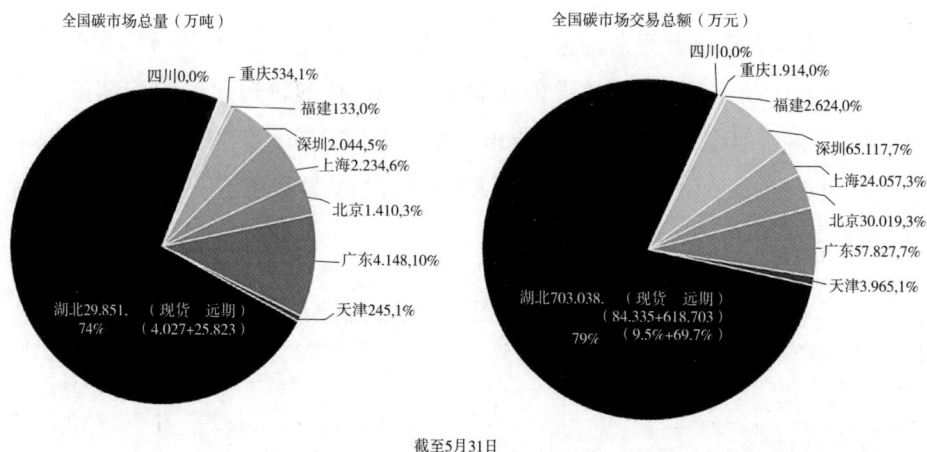

全国碳市场总量（万吨）

四川0,0%
重庆534,1%
福建133,0%
深圳2.044,5%
上海2.234,6%
北京1.410,3%
广东4.148,10%
天津245,1%
湖北29.851. （现货 远期）
74% （4.027+25.823）

全国碳市场交易总额（万元）

四川0,0%
重庆1.914,0%
福建2.624,0%
深圳65.117,7%
上海24.057,3%
北京30.019,3%
广东57.827,7%
天津3.965,1%
湖北703.038. （现货 远期）
79% （84.335+618.703）
（9.5%+69.7%）

截至5月31日

图 8.5 全国碳市场交易量和交易额（截至 **2017** 年 **5** 月 **31** 日）

资料来源:湖北省碳排放权交易中心。

2014 年 6 月 30 日,深圳碳市场第一履约已吸引 6 家机构投资者和 640 名个人投资者[1]。

表 8.6 各试点交易参与者情况

试点	各试点管理办法中规定的交易参与者	市场目前开放进展
湖北	纳入碳排放配额管理的企业、自愿参与碳排放权交易活动的法人机构、其他组织和个人	已开放个人和机构投资者(包括境外)
深圳	管控单位以及符合本市碳排放权交易规则规定的其他组织和个人	已开放个人和机构投资者(包括境外)
上海	纳入配额管理的单位以及符合本市碳排放权交易规则规定的其他组织和个人	已开放机构投资者,未开放个人投资者
北京	履约机构交易参与人、非履约机构交易参与人和自然人交易参与人	已开放个人投资者,并适度放开非履约机构入市条件,对经营范围不再做具体要求
广东	控排企业和单位、新建项目企业、符合规定的其他组织和个人	已开放个人和机构投资者

[1] 深圳碳排放权交易所,*Annual Report on Shenzhen Emissions Trading Scheme First-Year Operation*,WT-BZ2014 年 9 月。

续表

试点	各试点管理办法中规定的交易参与者	市场目前开放进展
天津	纳入企业及国内外机构、企业、社会团体、其他组织和个人	已开放个人和机构投资者
重庆	配额管理单位、其他符合条件的市场主体及自然人	已开放个人和机构投资者

资料来源:环维易为:《中国碳市场研究报告》,2017 年。

市场投资者多元化,形成了碳市场丰富的投资层次,由于参与交易的目的、市场预期、操作策略不同,同样的市场信息将产生多样化的市场反应,从而提高市场的活跃度和流动性。

(四)碳金融创新

较强的流动性增强了碳排放权的资产属性,解除了碳排放权不能在市场处置的后顾之忧,降低了风险,也为碳金融创新提供了有利条件。碳排放权质押贷款、配额托管、碳基金入市等,无一不是建立在流动性的基础之上,碳金融的一系列创新又进一步降低了企业的减排成本,拓宽了企业的减排融资渠道。

表 8.7　各试点碳金融创新数量和规模

试点	种类数量	内容及规模
深圳	6	1.中广核碳债券,规模 10 亿元 2.首笔绿色结构性存款,1000 吨配额 3.碳资产托管服务协议 4.首笔跨境碳配额交易,1 万吨 5.首单跨境配额回购,400 万吨 6.碳排放配额置换,400 万吨配额
上海	5	1.首单 CCER 质押贷款协议,贷款 500 万元 2.海通宝碳基金,规模 2 亿元,是首个 CCER 的专项投资基金 3.首单借碳交易签约,合同总配额数量为 20 万吨。 4.碳配额卖出回购业务 5.远期产品上线
北京	4	1.首笔担保型 CCER 碳远期合约 2.首笔碳配额场外掉期交易 1 万吨 3.碳配额质押融资 4.首个跨区域碳市场,京冀跨区域碳汇项目

续表

试点	种类数量	内容及规模
广东	3	1.首宗互换型碳交易 2.碳排放配额抵押融资, 3.首单碳排放配额远期交易
天津	1	1.CCER碳中和1000吨
湖北	7	1.最大规模银行碳金融授信1200亿 2.首支碳基金,共4支,累计1.2亿元 3.首笔碳配额托管,340万吨 4.首单碳配额质押贷款,碳资产质押贷款累计15.4亿元 5.首个CCER众筹项目,20万元 6.首个现货远期产品上线 7.首个碳保险上线
重庆	1	1.碳配额质押融资5000万元

资料来源:根据试点交易机构网站新闻整理。

(五)信息披露

完善的信息披露制度有利于激发市场参与者的积极性,增强对碳市场信心,更有利于发挥碳市场促进控排企业实现减排的作用。目前,各试点地区的交易所信息披露都做出了相关规定。

但由于缺乏统一的信息披露标准和体系,各试点信息披露的及时性、全面性和系统性不一。相比较而言,湖北信息披露更加具体,包括日起始价、日收盘价、最高价、最低价、最新价、当日累计成交数量、当日累计成交金额、最高五个买入价格和数量、最低五个卖出价格和数量。

二、履约情况

从履约率来看,2014年试点履约率较高,均在96%以上,2015年履约率均有所提升,履约率均在99%以上,2016年除北京外,其他试点履约率均达到99%以上(见表8.7)。履约率的高低和及时性是由多重因素决定的:一是总量设定的松紧和配额分配的合理性;二是碳市场价格的高低;三是MRV的准确性和严格性;四是对违约的惩罚力度。

表 8.8　各试点市场履约情况

试点	2016 年（2015 年度）		2015 年（2014 年度）		2014 年（2013 年度）	
	履约时间	履约率	履约时间	履约率	履约时间	履约率
深圳	规定时限 2016 年 7 月 1 日	99.84%	规定时限 2015 年 6 月 30 日	99.8%	规定时限 2015 年 6 月 30 日	99.4%
上海	规定时限 2016 年 6 月 30 日	100%	规定时限 2015 年 6 月 30 日	100%	规定时限 2014 年 6 月 30 日	100%
北京 *	法定责令整改时限 2016 年 6 月 30 日	91%	法定责令整改时限 2015 年 6 月 30 日	100%	法定责令整改时限 2014 年 6 月 30 日	97.1%
广东	规定时限 2016 年 6 月 20 日	100%	规定时限 2015 年 6 月 23 日	100%	规定时限 2014 年 6 月 20 日，通知推迟至 7 月 15 日	98.9%
天津	规定时限 2016 年 5 月 31 日，推迟至 6 月 30 日	100%	规定时限 2015 年 5 月 31 日，推迟至 7 月 10 日	99.1%	规定时限 2014 年 5 月 31 日，最终推迟至 7 月 25 日	96.5%
湖北	规定时限 2016 年 6 月 30 日，推迟至 8 月 20 日	100%	规定时限 2015 年 6 月 30 日，推迟至 8 月 20 日	100%	/	/
重庆	规定时限 2015 年 6 月 23 日，推迟至 11 月 18 日	未公布	规定时限 2015 年 6 月 23 日，推迟至 7 月 23 日	未公布	/	/

资料来源：各试点交易机构和碳交易主管部门发布的信息。

　　各试点高履约率的原因：一是试点大部分企业自觉遵约；二是以地方人大立法或政府令为基础的碳排放权交易法规对控排企业形成了一定的约束力；三是地方政府主管部门的行政推动力量；四是碳市场初期总量过松，配额过剩；五是履约期碳价较低，企业履约成本较低。

第四节　中国试点碳市场评价

一、试点碳市场制度设计的一致性和特殊性

中国 7 个试点碳市场的制度设计因地制宜，各具特色，既体现出碳市场共性

规律的一致性,也体现出各试点区域特点的特殊性。

(一)一致性

中国希望通过碳交易试点,探索建设碳市场的制度和方法,发现碳市场运行中的问题,以便为全国统一碳市场的建设提供经验。中国 7 个试点虽然数量少,但体量大,在国内具有一定的代表性,其社会经济发展也体现出新兴经济体不完全市场的特征和规律:

第一,试点尚未达到排放峰值,经济正处于工业化、城市化的关键阶段;第二,经济仍处在中高速增长阶段,经济增长、政策和市场预期等方面存在很大的不确定性;第三,试点的市场是不完全的,电力等高排放行业处于垄断地位;第四,相关法律滞后、数据基础薄弱、企业能力不足;第五,各试点重点围绕碳市场的关键制度要素和技术要求,充分发挥行政力量在短时间内完成了关键制度设计,启动交易后政策不断调整、补充、优化和完善;第六,交易启动后宏观经济和企业经营下行压力较大,配额总量比事前预测偏松;第七,政府强有力的推动;第八,碳交易试点在观念、能力、人才、制度和数据方面溢出效应大。

(二)特殊性

第一,试点涵盖中国东、中、西部地区,经济发展水平和经济结构存在显著差异,区域和行业经济差别大。

东部地区试点经济面临更大的经济下行压力,需要在不影响经济增长的前提下控制排放;已进入工业化中后期,工业逐渐让位于服务业,碳强度在三个地区中最低,减排成本最高,未来碳排放增长将来自建筑、交通等非生产类排放,减排潜力较小。

中西部地区试点经济仍处在 8% 以上的高速增长阶段,随着东部地区工业化逐步完成,土地成本和劳动力成本日渐上升,大量制造业向中西部转移,控制排放要为经济增长留出空间;为工业主导型经济,高耗能、高排放的钢铁、水泥等行业已在全国范围内出现产能过剩,尽管部分企业市场份额仍在增长,但未来依然有产能下降的风险,从而导致碳排放下降,因此排放具有很大的不确定性;能源结构中对煤炭依赖较重,经济"高碳"特征突出,受能源消费结构的制约,控制碳排放任务十分艰巨;碳强度较高,减排成本小于东部地区,减排潜力较大。

第二,7 个试点制度设计特色鲜明,体现出多样性、差异性和灵活性。

各试点制度设计特色鲜明:湖北注重市场流动性、抓大放小、损益封顶和碳金融创新;北京注重法律保障、履约管理、增量从优、覆盖行业多元;深圳注重立法先行、博弈型配额分配、中小企业多;上海尝试配额跨期分配、覆盖行业多元;天津考虑先期减排激励、主抓重化行业;广东尝试强制性部分有偿分配,有偿拍卖比例较大,覆盖行业锁定在高排放的四大行业;重庆尝试覆盖全部温室气体,企业配额自主申报。

二、试点碳市场制度设计的启示

(一)碳市场制度设计是一个系统工程

碳市场制度设计是一个系统性工程,通常包括关键制度要素系统、法律保障系统、注册登记系统、交易系统、政府监管系统、MRV 系统和基础能力建设与培训系统。其中关键制度要素系统又主要包含总量预测设置、覆盖范围、配额分配、抵消机制、价格形成机制、履约机制等。因此,碳市场制度设计必须用系统思维,分阶段进行闭环式设计。

(二)配额总量预测设置(CAP)

第一,碳市场配额总量(CAP)预测设置有偏松的内在趋势和外在规律。在对总量进行预测时,经济运行的不确定性和企业信息不对称性是预测的两大主要影响因素。全球现行的碳市场几乎都偏松,而中国 7 个试点也几乎都偏松,从而导致碳价格不能有效反映减排的边际成本,引导企业进行低碳投资。一个好的碳市场配额总量偏紧比偏松好,偏紧可以追加配额,容易操作,而偏松时配额的回收需要财政资金支持,非常难和慢,从而导致价格低迷,不能发挥碳价格有效引导和配置节能减排资源的功能;配额总量偏紧,则有利于节能减排和投资者的市场预期。

第二,总量偏紧时,总量结构可以灵活调整。可以把总量在结构上分为企业初始配额+新增预留配额+政府预留配额,新增预留和政府预留二者的比例相对灵活调整,新增和政府预留配额每一履约年度的余额应该注销。企业初始配额必须偏紧,这是真正发挥作用的小 CAP。

第三,注重平衡三个关系。一是平衡经济增长与节能减排的关系,通过配额总量从紧、结构灵活的方式实现;二是平衡配额供给与需求的关系,通过市场调整因子来消化上一年度市场供求的失衡;三是平衡行业之间的差异,通过综合考虑行业减排成本、减排潜力、竞争力和碳泄漏等因素来确定差异化的行业减排系数和拍卖比例来实现。

(三)覆盖范围

第一,控排企业要"抓大放小"。二八定律在这里也成立,即 80% 的碳排放是由 20% 的高排放大企业决定的,碳市场 80% 的管理成本消耗在只能贡献 20% 减排量的中小企业上。第二,要重点覆盖"三高"即高污染、高耗能和高减排潜力的行业和企业。第三,要重点覆盖排放量大、减排潜力大、企业规模大、数据基础好的行业和企业。这样才能缩减管理费用,克服基础能力不足、数据基础薄弱的问题,同时,也可以发挥大企业的示范效应。第四,碳市场建设初期只覆盖 CO_2 一种主要的温室气体,待制度和能力有了一定的基础后再逐步扩大到其他温室气体。

(四)配额分配

第一,三个结合。一是免费分配与有偿分配相结合,以免费为主,逐步分行业增加有偿分配比例。二是历史法与标杆法相结合,历史法尽可能使用历史强度法,避免祖父法"鞭打快牛"的弊端。三是事前分配与事后调整相结合。避免因为数据的不准确和宏观经济以及企业生产经营的不确定性带来的偏误长期得不到纠正,积少成多,引起系统性问题。

第二,三大机制。一是动态优化机制:包括一年一核配;数据就近三年加权平均;滚动基准年;第一阶段标杆只公布标杆位不确定标杆值,根据年底核查后的数据再确定标杆值和产量值,因此年初的分配是预分配,依据上一年的相应标杆值和产量只分配 70%—80%,核查后多退少补;历史强度法类似。二是市场平衡机制:包括配额不能预借,交易过的配额才能留存;根据上一年市场总体供求余额计算市场调整因子,所有企业下一年度配额分配时均乘以市场调整因子,以熨平上一年的市场供求失衡。三是成本控制机制:包括企业集团下属各子公司,只要有独立的组织机构代码,就应该单独作为控排对象,不能集团打包作为一个控排单位;第一阶段实施某一比例的损益封顶等。

(五)市场准入要开放多元

第一,提高企业的碳资产管理能力,引导交易分散在平时进行,避免交易集中于履约期前后,有效降低企业履约成本,分散风险,形成合理的碳价格机制。

第二,市场准入要开放多元。允许符合一定条件的海内外机构投资者和个人投资者进入市场进行交易,提高市场活跃度,增加流动性,激发更多的碳金融创新。

参考文献

北京中创碳投科技有限公司:《中国碳市场 2014 年度报告》,2015 年。

陈程:《浅论〈京都议定书〉下的碳排放权交易》,《法制与社会》2007 年第 1 期。

陈健鹏:《温室气体减排政策:国际经验及对中国的启示——基于政策工具演进的视角》,《中国人口·资源与环境》2012 年第 9 期。

陈洁民:《新西兰碳排放交易体系的特点及启示》,《经济纵横》2013 年第 1 期。

陈迎:《中国在气候公约演化进程中的作用与战略选择》,《世界经济与政治》2002 年第 5 期。

成锴:《美国联邦碳排放限额交易立法解析》,《河南财经大学学报》2013 年第 1 期。

仇勇懿、孙江宁:《日本低碳城市的政策与实践——以东京碳排放限额和交易计划为例》,载《第七届国际绿色建筑与建筑节能大会论文集》,2011 年。

戴凡、周勇:《加州碳排放权交易市场的法律基础》,《科学与管理》2014 年第 2 期。

段茂盛、庞韬:《碳排放权交易体系的基本要素》,《中国人口·资源与环境》2013 年第 3 期。

樊威:《德国碳市场执法监管体系研究》,《科技管理研究》2014 年第 1 期。

冯静茹:《浅析美国区域性碳排放权交易制度及其启示——以美国区域温室气体行动为视角》,《人民论坛》2013 年第 14 期。

高鹏飞、陈文颖:《碳税与碳排放》,《清华大学学报(自然科学版)》2002 年第 10 期。

高翔、牛晨:《国际上落实温室气体排放控制目标的启示》,《国际经济评论》2010年第4期。

《国务院关于印发"十二五"控制温室气体排放工作方案的通知》,http://www.gov.cn/zwgk/2012-01/13/content_2043645.htm.。

郝海青:《欧美碳排放权交易法律制度研究——兼论我国碳排放权交易制度的构建》,中国海洋大学博士论文,2012年。

胡荣、徐岭:《浅析美国碳排放权制度及其交易体系》,《内蒙古大学学报(哲学社会科学版)》2010年第4期。

环维易为:《中国碳市场调查报告》,2016年。

环维易为:《中国碳市场研究报告》,2017年。

冷罗生:《日本温室气体排放权交易制度及启示》,《法学杂志》2011年第1期。

李布:《借鉴欧盟碳排放交易经验构建中国碳排放交易体系》,《中国发展观察》2010年第1期。

李瑾:《澳大利亚碳价体系并非碳税》,《第一财经日报》2012年7月4日。

刘莹、孙磊:《日本应对气候变化的法律机制及其对我国的启示》,《法制与社会》2008年第23期。

绿金委碳金融工作组:《中国碳金融市场研究》,2016年。

孟浩、陈颖健:《日本能源与CO_2排放现状、应对气候变化的对策及其启示》,《中国软科学》2012年第9期。

能源基金会:《美国东北部区域温室气体行动:拍卖排放权》,载环保部环境规划院编:《2008年排污交易国际研讨会论文集》,2008年。

齐绍洲、王班班:《碳交易初始配额分配:模式与方法的比较分析》,《武汉大学学报》2013年第5期。

饶蕾等:《欧盟碳排放交易配额分配方式对我国的启示》,《环境保护》2009年第9期。

上海环境能源交易所:《上海碳市场报告2015》,2016年。

邵冰:《日本参与国际气候变化合作及其动因》,《长春大学学报》2011年第5期。

深圳碳排放权交易所:*Annual Report on Shenzhen Emissions Trading Scheme*

First-Year Operation,2014 年 9 月。

苏东水主编:《产业经济学》,高等教育出版社 2006 年版。

碳视角:《碳交易试点 2016 年度碳排放配额分配方案要点解析》,2017 年。

滕飞、冯相昭:《日本碳市场测量、报告与核查系统建设的经验及启示》,《环境保护》2012 年第 10 期。

万方:《欧盟碳排放权交易体系研究》,吉林大学博士学位论文,2015 年。

王伟男:《欧盟排放交易机制及其成效评析》,《世界经济研究》2009 年第 7 期。

王颖:《碳减排交易体系的"先期行动"》,《能源》2011 年 1 月 4 日。

王祝雄等:《新西兰碳排放交易制度设计对我国林业碳汇交易的启示》,《世界林业研究》2013 年第 5 期。

韦大乐、马爱民、马涛:《应对气候变化立法的几点思考与建议——日本、韩国应对气候变化立法交流启示》,《中国发展观察》2014 年第 8 期。

魏圣香、王慧:《美国排污权交易机制的得失及其镜鉴》,《中国地质大学学报(社会科学版)》2013 年第 6 期。

温岩等:《美国碳排放交易体系评析》,《气候变化研究进展》2013 年第 2 期。

吴建军:《澳大利亚碳税征收的影响与启示》,《能源技术经济》2012 年第 7 期。

肖艳、李晓雪:《新西兰碳排放交易体系及其对我国的启示》,《北京林业大学学报(社会科学版)》2012 年第 3 期。

肖志明:《欧盟排放交易机制的影响分析:国外研究综述》,《德国研究》2012 年第 1 期。

谢来辉、陈迎:《碳泄漏问题评析》,《气候变化研究进展》2007 年第 4 期。

兴业研究:《绿色金融报告(20160520):欧盟碳交易机制(EU-ETS)简介》,2016 年。

徐双庆、刘滨:《日本国内碳交易体系研究及启示》,《清华大学学报(自然科学版)》2012 年第 8 期。

徐万胜:《政党体制转型与日本对外政策》,《外交评论》2012 年第 6 期。

许明珠:《澳大利亚碳市场机制设计》,《世界环境》2012 年第 2 期。

宣晓伟、张浩:《碳排放权配额分配的国际经验及启示》,《中国人口·资源与环境》2013 年第 12 期。

薛进军等:《欧盟碳排放权交易体系第三期的改革及其启示》,载戴彦德等主编,《中国低碳经济发展报告(2014)》,社会科学文献出版社 2014 年版。

尹小平、王艳秀:《日本碳排放权交易的机制与成效》,《现代日本经济》2011 年第 3 期。

张益纲、朴英爱:《世界主要碳排放交易体系的配额分配机制研究》,《环境保护》2015 年 10 期。

赵盟等:《EU ETS 对欧洲电力行业的影响及对我国的建议》,《气候变化研究进展》2012 年第 6 期。

赵霞等:《欧盟温室气体排放交易实践对我国的借鉴》,《环境保护科学》2010 年第 1 期。

郑晓曦等:《国际碳交易发展及对我国的启示》,《学术论坛》2013 年第 4 期。

钟锦文、张晓盈:《美国碳排放交易体系的实践与启示》,《经济研究参考》2011 年第 28 期。

周剑、何建坤:《北欧国家碳税政策的研究及启示》,《环境保护》2008 年第 22 期。

周素文:《德国温室气体排放交易现状及其启示》,《环境科技》2011 年第 1 期。

庄贵阳:《欧盟温室气体排放贸易机制及其对中国的启示》,《欧洲研究》2006 年第 3 期。

庄彦、蒋丽萍、马莉:《美国区域温室气体减排行动的动作机制及其对电力市场的影响》,《能源技术经济》2010 年第 8 期。

ICAP, *Emissions Trading*: *Worldwide International Carbon Action Partnership* (*ICAP*) *Status Report* 2014, 2014.

Jing Jing Jiang et al., "The Construction of Shenzhen's Carbon Emission Trading Scheme", *Energy Policy*, Vol(75), 2014.

A.D.Ellerman, "Designing A Tradable Permit System to Control SO_2 Emissions in China: Principles and Practice", *The Energy Journal*, Vol. 23(2), 2002.

A. D. Ellerman, B. K. Buchner, "Over-Allocation or Abatement? A Preliminary Analysis of the EU ETS based on the 2005—06 Emissions Data", *Environmental and Resource Economics*, Vol. 41(2), 2008.

A. D. Ellerman, B. K. Buchner, "The European Union Emissions Trading Scheme: Origins, Allocation, and Early Results", *Review of Environmental Economics and Policy*, Vol. 1(1), 2007.

A. D. Ellerman, F. J. Convery, C. De Perthuis, *Pricing Carbon: the European Union Emissions Trading Scheme*, Cambridge, UK: Cambridge University Press, 2010.

A. Engels, L. Knoll, M. Huth, "Preparing for the 'Real' Market: National Patterns of Institutional Learning and Company Behaviour in the European Emissions Trading Scheme(EU ETS)", *European Environment*, Vol. 18(5), 2008.

A. Kossoy, P. Ambrosi, *State and Trends of the Carbon Market* 2007, 2008, 2010, Washington: The World Bank, 2007, 2008, 2010.

Ai Group, *Ai Group Survey: Business Pricing Responses to Australia's Carbon Tax, the First Six Months*, 2013.

Alberola, E., Chevallier, J., Cheze, B., "Price Drivers and Structural Breaks in EuropeanCarbon Prices 2005—2007", *Energy Policy*, Vol. 2, 2008.

Aldy, J. E., Krupnick, A. J., Newell, R. G., et al, "Designing Climate Mitigation Policy", National Bureau of Economic Research Working Paper No. 15022, 2009.

Aldy, E., Orszag, P. R., Stiglitz, J. E., *Climate Change: An Agenda for Global Collective Action*, Prepared for the conference on "The Timing of Climate Change Policies", 2001.

Aldy, J. E., W. A. Pizer, "The Competitiveness Impacts of Climate Change Mitigation Policies", National Bureau of Economic Research Working Paper No. 17705, 2011.

Alexandre Kossoy, *State and Trends of the Carbon Market*, Washington: Carbon Finance of the World Bank, 2012.

Anger, N., U. Oberndorfer, "Firm Performance and Employment in the EU Emissions Trading Scheme: An Empirical Assessment for Germany", *Energy Policy*, Vol. 36, 2008.

ARB, *Linkage Readiness Report*, 2013.

Australia. Treasury, *Strong Growth Low Pollution: Modelling A Carbon Price (SGLP)*, 2011.

Australian Government, "Section 1. 10B (the default method) or section 1. 10C (the Prescribed Alternative Method) of the NGER Measurement Determination 2008", 2008.

Australian Government, *Audit Determination Handbook*, 2012.

Australian Government, *Australia's Emissions Projections* 2010, 2010.

Australian Government, Department of Climate Change and Energy Efficiency, *Quarterly Update of Australia's National Greenhouse Gas Inventory*, 2012.

Australian Government, *Interim Emissions Number Guideline*, 2013.

Australian Government, *Securing A Clean Energy Future: the Australian Government's Climate Change Plan*, 2011.

B. Ch E. Ze, J. Chevallier, E. Alberola, "Emissions Compliances and Carbon Prices Under the EU ETS: A Country Specific Analysis of Industrial Sectors", *Journal of Policy Modeling*, Vol. 31(3), 2009.

Buckley, N. J., A. Muller, *Cap-and-Trade versus Baseline-and-Credit Emission Trading Plans: Experimental Evidence Under Variable Output Capacity*, Ontario: Department of Economics of McMaster University, 2004.

Buckley. N. J., R. A. Muller, *Long-Run Implications of Alternative Emission Trading Plans: An Experiment with Robot Traders*, Ontario: Department of Economics of McMaster University, 2003.

Bunn, D. W., Fezzi, C., *Interaction of European Carbon Trading and Energy Prices*, 2007.

Bureau of the Environment Tokyo Metropolitan Government, *Tokyo Cap-and-Trade Program: Japan's First Mandatory Emissions Trading Scheme*, 2010.

Bureau of the Environment, *Tokyo Cap-and-Trade Program for Large Facilities*, 2012.

Burniaux, J. M., J. O. Martins, *Carbon Emission Leakages: A General Equilibrium View*, Economics Department Working Paper, Washington: Organisation for economic cooperation and development economics department,2000.

C. Egenhofer, "The Making of the EU Emissions Trading Scheme: Status, Prospects and Implications for Business", *European Management Journal*, Vol. 25 (6),2007.

C.Hepburn,M.Grubb,K.Neuhoff et al., "Auctioning of EU ETS phase II allowances:how and why", *Climate Policy*, Vol. 6(1),2006.

C2ES, *Summary of California's Cap and Trade Program*,2016.

CARB, "Appendix E:Setting the Program Emissions Cap", *California Cap-and-Trade Regulation Initial Statement of Reasons*,2010.

CARB, "Appendix J:Allowance Allocation", *Cap and Trade Regulation Initial Statement of Reasons(ISOR)*,2010.

CARB, "Article 5:California Cap on Greenhouse Gas Emissions and Market-Based Compliance Mechanisms to Allow for the Use of Compliance Instruments Issues by Linked Jurisdictions Subarticle 7: Compliance Requirements for Covered Entities", *Final Regulation Order*,2012.

CARB, "Article 5:California Cap on Greenhouse Gas Emissions and Market-Based Compliance Mechanisms to Allow for the Use of Compliance Instruments Issues by Linked Jurisdictions Subarticle 8:Disposition of Allowances", *Final Regulation Order*,2012.

CARB, "Article 5:California Cap on Greenhouse Gas Emissions and Market-Based Compliance Mechanisms to Allow for the Use of Compliance Instruments Issues by Linked Jurisdictions, Subarticle 6: California Greenhouse Gas Allowance Budgets", *Final Regulation Order*,2011.

CARB, *Linkage Readiness Report*,2013.

Charles Holt et al., *Auction Design for Selling* CO_2 *Emission Allowances Under the Regional Greenhouse Gas Initiative Final Report*,2007.

Climate change information,Participating in the New Zealand Emissions Trading Scheme(NZ ETS),2015.

Cramton,P., Kerr, S., "Tradeable Carbon Permit Auctions: How and Why to Auction not Grandfather", *Energy policy*,Vol. 30(4),2002.

Cronshaw. B. J. Kruse, S. Schennach, "The Economics of Pollution Permit Banking in the Context of Title IV of the 1990 Clean Air Act Amendments", *Journal of Environmental Economics and Management*, Vol. 40, 2000.

D. Bunn, C. Fezzi, "Interaction of European Carbon Trading and Energy Prices", Fondazione Eni Enrico Mattei Working Papers, 2007.

D. Demailly, P. Quirion, "European Emission Trading Scheme and Competitiveness: A Case Study on the Iron and Steel Industry", *Energy Economics*, Vol. 30 (4), 2008.

D. E. A. Giles, C. Mosk, "Ruminant Eructation and a Long-Run Environmental Kuznets'Curve for Enteric Methane in New Zealand: Conventional and Fuzzy Regression Analysis", Econometrics Working Papers, 2003.

D. W. Pearce, "The Role of Carbon Taxes in Adjusting to Global Warming", *Economic Journal*, Vol. 101, 1991.

Danny Cullenward & Andy Coghlan, "Structural Oversupply and Credibility in California's Carbon Market", *The Electricity Journal*, Vol 29(5), 2016.

Dewees, D. N., "Emissions Trading: ERCs or Allowances?", *Land Economic*, Vol. 77(4), 2001.

D. M. Jiang, Q. Pei, "A Study of Legal Attributes of Carbon Emission Rights in Carbon Trading", *Ecological Economy*, Vol. 1, 2009.

E. Alberola, J. Chevallier, B. I. Chèze et al., "Price Drivers and Structural Breaks in European Carbon Prices 2005—2007", *Energy Policy*, Vol. 36(2), 2008.

E. Delarue, H. Lamberts, W. D'Haeseleer, "Simulating Greenhouse Gas(GHG) Allowance Cost and GHG Emission Reduction in Western Europe", *Energy*, Vol. 32 (8), 2007.

Economic Development Research Group, *REMI Impacts for RGGI Policies Based on the Standard Reference and High Emission Reference*, 2005.

Edf, *California: An Emissions Trading Case Study*, 2015.

Edf, *Carbon Market California-A Comprehensive Analysis of the Golden State's Cap-And-Trade Program Year Two*, 2014.

Emissions Trading Scheme Review Panel 2011, *Doing New Zealand's Fair Share*

Emissions Trading Scheme Review 2011: *Final Report*, Wellington: Ministry for the Environment, 2011.

Environment Northeast, *Recent RGGI Modeling Results-Quick Summary of Issues*, 2005.

Evgeny Guglyuvatyy, "Australia's Carbon Policy-A Retreat from Core Principles", *eJournal of Tax Research*, Vol. 3, 2012.

F. Convery, D. Ellerman, C. De Perthuis, "The European Carbon Market in Action: Lessons from the First Trading Period", *Journal for European Environmental & Planning Law*, Vol. 5(2), 2008.

F. J. Convery, "Origins and Development of the EU ETS", *Environmental and Resource Economics*, Vol. 43(3), 2009.

F. J. Convery, L. Redmond, "Market and Price Developments in the European Union Emissions Trading Scheme", *Review of Environmental Economics and Policy*, Vol. 1(1), 2007.

Feng K. et al., "Outsourcing CO_2 within China", *Proceedings of the National Academy of Sciences of the United States of America*, Vol. 110, 2013.

Fischer, C., "Rebating Environmental Policy Revenues: Output-Based Allocations and Tradable Performance Standards", Discussion Papers from Resources For the Future, 2001.

Fischer, C., Parry, I. W. H., Pizer, W. A., "Instrument Choice for Environmental Protection when Technological Innovation is Endogenous", *Journal of Environmental Economics and Management*, 45(3), 2003.

Frank Jotzo, "Emissions Trading in China: Principles, Design Options and Lessons from International Practice", CCEP Working Paper, No. 1303, 2013.

George Daskalakis, "On the Efficiency of the European Carbon Market: New Evidence from Phase II", *Energy Policy*, Vol. 54, 2013.

George Daskalakis, Raphael N. Markellos, "Are the European Carbon Markets Efficient?", *Review of Futures Markets*, Vol. 17, 2008.

Gerlagh, R., O. Kuik, "Carbon Leakage with International Technology Spillovers", FEEM Working Paper No. 33, 2007.

Gert Tinggaard Svendsen, Morten Vesterdalb, "How to Design Greenhouse Gas Trading in the EU?", *Energy Policy*, Vol. 31(14), 2003.

Goshi, Hosono, *Latest Domestic Environmental Policies*, Tokyo: Minister of the Environment, 2012.

Goto, N., "Macroeconomic and Sectoral Impacts of Carbon Taxation", *Energy Economics*, Vol. 17(4), 1995.

Gouvernement du Québec, *A Brief Look at the Québec Cap-And-Trade-System for Emission Allowances*, 2017.

Gouvernement du Québec, *Québec's Cap-and-Trade System for Greenhouse Gas Emission Allowances: Technical Review*, 2014.

Government of Ontario, *Cap and Trade in Ontario*, 2017.

Government of Ontario, *Cap and Trade Regulatory Proposal and Revised Guideline for Greenhouse Gas Emissions Reporting*, 2016.

Government of Ontario, *Cap and Trade: Compliance Offset Credits and Protocols*, 2017.

Government of Ontario, *Climate Change Mitigation and Low-carbon Economy Act*, 2016

Government of Ontario, *Green Energy and Green Economy Act*, 2009.

Government of Ontario, *Guide: Greenhouse Gas Emissions Reporting*, 2016.

Grubb, M., Sebenius, J., "Participation, Allocation and Adaptability in International Tradeable Emission Permit Systems for Greenhouse Gas Control", *Climate Change: Designing a Tradeable Permit System*, 1992.

Hahn, R.W., "Market Power and Transferable Property Rights", *The Quarterly Journal of Economics*, Vol. 99, 1984.

Hepburn, C. et. al., "Auctioning of EUETS Phase II Allowances: How and Why?", *Climate Policy*, Vol. 6, 2006.

Hepburn, C., "Regulation by Prices, Quantities, or Both: A Review of Instrument Choice", *Oxford Review of Economic Policy*, Vol. 22(2), 2006.

H.M.Treasury, *Carbon Price Floor: Support and Certainty for Low-Carbon Investment*, 2010.

Hyun Seok Kimand, Won W. Koo1, "Factors Affecting the Carbon Allowance Market in the US", *Energy Policy*, Vol. 38(4), 2010.

I. J. U. Rgens, B. Schlamadinger, P. Gomez, "Bioenergy and the CDM in the Emerging Market for Carbon Credits", *Mitigation and Adaptation Strategies for Global Change*, Vol. 11(5), 2006.

ICAP, *Emissions Trading*: *Worldwide International Carbon Action Partnership* (*ICAP*) *Status Report* 2016, 2016.

ICAP, *USA-California Cap-and-Trade Program*, 2016.

Idea Carbon:《加州碳交易制度可能在第三阶段签发国际抵消信用》,2015 年 11 月 23 日,见 http://www.ideacarbon.org/archives/29407.

J. E. Aldy, R. N. Stavins, *Architectures for Agreement*: *Addressing Global Climate Change in the Post-Kyoto World*, Cambridge, UK: Cambridge University Press, 2007.

J. I. Lewis, "The Evolving Role of Carbon Finance in Promoting Renewable Energy Development in China", *Energy Policy*, Vol. 38(6), 2010.

J. K. Stranlund, K. K. Dhanda, "Endogenous Monitoring and Enforcement of A Transferable Emissions Permit System", *Journal of Environmental Economics and Management*, Vol. 38(3), 1999.

J. P. M, Sijm, "EU ETS Allocation: Evaluation of Present System and Options beyond 2012", *ECN Policy Studies*, Vol. 4, 2006.

Jacoby, H. D., Ellerman, A. D., "The Safety Valve and Climate Policy", *Energy Policy*, Vol. 32, 2004.

Joelle Chassard, *Carbon Finance for Sustainable Development*, Washington: Carbon Finance Unit of The World Bank, 2011.

Jotzo, F., Betz, R., "Australia's Emission Strading Scheme: Opportunities and Obstacles for Linking", *Climate Policy*, Vol. 9, 2009.

K. Capoor, P. Ambrosi, *State and Trends of the Carbon Market* 2006, Washington, D.C: World Bank, 2006.

K. Capoor, P. Ambrosi, *State and Trends of the Carbon Market* 2007, Washington, D.C: World Bank, 2007.

K. Capoor, P. Ambrosi, *State and Trends of the Carbon Market* 2008, Washington,

D.C:World Bank,2008.

K.Capoor,P.Ambrosi,*State and Trends of the Carbon Market* 2009,Washington, D.C:World Bank,2009.

K.M.Ehrhart,C.Hoppe,J.Schleich et al.,"The Role of Auctions and Forward Markets in the EU ETS:Counterbalancing the Cost-Inefficiencies of Combining Generous Allocation with A Ban on Banking",*Climate Policy*,Vol.5(1),2005.

K.Neuhoff,K.K.Martinez,M.Sato,"Allocation,Incentives and Distortions:The Impact of EU ETS Emissions Allowance Allocations to the Electricity Sector",*Climate Policy*,Vol.6(1),2006.

Karp L,Zhang J.,"Regulation of Stock Externalities with Correlated Abatement Costs",*Environmental and Resource Economics*,Vol.32(2),2005.

L.M.Abadie,J.M.Chamorro,"European CO_2 Prices and Carbon Capture Investments",*Energy Economics*,Vol.30(6),2008.

Lars Zetterberg et al.,"Short-Run Allocation of Emissions Allowances and Long-Term Goals for Climate Policy",*Ambio*,Vol.41,2012.

Lee,C.,Flin,S.J.,Lewis,C.,"An analysis of the Impacts of Combining Carbon Taxation and Emission Trading on Different Industry Sectors",*Energy Policy*,Vol.36,2008.

M.Ahman,K.Holmgren,"New Entrant Allocation in the Nordic Energy Sectors:Incentives and Options in the EU ETS",*Climate Policy*,Vol.6(4),2006.

M.Ankarhem,*A Dual Assessment of the Environmental Kuznets Curve:The Case of Sweden*,Sweden:Umea Economic studies,2006.

M.Galeotti,A.Lanza,"Richer and Cleaner? A Study on Carbon Dioxide Emissions in Developing Countries",*Energy Policy*,Vol.27(10),1999.

M.Grubb,C.Azar,U.M.Persson,"Allowance Allocation in the European Emissions Trading System:A Commentary",*Climate Policy*,Vol.5(1),2005.

M.Grubb,J.Sebenius,*Participation,Allocation and Adaptability in International Tradeable Emission Permit Systems for Greenhouse Gas Control*,1991.

M.Janssen,J.Rotmans,"Allocation of Fossil CO_2 Emission Rights Quantifying Cultural Perspectives",*Ecological economics*,Vol.13(1),1995.

M. Weitzman, " Price vs. Quantities ", *The Review of Economic Studies*, Vol. 41, 1974.

Mansanet Batallete, " CO_2 Price, Energy and Weather", *The Energy Journal*, Vol. 28, 2007.

McKibbin, J., Morris, A., Wilcoxen, P. J., "A Copenhagen Collar: Achieving Comparable Effort Through Carbon Price Agreements", *Proceedings of the Climate Change Policy: Recommendations to Reach Consensus*, Washington, D. C.: The Brookings Institution, 2009.

McKibbin, W. J., Wilcoxen, P. J., "The Role of Economics in Climate Change Policy", *The Journal of Economic Perspectives*, Vol. 16(2), 2002.

Michael Mehling, David John Frenkil, *Climate Change and the Law*, Dordrecht: Springer, 2013.

Ministry for the Environment, *ETS 2012 Amendments: Biological Emissions from Agriculture in the ETS*, 2012.

Ministry for the Environment, *ETS 2012 Amendments: Forestry sector changes*, 2012.

Ministry for the Environment, *ETS 2012 Amendments: Key Changes for Participants and Industrial Allocation Recipients*, 2012.

Ministry for the Environment, *ETS 2012 Amendments: Synthetic Greenhouse Gases*, 2012.

Ministry for the Environment, *Legislative Changes to the New Zealand Emissions Trading Scheme-2012*, 2016.

Ministry for the Environment, *NZ ETS 2011-Facts and figures*, 2012.

Murray B C, Newell R G, Pizer W A., "Balancing Cost and Emissions Certainty: An Allowance Reserve for Cap-and-Trade", Working Paper 14258, 2008.

Nescaum, *REMI Economic Impact Analysis Assumptions and results*, 2013.

New York State Energy Research and Development Authority, *Relative Effects of Various Factors on RGGI Electricity Sector CO_2 Emissions: 2009 Compared to 2005*, 2010.

New Zealand Legislation, *Climate Change (Pre - 1990 Forest Land Allocation*

Plan) *Order* 2010,2010.

Newell,R.G.,Pizer,W.A.,"Regulating Stock Externalities under Uncertainty", *Journal of Environmental Economics and Management*,Vol. 45(2),2003.

NZ ETS,*Facts and Figures*,2015.

NZ ETS,*Facts and Figures*,2016.

O.Benestad,"Energy Needs and CO_2 Emissions Constructing a Formula for Just Distributions",*Energy Policy*,Vol. 22(9),1994.

P.Center,*The European Union Emissions Trading Scheme*(*EU−ETS*):*Insights and Opportunities*,Pew Center,Alexandria,VA,2005.

P. Qing, J. Dongmei, Z. Mengheng, "A Study of Legal Attributes of Carbon Emission Rights in Carbon Trading",*Ecological Economy*,Vol. 5(1),2009.

P.Tapio,"Towards A Theory of Decoupling:Degrees of Decoupling in the EU and the Case of Road Traffic in Finland between 1970 and 2001",*Transport Policy*, Vol. 12(2),2005.

Paltsev, S. et al., "Assessment of U. S. Cap-and-Trade Proposals", NBER Working Paper No. 13176,2007.

Paul J.Hibbard,et al.,*The Economic Impacts of the Regional Greenhouse Gas Initiative*,2011.

R.Betz,M.Sato,"Emissions Trading:Lessons Learnt from the 1st Phase of the EU ETS and Prospects for the 2nd Phase",*Climate Policy*,Vol. 6(4),2006.

R.Schmalensee,T. M. Stoker,R. A. Judson,"World Carbon Dioxide Emissions: 1950—2050",*Review of Economics and Statistics*,Vol. 80(1),1998.

R.Smale,M.Hartley,C.Hepburn et al.,"The Impact of CO_2 Emissions Trading on Firm Profits and Market Prices",*Climate Policy*,Vol. 6(1),2006.

R.Trotignon,A.Delbosc,"Allowance Trading Patterns During the EU-ETS Trial Period:What Does the CITL Reveal",Climate Report No 13,2008.

R.Watanabe,G.Robinson,"The European Union Emissions Trading Scheme(EU ETS)",*Climate Policy*,Vol. 5(1),2005.

Rausch,S.,G.E.Metcalf,"Distributional Impacts of Carbon Pricing:A General Equilibrium Approach with Micro-Data for Households",*Energy Economics*,Vol. 53

（2），2011.

RGGI，2009—2011 CO_2 *Allowance Allocation*，2015.

RGGI，*Auction 35 Bidder Webinar*，2017.

RGGI，*RGGI Annual Report on the Market for RGGI* CO_2 *Allowances*：2009—2016，2017.

RGGI，2009—2011 CO_2 *Allowance Allocation*，2012.

RGGI，*Annual Report on Allowance Allocation*：2009—2013，2014.

RGGI， CO_2 *Emissions from Electricity Generation and Imports in the Regional Greenhouse Gas Initiative*：2012 *Monitoring Report*，2014.

RGGI， CO_2 *Emissions from Electricity Generation and Imports in the Regional Greenhouse Gas Initiative*：2014 *Monitoring Report*，2016.

RGGI，*Fact Sheet*： CO_2 *Budget Source*（*RGGI*）*Compliance*，2015.

RGGI，*Fact Sheet*：*RGGI* CO_2 *Allowance Tracking System*（*RGGI COATS*），2015.

RGGI，*Modeling Results & Setting the Cap Level*，2007.

RGGI，*Potential Emissions Leakage and the Regional Greenhouse Gas Initiative*（*RGGI*）：*Evaluating Market Dynamics*，*Monitoring Options*，*and Possible Mitigation Mechanisms*，2007.

RGGI，*Regional Greenhouse Gas Initiative Amendment to Memorandum of Understanding*，2006.

RGGI，*Regional Greenhouse Gas Initiative Model Rule*-12/23/2013 *Final*，2013.

RGGI，*Regional Greenhouse Gas Initiative Model Rule*-12/31/08 *final with corrections*，2008.

RGGI，*Regional Investment of RGGI* CO_2 *Allowance Proceeds* 2014，2016.

RGGI，*Release of Joint Offset Quality White Paper/ Ensuring Offset Quality*：*Design and Implementation Criteria for a High Quality Offset Program*，2010.

RGGI，*RGGI Annual Report on the Market for RGGI* CO_2 *Allowances*：2009—2013，2014.

RGGI，*RGGI Fact Sheet*：*Investing in the Clean Energy Economy*，2014.

RGGI，*RGGI IPM Analysis*：*Amended Model Rule*，2013.

RGGI，*RGGI Market Monitor Report for Auction* 1-35，2017.

RGGI,*RGGI Market Monitor Report for Auction* 35,2017.

Ronald H.Coase,"The Problem of Social Cost ",*Journal of Law and Economics*, Vol. 10(3),1960.

Rubin,J.,"A Model of Inter temporal Emission Trading,Banking,and Borrowing",*Journal of Environmental Economics and Management*,Vol. 31,1996.

Sam Napolitano et al.,"The U.S.Acid Rain Program:Key Insights from the Design, Operation and Assessment of a Cap-and-Trade Program ", *The Electricity Journal*,Vol. 20(7),2007.

Samuel Fankhausera,Cameron Hepburnb,"Designing Carbon Markets,Part II: Carbon Markets in Space",*Energy Policy*,Vol. 38(8),2010.

Shen Bo,Fan Dai,Lynn K.Price,Hongyou Lu,"California's Cap-and-Trade Programme and Insights for China's Pilot Schemes", *Energy & Environment*, Vol 25,2014.

Sovacool,B.K.,Brown,M.A.,"Competing Dimensions of Energy Security:An International Perspective ", *Annual Review of Environment and Resources*, Vol. 35,2010.

Sovacool,B.K.,Brown,M.A.,"Twelve Metropolitan Carbon Footprints:A Preliminary Comparative Global Assessment",*Energy Policy*,Vol. 38(9),2010.

State of California, *Cap-and-Trade Auction Proceeds Second Investment Plan: Fiscal Years* 2016—17 *through* 2018—19,2016.

Stavins,R.N.,"Harnessing Market Forces to Protect the Environment",*Environment:Science and Policy for Sustainable Development*,Vol. 31(1),1989.

Stavins,R.N.,"Transaction Costs and Tradeable Permits",*Journal of Environmental Economics and Management*,Vol. 29(2),1995.

Stephen Lacey,*RGGI States Cut* CO_2 *by* 23 *Percent in First Three Years*,2012.

Stern,N.H.,*Stern Review:The Economics of Climate Change*,London:HM treasury,2006.

Stoft,S.,*Flexible Global Carbon Pricing:A Backward-Compatible Upgrade for the Kyoto Protocol* ,London:Robert Schuman Centre for Advanced Studies,2009.

The Climate Institute and E3G,*G20 Low Carbon Competitiveness*,2009.

The Ministry for the Environment and the Ministry of Business, Innovation and Employment, *Climate Change Response Act* 2002, 2002.

The Ministry for the Environment, *Climate Change Response Amendment Act* 2006, 2006.

The Ministry for the Environment, *Climate Change Response(Emissions Trading) Amendment Act* 2008, 2008.

Tokyo metropolitan basic environment ordinance, 1994.

Tokyo Metropolitan Government, *Result of the 1st Fiscal Year the Tokyo Cap-and-Trade Program*, 2012.

Tokyo Metropolitan Government, *Result of the 2nd Fiscal Year the Tokyo Cap-and-Trade Program*, 2013.

Tokyo Metropolitan Government, *Result of the 5th Fiscal Year the Tokyo Cap-and-Trade Program*, 2016.

Tokyo Metropolitan Government, *Tokyo Metropolitan Environmental Master Plan*, 2008.

U. S. Energy Information Administration, "EIA's State Energy Consumption, Price, and Expenditure Estimates", http://www. eia. doe. gov/emeu/states/ seds. html, 2014.

U. S. Environmental Protection Agency, *Inventory of U. S. Greenhouse Gas Emissions and Sinks* 1990—2014, 2016.

Urban Development Unit, *Tokyo's Emissions Trading System: A Case Study*, Washington: The World Bank, 2010.

V. H. Hoffmann, "EU ETS and Investment Decisions: The Case of the German Electricity Industry", *European Management Journal*, Vol. 25(6), 2007.

Van Egteren H, Weber M., "Marketable Permits, Market Power, and Cheating", *Journal of Environmental Economics and Management*, Vol. 30(2), 1996.

W. D. Montgomery, "Markets in Licenses and Efficient Pollution Control Programs", *Journal of Economic Theory*, Vol. 5(3), 1972.

W. J. Baumol, W. E. Oates, "The Use of Standards and Prices for Protection of the Environment", *The Swedish Journal of Economics*, Vol. 73(1), 1971.

Weston Berg et al., *The 2016 State Energy Efficiency Scorecard*, 2016.

Westskog H., "Market Power in a System of Tradeable CO_2 Quotas", *The Energy Journal*, Vol. 17, 1996.

Wietze Lise et al., "The Impact of the EU ETS on Prices, Profits and Emissions in the Power Sector: Simulation Results with the COMPETES EU20 Model", *Environmental and Resource Economics*, Vol. 48, 2010.

Wissema, W., Dellink, R., "AGE Analysis of the Impact of a Carbon Energy Tax on the Irish Economy", *Ecological Economics*, Vol. 61(4), 2007.

World Bank, *State and Trends of Carbon Pricing*, 2014.

附　　录

附表 1　欧盟各成员国一、二阶段 NAP 年度排放上限

（单位：百万吨 CO_2 当量/年）

成员国	第一阶段排放上限	第二阶段			
		计划上限	允许的上限	占计划的百分比	JL/CDM 所占百分比的上限
奥地利	33	32.8	30.7	93.60%	10
比利时	62.1	63.3	58.5	92.40%	8.4
保加利亚	42.3	67.6	42.3	62.60%	12.55
塞浦路斯	5.7	7.12	5.48	77%	10
捷克共和国	97.6	101.9	86.8	85.20%	10
丹麦	33.5	24.5	24.5	100%	17.01
爱沙尼亚	19	24.38	12.72	52.20%	0
芬兰	45.5	39.6	37.6	94.80%	10
法国	156.5	132.8	132.8	100%	13.5
德国	499	482	453.1	94%	20
希腊	74.4	75.5	69.1	91.50%	9
匈牙利	31.3	30.7	26.9	87.60%	10
爱尔兰	22.3	22.6	22.3	98.60%	10
意大利	223.1	209	195.8	93.70%	14.99
拉脱维亚	4.6	7.7	3.43	44.50%	10
立陶宛	12.3	16.6	8.8	53%	20
卢森堡	3.4	3.95	2.5	63%	10
马耳他	2.9	2.96	2.1	71%	未定
荷兰	95.3	90.4	85.8	94.90%	10

续表

成员国	第一阶段排放上限	第二阶段			
		计划上限	允许的上限	占计划的百分比	JI/CDM 所占百分比的上限
波兰	239.1	284.6	208.5	73.30%	10
葡萄牙	38.9	35.9	34.8	96.90%	10
罗马尼亚	74.8	95.7	75.9	79.30%	10
斯洛伐克	30.5	41.3	30.9	74.80%	7
斯洛文尼亚	8.8	8.3	8.3	100%	15.76
西班牙	174.4	152.7	152.3	99.70%	20
瑞典	22.9	25.2	22.8	90.50%	10
英国	245.3	246.2	246.2	100%	8
合计	2298.5	2325.34	2080.93	89.50%	—

资料来源:EU,2017-007-25,ttp://europa.eu.

附表 2　欧盟各成员国 一二阶段的配额与储备分配

（单位:吨 CO_2 当量）

国家	2005—2007 年			2008—2012 年		
	计划分配的配额	用于储备的配额	储备占百分比	计划分配的配额	用于储备的配额	储备占百分比
奥地利	98024715	990150	1.01%	159337986	2000000	1.26%
比利时	178690906	7653297	4.28%	270073817	22397864	8.29%
保加利亚	—	—	—	—	—	—
塞浦路斯	16983225	120000	0.71%	—	—	—
捷克共和国	290759913	1044060	0.36%	429168896	4510479	1.05%
丹麦	93114184	7384406	7.93%	119613376	2886624	2.41%
爱沙尼亚	56290413	568587	1.01%	59162259	—	—
芬兰	133903906	2596094	1.94%	182677244	5112202	2.80%
法国	450154951	14572606	3.24%	644229680	15739193	2.44%
德国	1486384735	6767187	0.46%	1948584908	308768577	15.85%
希腊	213487296	9713298	4.55%	213487296	9713298	4.55%
匈牙利	90708498	4274214	4.71%	84712488	12579846	14.85%
爱尔兰	57714569	9245431	16.02%	99858469	11548621	11.56%

续表

国家	2005—2007 年			2008—2012 年		
	计划分配的配额	用于储备的配额	储备占百分比	计划分配的配额	用于储备的配额	储备占百分比
意大利	624455563	44755742	7.17%	992279029	15656867	1.58%
拉脱维亚	12163293	1517279	12.47%	15626769	1441846	9.23%
立陶宛	34394402	2391640	6.95%	37804353	5082527	13.44%
卢森堡	9687963	387006	3.99%	12441145	380	0.00%
马耳他	6538475	2288466	35.00%	—	—	—
荷兰	259317094	7509915	2.90%	402411765	29196195	7.26%
波兰	712685280	2472405	0.35%	1004826200	23656640	2.35%
葡萄牙	110726424	3757815	3.39%	152551670	21499975	14.09%
罗马尼亚	74343205	—	—	354116885	16158174	4.56%
斯洛伐克共和国	91448168	25324	0.03%	162072970	639250	0.39%
斯洛文尼亚	26075969	200000	0.77%	41032803	461884	1.13%
西班牙	498279254	41056252	8.24%	745165606	16082126	2.16%
瑞典	67619251	2010246	2.97%	105832943	6520836	6.16%
英国	628112144	46541659	7.41%	1071895010	156214487	14.57%
合计	6322063796	219843079	3.48%	9308963567	687867891	7.39%

资料来源:Carbon Market Data,2017-07-25,http://www.carbonmarketdata.com.

附表 3　各成员国管理的飞机经营者数量

管理成员国	飞机经营者数量	管理成员国	飞机经营者数量	管理成员国	飞机经营者数量
奥地利	48	法国	1370	荷兰	74
比利时	50	德国	355	波兰	32
保加利亚	42	希腊	112	葡萄牙	154
塞浦路斯	58	匈牙利	30	罗马尼亚	29
捷克共和国	32	爱尔兰	219	斯洛伐克	22
丹麦	51	意大利	234	斯洛文尼亚	7
爱沙尼亚	9	拉脱维亚	13	西班牙	255
芬兰	25	立陶宛	13	瑞典	69

管理成员国	飞机经营者数量	管理成员国	飞机经营者数量	管理成员国	飞机经营者数量
马耳他	19	卢森堡	9	英国	955
合计	4286				

资料来源：Carbon Market Data，2017－07－25，http：//www.carbonmarketdata.com.

附表4　中国纳入EU ETS的飞机经营者的托管成员国

托管成员国	管理的飞机经营者数量
比利时	1
法国	4
德国	9
希腊	1
匈牙利	1
荷兰	4
斯洛文尼亚	1
西班牙	3
英国	4
合计	28

资料来源：Carbon Market Data，2017－07－25，http：//www.carbonmarketdata.com.

附表5　温室气体温室效应潜能值

化学表达式	温室效应潜能值（GWP）
CO_2	1
CH_4	21
N_2O	310
SF_6	23900
CHF_3（HFC－23）	11700
CH_2F_2（HFC－32）	650
CH_3F（HF－41）	150
$C_5H_2F_{10}$（HFC－43－10mee）	1300
C_2HF_5（HFC－125）	2800
$C_2H_2F_4$（HFC－134）	1000

续表

化学表达式	温室效应潜能值（GWP）
$C_2H_2F_4$（HFC-134a）	1300
$C_3H_3F_3$（HFC-143）	300
$C_3H_3F_3$（HFC-143a）	3800
$C_2H_4F_2$（HFC-152）	43
$C_2H_4F_2$（HFC-152a）	140
C_2H_5F（HFC-161）	12
C_3HF_7-（HFC-227ea）	2900
$C_3H_2F_6$（HFC-236cb）	1300
$C_3H_2F_6$（HFC-236ea）	1200
$C_3H_3F_5$（HFC-236fa）	6300
$C_3H_3F_5$（HFC-245ca）	560
$C_3H_3F_5$（HFC-245fa）	950
$C_4H_5F_5$（HFC-365mfc）	890
CF_4	6500
C_2F_6	9200
C_3F_8	7000
C_4F_{10}	7000
$c-C4F_8$	8700
C_5F_{12}	7500
C_6F_{14}	7400

资料来源：WC,2017-07-26,http://westernclimateinitiative.org.

附表6　1990年前林地的碳汇储量检索表

附表6.1　不同地区每公顷辐射松碳汇储量

（单位：吨 CO_2）

树龄（年）	Ak	W/T	BOP	Gis	H/SNI	N/M	C/W	0	S
9	255	225	233	290	285	187	159	191	237
10	265	235	237	296	286	193	174	200	240
11	283	251	247	308	299	196	182	197	239

树龄（年）	Ak	W/T	BOP	Gis	H/SNI	N/M	C/W	0	S
12	306	272	263	328	317	206	187	200	248
13	333	296	283	352	341	221	190	210	262
14	363	324	307	380	368	240	198	225	281
15	395	354	334	410	399	262	211	243	304
16	429	385	362	443	431	286	226	265	330
17	463	418	392	476	464	313	244	290	358
18	498	451	423	510	498	341	265	317	389
19	533	485	454	544	532	370	288	346	420
20	568	518	485	578	566	401	312	375	452
21	601	551	515	611	599	431	337	406	484
22	634	584	545	643	631	462	362	437	517
23	666	615	575	674	662	492	388	468	549
24	696	646	603	703	692	522	415	498	581
25	725	676	831	732	721	551	441	529	612
26	753	704	657	760	749	580	467	559	643
27	781	733	683	787	777	609	493	588	673
28	807	761	709	814	804	637	519	618	704
29	834	788	735	840	830	666	546	648	734
30	860	816	760	866	857	694	572	677	764
31	885	842	784	891	882	721	598	706	794
32	909	868	808	916	907	748	623	735	823
33	933	894	831	940	932	775	649	763	852
34	956	919	854	964	956	801	674	791	880
35	979	943	876	988	980	827	699	819	908
36	1002	968	898	1011	1004	852	723	846	936
37	1024	991	919	1034	1028	877	747	873	963
38	1046	1015	940	1057	1051	901	771	900	991
39	1068	1038	961	1080	1075	925	794	926	1018
40	1090	1061	981	1103	1098	948	817	952	1044
41	1111	1085	1002	1126	1122	972	840	978	1071
42	1133	1107	1022	1150	1145	994	862	1004	1097

续表

树龄（年）	Ak	W/T	BOP	Gis	H/SNI	N/M	C/W	0	S
43	1155	1130	1042	1173	1169	1017	884	1030	1124
44	1176	1153	1063	1197	1193	1039	905	1055	1150
45	1198	1177	1083	1221	1218	1061	926	1080	1176
46	1221	1200	1103	1245	1242	1083	947	1105	1203
47	1243	1224	1124	1270	1267	1105	968	1130	1229
48	1266	1248	1144	1295	1293	1127	988	1156	1256
49	1289	1272	1166	1321	1319	1149	1008	1181	1282
50	1313	1297	1187	1348	1346	1170	1028	1206	1309

注：AK 代表奥克兰；BOP 代表政府建设的地区；C/W 代表坎特伯雷/西海岸；Gis 代表吉斯伯恩；H / SNI 代表霍克斯湾/南北岛；N/M 代表尼尔森/马尔伯勒；O 代表奥塔哥；S 代表南部；W/T 代表怀卡托/陶波。

附表 6.2 每公顷道格拉斯冷杉、外来软木和外来硬木碳汇储量

（单位：吨 CO_2）

树龄（年）	道格拉斯冷杉	外来软木	外来硬木
9	131	137	282
10	135	139	310
11	143	144	337
12	155	151	364
13	170	161	390
14	187	172	414
15	208	185	438
16	230	199	460
M	254	214	481
18	281	229	502
19	293	245	522
20	308	260	541
21	326	276	559
22	347	291	576
23	370	307	594
24	394	321	610

续表

树龄（年）	道格拉斯冷杉	外来软木	外来硬木
25	420	335	626
26	446	349	
27	454	363	
28	475	377	
29	500	390	
30	524	403	
31	550	416	
32	576	429	
33	601	442	
34	629	454	
35	654	466	
36	682	478	
37	706	490	
38	732	502	
39	732	513	
40	753	525	
41	774	536	
42	795	548	
43	816	559	
44	837	571	
45	858	582	
46	878	594	
47	899	606	
48	919	617	
49	938	629	
50	957	642	
51	976		
52	995		
53	1013		
54	1032		
55	1050		
56	1068		

续表

树龄（年）	道格拉斯冷杉	外来软木	外来硬木
57	1086		
58	1103		
59	1121		
60	1138		
61	1155		
62	1171		
63	1188		
64	1204		
65	1220		
66	1235		
67	1251		
68	1266		
69	1281		
70	1296		
71	1310		
72	1324		
73	1338		
74	1352		
75	1366		
76	1379		
77	1392		
78	1405		
79	1417		
80	1430		

附表 7 1990 年后林地的碳汇储量检索表

附表 7.1 不同地区每公顷辐射松碳汇储量

（单位：吨 CO_2）

树龄（年）	Ak	W/T	BOP	Gis	H/SNI	N/II1	C/W	0	S
1	0.5	0.4	0.4	0.6	0.5	0.2	0.2	0.3	0.2

树龄（年）	Ak	W/T	BOP	Gis	H/SNI	N/II1	C/W	0	S
2	3	3	2	4	3	1	1	2	1
3	8	7	6	10	9	3	2	5	3
4	29	25	24	37	34	12	5	9	14
5	59	50	51	77	71	28	15	26	35
6	98	84	84	121	113	48	31	49	65
7	131	111	118	162	155	73	53	72	99
8	153	130	143	190	185	100	76	94	134
9	166	142	155	201	197	117	101	124	160
10	188	163	169	219	210	132	125	141	174
11	217	188	188	242	233	144	139	146	181
12	249	218	212	270	260	161	150	156	198
13	283	249	239	302	291	182	158	172	219
14	320	283	269	336	325	206	170	192	244
15	357	318	300	372	361	232	186	214	272
16	396	354	333	410	398	260	205	240	302
17	435	391	367	447	436	290	226	268	334
18	473	428	401	485	473	322	249	298	367
19	511	464	435	522	510	353	274	329	401
20	549	500	468	558	547	386	300	361	435
21	585	536	501	594	582	418	326	394	470
22	620	570	533	628	617	450	353	426	504
23	653	603	564	661	650	482	380	458	538
24	685	636	593	692	681	513	408	490	571
25	715	666	622	722	712	543	435	521	604
26	745	696	650	751	741	573	461	552	635
27	773	726	677	779	769	603	488	583	667
28	801	755	704	807	797	632	515	613	698
29	828	783	730	834	825	661	542	644	729
30	855	811	755	861	852	690	569	674	760
31	880	838	780	886	878	718	595	703	790
32	905	865	804	912	903	745	621	732	820

续表

树龄（年）	Ak	W/T	BOP	Gis	H/SNI	N/II1	C/W	0	S
33	930	891	828	937	929	772	647	761	849
34	954	916	851	961	953	799	672	789	878
35	977	941	873	985	978	825	697	817	906
36	1000	965	896	1009	1002	850	722	845	934
37	1022	990	917	1032	1026	875	746	872	962
38	1044	1013	938	1055	1050	900	770	899	989
39	1066	1037	959	1079	1073	924	793	925	1016
40	1088	1060	980	1102	1097	947	816	951	1043
41	1110	1083	1001	1125	1121	971	839	978	1070
42	1132	1106	1021	1148	1144	994	861	1003	1097
43	1154	1130	1042	1172	1168	1016	883	1029	1123
44	1176	1153	1062	1196	1192	1039	905	1054	1149
45	1198	1176	1082	1220	1217	1061	926	1080	1176
46	1220	1199	1103	1244	1242	1083	947	1105	1202
47	1243	1223	1123	1269	1267	1105	967	1130	1229
48	1266	1247	1144	1295	1292	1126	988	1155	1255
49	1289	1272	1165	1321	1319	1148	1008	1181	1282
50	1313	1296	1187	1347	1345	1170	1028	1206	1309

注：AK 代表奥克兰；BOP 代表政府建设的地区；C/W 代表坎特伯雷/西海岸；Gis 代表吉斯伯恩；H / SNI 代表霍克斯湾/南北岛；N/M 代表尼尔森/马尔伯勒；O 代表奥塔哥；S 代表南部；W/T 代表怀卡托/陶波。

附表 7.2　每公顷道格拉斯冷杉、外来软木、外来硬木和本地土生森林碳汇储量

（单位：吨 CO_2）

树龄（年）	道格拉斯冷杉	外来软木	外来硬木	本地土生森林
1	0.1	0.2	0.1	0.6
2	0.1	1	3	1.2
3	0.4	3	13	2.5
4	1	12	34	4.6
5	2	26	63	7.8
6	4	45	98	12.1

树龄（年）	道格拉斯冷杉	外来软木	外来硬木	本地土生森林
7	7	63	137	17.5
8	20	77	176	24.0
9	33	87	214	31.6
10	50	95	251	40.2
11	69	106	286	49.8
12	90	118	320	60.3
13	113	132	351	71.5
14	138	147	381	83.3
15	165	163	409	95.5
16	193	180	435	108.1
17	222	197	459	120.8
18	253	214	483	133.6
19	268	232	505	146.3
20	286	249	526	158.7
21	307	266	546	170.9
22	331	283	565	182.6
23	355	299	584	193.9
24	382	315	601	204.7
25	409	330	618	215.0
26	436	344		224.6
27	445	359		233.7
28	468	373		242.2
29	493	387		250.1
30	518	400		257.5
31	545	414		264.3
32	572	427		270.6
33	597	440		276.3
34	625	452		281.6
35	650	465		286.5
36	679	477		290.9
37	704	489		295.0
38	730	501		298.7

续表

树龄（年）	道格拉斯冷杉	外来软木	外来硬木	本地土生森林
39	730	512		302.0
40	751	524		305.1
41	772	536		307.8
42	794	547		310.4
43	815	559		312.6
44	836	570		314.7
45	857	582		316.5
46	878	593		318.2
47	898	605		319.7
48	918	617		321.1
49	938	629		322.3
50	957	641		323.4

附表 7.3　不同地区每公顷地面以上的剩余木材和
低于地面的根的碳储量—辐射松

树龄（年）	Ak	W/T	BOP	Gis	H/SNI	N/M	C/W	0	S
1	0.5	0.4	0.4	0.6	0.5	0.2	0.2	0.3	0.2
2	3	3	2	4	3	1	1	2	1
3	8	7	6	10	9	3	2	5	3
4	29	25	24	37	34	12	5	9	14
5	48	44	43	55	52	28	15	26	35
6	69	61	61	81	77	43	31	43	50
7	92	82	82	108	104	57	44	57	68
8	113	99	103	134	130	71	56	72	88
9	128	112	121	155	150	89	71	84	111
10	133	117	131	165	160	100	85	105	130
11	140	124	134	167	163	112	101	119	141
12	150	133	139	173	168	115	112	124	142
13	161	143	146	180	175	120	123	124	145
14	173	155	155	190	185	126	122	128	151

续表

树龄（年）	Ak	W/T	BOP	Gis	H/SNI	N/M	C/W	O	S
15	186	167	164	201	195	134	125	133	158
16	199	180	175	212	207	143	128	141	167
17	213	193	186	224	219	153	134	149	177
18	227	206	198	237	232	164	140	159	187
19	241	220	210	249	244	175	147	169	199
20	254	233	222	262	257	187	156	180	211
21	268	246	233	274	269	199	164	191	223
22	281	259	245	287	282	210	174	202	235
23	293	272	257	298	293	222	183	214	248
24	305	284	268	310	305	234	193	226	260
25	317	296	278	321	316	245	203	237	272
26	328	308	289	331	327	257	213	249	284
27	339	319	299	342	337	268	223	260	296
28	350	331	310	352	348	280	233	272	308
29	360	342	320	363	358	291	243	283	319
30	371	353	330	373	369	302	253	295	331
31	382	365	340	384	379	314	264	307	344
32	392	376	351	394	390	326	276	319	356
33	403	387	361	405	401	338	287	332	369
34	413	398	371	415	411	349	298	343	381
35	423	409	380	425	421	361	308	355	393
36	433	420	390	435	431	372	319	367	405
37	443	430	399	445	441	383	330	379	417
38	452	441	409	455	452	393	340	390	429
39	462	451	418	465	462	404	351	402	440
40	471	461	427	475	472	414	361	413	452
41	481	472	436	485	482	425	371	424	464
42	491	482	445	495	492	435	381	436	475
43	500	492	454	505	503	445	391	447	487
44	510	502	463	516	513	455	401	458	498
45	520	513	472	526	524	465	410	469	510

续表

树龄 （年）	Ak	W/T	BOP	Gis	H/SNI	N/M	C/W	O	S
46	530	523	481	537	535	475	420	480	521
47	540	534	491	548	546	485	429	491	533
48	550	545	500	559	557	495	438	502	545
49	561	556	510	571	568	504	447	513	557
50	571	567	519	583	580	514	457	525	569

注:AK 代表奥克兰;BOP 代表政府建设的地区;C/W 代表坎特伯雷/西海岸;Gis 代表吉斯伯恩;H／SNI 代表霍克斯湾/南北岛;N/M 代表尼尔森/马尔伯勒;O 代表奥塔哥;S 代表南部;W/T 代表怀卡托/陶波。

附表7.4　每公顷地面以上的剩余木材和低于地面的根的碳储量——道格拉斯冷杉、外来软木和外来硬木

树龄（年）	道格拉斯冷杉	外来软木	外来硬木
1	0.1	0.2	0.1
2	0.1	1	3
3	0.4	3	13
4	1	12	34
5	2	26	48
6	4	41	64
7	7	52	83
8	20	64	101
9	31	73	119
10	39	80	136
11	48	83	152
12	57	86	166
13	67	90	178
14	77	94	190
15	89	99	200
16	100	104	210
17	112	110	219
18	125	116	227
19	159	122	234

树龄（年）	道格拉斯冷杉	外来软木	外来硬木
20	169	128	242
21	187	134	248
22	194	140	255
23	200	146	262
24	208	152	268
25	216	157	274
26	225	163	
27	233	168	
28	239	174	
29	247	179	
30	255	184	
31	265	190	
32	274	196	
33	283	202	
34	294	208	
35	303	213	
36	315	219	
37	324	224	
38	335	230	
39	342	235	
40	350	240	
41	357	246	
42	365	251	
43	373	256	
44	381	262	
45	389	267	
46	397	273	
47	405	278	
48	413	284	
49	421	289	
50	429	295	

图表索引

责任编辑:陈　登

图书在版编目(CIP)数据

全球主要碳市场制度研究/齐绍洲,程思,杨光星 著. —北京:人民出版社,
　2019.1(2022.5)
ISBN 978 - 7 - 01 - 020300 - 3

Ⅰ.①全…　Ⅱ.①齐…②程…③杨…　Ⅲ.①二氧化碳-排污交易-金融市场-
研究　Ⅳ.①F831.2②X511

中国版本图书馆 CIP 数据核字(2019)第 006084 号

全球主要碳市场制度研究

QUANQIU ZHUYAO TANSHICHANG ZHIDU YANJIU

齐绍洲　程思　杨光星　著

人 民 出 版 社　出版发行
(100706　北京市东城区隆福寺街 99 号)

中煤(北京)印务有限公司印刷　新华书店经销

2019 年 1 月第 1 版　2022 年 5 月北京第 3 次印刷
开本:710 毫米×1000 毫米 1/16　印张:24.25
字数:358 千字

ISBN 978 - 7 - 01 - 020300 - 3　定价:95.00 元

邮购地址 100706　北京市东城区隆福寺街 99 号
人民东方图书销售中心　电话 (010)65250042　65289539